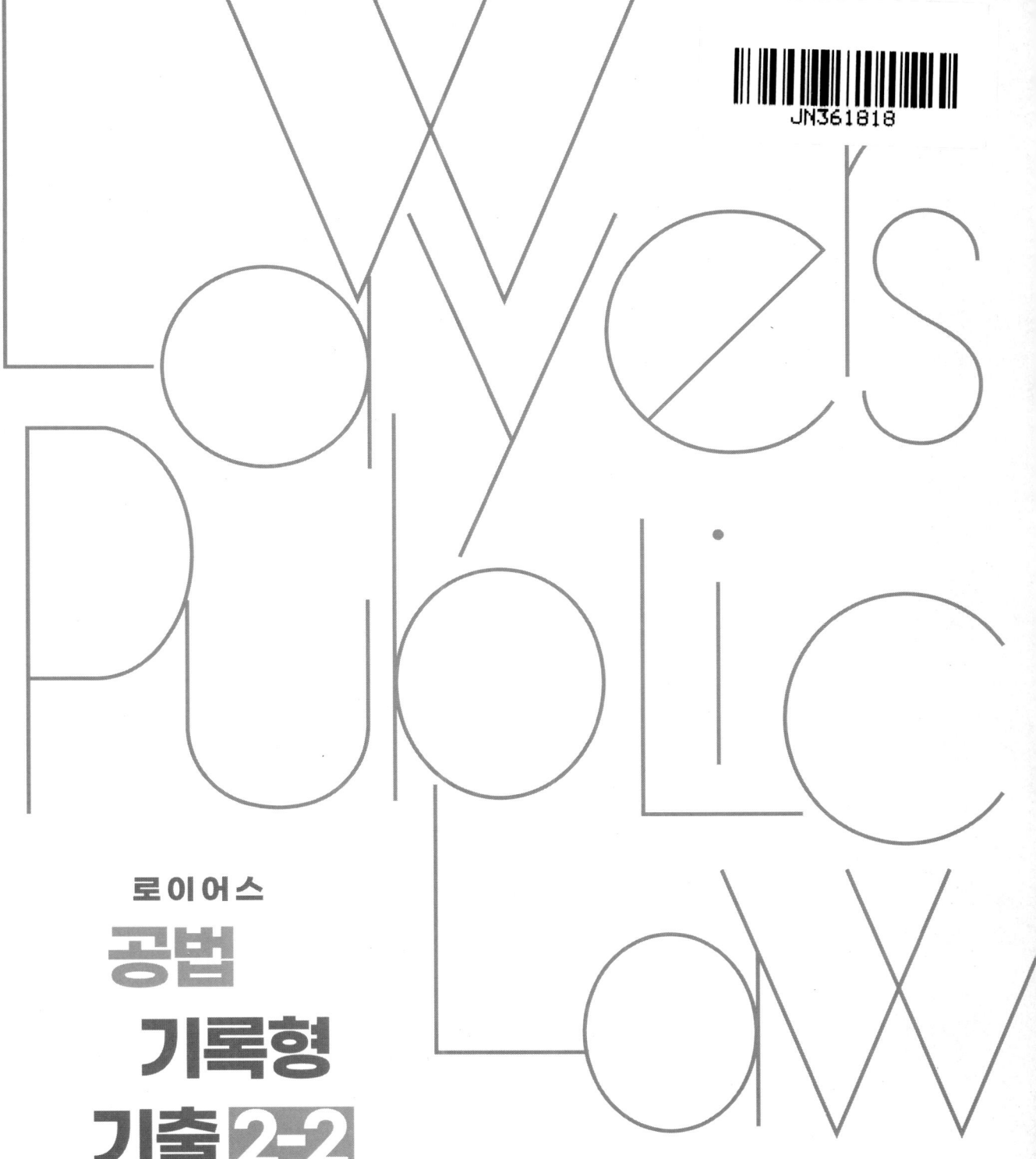

이 책의 목차

2017년도 제1차 **법전협 모의시험 문제** ··· 665

2017년도 제2차 **법전협 모의시험 문제** ··· 709

2017년도 제3차 **법전협 모의시험 문제** ··· 741

2018년도 제1차 **법전협 모의시험 문제** ··· 795

2018년도 제2차 **법전협 모의시험 문제** ··· 849

2018년도 제3차 **법전협 모의시험 문제** ··· 905

2019년도 제1차 **법전협 모의시험 문제** ··· 957

2019년도 제2차 **법전협 모의시험 문제** ··· 1011

2019년도 제3차 **법전협 모의시험 문제** ··· 1057

2020년도 제1차 **법전협 모의시험 문제**	… 1101
2020년도 제2차 **법전협 모의시험 문제**	… 1141
2020년도 제3차 **법전협 모의시험 문제**	… 1177
2021년도 제1차 **법전협 모의시험 문제**	… 1225
2021년도 제2차 **법전협 모의시험 문제**	… 1259
2021년도 제3차 **법전협 모의시험 문제**	… 1301

2017년도 제1차
법전협
모의시험
문제

2017년도 제1차 변호사시험 모의시험 – 논술형(기록형)

| 시험과목 | 공 법(기록형) |

응시자 준수사항

1. 시험 시작 전 문제지의 봉인을 손상하는 경우, 봉인을 손상하지 않더라도 문제지를 들추는 행위 등으로 문제 내용을 미리 보는 경우 모두 부정행위로 간주되어 그 답안은 영점 처리 됩니다.

2. 답안은 흑색 또는 청색 필기구(사인펜이나 연필 사용 금지) 중 한 가지 필기구만을 사용하여 답안 작성 난(흰색 부분) 안에 기재하여야 합니다.

3. 답안지에 성명과 수험 번호를 기재하지 않아 인적 사항이 확인되지 않는 경우에는 영점 처리 등 불이익을 받게 됩니다. 특히 답안지를 바꾸어 다시 작성하는 경우, 성명 등의 기재를 빠뜨리지 않도록 유의하여야 합니다.

4. 답안지에는 문제 내용을 기재할 필요가 없으며, 답안 내용 이외의 사항을 기재하거나 밑줄 기타 어떠한 표시도 하여서는 안 됩니다. 답안을 정정할 경우에는 두 줄로 긋고 다시 기재하여야 하며, 수정액 등은 사용할 수 없습니다.

5. 시험 종료 시각에 임박하여 답안지를 교체 요구한 경우라도 시험시간 종료 후 즉시 새로 작성한 답안지를 회수합니다.

6. 시험 종료 후에는 답안지 작성을 일절 할 수 없으며, 이에 위반하여 시험시간이 종료되었음에도 불구하고 **시험관리관의 답안지 제출 지시에 불응한 채 계속 답안을 작성하거나 답안지를 늦게 제출할 경우 그 답안은 영점 처리** 됩니다.

7. 답안은 답안지 쪽수 번호 순으로 기재하여야 하고, **배부받은 답안지는 백지 답안이라도 모두 제출**하여야 하며, **답안지를 제출하지 아니한 경우 그 시험시간 및 나머지 시험시간의 시험에 응시할 수 없습니다.**

8. 지정된 시간까지 지정된 시험실에 입실하지 아니하거나 시험관리관의 승인을 얻지 아니하고 시험시간 중에 그 시험실에서 퇴실한 경우 그 시험시간 및 나머지 시험시간의 시험에 응시할 수 없습니다.

9. 시험시간이 종료되기 전에는 어떠한 경우에도 문제지를 시험장 밖으로 가지고 갈 수 없고, 시험 종료 후 가지고 갈 수 있습니다.

법학전문대학원협의회
KOREAN ASSOCIATION OF LAW SCHOOLS

목 차

- I. 문제 ··· 2
- II. 작성요령 및 주의사항 ·· 3
- III. 검토보고서 양식 ·· 4
- IV. 소장 양식 ·· 5
- IV. 헌법소원심판청구서 양식 ·· 6
- V. 제소 전 기록내용
  - 법률상담일지 ··· 8
  - 내부회의록 ·· 10
  - 인터넷신문등록증 ·· 16
  - 사업자 지위승계 신고서 ··· 17
  - 사업자등록증 ·· 18
  - 신문진흥법령 개정에 따른 안내 및 재등록 구비서류 제출 안내서 ········· 19
  - 과징금납부통지서 ·· 23
  - 과태료 부과 처분서 ·· 24
  - 신문기사(ABS 2017. 5. 17.자) ·· 25
  - 신문기사(데일리플루토 2016. 12. 20.) ·························· 26

- VI. 참고 자료
  1. 신문진흥법(발췌) ··· 28
  2. 신문진흥법 시행령(발췌) ·· 33
  3. 질서위반행위규제법(발췌) ··· 39
  4. 달력 ·· 40

- 1 -

【문 제】

1. 사건의 개요

   가. 의뢰인 박문진은 서울 서초구 나루터로30길 24에 주사무소를 둔 인터넷신문 「데일리플루토」를 양수하였다. 「데일리플루토」는 취재와 편집을 위해 상시 고용하는 3명의 인력을 두고 그 외에 일반시민들 중에서 자원자에 한하여 이른바 '시민기자'나 '객원기자'로서 기사취재를 할 수 있게 하고 있다. 그런데 2017. 5. 19.자로 신문진흥법 시행령 개정규정이 시행되면서 1년 이내에 취재 및 편집을 위한 상시고용 인력을 5명 이상으로 늘려야 할 부담을 지게 되었다.

   나. 한편, 박문진이 「데일리플루토」를 양수하기 이전에 「데일리플루토」에서 게재한 한 음란사이트 고발 기사에 기자의 부주의로 관련 음란사이트 주소가 그대로 기재된 적이 있었다. 어떤 사람이 그 주소를 보고 해당 음란사이트에 접속하여 거기에 있는 가혹행위 동영상을 모방해 잔혹한 성폭행 범죄를 저질렀고, 이는 사회적으로 큰 물의를 일으켰다.

   이에 관할 행정청은 음란한 내용의 신문 등을 발행하였다는 이유로 발행정지 100일에 갈음하는 과징금 5천만 원을 부과하고, 그 외에도 청소년보호책임자를 지정하지 않았다는 이유로 과태료 300만 원을 부과하였다.

2. 박문진의 대리인 법무법인 돌담의 담당변호사 강동주의 입장에서,

   가. 법령의 위헌 여부 심판을 구하는 헌법소원심판청구서를 작성하고, 첨부된 양식의 상자(☐) 부분을 작성하되, 청구서의 제출일자(④)는 헌법소원심판청구가 가능한 마지막 날짜를 기재하시오. (50점)

   나. 내부 검토보고서를 작성한다고 할 때, 첨부된 양식의 상자(☐) 부분을 작성하시오. (20점)

   다. 취소소송의 소장을 작성한다고 할 때, 첨부된 양식의 상자(☐) 부분을 작성하시오. (30점)

【작성요령 및 주의사항】

1. 첨부된 양식의 상자(☐)에 들어갈 내용만 작성할 것.

2. 기록에서 제시된 법령, 사실관계, 인명(人名), 단체(團體) 등은 모두 가상(假想)의 것임.

3. 법률상담일지의 사실관계 및 기록에 첨부된 자료들을 기초로 그것이 사실임을 전제로 하고, 첨부된 관련 법령과 다른 내용의 현행 법령은 고려하지 말 것.

4. 기록상 각종 서류는 적법하게 작성된 것으로 간주하고 서류 등에 필요한 서명과 날인, 또는 무인과 간인 등은 모두 적법하게 갖추어진 것으로 볼 것.

5. 소장, 헌법소원심판청구서의 내용은 서술어로 경어를 사용할 것.

6. 기록 중 일부 생략된 것이 있을 수 있고, 오기나 탈자가 있을 수 있음.

7. 문제 2. 다. 소장 중 ② 에서 근거 법령의 위헌성은 논하지 말 것.

【검토보고서 양식】

검토보고서

To: 김선임
From: 강동주
Date: 2017. 6. 6.
matter: 박문진(데일리플루토)
Re: 취소소송 대상 결정 및 사업승계인의 행정상 제재처분 사유 승계 여부 검토
----

1. 취소소송을 제기할 대상 처분

의뢰인은 청소년보호책임자 미지정에 대하여 300만 원의 과태료처분을, 음란물 발행에 대하여 5,000만 원의 과징금처분을 받았음.
위 각 처분에 대하여 취소소송을 제기할 수 있는지 여부를 살펴보면,

┌─────────────────────────────────────┐
│   │
│   ①   │
│   │
└─────────────────────────────────────┘

따라서, 취소소송은 처분성이 인정되는 처분에 대해서만 제기하고자 함.

2. 사업승계인의 제재처분 사유 승계 여부

의뢰인이 받은 5,000만 원의 과징금처분은 의뢰인이 플루토연구소를 양수하기 전에 플루토연구소 전(前) 대표인 명왕성이 데일리플루토를 발행할 당시에 게시된 기사에 대한 것임.
영업양도로 인터넷신문사업을 양수한 의뢰인이 양도인의 제재처분 사유를 승계하는지에 대해 살펴보면,

┌─────────────────────────────────────┐
│   ②   │
└─────────────────────────────────────┘

【소장 양식】

소　장

원　　고　　박문진
　　　　　　서울 서초구 나루터로30길 24 다복빌딩 3층
　　　　　　소송대리인 법무법인 돌담
　　　　　　담당변호사 김선임, 강동주

피　　고　　서울특별시장

○○○○○ 청구의 소(생략)

청　구　취　지

①

청　구　원　인

1. 처분의 경위 등(생략)
2. 소의 적법성(생략)
3. 처분의 위법성

②

입　증　방　법(생략)
첨　부　서　류(생략)

2017. . .

원고 소송대리인 (생략)

서울행정법원 귀중

【헌법소원심판청구서 양식】

헌법소원심판청구서

청구인: 박문진

청 구 취 지

①

침 해 된 권 리

(생략)

침 해 의 원 인

(생략)

청 구 이 유

1. 사건개요 (생략)

2. 적법요건

②

3. 심판대상의 위헌성

③

첨 부 서 류

1. 각종 입증서류
2. 소송위임장(소속변호사회 경유)

④   20. . .

청구인 대리인 (생략)

헌법재판소 귀중

기록내용 시작

수임번호 2017 - 10	**법률상담일지**	2017. 6. 2.
의뢰인	박문진	의뢰인 전화	02-123-4567 010-1234-5678
의뢰인 주소	서울 서초구 나루터로30길 24 다복빌딩 3층	의뢰인 팩스	02-234-5678

상 담 내 용

1. 의뢰인 박문진은 서울 서초구 나루터로30길 24에 주사무소를 둔 인터넷신문 데일리플루토를 2017. 2. 15. 전 사업자인 명왕성으로부터 양수하여 2017. 3. 2. 승계신고를 마친 다음 인터넷신문을 발행해 오고 있다. 데일리플루토의 연간매출액은 1억 원 미만이다.

2. 데일리플루토의 경우 취재와 편집을 위한 상시 고용 인력이 3명이고, 일반 시민들 중에서도 일정한 능력과 자질을 갖춘 사람들에게 이른바 '시민기자'나 '객원기자'의 자격을 주어 기사취재를 할 수 있게 하는 방식으로 운영해 오고 있다.

3. 의뢰인은 2017. 5. 13. 서울특별시장으로부터 신문진흥법 시행령이 개정되었다는 안내공문을 받았다. 그에 따르면, 인터넷신문 사업의 경우 앞으로 취재 및 편집을 위한 상시 고용 인력을 5인 이상으로 유지해야 하고, 이는 개정법령의 시행일인 2017. 5. 19.로부터 1년 이내에 증빙서류 제출과 함께 반드시 충족해야 하며, 만약 이를 충족하지 못할 경우에는 등록취소의 조치가 내려질 수 있다고 한다.

4. 의뢰인은 개정법령대로라면 도저히 영업을 할 수 없다며 개정법령에 대해 헌법소원을 제기해 주기를 희망한다.

5. 한편, 의뢰인은 2017. 5. 24. 서울특별시장으로부터 과징금 5천만 원을 납부하라는 통지서를 받았다.

6. 전 사업자(명왕성)가 데일리플루토를 발행하던 시기에 데일리플루토에서 음란사이트 고발기사를 올린 적이 있었는데, 기자의 부주의로 그 기사에 음란사이트 주소가 그대로 들어갔고, 이것을 보고 그 사이트에 접속한 사람이

거기서 본 가혹행위 동영상을 그대로 모방해 끔찍한 성폭행 범죄를 저질러 사회적으로 큰 물의를 야기한 바 있다고 한다. 과징금 5천만 원 처분은 이것과 관련있을 것으로 추측된다.

7. 위 기사의 창에는 음란물 접속 차단 프로그램 광고가 떠 있었다. 전 사업자 명왕성은 우주산업 등에 관한 정보공유 등을 위해 데일리플루토를 발행한 것이지만, 영업난을 겪게 되자 이를 타개하기 위해 내용을 가리지 않고 광고를 수주하였고, 관련 기사를 함께 게재하는 편이었다고 한다.

8. 의뢰인은 자신이 데일리플루토를 양수하기 전에 전 사업자가 잘못 관리해 생긴 일을 가지고 뜻밖의 과징금 처분을 받게 되어 무척 억울하다고 한다.

9. 또한 서울특별시장은 위 과징금과 별도로, 데일리플루토가 청소년보호책임자를 지정하지 않았다는 이유로 2017. 5. 20. 과태료 300만 원을 부과하였다. 의뢰인은 이러한 과태료에 대한 구제방법에 대해서도 검토해 달라고 한다.

법무법인 돌담(담당변호사 강동주)
전화 02-8765-4321, 팩스 02-9876-5432, 이메일 jgi@lawcon.com
서울 서초구 강남대로 100 법조빌딩 10층

법무법인 돌담 내부회의록

일   시: 2017. 6. 5. 14:00 ~ 15:00
장   소: 법무법인 돌담 소회의실
참석자: 김선임 변호사(송무팀장), 강동주 변호사

김 변호사: 강 변호사님, 의뢰인 박문진의 사건에 대해 논의해 봅시다. 의뢰인이 희망하는 바는 무엇인가요?

강 변호사: 크게 두 가지입니다. 우선 인터넷신문을 규율하는 법령의 효력을 다투려는 것이고, 또 하나는 과징금 부과처분이 부당하다는 것입니다.

김 변호사: 법령의 어떤 내용이 문제되는 것인가요?

강 변호사: 최근에 법령이 개정되어 인터넷신문의 등록 요건이 더 까다로워졌습니다. 과거에는 취재 및 편집을 위한 인력으로 상시 3인 이상을 고용하면 족하였는데, 이제는 상시 고용 인력을 5인 이상으로 상향 조정되었습니다. 의뢰인은 재정적으로 많은 인력을 고용하기 어려운 상황이고 그 동안에는 '시민기자', '객원기자' 등 일반인들의 자발적인 참여를 통해 기사를 작성하고 편집하는 데에 큰 어려움 없이 인터넷신문을 발행해 왔다고 합니다. 그런데 법령 개정으로 인해 상시 고용 인력을 늘리지 않으면 더 이상 인터넷신문사를 운영할 수 없게 된 것입니다.

김 변호사: 인터넷신문사의 상시 고용 인력 요건을 강화하는 방향으로 법을 개정한 이유는 무엇인가요?

강 변호사: 기존의 인터넷신문 등록요건이 느슨한 탓에 인터넷신문이 난립한다고 보고 이를 규제하기 위한 것입니다. 개정 법령과 같이 인터넷신문의

등록요건을 강화할 경우 뉴스콘텐츠의 품질 및 인터넷신문의 사회적 책임성을 제고할 수 있을 것이라고 전망하는 것 같습니다.

김 변호사: 인터넷신문 난립 방지를 통한 뉴스콘텐츠의 품질 제고라... 양자 사이에 무슨 필연적 관련성이 있는지 한번 다투어 볼 만한 문제겠네요. 그 전에 헌법소원 제기에 적합한지 그 심판대상과 적법요건도 잘 따져 보아야 할 것입니다. 예컨대 신문진흥법 제2조 제2호에서 "지속적인 발행 여부에 관한 세부적 기준은 대통령령으로 정한다"고 규정하고 있는데, 이것 자체로는 어떤 기본권침해를 직접적으로 야기한다거나 위헌임이 확실하다고 단정하기는 어려울 듯하므로, 심판청구가 인용될 가능성이 비교적 높은 대상을 잘 선정해서 그에 집중해서 위헌성을 주장하는 게 바람직할 것 같습니다.

강 변호사: 네, 잘 검토하도록 하겠습니다. 그리고, 의뢰인처럼 인터넷신문사를 운영하고 있는 의뢰인의 지인이 의뢰인을 통해 탄원서를 제출하였는데, 탄원서 내용이 의뢰인의 생각과 비슷하다고 합니다. 탄원서 내용도 참고하도록 하겠습니다. (탄원서 첨부)

김 변호사: 네, 그렇게 하시죠. 다음으로, 과징금 부과 건은 구체적으로 무엇에 관한 것인가요?

강 변호사: 의뢰인 자신도 정확하게 알지는 못한다고 합니다. 의뢰인은 과징금이 부과될 만한 행동을 한 적이 없다는 것입니다.

김 변호사: 과징금 부과처분서에 처분사유 등이 기재되어 있지 않나요?

강 변호사: 의뢰인은 서울특별시장으로부터 2017. 5. 24. 갑자기 과징금 납부고지서가 송달되었다고 얘기합니다. 지난 5월에 ABS에서 낸 기사에 따르면 최근 큰 화제가 된 '명동역 성폭행살인사건'의 범인이 음란물 사이

트를 모방해서 그런 범행을 한 것인데, 그 음란물 사이트를 접하게 된 것이 데일리플루토의 기사를 통해서라고 합니다. 데일리플루토에서 작년 말에 음란사이트 문제를 고발한 기사를 낸 적이 있는데 그 기사 내용에 음란사이트의 주소가 노출되어 있었고 해당 사이트로 링크가 걸려 있었다고 합니다. 명동역 사건의 살인범이 그 링크를 통해 해당 사이트에 접속한 후 거기서 본 것을 흉내내서 그런 끔찍한 강간살인을 저지른 것이라고 합니다. ABS 보도가 나간 후 일주일만에 과징금 고지서가 날아왔고요. ABS 보도가 나가기 전에 어느 기자가 취재를 나와 묻기에, 놀라서 확인해 보니 의뢰인이 사업을 양수하기 전인 2016년 12월경에 올라갔던 기사라 바로 그 기사를 삭제하였다고 합니다. 그 보도의 여파로 당국이 여론을 무마하기 위하여 서둘러 과징금을 부과한 것이라고 의뢰인은 추측하고 있었습니다.

김 변호사: 부과경위는 의뢰인 얘기대로일 가능성이 높은데 실제로 그런지 서울시 담당자에게 확인해 보았나요. 그리고 사업자등록증에 나와 있는 플루토연구소는 무슨 관련이 있나요?

강 변호사: 네, 행정청 담당자에게 전화를 걸어 확인해 보니 그 음란물사이트로 링크가 가능하게 한 기사 때문에 2017. 5. 20.자로 영업정지 100일에 갈음하는 과징금을 부과하였다는 점은 확인해 주었고, 다른 부분은 답변을 해 주지 않았습니다. 그 보도 이후 담당자가 서둘러 데일리플루토에 대하여 조사를 한 모양입니다. 그래서 청소년보호책임자가 지정되지 않았다는 점도 밝혀서 그에 대한 과태료 처분도 같은 날 하였고, 의뢰인은 과태료처분서와 과징금 고지서 모두 2017. 5. 24. 수령하였습니다. 의뢰인은 전 사업자의 행위로 자신이 과징금을 납부하여야 하는 점을 억울해하고 있고, 과태료 부분에 관하여는 영업난으로 어쩔 수 없었다며 사실관계는 인정하면서도 다툴 방법은 없는지 궁금해 하고 있습니다. 그리고 플루토연구소는 우주산업 발전 등을 표방하며 명왕성이 만든 사업체인데 법인이 아니라 개인사업체이고, 의뢰인이 그

사업 전부를 양수하였습니다. 플루토연구소의 사업내용은 데일리플루토를 발행하는 것이 거의 전부라고 봐도 됩니다.

김 변호사: 그렇군요. 우선 느닷없이 고지서를 보낸 것도 문제지만, 링크가 걸린 것만으로 음란물을 발행한 것으로 볼 수 있는지, 과징금 액수는 적정한지 여러 법적 쟁점이 있어 보이네요. 그런데 과징금과 과태료에 관하여 모두 취소소송을 제기할 수 있나요?

강 변호사: 모두 취소소송을 제기할 수 있는지 법리적으로 검토를 해 보겠습니다. 취소소송으로 제기할 수 없는 부분이 있다면 굳이 각하 판결이 예상되는 소송을 제기할 필요는 없는 듯합니다.

김 변호사: 네, 그렇게 하시지요. 그리고 전 양도인의 행위에 대해서 행정제재처분을 받는 것은 부당해 보이는데 이 사건에서 제재사유가 승계가 되는지도 검토해서 함께 보고해 주세요. 바로 소장을 준비해야 하니 검토보고는 빨리 부탁합니다.

강 변호사: 네, 먼저 내일까지 검토보고서를 드리고 헌법소원심판청구서 및 취소소송 소장도 작성하도록 하겠습니다.

김 변호사: 그럼, 이상으로 회의를 마치겠습니다. 수고하세요. 끝.

탄 원 서

안녕하세요? 저는 대학에서 정치학을 전공하고 대학원에서 언론학을 공부한 후 현재는 인터넷신문사 "몹시빠른소식"을 운영하고 있는 김광속이라고 합니다.

저는 현재 인터넷언론에 몸담고 있는 사람으로서 최근 인터넷신문사에 대한 규제 강화에 대해 심각한 우려를 갖고 있던 차에, 마침 동종 업계에 종사하고 있는 지인 박문진씨가 이 문제에 대해 소송을 제기한다고 하기에, 저의 짧은 소견이지만 혹시 도움이 될지 몰라 몇 글자 올릴까 합니다.

다들 아시는 바와 같이, 오늘날 인터넷은 저렴한 비용으로 누구나 손쉽게 접근이 가능한 매체로서, 표현의 쌍방향성이 보장되고, 의사표현과 정보의 수령에 있어서 능동적이고 의도적 행동을 요구한다는 점에서 사상의 자유 시장에 가장 가깝게 접근한 매체라고 할 수 있습니다. 따라서 인터넷신문은 규제를 강화할 것이 아니라 더욱 보호하고 장려하여야 할 언론매체입니다.

일각에서는 인터넷신문사가 작성하는 기사의 퀄러티가 낮다고 지적하거나, 또 광고수익과 직결되는 인터넷에서의 노출 빈도(클릭수)를 높이기 위해 자극적이고 쓰레기같은 기사를 쏟아낸다는 지적도 있습니다만, 모든 인터넷신문이 다 그런 것도 아니고, 또 일부 인터넷신문의 폐해를 규제할 필요가 있다는 점을 인정한다고 하더라도 인터넷신문을 규제할 수 있는 방법은 이미 여러 법에서 차고 넘치도록 규정하고 있습니다.

인터넷신문사도 다른 언론사들과 마찬가지로 언론중재법에 따라 정정보도청구, 반론보도청구, 추후보도청구 등의 절차에 의한 규제를 받고 있고(언론중재법 제14조 내지 제17조), 민형사상 제재 방법도 있습니다.

인터넷신문은 그 특성상 비전속 기자나 객원기자 등으로부터 기사를 제공받아 독자에게 전달하는 방법으로도 얼마든지 좋은 뉴스를 많이 만들 수 있다는 것은 큰 장점이기도 합니다.

뿐만 아니라, 인터넷신문사에 대해서 규제를 하려면 종이신문에 대해서도 똑같은 규제를 해야 정당한 것인데, 어째서 인터넷신문사에 대해서는 5인 이상을 상시적으로 고용하라고 하면서도 종이신문에 대해서는 그런 제한을 하지 않는지 도무지 이해할 수 없습니다.

2017. 5. 31.
탄원인 김광속 올림 (서명)

■ 신문진흥법 시행령 [별지 제3호서식] <개정 2015.12.31.>

신문사업·인터넷신문사업 등록증

등록번호	서울, 아98765		제 호	데일리플루토
종 별	인터넷신문	간 별	인터넷신문	인터넷 홈페이지 주소 / dailypluto.com
발행소	서울 서초구 나루터로30길 24 다복빌딩 3층		전화번호	02-555-6789
발행인	명왕성(생년월일과 주소 생략)			
편집인	김건성(생년월일과 주소 생략)			
인쇄인	–			
인쇄 장소	–			
발행목적	우주산업과 천체과학 관련 신속한 정보공유 및 제공을 목적으로 함			
발행 내용	상기 발행 목적에 부합되는 기사 및 정보 제공			
보급지역	전국			
보급대상	일반인	유가·무가(有價·無價)		
등록일	2015년 3월 2일			

「신문진흥법」 제9조제4항 및 같은 법 시행령 제4조제4항에 따라 위와 같이 등록하였음을 증명합니다.

2015년 3월 2일

서울특별시장 [서울특별시 시장인]

210mm×297mm[백상지(150g/㎡)]

■ 신문진흥법 시행령 [별지 제9호서식] <개정 2015.12.31.>

사업자 지위승계 신고서

(앞쪽)

접수번호		접수일		처리기간	20일

피승계자	법인(단체) 명칭		플루토연구소	등록번호	서울, 아98765
	대표자	성명	명왕성	생년월일(남/여)	생략
		주소	생략	전화번호	생략
	제호		데일리플루토		
	발행소 주소		서울 서초구 나루터로30길 24 다복빌딩 3층		
승계자	법인(단체) 명칭		플루토연구소	등록번호	서울, 아98765
	대표자	성명	박문진	생년월일(남/여)	생략
		주소	생략	전화번호	생략

지위승계 일시	2017년 2월 15일
지위승계 사유 (양도, 상속, 합병 등)	사업양도 (사업양도양수계약서 생략)

「신문진흥법」제14조제3항 및 같은 법 시행령 제11조제1항에 따라 위와 같이 지위승계를 신고합니다.

2017년 3월 2일

신고인(승계자): 박문진 (서명 또는 인)

피승계자: 명왕성 (서명 또는 인)

서울특별시장 귀하

※ 첨부서류는 뒤쪽(생략)을 참조하시기 바라며, 이 신청서는 복사하여 사용할 수 있습니다.	수수료 없 음

210mm×297mm[백상지(80g/㎡) 또는 중질지(80g/㎡)]

사업자등록증

(일반과세자)

등록번호 : 304-06-87654

상　　　호 : 플루토연구소

성　　　명 : 박문진　　　　주민등록번호 : 생략

개업 연월일 : 2017. 2. 15.

사업장소재지 : 서울 서초구 나루터로30길 24 다복빌딩 3층

사업의 종류 : 업태 서비스　　종목 인터넷신문
　　　　　　　　　서비스　　　　　광고대행

교 부 사 유 : 사업자변경(영업양수)

공동사업자 :

2017년 2월 22일

서초세무서장 [인]

문화적이고 살기 좋은 우리 서울

서 울 특 별 시

수신자   데일리 플루토 인터넷 신문 대표 귀하

(경유)

제목 「신문진흥법 시행령」 개정에 따른 안내 및 재등록 구비서류   제출

----

1. 귀 업체의 무궁한 발전을 기원합니다.

2. 신문진흥법 시행령 주요 개정 내용을 아래와 같이 알려 드리며 기등록된 모든 인터넷 신문 사업자는 2017. 5. 19.부터 2018. 5. 18.까지 다음 서류를 구비하여 재등록하여야 합니다. 기간 만료 후 개정된 등록요건을 미충족할 경우 등록이 취소됨을 알려 드립니다.

   가. 개정안 주요 내용

     ○ 인터넷신문의 상시고용 인원 증원(영 제2조 제1항 제3호 개정)

      - (종전) 취재 및 편집 인력 3명 이상 → (개정) 취재 및 편집 인력 5명 이상

     ○ 인터넷신문 등록 신청시 첨부서류 변경 (영 제4조 제2항 제3호 다목 개정, 라목 신설)

      - (종전) 취재 및 편집 담당자 명부

      (개정) 상시고용을 증명할 수 있는 국민연금, 건강보험, 산재보험 중 한 가지 이상 가입내역 확인서 (4대 사회보험 정보연계센터: www.4insurance.or.kr)

   나. 재등록 서류

     ○ 등록증 반납, 신규등록신청서, 보험가입 사실 확인할 수 있는 서류

   붙임 : 관련 개정법령 규정 안내문 1부. 끝.

서울특별시장 [서울특별시 시장인]

주무관 윤서정   주무관 도인범   언론협력담당관 2017. 5. 11. 남도일
협조자
시행 언론협력담당관-5678 (2017. 5. 12.)   접수
우 04524 서울특별시 중구 세종대로 110 (서울특별시청) / http://www.seoul.go.kr
전화 02) 120   팩스번호 02-300-2222/   / 대국민 공개

인터넷신문 요건 관련 개정 법령 규정

☐ 「신문진흥법 시행령」 신·구 조문 대비표

구법 조문	신법 조문(2017. 5. 11. 대통령령 제24680호로 일부개정된 것)
제2조(인터넷신문) ① 「신문진흥법」(이하 "법"이라 한다) 제2조제2호에서 "지속적인 발행 여부에 관한 세부적 기준"이란 다음 각 호의 기준을 말한다. 1. 주간 단위로 새로운 기사를 게재할 것 2. 주간 게재 기사 건수의 100분의 30 이상을 자체적으로 생산한 기사로 게재할 것 3. <u>취재 인력 2명 이상을 포함하여 취재 및 편집 인력 3명 이상을 상시적으로 고용할 것</u> ② (생략) 제4조(등록) ① (생략) ② 1.·2. (생략) 3. 인터넷신문 가.·나. (생략) 다. 취재 및 편집 담당자 명부 라. <신 설> 4. (생략)	제2조(인터넷신문) ① -- 1. ------------------------------------- 2. -- 3. --------<u>3명 이상</u>--------------------------<u>5명 이상</u>-------------------- 다. <u>취재담당자의 국민연금, 국민건강보험 또는 산업재해보상보험의 가입사실을 확인할 수 있는 서류</u> 라. <u>편집 담당자의 국민연금, 국민건강보험 또는 산업재해보상보험의 가입사실을 확인할 수 있는 서류</u>

③·④ (생략) 부칙 <신 설> <신 설>	제1조(시행일) 이 영은 2017년 5월 19일부터 시행한다. 제2조(인터넷신문의 기준에 관한 경과조치) 이 영 시행 전에 법 제9조 제1항에 따라 등록한 인터넷신문사업자로서 제2조 제1항 제1호 가목에 따른 기준에 미달하는 자는 이 영 시행 이후 1년 이내에 제2조 제1항 제1호 가목의 개정규정에 따른 기준을 갖추어야 한다.

과징금납부통지서
(수납기관보관용)

발행번호		201543
납부자	성 명 (대표자)	박문진
	주 소 (상 호)	서울 서초구 나루터로30길 24 다복빌딩 3층
위반일자		2016. 12. 20.
위반행위		음란물 발행
납부금액		50,000,000원
납부기한		2017. 6. 20.
납부장소		국고수납은행, 우체국

전자금융거래법 제46조의 규정에 의하여 위와 같이 과징금 납부를 통지하오니 납부기한까지 납부하여 주시기 바랍니다.

<공지사항>
1. 위 과징금 처분에 불복이 있는 때에는 30일이내에 서울시장에게 이의를 제기할 수 있음
2. 30일이내에 이의를 제기하지 아니하고 위 과징금을 납부하지 아니한 때에는 국세체납처분의 예에 의하여 이를 징수합니다.

2017년 5월 20일
서울특별시장 (관인 생략)

수납인	

과징금영수필통지서
(서울시보관용)

발행번호		201543
납부자	성 명 (대표자)	박문진
	주 소 (상 호)	서울 서초구 나루터로30길 24 다복빌딩 3층
위반일자		2016. 12. 20.
위반행위		음란물 발행
납부금액		50,000,000원
납부기한		2017. 6. 20.
납부장소		국고수납은행, 우체국

위와 같이 납입하였기에 통지함

년 월 일

은행(우체국)

년 월 일
서울특별시장 귀하

수납인	

과징금납부영수증
(납부자보관용)

발행번호		201543
납부자	성 명 (대표자)	박문진
	주 소 (상 호)	서울 서초구 나루터로30길 24 다복빌딩 3층
위반일자		2016. 12. 20.
위반행위		음란물 발행
납부금액		50,000,000원
납부기한		2017. 6. 20.
납부장소		국고수납은행, 우체국

위와 같이 영수하였습니다.

년 월 일

은행(우체국)

수납인	

268㎜×190㎜
(일반용지 60g/㎡)

과태료 부과 처분서

업 체 명 (제호)	데일리플루토	발행인	박문진
소 재 지	서울 서초구 나루터로30길 24 다복빌딩 3층		
업 종	인터넷신문	등록번호	서울, 아98765
위 반 내 용		명 령 사 항	
○ 신문진흥법 제9조의2 제1항 위반 - 청소년보호책임자 미지정		○ 과태료 300만 원	
근거 법령	○ 신문진흥법 제39조 제2항, 제9조의2 제1항, 신문진흥법 시행령 제34조 [별표2]		
비 고	생략		

신문진흥법 제39조 제2항에 따라 위와 같이 처분을 명합니다.

2017. 5. 20.

서울특별시장 (서울특별시 시장인)

ABS　2017. 5. 17.
조사를 받고 있는 범인 사진 - 생략 -

최근 국민을 공포에 떨게 했던 연쇄살인범 김공연이 검거되었는데 그 동기가 더욱 충격을 주고 있다. 여성 3명을 성폭력한 후 살해한 김공연의 범행수법은 놀랍게도 음란물 사이트의 동영상을 모방한 것이다. 김공연은 경찰진술에서 인터넷신문 기사를 읽다가 그 기사에 실린 음란물 사이트 주소를 클릭하니 바로 해당 사이트로 이동하였다고 한다. 취재 결과 문제된 인터넷 신문인 데일리플루토가 음란물 사이트의 문제를 다루면서도 해당 사이트에 링크될 수 있도록 그 주소를 노출하고 링크를 걸어두기까지 하여 수만명의 독자가 해당 사이트에 방문하였던 것으로 확인되었다. 지금 데일리플루토에 해당 기사는 삭제되었지만, 관련 법률에서 음란한 내용의 신문 등을 발행한 경우 제제를 가할 수 있도록 규정되어 있음에도 상당한 시간 동안 이를 방치한 당국에 그 비난이 쏟아지고 있다. 관련 당국은 조만간 해당 인터넷신문 발행인에게 과징금을 부과할 예정이라고 한다.

이진실 기자 (truthlee@abs.co.kr) 2017. 5. 17. 보도

▶ [저작권자ⓒ ABS 무단복제-재배포 금지]

- 2016. 12. 20. 게시 -

우주소년이 음란소년이 된 사연

  K 중학교에 다니는 최달성(가명, 15세)군은 우주과학자를 꿈꾸는 장래가 촉망되는 학생이었다. 그런데 최군의 성적이 최근 부쩍 떨어졌다. 최군의 부모는 아들의 게임중독을 의심하였는데, 알고 보니 최군이 음란물 사이트에 자주 접속하는 것을 확인하고 더 고민에 빠졌다. 처음에는 성장기의 자연스러운 성장과정으로 이해하려 하였다. 하지만

[광고] 음란물 접속 차단에 효과 있는 프로그램 "왕차단"
월 2,000원 (처음 3개월 무료)

그 정도가 지나친 것 같고 나무라자니 자칫 반항하거나 더 탈선의 길로 빠지지 않을지 염려스럽다. 특히 최군이 자주 드나드는 사이트(www.waba.net)는 과도한 폭력과 음란물 사이트로 유명한 곳이다. 해외에서는 위 사이트의 게시물을 모방한 범죄가 큰 사회적 이슈가 된 지 오래다. 최군의 부모는 이러한 사이트를 방치하는 당국이 원망스럽지만, 당국도 해당 사이트가 서버를 해외에 두면서 이리 저리 옮겨 다니고 있어 마땅한 근절대책을 세우지 못하고 있다. 음란물과 폭력물에 병들고 있는 청소년을 위해 사회가 지혜를 모아 대책을 마련할 필요가 있다.

[저작권자 ⓒ 데일리플루토 무단복제-재배포 금지]

기록이면 표지

참고자료 1 - 신문진흥법 (발췌)

■ 신문진흥법(법률 제13579호, 2016.2.3. 일부개정)

제1조(목적)
이 법은 신문 등의 발행의 자유와 독립 및 그 기능을 보장하고 사회적 책임을 높이며 신문산업을 지원·육성함으로써 언론의 자유 신장과 민주적인 여론형성에 기여함을 목적으로 한다.

제2조(정의)
이 법에서 사용하는 용어의 정의는 다음과 같다.
1. "신문"이란 정치·경제·사회·문화·산업·과학·종교·교육·체육 등 전체 분야 또는 특정 분야에 관한 보도·논평·여론 및 정보 등을 전파하기 위하여 같은 명칭으로 월 2회 이상 발행하는 간행물로서 다음 각 목의 것을 말한다.
   가. 일반일간신문: 정치·경제·사회·문화 등에 관한 보도·논평 및 여론 등을 전파하기 위하여 매일 발행하는 간행물
   나. 특수일간신문: 산업·과학·종교·교육 또는 체육 등 특정 분야(정치를 제외한다)에 국한된 사항의 보도·논평 및 여론 등을 전파하기 위하여 매일 발행하는 간행물
   다. 일반주간신문: 정치·경제·사회·문화 등에 관한 보도·논평 및 여론 등을 전파하기 위하여 매주 1회 발행하는 간행물(주 2회 또는 월 2회 이상 발행하는 것을 포함한다)
   라. 특수주간신문: 산업·과학·종교·교육 또는 체육 등 특정 분야(정치를 제외한다)에 국한된 사항의 보도·논평 및 여론 등을 전파하기 위하여 매주 1회 발행하는 간행물(주 2회 또는 월 2회 이상 발행하는 것을 포함한다)
2. "인터넷신문"이란 컴퓨터 등 정보처리능력을 가진 장치와 통신망을 이용하여 정치·경제·사회·문화 등에 관한 보도·논평 및 여론·정보 등을 전파하기 위하여 간행하는 전자간행물로서, 지속적으로 발행되는 것을 말한다. 지속적인

발행 여부에 관한 세부적 기준은 대통령령으로 정한다.

제3조(신문 등의 자유와 책임)
① 신문 및 인터넷신문에 대한 언론의 자유와 독립은 보장된다.
② 신문 및 인터넷신문은 제1항의 언론자유의 하나로서 정보원에 대하여 자유로이 접근할 권리와 그 취재한 정보를 자유로이 공표할 자유를 갖는다.
③ 신문 및 인터넷신문은 인간의 존엄과 가치 및 민주적 기본질서를 존중하여야 한다.

제9조(등록)
① 신문을 발행하거나 인터넷신문 또는 인터넷뉴스서비스를 전자적으로 발행하려는 자는 대통령령으로 정하는 바에 따라 다음 각 호의 사항을 주사무소 소재지를 관할하는 특별시장·광역시장·특별자치시장·도지사 또는 특별자치도지사(이하 "시·도지사"라 한다)에게 등록하여야 한다. 등록된 사항이 변경된 때에도 또한 같다. 다만, 국가 또는 지방자치단체가 발행 또는 관리하거나 법인이나 그 밖의 단체 또는 기관이 그 소속원에게 보급할 목적으로 발행하는 경우와 대통령령으로 정하는 경우에는 그러하지 아니하다.
1. 신문 및 인터넷신문의 명칭(신문 및 인터넷신문에 한정한다)
2. 인터넷뉴스서비스의 상호 및 명칭(인터넷뉴스서비스에 한정한다)
3. 종별 및 간별(신문에 한정한다)
4. 신문사업자와 신문의 발행인·편집인(외국신문의 내용을 변경하지 아니하고 국내에서 그대로 인쇄·배포하는 경우를 제외한다. 이하 같다) 및 인쇄인의 성명·생년월일·주소(신문사업자 또는 인쇄인이 법인이나 단체인 경우에는 그 명칭, 주사무소의 소재지와 그 대표자의 성명·생년월일·주소)
5. 인터넷신문사업자와 인터넷신문의 발행인 및 편집인의 성명·생년월일·주소(인터넷신문사업자가 법인이나 단체인 경우에는 그 명칭, 주사무소의 소재지와 그 대표자의 성명·생년월일·주소)
6. 인터넷뉴스서비스사업자와 기사배열책임자의 성명·생년월일·주소(인터넷뉴스서비스사업자가 법인이나 단체인 경우에는 그 명칭, 주사무소의 소재지와 그

대표자의 성명·생년월일·주소)
7. 발행소의 소재지
8. 발행목적과 발행내용
9. 주된 보급대상 및 보급지역(신문에 한정한다)
10. 발행 구분(무가 또는 유가)
11. 인터넷 홈페이지 주소 등 전자적 발행에 관한 사항

제9조의2(청소년보호책임자의 지정 등)
① 인터넷신문사업자와 인터넷뉴스서비스사업자는 인터넷신문과 인터넷뉴스서비스의 음란·폭력정보 등 청소년에게 해로운 정보(이하 "청소년유해정보"라 한다)로부터 청소년을 보호하기 위하여 청소년보호책임자(이하 "청소년보호책임자"라 한다)를 지정하여야 한다. 다만, 「정보통신망 이용촉진 및 정보보호 등에 관한 법률」 제42조의3제1항에 따라 청소년보호책임자를 지정하여야 하는 자는 그러하지 아니하다.
② 인터넷신문사업자와 인터넷뉴스서비스사업자는 제1항 본문 또는 「정보통신망 이용촉진 및 정보보호 등에 관한 법률」 제42조의3제1항에 따라 청소년보호책임자를 지정한 경우에는 지정된 청소년보호책임자를 대통령령으로 정하는 바에 따라 공개하여야 한다.
③ 청소년보호책임자는 해당 사업자의 임원 또는 청소년보호와 관련된 업무를 담당하는 부서의 장에 해당하는 지위에 있는 사람(부서의 장에 해당하는 지위에 있는 사람이 없는 경우는 청소년보호와 관련된 업무를 담당하는 사람을 말한다) 중에서 지정한다.
④ 청소년보호책임자는 해당 인터넷신문 또는 인터넷뉴스서비스의 청소년유해정보를 차단·관리하는 등 청소년보호업무를 하여야 한다.
⑤ 그 밖에 청소년보호책임자의 지정 및 업무에 필요한 사항은 대통령령으로 정한다.

제14조(사업의 승계)
① 신문사업자 또는 인터넷신문사업자가 그 사업을 양도하거나 사망한 때 또는

법인의 합병 등이 있는 때에는 그 양수인·상속인 또는 합병 후 존속하는 법인이나 합병에 의하여 설립되는 법인 등은 그 사업자의 지위를 승계한다.
② 「민사집행법」에 따른 경매, 「채무자 회생 및 파산에 관한 법률」에 따른 환가, 「국세징수법」·「관세법」 또는 「지방세법」에 따른 압류재산의 매각, 그 밖에 이에 준하는 절차에 따라 신문 또는 인터넷신문을 인수한 자는 그 사업자의 지위를 승계한다.
③ 제1항 및 제2항에 따라 신문사업자 또는 인터넷신문사업자의 지위를 승계한 자는 대통령령으로 정하는 바에 따라 관할 시·도지사에게 신고하여야 한다.

제22조(신문등의 발행정지 및 등록취소의 심판청구)
② 시·도지사는 제9조제1항에 따라 신문등을 등록한 자가 다음 각 호의 어느 하나에 해당하는 경우 6개월 이내의 기간을 정하여 해당 신문등의 발행정지를 명하거나 법원에 신문등의 등록취소의 심판을 청구할 수 있다.
1. 거짓이나 그 밖의 부정한 방법으로 등록한 사실이 있는 경우
2. 신문등의 내용이 등록된 발행목적이나 발행내용을 현저하게 반복하여 위반한 경우
3. 음란한 내용의 신문등을 발행하여 공중도덕이나 사회윤리를 현저하게 침해한 경우

제27조(과징금 부과)
① 시·도지사는 신문사업자·인터넷신문사업자 또는 인터넷뉴스서비스사업자가 제22조에 해당하여 발행정지처분을 하여야 하는 경우로서 그 발행정지처분이 독자에게 심한 불편을 주거나 그 밖에 공익을 해할 우려가 있는 경우에는 그 발행정지를 갈음하여 10억원 이하의 과징금을 부과·징수할 수 있다.
② 제1항에 따라 과징금을 부과하는 위반행위의 종별·정도 등에 따른 과징금의 금액과 그 부과절차 등에 필요한 사항은 대통령령으로 정한다.
③ 시·도지사는 과징금을 납부하여야 할 자가 납부기한까지 이를 납부하지 아니한 경우에는 「지방세외수입금의 징수 등에 관한 법률」에 따라 징수한다. <개정 2013.8.6.>

④ 시·도지사는 제1항에 따라 징수한 과징금은 제34조에 따른 언론진흥기금으로 출연하여야 한다.

제39조(과태료)

① 다음 각 호의 어느 하나에 해당하는 자에게는 2천만 원 이하의 과태료를 부과한다.
1. 제9조제1항에 따른 등록 또는 변경등록을 하지 아니하고 신문·인터넷신문 또는 인터넷뉴스서비스를 발행하거나 공표한 자

② 제9조의2제1항을 위반하여 청소년보호책임자를 지정하지 아니한 자에게는 1천만 원 이하의 과태료를 부과한다.
③ 제1항 및 제2항에 따른 과태료는 대통령령으로 정하는 바에 따라 문화체육관광부장관 또는 시·도지사가 부과·징수한다.
④ 제1항 및 제2항에 따른 과태료에 대한 이의신청에 관한 사항은 질서행위위반규제법에 따른다.

부칙 <제13579호, 2016.2.3.>
이 법은 공포 후 6개월이 경과한 날부터 시행한다.

참고자료 2 - 신문진흥법 시행령(발췌)

■ 신문진흥법 시행령(대통령령 제24680호, 2017. 5. 11. 일부개정, 2017. 5. 19. 시행)

제1조(목적)
이 영은 신문진흥법에서 위임된 사항과 그 시행에 필요한 사항을 규정함을 목적으로 한다.

제2조(인터넷신문)
① 신문진흥법(이하 "법"이라 한다) 제2조제2호에서 "지속적인 발행 여부에 관한 세부적 기준"이란 다음 각 호의 기준을 말한다. <개정 2017.5.11.>
1. 주간 단위로 새로운 기사를 게재할 것
2. 주간 게재 기사 건수의 100분의 30 이상을 자체적으로 생산한 기사로 게재할 것
3. 취재 인력 3명 이상을 포함하여 취재 및 편집 인력 5명 이상을 상시적으로 고용할 것
② 제1항 제2호에도 불구하고 다음 각 호의 어느 하나에 해당하는 자의 계열회사(「독점규제 및 공정거래에 관한 법률」 제2조제3호에 따른 계열회사를 말한다)가 다음 각 호의 자가 생산하는 기사를 인터넷을 통하여 일반에 제공하는 경우에는 자체적으로 생산한 기사가 100분의 30 미만인 경우에도 제1항제1호나목의 기준을 충족한 것으로 본다.
1. 신문사업자
2. 「잡지 등 정기간행물의 진흥에 관한 법률」 제2조제1호가목 또는 라목에 따른 잡지 또는 기타간행물을 발행하는 자
3. 「뉴스통신진흥에 관한 법률」 제2조제2호에 따른 뉴스통신사업을 영위하는 자

제4조(등록)
① 법 제9조제1항에 따라 신문 또는 인터넷신문을 등록하려는 자는 별지 제1호서

식의 신문사업·인터넷신문사업 등록신청서(전자문서로 된 신청서를 포함한다)를, 인터넷뉴스서비스를 등록하려는 자는 별지 제2호서식의 인터넷뉴스서비스사업 등록신청서(전자문서로 된 신청서를 포함한다)를 특별시장·광역시장·도지사 또는 특별자치도지사(이하 "시·도지사"라 한다)에게 제출하여야 한다.

② 제1항에 따른 신청서에는 다음 각 호의 구분에 따른 서류(전자문서를 포함한다)를 첨부하여야 한다. <개정 2017.5.11.>

1. 일간신문 및 일반주간신문

　가. 발행인 및 편집인의 기본증명서(「가족관계의 등록 등에 관한 법률」 제15조제1항제2호에 따른 기본증명서를 말한다. 이하 같다)

　나. 법인의 정관

　다. 해당 신문을 발간하는 인쇄사에 대한 「인쇄문화산업 진흥법」에 따른 인쇄사 신고필증

2. 특수주간신문

　가. 발행인 및 편집인의 기본증명서

　나. 발행 주체가 법인인 경우에는 정관

　다. 발행 주체가 단체인 경우에는 규약 및 그 설립을 증명하는 서류

　라. 발행소 건물을 임차한 경우에는 임대차계약서 사본(발행 주체가 단체 또는 개인인 경우에만 첨부한다)

　마. 해당 신문을 발간하는 인쇄사에 대한 「인쇄문화산업 진흥법」에 따른 인쇄사 신고필증

3. 인터넷신문

　가. 발행인 및 편집인의 기본증명서

　나. 제2호나목부터 라목까지의 서류

　다. 취재 담당자의 국민연금, 국민건강보험 또는 산업재해보상보험의 가입사실을 확인할 수 있는 서류

　라. 편집 담당자의 국민연금, 국민건강보험 또는 산업재해보상보험의 가입사실을 확인할 수 있는 서류

제7조의2(청소년보호책임자의 업무 등)

① 법 제9조의2제1항에 따라 인터넷신문사업자와 인터넷뉴스서비스사업자가 지정한 청소년보호책임자는 다음 각 호의 업무를 수행한다.
1. 음란·폭력정보 등 청소년에게 해로운 정보(이하 "청소년유해정보"라 한다)에 대한 청소년접근제한 조치
2. 청소년유해정보에 대한 관리조치
3. 그 밖에 청소년유해정보로부터 청소년을 보호하기 위하여 필요한 업무
② 인터넷신문사업자와 인터넷뉴스서비스사업자는 법 제9조의2제2항에 따라 청소년보호책임자의 성명을 다음 각 호의 방법에 따라 공개하여야 한다.
1. 인터넷신문사업자: 인터넷신문의 첫 화면에 표시
2. 인터넷뉴스서비스사업자: 인터넷뉴스서비스에서 언론의 기사를 연결하여 종합적으로 제공하는 화면 중 연결 단계구조의 최상위 화면에 표시

제11조(사업자 지위승계 신고)
① 법 제14조제3항에 따라 신문사업자 또는 인터넷신문사업자의 지위를 승계한 자는 그 지위를 승계한 날부터 30일 이내에 별지 제9호서식의 사업자 지위승계 신고서에 다음 각 호의 서류를 첨부하여 관할 시·도지사에게 제출하여야 한다.
1. 제4조제3항에 따른 등록증
2. 가족관계증명서 등 상속인임을 증명하는 서류나 양도·양수계약서 사본 또는 합병계약서 사본 등 지위승계를 증명하는 서류
3. 법인의 정관 또는 단체의 규약과 대표자의 기본증명서(지위를 승계한 자가 법인 또는 단체인 경우에만 첨부한다)

제21조(과징금 부과기준 등)
① 법 제27조에 따른 위반행위의 종류와 위반 정도에 따른 과징금의 금액은 별표 1과 같다.
② 시·도지사는 제1항에 따라 과징금을 부과하는 경우 위반행위의 정도, 위반횟수, 위반행위의 동기와 그 결과 등을 고려하여 제1항에 따른 과징금 금액의 2분의 1의 범위에서 줄일 수 있다.
③ 시·도지사는 법 제27조제1항에 따라 과징금을 부과하는 경우 그 위반행위의

종류와 해당 과징금의 금액 등을 명시하여 이를 납부할 것을 서면으로 통지하여야 한다.

④ 제3항에 따라 통지를 받은 자는 20일 이내에 해당 시·도에 과징금을 납부하여야 한다. 다만, 천재지변이나 그 밖의 부득이한 사유로 그 기간 내에 과징금을 납부할 수 없는 경우에는 그 사유가 없어진 날부터 7일 이내에 납부하여야 한다.

⑤ 제4항에 따라 과징금을 받은 시·도지사는 영수증을 납부자에게 발급하여야 한다.

⑥ 시·도지사는 제4항에 따라 과징금을 수납하면 지체 없이 그 사실을 문화체육관광부장관에게 통보하고, 법 제27조제4항에 따라 언론진흥기금으로 출연하여야 한다.

제34조(과태료의 부과기준)
법 제39조에 따른 과태료의 부과기준은 별표 2와 같다.

[별표 1] 위반행위의 종류별 과징금 부과기준(제21조제1항 관련)

Ⅰ. 일반 기준
 1. 발행정지 1월은 30일을 기준으로 한다.
 2. 발행정지에 갈음한 과징금부과의 기준이 되는 연간 매출금액은 처분전년도의 1년간의 총 매출금액을 기준으로 한다. 다만, 신규사업, 휴업 등으로 인하여 1년간의 총 매출금액을 산출할 수 없는 경우에는 분기별·월별 또는 일별 매출금액을 기준으로 산출한다.

Ⅱ. 개별 기준 (발췌)

(단위: 만원)

위반행위	해당 법조문	발행정지 1일에 해당하는 금액		
		연간 매출액 300억원 미만	연간 매출액 300억원 이상 1000억원 미만	연간 매출액 1000억원 이상
5. 음란한 내용의 신문등을 발행하여 공중도덕이나 사회윤리를 현저하게 침해한 경우	법 제22조 제2항제3호	50	80	150

[별표 2] 과태료의 부과기준(제34조 관련)

Ⅰ. 일반기준
 생략
Ⅱ. 개별기준 (발췌)

(단위: 만원)

위 반 행 위	해당 법조문	과 태 료
3. 법 제9조의2제1항을 위반하여 청소년보호책임자를 지정하지 아니한 경우	법 제39조제2항	300

부칙 <대통령령 제24680호, 2017. 5. 11>

제1조(시행일) 이 영은 2017년 5월 19일부터 시행한다.

제2조(인터넷신문의 기준에 관한 경과조치) 이 영 시행 전에 법 제9조제1항에 따

라 등록한 인터넷신문사업자로서 제2조 제1항 제3호의 개정규정에 따른 기준에 미달하는 자는 이 영 시행 이후 1년 이내에 제2조 제1항 제3호의 개정규정에 따른 기준을 갖추어야 한다.

■ 구 신문진흥법 시행령(2017. 5. 11. 대통령령 제24680호로 개정되기 전의 것)

제2조(인터넷신문)
① 신문진흥법(이하 "법"이라 한다) 제2조 제2호에서 "지속적인 발행 여부에 관한 세부적 기준"이란 다음 각 호의 기준을 말한다.
1. 주간 단위로 새로운 기사를 게재할 것
2. 주간 게재 기사 건수의 100분의 30 이상을 자체적으로 생산한 기사로 게재할 것
3. 취재 인력 2명 이상을 포함하여 취재 및 편집 인력 3명 이상을 상시적으로 고용할 것
② 제1항 제1호에도 불구하고 다음 각 호의 어느 하나에 해당하는 자의 계열회사(「독점규제 및 공정거래에 관한 법률」 제2조제3호에 따른 계열회사를 말한다)가 다음 각 호의 자가 생산하는 기사를 인터넷을 통하여 일반에 제공하는 경우에는 자체적으로 생산한 기사가 100분의 30 미만인 경우에도 제1항제1호나목의 기준을 충족한 것으로 본다.
1. 신문사업자
2. 「잡지 등 정기간행물의 진흥에 관한 법률」 제2조제1호가목 또는 라목에 따른 잡지 또는 기타간행물을 발행하는 자
3. 「뉴스통신진흥에 관한 법률」 제2조제2호에 따른 뉴스통신사업을 영위하는 자

제4조(등록) ① 법 제9조제1항에 따라 신문 또는 인터넷신문을 등록하려는 자는 별지 제1호서식의 신문사업·인터넷신문사업 등록신청서(전자문서로 된 신청서를 포함한다)를, 인터넷뉴스서비스를 등록하려는 자는 별지 제2호서식의 인터넷뉴스서비스사업 등록신청서(전자문서로 된 신청서를 포함한다)를 특별시장·광역시장·도지사 또는 특별자치도지사(이하 "시·도지사"라 한다)에게 제출하여야 한다.

참고자료 3 - 질서위반행위규제법(발췌)

제20조(이의제기)
① 행정청의 과태료 부과에 불복하는 당사자는 제17조 제1항에 따른 과태료 부과 통지를 받은 날부터 60일 이내에 해당 행정청에 서면으로 이의제기를 할 수 있다.
② 제1항에 따른 이의제기가 있는 경우에는 행정청의 과태료 부과처분은 그 효력을 상실한다.
③ 당사자는 행정청으로부터 제21조 제3항에 따른 통지를 받기 전까지는 행정청에 대하여 서면으로 이의제기를 철회할 수 있다.

제21조(법원에의 통보)
① 제20조 제1항에 따른 이의제기를 받은 행정청은 이의제기를 받은 날부터 14일 이내에 이에 대한 의견 및 증빙서류를 첨부하여 관할 법원에 통보하여야 한다. 다만, 다음 각 호의 어느 하나에 해당하는 경우에는 그러하지 아니하다.
1. 당사자가 이의제기를 철회한 경우
2. 당사자의 이의제기에 이유가 있어 과태료를 부과할 필요가 없는 것으로 인정되는 경우
② 행정청은 사실상 또는 법률상 같은 원인으로 말미암아 다수인에게 과태료를 부과할 필요가 있는 경우에는 다수인 가운데 1인에 대한 관할권이 있는 법원에 제1항에 따른 이의제기 사실을 통보할 수 있다.
③ 행정청이 제1항 및 제2항에 따라 관할 법원에 통보를 하거나 통보하지 아니하는 경우에는 그 사실을 즉시 당사자에게 통지하여야 한다.

제28조(준용규정)
「비송사건절차법」 제2조부터 제4조까지, 제6조, 제7조, 제10조(인증과 감정을 제외한다) 및 제24조부터 제26조까지의 규정은 이 법에 따른 과태료 재판(이하 "과태료 재판"이라 한다)에 준용한다.

참고자료 4 - 달력

2017년

1월 January

일	월	화	수	목	금	토
1	2	3	4	5	6	7
8	9	10	11	12	13	14
15	16	17	18	19	20	21
22	23	24	25	26	27	28
29	30	31				

2월 February

일	월	화	수	목	금	토
			1	2	3	4
5	6	7	8	9	10	11
12	13	14	15	16	17	18
19	20	21	22	23	24	25
26	27	28				

3월 March

일	월	화	수	목	금	토
			1	2	3	4
5	6	7	8	9	10	11
12	13	14	15	16	17	18
19	20	21	22	23	24	25
26	27	28	29	30	31	

4월 April

일	월	화	수	목	금	토
						1
2	3	4	5	6	7	8
9	10	11	12	13	14	15
16	17	18	19	20	21	22
23	24	25	26	27	28	29
30						

5월 May

일	월	화	수	목	금	토
	1	2	3	4	5	6
7	8	9	10	11	12	13
14	15	16	17	18	19	20
21	22	23	24	25	26	27
28	29	30	31			

6월 June

일	월	화	수	목	금	토
				1	2	3
4	5	6	7	8	9	10
11	12	13	14	15	16	17
18	19	20	21	22	23	24
25	26	27	28	29	30	

7월 July

일	월	화	수	목	금	토
						1
2	3	4	5	6	7	8
9	10	11	12	13	14	15
16	17	18	19	20	21	22
23	24	25	26	27	28	29
30	31					

8월 August

일	월	화	수	목	금	토
		1	2	3	4	5
6	7	8	9	10	11	12
13	14	15	16	17	18	19
20	21	22	23	24	25	26
27	28	29	30	31		

9월 September

일	월	화	수	목	금	토
					1	2
3	4	5	6	7	8	9
10	11	12	13	14	15	16
17	18	19	20	21	22	23
24	25	26	27	28	29	30

10월 October

일	월	화	수	목	금	토
1	2	3	4	5	6	7
8	9	10	11	12	13	14
15	16	17	18	19	20	21
22	23	24	25	26	27	28
29	30	31				

11월 November

일	월	화	수	목	금	토
			1	2	3	4
5	6	7	8	9	10	11
12	13	14	15	16	17	18
19	20	21	22	23	24	25
26	27	28	29	30		

12월 December

일	월	화	수	목	금	토
					1	2
3	4	5	6	7	8	9
10	11	12	13	14	15	16
17	18	19	20	21	22	23
24	25	26	27	28	29	30
31						

확 인 : 법학전문대학원협의회

2017년도 제2차
법전협
모의시험
문제

2017년도 제2차 변호사시험 모의시험 – 논술형(기록형)

시험과목	공 법(기록형)

응시자 준수사항

1. 시험 시작 전 문제지의 봉인을 손상하는 경우, 봉인을 손상하지 않더라도 문제지를 들추는 행위 등으로 문제 내용을 미리 보는 경우 모두 부정행위로 간주되어 그 답안은 영점 처리 됩니다.

2. 답안은 흑색 또는 청색 필기구(사인펜이나 연필 사용 금지) 중 한 가지 필기구만을 사용하여 답안 작성 난(흰색 부분) 안에 기재하여야 합니다.

3. 답안지에 성명과 수험 번호를 기재하지 않아 인적 사항이 확인되지 않는 경우에는 영점 처리 등 불이익을 받게 됩니다. 특히 답안지를 바꾸어 다시 작성하는 경우, 성명 등의 기재를 빠뜨리지 않도록 유의하여야 합니다.

4. 답안지에는 문제 내용을 기재할 필요가 없으며, 답안 내용 이외의 사항을 기재하거나 밑줄 기타 어떠한 표시도 하여서는 안 됩니다. 답안을 정정할 경우에는 두 줄로 긋고 다시 기재하여야 하며, 수정액 등은 사용할 수 없습니다.

5. 시험 종료 시각에 임박하여 답안지를 교체 요구한 경우라도 시험시간 종료 후 즉시 새로 작성한 답안지를 회수합니다.

6. 시험 종료 후에는 답안지 작성을 일절 할 수 없으며, 이에 위반하여 시험시간이 종료되었음에도 불구하고 **시험관리관의 답안지 제출 지시에 불응한 채 계속 답안을 작성하거나 답안지를 늦게 제출할 경우 그 답안은 영점 처리** 됩니다.

7. 답안은 답안지 쪽수 번호 순으로 기재하여야 하고, **배부받은 답안지는 백지 답안이라도 모두 제출**하여야 하며, **답안지를 제출하지 아니한 경우 그 시험시간 및 나머지 시험시간의 시험에 응시할 수 없습니다.**

8. 지정된 시간까지 지정된 시험실에 입실하지 아니하거나 시험관리관의 승인을 얻지 아니하고 시험시간 중에 그 시험실에서 퇴실한 경우 그 시험시간 및 나머지 시험시간의 시험에 응시할 수 없습니다.

9. 시험시간이 종료되기 전에는 어떠한 경우에도 문제지를 시험장 밖으로 가지고 갈 수 없고, 시험 종료 후 가지고 갈 수 있습니다.

법학전문대학원협의회
KOREAN ASSOCIATION OF LAW SCHOOLS

Ⅰ. 문제 ··· 2

Ⅱ. 작성요령 및 주의사항 ··· 4

Ⅲ. 소장 양식 ··· 5

Ⅳ. 헌법소원심판청구서 양식 ·· 6

Ⅴ. 제소 전 기록내용
  법률상담일지 ··· 8
  내부회의록 ··· 9
  첨부자료(헌법재판소 결정문) ···································· 14
  법인등기부등본 ··· 17
  사업시행인가고시 ··· 18
  회신(사업시행인가조건 취소요청 등에 대한 안내) ··· 20
  첨부서면(질의회신) ··· 21
  첨부서면(이행각서) ··· 22
  첨부서면(사실확인서) ··· 23

Ⅵ. 참고 자료
  1. 도시 및 주거환경정비법 등(발췌) ························ 25
  2. 달력 ··· 29

【문 제】

1. 사건의 개요

    가. 올드아파트주택재건축정비사업조합은 서울 강남구 논현로500길 일대 20필지 지상(이하 '이 사건 사업구역') 올드아파트에 관한 주택재건축사업(이하 '이 사건 사업')을 목적으로 이 아파트 소유자 등 3,000명이 조합원이 되어 설립한 주택재건축정비조합이다.

    나. 서울특별시 강남구청장은 서울특별시장이 고시한 개발기본계획에 따라 2017. 2. 17. 이 사건 사업의 시행을 인가(이하 '이 사건 사업시행인가')하면서 아래와 같은 조건(이하 '이 사건 인가조건')을 붙였다.

    > 이 사건 사업구역 안에 있는 강남구 소유의 용도폐지되는 도로에 대하여는 준공신청 전까지 매입완료할 것 (위 강남구 소유의 도로와 동일한 용도로 대체되는 정비기반시설로 볼 수 있는 도로가 없어 무상양도 대상이 아님)

    다. 이 사건 인가조건에 따라 위 조합이 강남구로부터 매수해야 할 도로의 평가액은 700억 원 상당이다.

    라. 한편, 도시 및 주거환경정비법 제65조 제2항 전단은, 민간 사업시행자가 정비사업의 시행으로 새로이 설치하는 정비기반시설은 이를 관리할 국가 또는 지방자치단체에 무상으로 귀속되도록 규정하고 있다. 위 조합이 이 사건 사업 과정에서 약 1,000억 원 상당의 비용을 들여 새로이 설치할 정비기반시설인 도로는 이 법률조항에 따라 강남구에 무상으로 귀속된다.

    마. 위 조합은 법무법인 건설에 이 사건 인가조건 부분의 취소를 구하는 소송 및 도시 및 주거환경정비법 제65조 제2항 전단에 대한 헌법소원심판청구소송의 수행을 의뢰하였다. 법무법인 건설은 이들 소송의 담당변호사로서 정건일을 지정하였다.

2. 담당변호사 정건일의 입장에서,

    가. 관할 행정청이 의뢰인 조합에 대하여 한 이 사건 인가조건에 해당하는 부분의 취소를 구하는 소장을 작성한다고 할 때, 첨부된 양식의 상자( ) 부분을 작성하시오. (50점)

나. 도시 및 주거환경정비법 제65조 제2항 전단에 대하여 헌법재판소법 제68조 제1항에 따른 헌법소원심판청구서를 작성하되, 첨부된 양식의 상자( ) 부분을 작성하시오. (50점)

【작성요령 및 주의사항】

1. 첨부된 양식의 상자(⬜)에 들어갈 내용만 작성할 것.

2. 소장 중 청구취지 부분인 ⬜②⬜ 과 관련하여, '별지'를 이용하여 청구취지를 작성하되, 소장에 첨부할 별지를 별도로 작성하지 않고 ⬜②⬜ 바로 아래 ⬜② [별지 부분]⬜ 에 별지에 기재될 내용을 기재할 것.

3. 소장과 헌법소원심판청구서는 2017. 3. 30. 제출된 것으로 간주할 것.

4. 기록상 각종 서류는 적법하게 작성된 것으로 간주하고 서류 등에 필요한 서명과 날인, 또는 무인과 간인 등은 모두 적법하게 갖추어진 것으로 볼 것.

5. '도시 및 주거환경정비법'은 '도시정비법'으로, '국토의 계획 및 이용에 관한 법률'은 '국토계획법'으로 줄여 쓸 수 있음.

6. 서술어로 경어를 사용할 것.

7. 첨부된 관련 법령(일부 조문은 가상의 것으로 현행 법령과 차이가 있을 수 있음)은 이 사건의 모든 절차와 과정, 소장 및 청구서의 작성 및 제출 시 모두 시행되는 것으로 보고, 첨부된 관련 법령과 다른 현행 법령은 고려하지 말 것.

8. 법률상담일지의 사실관계 및 기록에 첨부된 자료들을 기초로 하고, 그것이 사실임을 전제로 할 것.

9. 기록 중 일부 생략된 것이 있을 수 있고, 오기나 탈자가 있을 수 있음.

【소장 양식】

소 장

원 고 생략

피 고 [①]

○○○○○ 청구의 소(생략)

청 구 취 지

②
②[별지 부분]

청 구 원 인

1. 각 처분의 경위 등(생략)
2. 소의 적법성

③

3. 처분의 위법성

④

입 증 방 법(생략)
첨 부 서 류(생략)

2017. 3. 30.

원고 소송대리인 (생략)

서울행정법원 귀중

【헌법소원심판청구서 양식】

헌법소원심판청구서

청 구 인   ①

청 구 취 지

②

침 해 된 권 리
(생략)

침 해 의 원 인
(생략)

청 구 이 유

1. 사건개요 (생략)

2. 적법요건

③

3. 심판대상의 위헌성

④

첨 부 서 류
1. 각종 입증서류
2. 소송위임장(소속변호사회 경유)

2017. 3. 30.

청구인 대리인 (생략)

헌법재판소 귀중

기록내용 시작

수임번호 2017 - 37	**법률상담일지**		2017. 3. 8.
의뢰인	올드아파트주택재건축정비사업조합 대표자 조합장 김시행	의뢰인 전화	02-123-4567 010-1234-5678
의뢰인 주소	서울 강남구 논현로 500 재건빌딩 204호	의뢰인 팩스	02-234-5678

상 담 내 용

1. 의뢰인 조합은 주택재건축정비조합으로서 2012. 1. 20. 강남구청장으로부터 조합설립을 인가받았다.

2. 강남구청장은 이 사건 사업의 건축계획안에 관한 서울특별시장의 심의의결 및 교통영향평가 등을 거쳐 2017. 2. 17. 이 사건 사업시행을 인가하였고, 같은 달 25일 의뢰인 조합에게 이를 통지하였는데, 이 사건 사업으로 용도폐지되는 도로는 의뢰인 조합이 매수하여야 한다는 내용의 이 사건 인가조건이 붙어 있다.

3. '도시 및 주거환경정비법'에 의하면, 민간 사업시행자가 정비사업의 시행으로 새로이 설치하는 도로는 국가 또는 지방자치단체에 무상으로 귀속되고, 그 사업시행으로 용도폐지되는 도로는 사업시행자가 새로 설치한 도로의 설치비용에 상당하는 범위 안에서 사업시행자에게 무상으로 양도되도록 규정하고 있다.

4. 의뢰인 조합은 강남구청장이 의뢰인 조합에게 사업시행을 인가하면서 덧붙인 이 사건 인가조건은 위법하므로 취소되어야 한다고 주장한다.

5. 또한 용도폐지되는 도로의 무상양도는 사업시행자가 새로 설치한 도로의 설치비용 범위 안에서만 하도록 하면서, 사업시행자가 새로 설치한 도로의 무상 귀속은 아무런 제한 없이 이루어지게 하는 것은 재산권을 침해하여 위헌이라고 주장한다.

6. 의뢰인 조합의 희망사항
의뢰인 조합은 이 사건 인가조건이 취소되거나, 이 사건 사업시행을 통해 설치하게 될 도로의 소유권을 강남구청에 무상 귀속되도록 한 법률조항이 위헌으로 확인되기를 희망하고 있다.

법무법인 건설(담당변호사 정건일)
전화 02-8765-4321, 팩스 02-9876-5432, 이메일 jgi@lawcon.com
서울 서초구 강남대로 100 법조빌딩 10층

법무법인 건설 내부회의록

일　시: 2017. 3. 10. 14:00 ~ 15:00
장　소: 법무법인 건설 소회의실
참석자: 하성혜 변호사(송무팀장), 정건일 변호사

하 변호사: 의뢰인 올드아파트주택재건축사업조합 건과 관련하여 몇 가지 논의할 사항이 있습니다. 정 변호사님, 의뢰인 조합의 희망사항은 무엇인가요?

정 변호사: 강남구청장이 의뢰인 조합에게 사업시행을 인가하면서 덧붙인 이 사건 인가조건이 법률에 위반된다는 것입니다. 도시 및 주거환경정비법(이하 "도시정비법") 제65조 제2항 후단에서는 정비사업의 시행으로 인하여 용도가 폐지되는 국가나 지방자치단체 소유의 도로는, 사업시행자가 새로이 설치한 정비기반시설의 설치비용 범위 내에서 사업시행자에게 무상으로 양도되도록 규정하고 있습니다. 의뢰인 조합이 이 사건 사업과 관련하여 새로이 설치하는 도로의 설치비용은 약 1,000억 원 상당입니다. 하지만 강남구청은 이 사건 사업구역 내 용도폐지되는 도로를 의뢰인 조합이 700억 원을 주고 매입하라는 조건을 인가에 붙였습니다. 이는 위 법률조항에 위반되는 부관입니다.

하 변호사: 강남구청이 내건 사업시행인가조건이 법률의 규정에 위반되면 행정소송을 하여 취소판결을 받으면 되겠네요?

정 변호사: 네. 그런데 강남구청장이 의뢰인 조합에 보낸 회신을 보면 몇 가지 법적으로 다투어질 부분이 있습니다. 먼저 강남구청장은 질의회신에서, 인가조건의 내용은 의뢰인 조합이 인가를 신청할 당시에 제출한 이행각서에서 이미 약속한 것을 준공신청 전까지 이행하라는 안내에 불과하므로 행정처분이 아니라고 주장하고 있습니다. 나아가 인가조건이 행

- 9 -

정처분이라 하더라도 사업시행인가조건은 행정행위 부관에 불과하여 그 조건만을 쟁송의 대상으로 삼을 수 없다는 것입니다.

하 변호사: 그럼 취소소송의 대상적격만 문제되는 것인가요?

정 변호사: 아닙니다. 강남구청장은 사업시행인가조건이 위법하지 않다고 다툽니다. 강남구청장은 그 근거로, 도시정비법 제65조 제2항 후단은 강행규정이 아니라고 주장합니다. 그래서 행정청이 임의로 무상양도 여부를 정할 재량이 있다는 것입니다. 또한 의뢰인 조합이 새로이 설치하는 도로는 환경영향평가법 제3조에 따라 의무적으로 설치하여야 하는 완화차로서 도시정비법 제60조 제1항에 따라 의뢰인 조합이 그 설치비용을 부담하여야 하는 것이고 용도폐지되는 도로는 통행도로인데 양 도로간에 기능대체성이 인정되지 않아서 새로이 설치되는 도로가 무상양도대상이 아니라고도 합니다.

하 변호사: 기능대체성이 인정되지 않아 무상양도 대상이 아니라는 행정청의 주장은 무슨 뜻인가요?

정 변호사: 네, 새로이 설치되는 도로는 용도폐지되는 도로의 기능을 대체하는 것이 아니어서 새로이 설치되는 도로가 행정청에 무상귀속되는 것과는 별개로 행정청은 용도폐지되는 도로를 의뢰인 조합에 무상 양도하여야 하는 것은 아니라는 취지입니다. 도시 및 주거환경정비법 제65조 제2항 후단은 용도폐지되는 정비기반시설이 새로이 설치되는 정비기반시설과 같은 종류로 양 시설이 기능을 대체하는 관계에 있을 때 설치비용에 상당한 범위에서 용도폐지되는 시설을 무상양도하도록 하는 규정으로 해석한 것입니다.

하 변호사: 의뢰인 조합이 설치하는 도로는 용도폐지되는 도로와 어떤 점에서 기능의 차이가 있나요?

정 변호사: 의뢰인 조합이 새로 설치하는 도로는 이 사건 사업 구역을 둘러 싼 논현로, 강남로, 사평로에서 사업 구역 안에 들어설 아파트 단지로의 진출입을 원활하게 하기 위해 설치될 진입 완화차로들입니다. 그리고 이 사건 사업 시행으로 폐지되는 도로는 이 사건 사업 구역 안을 통하는 통행도로들입니다.

하 변호사: 행정청의 주장처럼 기능대체성이 요구되는 것으로 해석되는지 잘 검토해 보시지요. 아, 참, 아까 전에 이 사건 인가조건 내용과 관련하여 의뢰인 조합이 써 준 이행각서가 있다고 했습니까?

정 변호사: 네, 사업시행인가를 받을 때 강남구청에서 요구하여 제출한 것이라고 합니다.

하 변호사: 의뢰인 조합이 스스로 불리한 내용을 이행각서로 작성한 적이 있으면 다투기 어렵겠네요.

정 변호사: 하지만 이행각서의 내용이 도시정비법 제65조 제2항 후단에 반하는 내용인데, 이 조항은 그 문언이나 취지로 볼 때 강행규정으로 볼 여지가 있습니다. 그리고 이행각서의 내용에 의하더라도 법적 분쟁이 생길 경우 법원의 판단에 따르기로 하고 있어 이행각서상의 합의가 강행규정보다 우선하기는 어렵지 않나 싶습니다.

하 변호사: 이 사건 인가조건이 위법하다고 주장하려면 도시정비법 제65조 제2항 후단이 강행규정이라는 점이 중요하겠네요. 그 근거를 설득력 있게 잘 주장해 봅시다. 그리고 혹시 인가조건이 위법하다고 볼 만한 다른 사유가 있는지도 고민해 봅시다.

정 변호사: 네, 그리고 이행각서의 내용에 의하더라도 그리고 의뢰인 조합은 도시정비법 조항이 위헌이어서 무효라는 재판을 받을 수 있기를 희망합니

다.

하 변호사: 도시정비법의 어떤 조항이, 어떤 이유로 위헌이라는 것인가요?

정 변호사: 도시정비법 제65조 제2항 전단에 따르면, 의뢰인 조합이 새로이 건설하는 도로는 이를 관리할 강남구청에 무상으로 귀속시켜야 합니다. 그 도로의 설치비용은 약 1,000억 원으로 추산됩니다. 반면에, 강남구청이 용도폐지하여 의뢰인 조합에 양도하는 도로는 두 곳의 감정평가법인의 시가감정결과 약 700억 원 상당입니다. 설령 이 용도폐지되는 도로를 강남구청으로부터 무상으로 제공받을 경우 얻게 되는 이익을 차감하더라도, 의뢰인 조합으로서는 300억 원이나 더 지출하는 셈이 됩니다. 의뢰인 조합은 이처럼 거액의 재산적 손실을 무조건 감수하게 하는 것은 의뢰인 조합의 재산권을 침해하는 것이어서 위헌이라고 합니다.

하 변호사: 그럼 이에 대해서는 헌법소원을 생각해 볼 수 있겠군요?

정 변호사: 예. 그렇습니다. 그런데 문제는, 도시정비법 제65조 제2항 전단과 같은 내용의 규정에 대해 헌법재판소는 최근에 합헌결정을 한 사례가 있어서, 판례가 불리합니다. 여기 최근의 헌법재판소 결정문이 있습니다.(첨부)

하 변호사: 그래요? 그렇다면, 헌법소원을 제기하더라도 그 주장이 받아들여질 가능성은 아주 희박한 것 아닌가요?

정 변호사: 예, 안타깝게도 그렇습니다. 의뢰인에게도 그런 사정을 충분히 설명했습니다만, 그럼에도 불구하고 의뢰인이 법률조항의 위헌성을 꼭 다투고 싶어합니다.

하 변호사: 그렇군요... 헌법소원을 제기한다면 어떤 주장을 펼쳐야 하나요? 불리한 판례가 있는 상황에도 불구하고, 의뢰인의 입장을 가능한 한 설득력 있

게 대변하려면, 상당히 정밀한 논리를 펴야 할 텐데요.

정 변호사: 예. 도시정비법 제65조 제2항 전단에서 무상귀속을 규정한 것이 법적으로 공용수용에 해당하는지부터 문제됩니다. 공용수용에 해당한다면, 해당 재산권을 전부 박탈하는 것이 공공에 필요한 정도를 넘은 것이라거나 정당한 보상을 규정하지 않은 점에서 위헌이라는 것을 다툴 수 있을 것입니다. 반면에, 공용수용에 해당하지 않는다면, 재산권에 대한 제약의 정도가 비례성에 반하여 과도하다는 점을 주장해야 할 것입니다. 제 생각으로는 두 가지 주장을 모두 하는 게 좋겠습니다.

하 변호사: 만만치 않겠군요... 어렵겠지만, 법리적으로 가능한 논리를 최대한 잘 구성해 주시기 바랍니다.
그런데 그 전에 헌법소원의 적법요건에는 별 문제가 없나요?

정 변호사: 법률조항에 대해 직접 헌법소원을 제기하는 경우라서 적법요건에서도 신경 써야 할 부분이 많습니다. 특히 이 사업구역 내 새로운 도로의 설치에 거액의 비용이 지출될 상황에서, 해당 법률조항의 위헌 여부는 조합원의 경제적 이익과 재건축사업의 원활한 추진에 여러 중요한 영향을 미칠 수 있는 요소인 만큼, 지금 이 단계에서 그 위헌 여부 심판을 구할 필요가 있다고 강조해야 할 듯합니다.

하 변호사: 아무튼 의뢰인의 입장을 최대한 반영하여 잘 준비해 주시기 바랍니다.

정 변호사: 네, 잘 알겠습니다.

하 변호사: 그럼, 오늘은 이상으로 회의를 마치겠습니다. 끝.

〈첨부자료〉

도시 및 주거환경정비법 제40조 제1항 등 위헌확인
(2012. 7. 26. 2011헌마169)

【판시사항】
　민간사업시행자가 설치한 정비기반시설은 그 시설을 관리할 국가 또는 지방자치단체에 무상으로 귀속된다고 규정한 도시정비법 제65조 제2항 전단이 청구인들의 재산권을 침해하는지 여부(소극)

(중략)

4. 본안에 대한 판단

(중략)

　(가) 목적의 정당성 및 방법의 적절성
　주택재개발사업과 같은 정비사업을 시행하는 경우 필연적으로 입주민들의 생활을 위한 핵심적 기반시설로서 도로, 공원, 녹지, 상하수도 등 정비기반시설에 대한 새로운 수요가 발생한다. 이러한 경우 정비기반시설을 설치하고 유지·관리할 책임을 누구에게 어떤 방식으로 부담하게 할 것인가라는 문제가 제기되는데, 국민의 생존배려가 국가의 중대한 기능으로 등장한 현대복지국가에서는 원칙적으로 국가 또는 지방자치단체(이하 '국가 등'이라 한다)가 이들 시설을 설치하고 유지·관리할 책임을 부담하여야 한다.
　그런데 정비기반시설에 대한 새로운 수요가 대부분 특정한 정비사업의 시행으로 혜택을 보게 되는 입주민들을 위하여 창출된 것임에도, 국가 등이 그와 무관한 일반 국민이 낸 세금으로 정비기반시설을 모두 설치하고 유지·관리하는 것은 국민의 부담으로 특정 사업주체나 입주민들의 부담을 덜어주는 결과가 되어 부당하다. 따라서 위와 같은 경우 정비기반시설 설치비용을 충당하기 위하여 일정한 이해관계가 있는 자들에게 추가적인 부담을 지워 전체 공동체의 이익을 도모하면서 일반 국민과의 사이에 부담을 합리적으로 조절할 필요가 있다.
　이에 따라서 이 사건 법률조항은 사업시행자가 정비사업의 시행으로 새로이 설치한 정비기반시설은 그 시설을 관리할 국가 또는 지방자치단체에 무상으로 귀속시킴으로써 정비기반시설의 설치와 관련한 공적 부담에 있어 형평성을 확보하고, 정비기반시설의 원활한 확보를 꾀함과 동시에 공공의 이용에 적합하도록 정비기반시설의 효율적인 유지·관리를 도모하여 쾌적한 주거환경을 조성하고자 함에 그 취지가 있으므로 목적의 정당성이 인정된다.

그리고 사업주체가 설치한 정비기반시설의 소유권을 바로 국가 등에 귀속하게 하면 이를 보다 효율적으로 유지·관리하면서 널리 공공의 이익에 제공할 수 있으므로, 이러한 입법수단은 위의 입법목적을 달성하기 위한 효과적인 수단이라 할 수 있다.

(나) 침해의 최소성 및 법익균형성

1) 정비기반시설의 소유권을 국가 또는 지방자치단체에 귀속시키지 않고 관리권만을 부여한다든지, 부득이 소유권의 귀속이 필요한 경우 개별적인 기부채납 부관 또는 약정의 방법을 고려해 볼 수도 있을 것이다.

살피건대, 정비기반시설이라는 것은 그 성질상 소유자의 배타적 사용에 제공되는 것이 아니라 공공의 이용에 제공되는 것이므로 그 소유권을 누구에게 귀속시키는가 하는 것이 큰 의미가 있는 것은 아니라 할 것인데, 사업시행자에게 정비기반시설의 소유권이 남겨져 있는 경우에는 사업시행자가 임의로 그 시설을 제3자에게 양도하거나 또는 경매 등의 사유로 소유권이 이전될 수 있어 자칫 그 이용관계를 둘러싼 법적 분쟁이 야기될 수 있고, 그로 인하여 사업시행에 막대한 차질이 생기거나 사업완료 후에도 공공의 이용에 제공되지 못하는 폐해가 있을 수 있으므로, 관리권만의 이전으로는 정비기반시설의 확보와 효율적인 유지·관리가 어려울 수 있다.

그리고 사업시행자가 설치한 정비기반시설의 하자로 인하여 그 이용자가 손해를 입는 경우에 시설의 관리자에 불과한 국가 등을 상대로 바로 배상책임을 묻기도 어려워, 피해자구제에 미흡한 측면 또한 있을 수 있다.

게다가, 개별적인 기부채납의 부관 또는 약정이 불이행되는 경우 예상치 아니한 사업시행의 차질을 가져오고, 정비기반시설의 확보가 어려울 수도 있는 부작용이 있어 효과적인 조치가 된다 할 수 없다.

2) 한편, 주택재개발사업의 승인과정에서 정비기반시설의 설치와 소유권의 무상귀속에 관한 사항이 미리 계획되고 협의될 것을 요구하는 점에 비추어 볼 때(도시정비법 제30조 제2호, 제31조, 같은 법 시행령 제41조, 제42조 참조), 정비기반시설의 무상귀속에 이르는 과정에서 충분한 적법절차의 보장이 이루어질 것이므로 무상귀속의 범위가 포괄적이라거나 광범위하다고 할 수는 없다.

나아가 앞에서 살핀 바와 같이, 국가 등이 사업시행자 등 이해관계인으로부터 정비기반시설의 설치비용을 징수하여 이를 설치하는 것이 원칙이라 할 것이지만, 그러한 조치가 현실적으로 곤란하고 적절하지 아니한 점이 있어 이에 갈음하여 사업시행자가 직접 정비기반시설을 설치하고 그 소유권을 국가 등에게 무상으로 귀속시키는 방법을 선택한 것으로 이해되므로, 그 타당성도 인정된다.

그리고 정비기반시설의 설치비용과 개발이익을 비교하여 개발이익이 큰 경우에만 정비기반시설을 귀속시키는 방법도 고려할 수 있겠으나, 이것도 개발이익이 있느냐 없느냐는 우연하고도 부수적인 사정에 따라 그 소유권의 귀속 여부를 사후에 결정하겠다는 것에 다름 아니어서 입법목적의 실현을 위한 적절한 방법이 될 수 없다.

뿐만 아니라, 정비기반시설의 무상귀속은 사업시행자에게 부과된 원인자 또는 수익자 부담금의 성격을 띠고 있어, 결국 사업시행자나 입주민들이 납부하여야 할 부담금에 대신하여 사업시행자가 이를 직접 설치하여 국가 등에게 무상귀속시킨 것에 지나지 않는 것으로서, 무상귀속의 대상이 된 정비기반시설과 그 부지는 이미 정비기반시설로 용도가 지정되어 그 범위 내에서만 사용·수익이 가능할 뿐, 임의처분조차 사실상 제한을 받는 다는 점에서 그 효용가치가 현저히 감소된 재산권이라 할 것인데, 이 사건 법률조항에 의하여 정비기반시설의 사전확보와 효율적인 유지·관리가 가능해진다는 점에서, 이 사건 법률조항은 가능한 최소한의 범위에서 재산권의 사회적 제약을 도모하는 것으로서 침해의 최소성원칙에 반하지 않고, 정비기반시설의 무상귀속으로 침해받는 사익보다는 이를 통해 달성하려는 공익이 훨씬 크다고 할 것이므로 법익균형성을 갖추었다고 볼 것이다.

등기번호	0236508	등기사항일부증명서(말소사항포함)[제출용]	
등록번호	110272-0030234		
상 호	올드아파트주택재건축정비조합		2012. 1. 24. 등기
본 점	서울 강남구 논현로 500 재건빌딩 204호		2013. 5. 20. 변경
			2013. 5. 22. 등기

목 적

본 정비사업조합은 도시및주거환경정비법, 동법시행령, 동법시행규칙, 구 주택건설촉진법과 이 정관이 정하는 바에 따라 제4조의 사업시행구역 안의 건축물을 철거하고 그 토지 위에 새로운 건축물을 건설하여 도시 및 주거환경을 개선하고 조합원의 주거안정 및 주거생활의 질적향상에 이바지함을 목적으로 한다.

임원에 관한 사항

이사 박수일 680504-1******
(이하 생략)
이사 이성한 590805-1******
(이하 생략)
이사 한영식 530412-1******
(이하 생략)
이사 송신영 650613-2******
(이하 생략)
조합장 김시행 680721-1****** 서울 강남구 (이하 생략)
대표권 제한규정 조합장 김시행 외에는 대표권이 없음.
　2012년 01월 21일 취임　2012년 01월 24일 등기
감사 박상민 661023-1******
(이하 생략)

---이 하 여 백---

수수료 1,000원 영수함
관할등기소 : 서울중앙지방법원 상업등기소 / 발행등기소 : 서울중앙지방법원 상업등기소

이 증명서는 등기기록의 내용과 틀림 없음을 증명합니다. [다만 신청이 없는 사항의 기재를 생략하였습니다.]

서기 2017년 3월 2일

서울중앙지방법원 상업등기소　등기관 최고봉　[서울중앙지방법원 상업등기소등기관 印]

* 실선으로 그어진 부분은 말소(변경, 경정)된 등기사항입니다.

4010915313667289567922482064　1　1000　1　　　발행일 2017/03/02　　　1/1

서울특별시 강남구 고시 제2017 - 107호

올드아파트 주택재건축정비사업 사업시행인가 고시

서울특별시 강남구 논현로 500길 일원 주택재건축정비사업의 사업시행인가 신청에 대하여 「도시 및 주거환경정비법」 제28조 제1항의 규정에 의거 사업시행인가하고, 같은 법 제28조 제4항 및 같은 법 시행규칙 제9조 제3항의 규정에 의거 아래와 같이 고시합니다.

2017년 02월 17일

서울특별시 강남구청장

1. 정비사업의 종류 : 주택재건축정비사업
2. 정비사업의 명칭 : 올드아파트 주택재건축정비사업
3. 정비구역의 위치 : 서울시 강남구 논현로 500길 일원
4. 정비구역의 면적 : (생략)
5. 사업시행자의 성명 : 올드아파트주택재건축정비사업조합 조합장 김시행
6. 사업시행자의 주소 : 서울시 강남구 (이하 생략)
7. 정비사업의 시행기간 : 사업시행인가일로부터 58개월
8. 사업시행인가일 : 2017. 02. 17.
9. 건축계획에 관한 사항

대지면적(㎡)	건폐율(%)	용적률(%)	연면적(㎡)	최고높이(m)	건축물의 주된 용도	층 수
생략	생략	생략	생략	생략	생략	생략

10. 주택의 규모 등 주택건설계획

공급구분	주택의 형태	동수	세대수	주택규모별 세대수(전용면적기준)		
				60㎡이하	60~85㎡미만	85㎡이상
계		생략	생략	생략	생략	생략
재건축소형	아파트	생략	생략	생략	생략	생략
분양	아파트	생략	생략	생략	생략	생략

11. 정비기반시설의 무상귀속(기부채납)에 관한사항

종 류	규 모(㎡)	시 행 자	비 고
연결녹지	생략	올드아파트재건축조합	
공공청사	생략	올드아파트재건축조합	
공 원	생략	올드아파트재건축조합	
문화시설	생략	올드아파트재건축조합	
체육시설	생략	올드아파트재건축조합	
도 로	5,031.7	올드아파트재건축조합	

12. 의제사항 : 「도시 및 주거환경정비법」 제32조 규정에 의한 의제사항
    - 「주택법」 제16조 규정에 의한 사업계획의 승인
    - 「건축법」 제11조 규정에 의한 건축허가 등

13. **인가조건**
    - **이 사건 사업구역 안에 있는 강남구 소유의 용도폐지되는 도로에 대하여는 준공신청 전까지 매입완료할 것 (위 강남구 소유의 도로와 동일한 용도로 대체되는 정비기반시설로 볼 수 있는 도로가 없어 무상양도 대상이 아님)**

14. 그 밖의 인가조건 및 기타 관계서류는 강남구청 주택과(☎02-3421-3421)에 비치 보관. 끝.

"선진시민의식 정착운동에 참여합시다"

강 남 구

수신자 올드아파트주택재건축정비조합 조합장 귀하(서울 강남구 논현로 500 재건빌딩 204호)

(경유)

제목 회신(사업시행인가조건 취소요청 등에 대한 안내)

---

1. 귀 조합의 무궁한 발전을 기원합니다.
2. 귀 조합의 2017. 2. 24.자 질의(사업시행인가 취소요청 등)에 대하여 검토한 결과를 붙임과 같이 회신 드리오니 양지하시기 바랍니다.

붙임 : 질의회신 1부

  이행각서 1부

  사실확인서 1부 끝.

서울특별시 강남구청장 [서울시 강남구 청장인]

주무관 신재동   전략정비팀장 강재준   주택과장 박호민

협조자 건설관리과, 재무과

시행 주택과-0135   (2017. 3. 6.) 접수

우 06090 서울특별시 강남구 학동로 426 (삼성동)/ http://www.gangnam.go.kr

전화 02)5342-3608/ 전송 02)5342-3610/ webmaster@kyungineco.go.kr / 대국민공개

질의 회신(2017-0135)

○ 질의 요지
- 사업시행인가조건에 따르면 당 조합이 1,000억 원 상당을 들여 설치할 정비기반기설인 도로는 강남구에 무상으로 귀속되는 반면, 용도폐지되는 도로는 당 조합이 유상(약 700억 원으로 평가)으로 매수하여야 하는바, 이는 도시 및 주거환경정비법 제65조 제2항에 위반될 뿐만 아니라, 평등 및 비례의 원칙에 위반되며 재량권을 일탈남용한 것이므로 취소되어야 함. 만일 직권으로 해당 부분 인가조건을 취소하지 아니할 경우 행정소송 등을 제기할 예정임.

○ 검토 내용
- 도시 및 주거환경정비법 제65조 제2항 후단은 강행규정이 아니므로 행정청이 임의로 무상양도 여부를 정할 수 있음. 더구나 귀 조합은 사업시행인가를 신청할 당시 인가조건 내용과 같이 용도폐지되는 도로는 준공인가 신청 전까지 매수한다는 취지로 이행각서를 제출한 바가 있음.
- 의뢰인 조합이 설치하는 도로는 환경영향평가법 제3조에 따라 의무적으로 설치하여야 하는 완화차로인 반면, 용도폐지되는 도로는 통행도로로서 서로 기능이 대체되지 아니함.
- 귀 조합은 행정소송을 제기한다고 하나, 인가조건은 용도폐지되는 도로를 매입하는 안내에 불과하므로 쟁송의 대상으로 삼을 수 있는 행정처분이 아니고, 설령 행정처분이라 하더라도 행정행위 부관에 불과하여 독립하여 쟁송의 대상으로 삼을 수 없음. 끝.

이 행 각 서

1. 올드아파트주택재건축사업조합(서울 강남구 논현로 500 재건빌딩 204호, 조합장 김시행)은 서울특별시 강남구 논현로 500길 일원에 주택재건축정비사업을 시행함에 있어 사업구역 내에 용도폐지되는 도로는 준공인가 신청 전까지 매수하기로 함.

2. 올드아파트주택재건축정비사업(이하 '본 사업')으로 폐지될 도로는 본 사업부지 안을 관통하는 4개의 도로가 서로 만나는 형태로 설치되어 있고, 인근 대로에서 다른 대로로 통과를 가능하게 하는 기능을 가진 도로(이른바 '통행도로')임.

3. 만일 이에 관하여 법적 분쟁이 생길 경우에는 법원에 판단에 따르기로 함.

2017. 2. 1.

올드아파트주택재건축사업조합 조합장 김시행 (올드아파트주택재건축사업조합장인)

강남구청장 귀중

원본과 상위 없음
신재동 ㊞

사실확인서

이 사건 사업으로 폐지될 도로는 이 사건 사업부지 안을 관통하는 4개의 도로가 서로 만나는 형태로 설치되어 있어 인근 대로에서 다른 대로로 통과를 가능하게 하는 기능을 가진 도로(이른바 '통행도로')인 반면, 이 사건 사업으로 신설될 도로는 사업부지 4면 중 외곽 3면, 즉 논현로, 강남로 및 사평로에 바로 인접 설치되어 인근 대로에서 사업부지로 진출입을 원활하게 할 수 있는 기능의 도로(이른바 '진출입 완화차로')임.

이 사건 사업으로 신설될 도로는, 논현로 상에 설치될 진입 완화차로 폭 6m, 길이 355m 및 진출 완화차로 폭 6m, 길이 140m, 강남로 상에 설치될 진입 완화차로 폭 3m, 길이 110m 및 진출 완화차로 폭 3m, 길이 140m, 사평로 상에 설치될 진입 완화차로 폭 3m 길이 226m 및 진출 완화차로 폭 3m, 길이 112m의 도로로서, 이 사건 사업과 관련하여 교통영향평가시 이 사건 사업 구역 안의 진출입 차량이 주변의 가로(街路)에 미치는 영향을 최소화하도록 동선으로 활용하기 위한 개선방안으로 설치예정된 것임.

2017. 2. 1.

올드아파트주택재건축사업조합 조합장 김시행 [올드아파트주택재건축사업조합장인]

강남구청장 귀중

원본과 상위 없음
신재동 ㊞

기록이면 표지

참고자료 1 - 도시 및 주거환경정비법 등(발췌)

■ 도시 및 주거환경정비법(2002. 12. 30. 법률 제6852호로 전부개정된 것)

제2조(정의)
이 법에서 사용하는 용어의 뜻은 다음과 같다.
1. "정비구역"이란 정비사업을 계획적으로 시행하기 위하여 제4조의 규정에 의하여 지정·고시된 구역을 말한다.
2. "정비사업"이라 함은 이 법에서 정한 절차에 따라 도시기능을 회복하기 위하여 정비구역 또는 가로구역(가로구역: 정비구역이 아닌 대통령령으로 정하는 구역을 말하며, 바목의 사업으로 한정한다)에서 정비기반시설을 정비하거나 주택 등 건축물을 개량하거나 건설하는 다음 각목의 사업을 말한다. 다만, 다목의 경우에는 정비구역이 아닌 구역에서 시행하는 주택재건축 사업을 포함한다.
다. 주택재건축사업 : 정비기반시설은 양호하나 노후·불량건축물이 밀집한 지역에서 주거환경을 개선하기 위하여 시행하는 사업
4. "정비기반시설"이라 함은 도로·상하수도·공원·공용주차장·공동구(국토의계획및이용에관한법률 제2조제9호의 규정에 의한 공동구를 말한다. 이하 같다) 그 밖에 주민의 생활에 필요한 열·가스 등의 공급시설로서 대통령령이 정하는 시설을 말한다.

제28조(사업시행인가)
① 사업시행자(제8조제1항 내지 제3항의 규정에 의한 공동시행의 경우를 포함하되, 사업시행자가 시장·군수인 경우를 제외한다)는 정비사업을 시행하고자 하는 경우에는 제30조의 규정에 의한 사업시행계획서(이하 "사업시행계획서"라 한다)에 정관등과 그 밖에 국토교통부령이 정하는 서류를 첨부하여 시장·군수에게 제출하고 사업시행인가를 받아야 한다. 인가받은 내용을 변경하거나 정비사업을 중지 또는 폐지하고자 하는 경우에도 또한 같다. 다만, 대통령령이

정하는 경미한 사항을 변경하고자 하는 때에는 시장·군수에게 이를 신고하여야 한다.

제60조(비용부담의 원칙)
① 정비사업비는 이 법 또는 다른 법령에 특별한 규정이 있는 경우를 제외하고는 사업시행자가 부담한다.
② 시장·군수는 시장·군수가 아닌 사업시행자가 시행하는 정비사업의 정비계획에 따라 설치되는 도시·군계획시설중 대통령령으로 정하는 주요 정비기반시설, 공동이용시설 및 제36조의 규정에 의한 임시수용시설(이하 "임시수용시설"이라 한다)에 대하여는 그 건설에 소요되는 비용의 전부 또는 일부를 부담할 수 있다.

제64조(정비기반시설의 설치 등)
① 사업시행자는 관할지방자치단체장과의 협의를 거쳐 정비구역안에 정비기반시설을 설치하여야 한다.

제65조(정비기반시설 및 토지 등의 귀속)
① 시장·군수 또는 주택공사등이 정비사업의 시행으로 새로이 정비기반시설을 설치하거나 기존의 정비기반시설에 대체되는 정비기반시설을 설치한 경우에는 「국유재산법」 및 「공유재산 및 물품 관리법」에도 불구하고 종래의 정비기반시설은 사업시행자에게 무상으로 귀속되고, 새로이 설치된 정비기반시설은 그 시설을 관리할 국가 또는 지방자치단체에 무상으로 귀속된다. 이 경우 정비기반시설에 해당하는 도로는 다음 각 호의 어느 하나에 해당하는 도로를 말한다.
3. 「도시개발법」 등 다른 법률에 따라 설치된 국가 또는 지방자치단체 소유의 도로
② 시장·군수 또는 주택공사등이 아닌 사업시행자가 정비사업의 시행으로 새로이 설치한 정비기반시설은 그 시설을 관리할 국가 또는 지방자치단체에 무상으로 귀속되고, 정비사업의 시행으로 인하여 용도가 폐지되는 국가 또는 지방자치단체 소유의 정비기반시설은 그가 새로이 설치한 정비기반시설의 설치비용에 상당하는 범위안에서 사업시행자에게 무상으로 양도된다.

③ 시장·군수는 제1항 및 제2항의 규정에 의한 정비기반시설의 귀속 및 양도에 관한 사항이 포함된 정비사업을 시행하고자 하거나 그 시행을 인가하고자 하는 경우에는 미리 그 관리청의 의견을 들어야 한다. 인가받은 사항을 변경하고자 하는 경우에도 또한 같다.

④ 사업시행자는 제1항 및 제2항의 규정에 의하여 관리청에 귀속될 정비기반시설과 사업시행자에게 귀속 또는 양도될 재산의 종류와 세목을 정비사업의 준공 전에 관리청에 통지하여야 하며, 당해 정비기반시설은 그 정비사업이 준공인가되어 관리청에 준공인가통지를 한 때에 국가 또는 지방자치단체에 귀속되거나 사업시행자에게 귀속 또는 양도된 것으로 본다.

■ 국토의 계획 및 이용에 관한 법률

제65조(개발행위에 따른 공공시설 등의 귀속)
② 개발행위허가를 받은 자가 행정청이 아닌 경우 개발행위허가를 받은 자가 새로 설치한 공공시설은 그 시설을 관리할 관리청에 무상으로 귀속되고, 개발행위로 용도가 폐지되는 공공시설은 「국유재산법」과 「공유재산 및 물품 관리법」에도 불구하고 새로 설치한 공공시설의 설치비용에 상당하는 범위에서 개발행위허가를 받은 자에게 무상으로 양도할 수 있다.

④ 사업시행자는 제1항 및 제2항의 규정에 의하여 관리청에 귀속될 정비기반시설과 사업시행자에게 귀속 또는 양도될 재산의 종류와 세목을 정비사업의 준공 전에 관리청에 통지하여야 하며, 당해 정비기반시설은 그 정비사업이 준공인가되어 관리청에 준공인가통지를 한 때에 국가 또는 지방자치단체에 귀속되거나 사업시행자에게 귀속 또는 양도된 것으로 본다.

■ 환경영향평가법

제1조(목적)
이 법은 환경영향평가대상사업의 사업계획을 수립·시행함에 있어서 미리 당해

사업이 환경에 미칠 영향을 평가·검토하여 환경적으로 건전하고 지속 가능한 개발이 되도록 함으로써 쾌적한 환경을 유지·조성함을 목적으로 한다.

제2조(정의)

이 법에서 사용하는 용어의 뜻은 다음과 같다.

1. "환경영향평가"라 함은 제4조의 규정에 의한 환경영향평가대상사업의 사업계획을 수립함에 있어서 당해 사업의 시행으로 인하여 환경에 미치는 해로운 영향(이하 "환경영향"이라 한다)을 미리 예측·분석하여 환경영향을 줄일 수 있는 방안(이하 "환경영향저감방안"이라 한다)을 강구하는 것을 말한다.
2. "사업자"라 함은 환경영향평가대상사업의 사업계획을 수립하거나 사업을 시행하는 자를 말한다.

제3조(국가 등의 책무)

① 국가, 지방자치단체 및 사업자는 정책이나 계획을 수립·시행하거나 사업을 시행할 때에 환경오염과 환경 훼손을 최소화하기 위하여 필요한 방안을 마련하여야 한다.

제22조(환경영향평가의 대상)

① 다음 각 호의 어느 하나에 해당하는 사업(이하 "환경영향평가 대상사업"이라 한다)을 하려는 자(이하 이 장에서 "사업자"라 한다)는 환경영향평가를 실시하여야 한다.
1. 도시의 개발사업

제30조(협의 내용의 반영 등)

② 승인기관의 장은 사업계획 등에 대하여 승인등을 하려면 협의 내용이 사업계획 등에 반영되었는지를 확인하여야 한다. 이 경우 협의 내용이 사업계획 등에 반영되지 아니한 경우에는 이를 반영하게 하여야 한다.

참고자료 2 – 달력

2017년

1월 January

일	월	화	수	목	금	토
1	2	3	4	5	6	7
8	9	10	11	12	13	14
15	16	17	18	19	20	21
22	23	24	25	26	27	28
29	30	31				

2월 February

일	월	화	수	목	금	토
			1	2	3	4
5	6	7	8	9	10	11
12	13	14	15	16	17	18
19	20	21	22	23	24	25
26	27	28				

3월 March

일	월	화	수	목	금	토
			1	2	3	4
5	6	7	8	9	10	11
12	13	14	15	16	17	18
19	20	21	22	23	24	25
26	27	28	29	30	31	

4월 April

일	월	화	수	목	금	토
						1
2	3	4	5	6	7	8
9	10	11	12	13	14	15
16	17	18	19	20	21	22
23	24	25	26	27	28	29
30						

5월 May

일	월	화	수	목	금	토
	1	2	3	4	5	6
7	8	9	10	11	12	13
14	15	16	17	18	19	20
21	22	23	24	25	26	27
28	29	30	31			

6월 June

일	월	화	수	목	금	토
				1	2	3
4	5	6	7	8	9	10
11	12	13	14	15	16	17
18	19	20	21	22	23	24
25	26	27	28	29	30	

확 인 : 법학전문대학원협의회

2017년도 제3차
법전협
모의시험
문제

2017년도 제3차 변호사시험 모의시험 - 논술형(기록형)

| 시험과목 | 공 법(기록형) |

응시자 준수 사항

1. 시험 시작 전 문제지의 봉인을 손상하는 경우, 봉인을 손상하지 않더라도 문제지를 들추는 행위 등으로 문제 내용을 미리 보는 경우 모두 부정행위로 간주되어 그 답안은 영점 처리됩니다.

2. 답안은 흑색 또는 청색 필기구(사인펜이나 연필 사용 금지) 중 한 가지 필기구만을 사용하여 답안 작성 난(흰색 부분) 안에 기재하여야 합니다.

3. 답안지에 성명과 수험번호를 기재하지 않아 인적 사항이 확인되지 않는 경우에는 영점 처리 등 불이익을 받게 됩니다. 특히 답안지를 바꾸어 다시 작성하는 경우, 성명 등의 기재를 빠뜨리지 않도록 유의하여야 합니다.

4. 답안지에는 문제 내용을 기재할 필요가 없으며, 답안 내용 이외의 사항을 기재하거나 밑줄 기타 어떠한 표시도 하여서는 안 됩니다. 답안을 정정할 경우에는 두 줄로 긋고 다시 기재하여야 하며, 수정액 등은 사용할 수 없습니다.

5. 시험 종료 시각에 임박하여 답안지를 교체 요구한 경우라도 시험시간 종료 후 즉시 새로 작성한 답안지를 회수합니다.

6. 시험 종료 후에는 답안지 작성을 일절 할 수 없으며, 이에 위반하여 시험시간이 종료되었음에도 불구하고 **시험관리관의 답안지 제출 지시에 불응한 채 계속 답안을 작성하거나 답안지를 늦게 제출할 경우 그 답안은 영점 처리**됩니다.

7. 답안은 답안지 쪽수 번호 순으로 기재하여야 하고, **배부받은 답안지는 백지 답안이라도 모두 제출**하여야 하며, **답안지를 제출하지 아니한 경우 그 시험시간 및 나머지 시험시간의 시험에 응시할 수 없습니다.**

8. 지정된 시간까지 지정된 시험실에 입실하지 아니하거나 시험관리관의 승인을 얻지 아니하고 시험시간 중에 그 시험실에서 퇴실한 경우 그 시험시간 및 나머지 시험시간의 시험에 응시할 수 없습니다.

9. 시험시간이 종료되기 전에는 어떠한 경우에도 문제지를 시험장 밖으로 가지고 갈 수 없고, 시험 종료 후 가지고 갈 수 있습니다.

법학전문대학원협의회
KOREAN ASSOCIATION OF LAW SCHOOLS

목 차

I. **문제** ··· 1

II. **작성요령 및 주의사항** ··· 2

III. **소장 양식** ·· 3

IV. **헌법소원심판청구서 양식** ·· 4

V. **준비서면 양식** ·· 5

VI. **법무법인 법조 사건기록**
    법률상담일지(1) ·· 7
    법무법인 법조 내부회의록(1) ·· 9
    기본증명서 ·· 11
    주민등록표(초본) ·· 12
    국적이탈신고 반려 ··· 13
    국적이탈신고 반려통보결과 송부 ··· 15
    국적이탈신고 반려 ··· 16
    국적이탈신고 반려통보결과 송부 ··· 18
    법률상담일지(2) ·· 19
    법무법인 법조 내부회의록(2) ·· 20
    현역병 입영통지서 ··· 22
    피의자신문조서 ·· 23
    학술지 게재 글(이슈와 논쟁 제690호, 발췌) ······································ 28
    공소장 ·· 30
    위헌법률심판제청 신청서 ··· 31
    위헌제청신청 기각 결정 ··· 33
    송달증명원 ·· 35

VII. **정부법무공단 사건기록**
    정부법무공단 내부회의록 ··· 36
    원고측 준비서면 ·· 37

VIII. **참고자료**
    1. 국적법(발췌) ·· 40
    2. 국적법 시행령(발췌) ·· 42
    3. 병역법(발췌) ·· 43
    4. 시민적 및 정치적 권리에 관한 국제규약(국문, 발췌) ··············· 47
    5. 달력 ··· 48

【문 제】

❶ 김을수를 대리하는 법무법인 법조의 담당변호사 입장에서 다음 서면을 작성하시오.

가. 소장의 작성 (32점)

취소소송의 소장을 첨부된 양식의 ①부터 ④까지의 부분에 들어갈 내용을 기재하는 방법으로 작성하시오. 단, ③에서는 대상적격, 제소기간에 관한 내용만 기재하고, ④에서는 근거법령의 위헌위법성 및 처분의 절차적 하자에 관한 사항은 기재하지 말 것.

나. 헌법소원심판청구서의 작성 (50점)

헌법소원심판청구서를 첨부된 양식의 ①부터 ⑤까지의 부분에 들어갈 내용을 기재하는 방법으로 작성하시오. 단, ⑤에는 헌법소원심판청구기간의 마지막 날을 기재할 것.

❷ 김을수와 유사한 상황에서 극적이탈신고가 반려된 최승계는 서울지방병무청장으로부터 병역처분을 받게 되자, 그 병역처분 취소의 소를 제기한 후, 2017. 9. 6.자로 준비서면을 제출하였다. 이에 대하여, **피고 서울지방병무청장을 대리하는 정부법무공단의 담당변호사 입장에서** 위 최승계의 준비서면을 반박하는 취지의 서면을 작성하되, 첨부된 양식의 ①, ② 부분에 들어갈 내용을 기재하는 방법으로 작성하시오. (18점)

【작성요령 및 주의사항】

1. 참고법령은 가상의 것으로, 이에 근거하여 작성하며, 이와 다른 내용의 현행 법령이 있다면 제시된 법령이 현행법령에 우선하는 것으로 할 것

2. 헌법소원심판청구서 작성 시 '헌법재판소법'은 '법'으로, '시민적 및 정치적 권리에 관한 국제규약'은 '규약'으로, '국제연합 인권이사회'는 '인권이사회'로, '자유권규약위원회'는 '규약위원회'로 약칭할 수 있음

3. 기록에 나타난 사실관계만을 기초로 하고, 그것이 사실임을 전제로 할 것

4. 기록 내의 각종 서류에 부가되는 첨부서류는 구비된 것으로 보고, 필요한 서명, 날인, 무인, 간인, 정정인, 직인 등은 모두 적법하게 갖추어진 것으로 볼 것

5. 송달이나 접수, 통지, 결재가 필요한 서류는 모두 적법한 절차를 거친 것으로 볼 것

6. "(생략)"으로 표시된 부분은 모두 기재된 것으로 볼 것

7. 서술어는 반드시 경어를 사용할 것

【소장 양식】

소 장

원　　고　　김을수 (Eulsoo Kim)
　　　　　　미합중국 버지니아주 페어팩스 해피 레인 1111
　　　　　　(1111 Happy lane, Fairfax, VA, 2233, USA)
　　　　　　소송대리인 법무법인 법조
　　　　　　담당변호사 김승소

피　　고　　　　　①

○○○○○○ ○○○○ 취소(생략)

청 구 취 지

②

청 구 원 인

1. 처분의 경위 등(생략)
2. 소의 적법성

③

3. 처분의 위법성

④

4. 결론(생략)

입 증 방 법(생략)
첨 부 서 류(생략)

2017. 1. 6.

원고 소송대리인(생략)

서울행정법원 귀중

【헌법소원심판청구서 양식】

헌 법 소 원 심 판 청 구 서

청구인(생략)

청구취지

①

당해사건

②

위헌이라고 판단되는 법률조항
(생략)

청구이유

Ⅰ. 사건의 개요(생략)

Ⅱ. 적법요건의 구비 여부

③

Ⅲ. 위헌이라고 해석되는 이유

④

Ⅳ. 결론(생략)

첨 부 서 류
(생략)

2017. ⑤

청구인 대리인(생략)

헌법재판소 귀중

【준비서면 양식】

준비서면

사　　건　2016구합4840　현역병입영처분취소
원　　고　최승계
피　　고　서울지방병무청장

위 사건에 관하여 피고는 다음과 같이 변론을 준비합니다.

- 다　　음 -

1. 원고의 사전통지 흠결 주장에 관하여

①

2. 원고의 선행처분의 하자 승계 주장에 관하여

②

3. 결론(생략)

2017. 9. 12.

피고 소송대리인 정부법무공단
담당변호사 강이론 (인)

서울행정법원 귀중

기록내용 시작

수임번호 2016-1234	**법률상담일지(1)**		2016. 12. 3.
의뢰인	김을수	의뢰인전화	010-9999-1004(휴대전화)
의뢰인 주소	1111 Happy lane, Fairfax, VA, 2233, USA	의뢰인 E-mail	Eulsoo97@***.com

상 담 내 용

1. 의뢰인 김을수는 1997. 7. 20. 미국 버지니아주 샬로츠빌에서 미국 영주권자로서, 대한민국 국적을 가진 부 김철수와, 모 이영희 사이의 둘째 아들로 출생하였으며, 대한민국 국적과 미국 시민권을 동시에 취득하였다.

2. 의뢰인의 아버지는 평화교 신자이며, 흔히 말하는 양심적 병역거부자로서 형사처벌을 받았고, 자식들에게도 같은 고통을 겪게 할 수 없다는 생각에 미국 이민을 하였으며, 의뢰인의 가족은 모두 아버지와 같은 종교적 신념에 따라 인명살상을 위한 군사훈련은 받을 수 없다는 생각을 가지고 있다.

3. 의뢰인의 친형인 김갑수는 1996. 1. 미국에서 출생한 복수국적자로서, 2013. 1.경 국적이탈신고를 하였고 대한민국 국적을 상실하였다.

4. 의뢰인은 대한민국에서 조부모와 함께 거주하며 중학교를 졸업하였고, 2013. 7. 미국 고등학교로 진학하기 위한 준비과정에서 자신의 주민등록표초본을 열람하였는데, 2013. 1. 21.자로 국적이탈을 사유로 하여 자신의 주민등록이 말소된 것을 보고, 자신의 대한민국 국적이 이미 상실된 것으로 생각하였다.

5. 의뢰인은 미국에 거주중인데, 2016. 7. 13.경 한국에 계신 조부모를 통하여, 자신의 주민등록이 행정착오로 말소되었다가 2015. 10. 21. 직권재등록된 사실과 자신이 2015. 1. 1.자로 병역준비역에 편입된 사실을 알게 되었다.

6. 의뢰인은 2016. 8. 3. 워싱턴의 주미 대사관에 국적이탈신고서를 제출하였으나, 법무부장관은 2016. 9. 1. '병역준비역에 편입된 때부터 3개월이 지났고, 병역의무가 해소되지 아니하였다'는 이유로 이를 반려하였고, 의뢰인은 2016. 9. 20. 반려통지서를 수령하였다. 이에 의뢰인은 2016. 9. 21. 위 대사관에 다시 국적이탈신고서를 제출하였으나, 법무부장관은 2016. 10. 20. 같은 사유로 이를 반려하였고, 의뢰인은 2016. 11. 15. 반려통지서를 수령하였다.

7. 의뢰인은 과거 주민등록이 말소된 것을 보고 자신의 국적 이탈이 잘 처리된 것으로 믿은 채 만 18세가 되기까지 별도로 국적이탈신고를 하지 않았던 것

인데, 이제 와서 주민등록 직권재등록 후 위와 같이 국적이탈 신고도 받아 주지 않는 것은 부당하다고 생각하고 있다.

8. 의뢰인의 희망사항
   의뢰인은 취소소송을 통하여 국적이탈을 할 수 있게 되기를 희망하고 있다.
   끝.

법무법인 법조(담당변호사 김승소)
대표전화 02-317-1234, 팩스 02-317-1239
http://www.bj.com, E-mail: bj@bj.com
06232 서울 강남구 테헤란로 108 (역삼동, 법조빌딩 7층)

법무법인 법조 내부 회의록 (1)

일시: 2016. 12. 14. 17:00~18:00
장소: 법무법인 법조 회의실
참석자: 박수석 변호사(송무팀장), 김승소 변호사

박 변호사: 수임번호 2016-1234호 김을수씨 사건에 관하여 논의해 볼까요? 의뢰인이 취소소송을 통해서 국적이탈을 하기를 원한다고 들었는데요, 의뢰인은 왜 병역준비역에 편입되기 전에 국적이탈신고를 하지 않았던 거죠?

김 변호사: 의뢰인의 주민등록이 2013년 국적이탈을 이유로 말소되었다가 2015년 직권 재등록된 적이 있는데, 의뢰인은 자신의 주민등록이 말소된 것을 보고 그 동안 자신이 이미 국적이탈이 된 것으로 믿었고, 그래서 만 18세가 되는 해로서 병역준비역에 편입된 2015년에 이르기까지 따로 국적이탈신고를 하지 않았던 것입니다.

박 변호사: 그렇군요. 행정청은 왜 국적이탈신고도 하지 않은 의뢰인의 주민등록을 말소한 것인가요? 또 직권재등록은 왜 이루어진 것인가요?

김 변호사: 주민센터에서, 국적이탈신고를 하고 국적을 상실한 의뢰인의 형과 함께 의뢰인도 적법하게 국적이탈신고를 한 것으로 착각하여 의뢰인의 주민등록을 말소했던 것입니다. 나중에 의뢰인이 병역준비역에 편입되면서 이를 알게 된 행정청이 착오를 정정하기 위해 직권재등록을 한 것입니다.

박 변호사: 그럼 의뢰인이 희망하는 대로 국적이탈이 이루어지려면 어떤 조치를 하는 것이 적절한가요?

김 변호사: 국적이탈신고의 수리를 구하는 소송은 아직 허용되지 아니하므로, 국

적이탈신고의 반려가 거부처분으로서 취소소송의 대상이 됨을 주장하여 이를 다투려고 합니다.

박변호사: 의뢰인이 두 차례 국적이탈신고를 하였다가 모두 다 반려되었는데, 어떻게 다투려고 하는가요?

김 변호사: 두 번의 반려처분 모두를 다투어야 하는지, 그 중 어느 하나만을 다투는 것이 적법한지 관련 법리를 검토할 예정입니다.

박 변호사: 네. 잘 알겠습니다. 그럼 차질 없이 소송수행이 이루어질 수 있도록 잘 준비해 주시기 바랍니다. 이상으로 오늘 회의를 마치겠습니다. 끝.

기 본 증 명 서

등록기준지	서울특별시 영등포구 여의도동 1번지의 1234

구분	상 세 내 용
작성	[가족관계등록부 작성일] 2008년 01월 01일 [작성사유] 가족관계의 등록 등에 관한 법률 부칙 제3조제1항

구분	성 명	출생연월일	주민등록번호	성별	본
본인	김을수(金乙洙)	1997년 07월 20일	970720-1234567	남	金海

일반등록사항

구분	상 세 내 용
출생	[출생장소] 미합중국 버지니아주 샬로츠빌 소재 버지니아 주립대 병원 [현지시각] 1997년 07월 20일 02시 25분 [신고일] 1999년 03월 06일 [신고인] 호주 김철수 [송부일] 1999년 03월 09일 [송부자] 서울특별시 영등포구청장

위 기본증명서는 가족관계등록부의 기록사항과 틀림없음을 증명합니다.

2017년   1월   3일

서울특별시 영등포구청장

주 민 등 록 표
(초   본)

이 초본은 개인별 주민등록표의 원본 내용과 틀림없음을 증명합니다.
담당자 : 정태화   전화 : 02-2670-1451
신청인 : 김을수   (1997-07-20)
용도 및 목적 : 법원제출용
2017년 01월 03일

이 용지는 위조식별 표시가 되어 있음

서울특별시 영등포구 여의도동장

성 명	김을수 (金乙洙)	주민등록번호	970720-1234567

번호	인 적 사 항 변 경 내 역
	== 공 란 ==
	" 주민등록번호 정정내역 없음"

번호	주 소	전입일/변동일 변 동 사 유	세대주및관계
1	서울특별시 영등포구 여의도동 1-1234	1999-03-06 출생등록	
2	[법률 9774호(09.12.10) 도로명주소법, 공법 관계의 주소변경]		
3	서울특별시 영등포구 국회대로76가길 31	2011-10-31 도로명주소	
4	서울특별시 영등포구 국회대로76가길 31	2013-01-21 국적이탈말소	
5	서울특별시 영등포구 국회대로76가길 31	2015-10-21 직권재등록	김철수의 자

== 이 하 여 백 ==

———— 서울특별시 영등포구 여의도동장

[영등포구여의도동장인]

법　무　부

수신자　수신자참조

(경유)

제목　국적이탈신고 반려

1. 평소 출입국관리 및 국적행정에 적극 협조해 주신 점에 대해 감사드리며 귀 부의 무궁한 발전을 기원합니다.

2. 영사과-DC-16-055(2016.08.03)호로 송부해 주신 국적이탈신고를 아래와 같이 반려하오니 본인에게 통보해 주시기 바랍니다.

　　가. 인적 사항

성 명	생년월일	성별	등록기준지
김을수	1997.07.20	남	서울특별시 영등포구 여의도동 1-1234

　　나. 반려 사유
　　　○ 신고인이 2015. 1. 1. 병역준비역에 편입된 때로부터 3개월이 경과하였고, 신고인은 병역법 소정의 병역의무가 해소되지 아니하였음

붙　　임 : 국적이탈신고서. 끝.

법　무　부　장　관　[법무부장관인]

수신자　　(생　략)

| 주무관 | 오대영 | 사무관 나준길 | 법무과장 | 전결 9/1 이승준 |

협조자
시행　법무과-11040 (2016.09.01)　　접수
우 13809 경기 과천시 중앙로 1　　/　http://www.moj.go.kr
전화 02)2110-9000　　전송 02)2110-9999　　/　　　　　　　/ 공개

국적이탈 신고서

※ 어두운 난은 적지 마시고 [ ]에는 해당되는 곳에 √ 표시를 합니다.

접수번호	접수일	접수자	확인자	처리기간
DC-16-055	2016. 8. 3.	손성민	진광욱	6개월

신고인	성명(한글)	김을수		성별	[√] 남 [ ] 여	(사진)
	(한자)	金乙洙				
	성명(외국명)	Eulsoo Kim		생년월일	1997. 7. 20.	
	외국 국적	미국		출생지	미국	
	전화번호	010-9999-1004		전자우편(E-mail)	Eulsoo97@***.com	
	외국주소	1111 Happy lane, Fairfax, VA, 2233, USA				
	주민등록 여부	[√] 주민등록 [ ] 주민등록이 되어있지 않음				
		주민등록지 서울 영등포구 국회대로76가길 31				

복수 국적	대한민국 국적	취득일	1997 년 7 월 20 일			
		취득원인	출생(√)		기타( )	
	외국 국적	취득일	1997 년 7 월 20 일			
		취득원인	출생(√)		기타( )	

가족	관계	성명	직업	국적	주소
	아버지	김철수	자영업	한국	서울 영등포구 국회대로76가길 31
	어머니	이영희	의사	한국	상동
	형	김갑수	회사원	미국	1111 Happy lane, Fairfax, VA, 2233, USA

「국적법 시행령」 제18조에 따라 국적이탈 신고서를 제출합니다.

2016 년 8 월 3 일

신고인
(법정대리인)   김을수 (서명 또는 인)

법무부장관 귀하

첨부서류	(생략)	수수료 1인당 2만원

처리절차

신고서 제출	→	접수	→	심사	→	결정	→	통보
신고자		재외공관장		법무부장관		법무부장관		

210mm×297mm[백상지(80g/㎡) 또는 중질지(80g/㎡)]

주미합중국대사관

수신자   수신자참조
(경유)
제목 국적이탈신고 반려통보결과 송부

1. 평소 외교 관련 법무 업무에 적극 협조해 주신 점에 대해 감사드리며 귀 부의 무궁한 발전을 기원합니다.

2. 법무과-11040(2016.09.01)호로 송부해 주신 국적이탈신고 반려를 아래와 같이 신청인에게 통보하였음을 알려드립니다.

   가. 인적 사항

성 명	생년월일	성별	등록기준지
김을수	1997.07.20	남	서울특별시 영등포구 여의도동 1-1234

   나. 통보 결과
    ○ 통보일자 : 2016. 9. 20.
    ○ 통보장소 : 주 미국 대한민국 대사관 영사과
    ○ 통보방법 : 본인 방문 수령, 끝.

주미합중국 대사 [주미합중국대사인]

수신자   (생 략)

| 주무관 | 김관천 | 사무관 | **최수민** | 영사과장 | 전결 10/17 **박숙희** |

협조자
시행 영사과-DC-16-078 (2016.10.17)   접수

법 무 부

수신자   수신자참조

(경유)

제목 국적이탈신고 반려

1. 평소 출입국관리 및 국적행정에 적극 협조해 주신 점에 대해 감사드리며 귀 부의 무궁한 발전을 기원합니다.
2. 영사과-DC-16-098(2016.09.21)호로 송부해 주신 국적이탈신고를 아래와 같이 반려하오니 본인에게 통보해 주시기 바랍니다.

    가. 인적 사항

성 명	생년월일	성별	등록기준지
김을수	1997.07.20	남	서울특별시 영등포구 여의도동 1-1234

    나. 반려 사유
    ○ 신고인이 2015. 1. 1. 병역준비역에 편입된 때로부터 3개월이 경과하였고, 신고인은 병역법 소정의 병역의무가 해소되지 아니하였음

붙 임 : 국적이탈신고서. 끝.

법 무 부 장 관 [법무부장관인]

수신자   (생 략)

| 주무관 | 이봉희 | 사무관 | 소광현 | 법무과장 | 전결 10/20 강우식 |

협조자

시행 법무과-13201 (2016.10.20)   접수

우 13809 경기 과천시 중앙로 1   / http://www.moj.go.kr

전화 02)2110-9000   전송 02)2110-9999 /   / 공개

국적이탈 신고서

※ 어두운 난은 적지 마시고 [ ]에는 해당되는 곳에 √ 표시를 합니다.

접수번호	접수일	접수자	확인자	처리기간
DC-16-098	2016. 9. 21.	손성민	진랑욱	6개월

<table>
<tr><td rowspan="7">신고인</td><td>성명(한글)</td><td colspan="2">김을수</td><td>성별</td><td colspan="2">[√] 남
[ ] 여</td><td rowspan="7">(사 진)</td></tr>
<tr><td>(한자)</td><td colspan="2">金乙洙</td><td></td><td></td><td></td></tr>
<tr><td>성명(외국명)</td><td colspan="2">Eulsoo Kim</td><td>생년월일</td><td colspan="2">1997. 7. 20.</td></tr>
<tr><td>외국 국적</td><td colspan="2">미국</td><td>출생지</td><td colspan="2">미국</td></tr>
<tr><td>전화번호</td><td colspan="2">010-9999-1004</td><td>전자우편(E-mail)</td><td colspan="2">Eulsoo97@***.com</td></tr>
<tr><td>외국주소</td><td colspan="5">1111 Happy lane, Fairfax, VA, 2233, USA</td></tr>
<tr><td>주민등록
여부</td><td colspan="5">[√] 주민등록　　　[ ] 주민등록이 되어있지 않음
주민등록지 서울 영등포구 국회대로76가길 31</td></tr>
</table>

<table>
<tr><td rowspan="4">복수 국적</td><td rowspan="2">대한민국
국적</td><td>취득일</td><td colspan="2">1997 년　7 월　20 일</td></tr>
<tr><td>취득원인</td><td>출생(√)</td><td>기타( )</td></tr>
<tr><td rowspan="2">외국 국적</td><td>취득일</td><td colspan="2">1997 년　7 월　20 일</td></tr>
<tr><td>취득원인</td><td>출생(√)</td><td>기타( )</td></tr>
</table>

가족	관계	성명	직업	국적	주소
	아버지	김철수	자영업	한국	서울 영등포구 국회대로76가길 31
	어머니	이영희	의사	한국	상동
	형	김갑수	회사원	미국	1111 Happy lane, Fairfax, VA, 2233, USA

「국적법 시행령」 제18조에 따라 국적이탈 신고서를 제출합니다.

　　　　　　　　　　　　　　　　　　　　　2016 년　9 월　21 일

　　　　　　　　　신고인
　　　　　　　　(법정대리인)　　　　　　　　김을수　(서명 또는 인)

법무부장관 귀하

첨부서류	(생략)	수수료 1인당 2만원

처리절차

신고서 제출 (신고자) → 접수 (재외공관장) → 심사 (법무부장관) → 결정 (법무부장관) → 통보

210mm×297mm[백상지(80g/㎡) 또는 중질지(80g/㎡)]

주 미 합 중 국 대 사 관

수신자 수신자참조
(경유)
제목 국적이탈신고 반려통보 결과 송부

1. 평소 외교 관련 법무 업무에 적극 협조해 주신 점에 대해 감사드리며 귀 부의 무궁한 발전을 기원합니다.
2. 법무과-13201(2016.10.20)호로 송부해 주신 국적이탈신고 반려를 아래와 같이 신청인에게 통보하였음을 알려드립니다.

   가. 인적 사항

성 명	생년월일	성별	등록기준지
김을수	1997.07.20	남	서울특별시 영등포구 여의도동 1-1234

   나. 통보 결과
   ○ 통보일자 : 2016. 11. 15.
   ○ 통보장소 : 주 미국 대한민국 대사관 영사과
   ○ 통보방법 : 본인 방문 수령. 끝.

주미합중국 대사

(주미합중국대사인)

수신자	(생 략)				
주무관	**김관천**	사무관 **최수민**	영사과장	전결 12/11 **박숙희**	
협조자					
시행	영사과-DC-16-121 (2016.12.11)		접수		

수임번호 2017-4	**법률상담일지(2)**		2017. 6. 9.
의뢰인	김을수	의뢰인전화	010-9999-1004(휴대전화)
의뢰인 주소	1111 Happy lane, Fairfax, VA, 2233, USA	의뢰인 E-mail	Eulsoo97@***.com

상 담 내 용

1. 의뢰인은 서울지방병무청장으로부터 병역판정검사 통지서를 받고 귀국하여 2016. 11. 23. 병역판정검사를 받았다. 그리고 같은 달 28. 신체등급 1급으로 현역입영 대상자라는 병역판정신체검사결과 통보서를 받았으며, 2016. 12. 하순에 '2017. 3. 28.까지 입영하라'는 취지의 입영통지서를 수령하였다.

2. 의뢰인은 물론 입영기피로 형사처벌될 것이 두려웠지만, 종교적 신념 때문에 도저히 입영할 수가 없어서, 위 입영일로부터 3일 경과하였음에도 입영하지 않았다.

3. 결국 의뢰인은 2017. 5. 4. 병역법 제88조 제1항 제1호 위반으로 기소되었고, 서울남부지방법원 2017고단870 사건으로 재판이 계속중이다.

4. 의뢰인은 행정소송으로 국적이탈신고 반려처분 등을 다투고 있지만, 아직 그 소송이 완료되지 않고 계속 진행중인 데다가, 꼭 승소를 한다고 장담하기도 어려운 실정이다.

5. 의뢰인은 양심적 병역거부를 인정하지 않는 병역법은 자신의 기본권을 침해할 뿐 아니라, 국제적 기준에도 부합하지 않는다고 생각하고 있다. 이에, 2017. 5. 11. 위 병역법 조항이 의뢰인의 기본권을 침해한다는 이유로 위헌법률심판제청신청을 하였다. 하지만 법원은 2017. 6. 5. 의뢰인의 위헌제청신청을 기각하였다.

6. 의뢰인의 희망사항
의뢰인은 양심적 병역거부자를 입영기피죄로 처벌할 수 있게 한 위 병역법 조항에 대하여 헌법소원심판을 청구하기를 희망하고 있다. 끝.

법무법인 법조(담당변호사 김승소)
대표전화 02-317-1234, 팩스 02-317-1239
http://www.bj.com, E-mail: bj@bj.com
06232 서울 강남구 테헤란로 108 (역삼동, 법조빌딩 7층)

법무법인 법조 내부 회의록 (2)

일시: 2017. 6. 12. 17:00~18:00
장소: 법무법인 법조 회의실
참석자: 박수석 변호사(송무팀장), 김승소 변호사

박 변호사: 수임번호 2017-4호 김을수씨 사건에 관하여 논의해 볼까요? 의뢰인이 그 사이 입영기피죄로 기소되어 공판이 진행중이군요. 의뢰인이 형사절차에서 무죄 판결을 받을 가능성은 없나요?

김 변호사: 예. 의뢰인은 현역입영 대상자로 입영통지서를 받았지만, 종교적 신념으로 인해 살상을 위한 군사훈련은 도저히 받을 수 없어서 입영하지 않았다고 합니다. 병역법 제88조 제1항 제1호에 의하면, 정당한 사유 없이 입영일시로부터 3일이 경과하도록 입영하지 않은 경우 징역 3년 이하에 처하도록 되어 있습니다. 또한 대법원판례에 따르면, 의뢰인과 같이 양심적 사유로 병역을 거부하는 경우, 이는 위 병역법 조항에서 말하는 '정당한 사유'에 해당하지 않는다고 합니다. 그러므로 비록 양심적 사유로 인해 입영하지 않은 경우라 할지라도, 대법원의 확고한 판례대로라면, 입영기피죄 처벌을 면하기는 어려운 상태입니다.

박 변호사: 의뢰인이 기소 후에 해당 병역법 조항에 대해 위헌법률심판제청신청을 했다고 하던데요.

김 변호사: 예. 의뢰인은 양심적 병역거부자에 대해 입영기피죄로 형사처벌하는 것은 헌법상 보장되는 기본권에 대한 중대한 침해라고 생각하고 있습니다. 그래서 그 위헌성을 다투기 위해 위헌법률제청신청을 하였으나, 당해사건 법원은 이를 기각하였습니다.

박 변호사: 이제 어떻게 할 계획인가요?

김 변호사: 헌법재판소법 제68조 제2항에 따른 헌법소원의 적법요건을 검토했고, 그 검토결과를 의뢰인에게 설명하여 주었더니 그렇게 헌법소원을 해 달라고 합니다.

박 변호사: 본안과 관련해서 어떠한 소송전략인가요? 헌법상 모든 국민은 국방의 의무를 진다고 되어 있어서 결코 만만하지는 않을 듯한데요.

김 변호사: 헌법상 국방의무에도 불구하고 기본권 보장을 위해 엄격한 심사가 필요하다는 전제에서, 해당 기본권이 침해되었다는 주장을 하려고 합니다. 또한 국제기준에도 위반된다는 주장을 할 생각입니다. 우리나라가 1990. 4. 10. 가입하여 1990. 7. 10. 효력이 발생한 '시민적 및 정치적 권리에 관한 국제규약(International Covenant on Civil and Political Rights)'에서는 양심 및 종교의 자유를 보장하고 있는데, 국제연합 인권이사회(Human Rights Council)와 그 전신인 국제연합 인권위원회(United Nations Commission on Human Rights)에서 여러 차례 양심적 병역거부권이 규약상 권리에 기초한 정당한 권리행사라고 본 바가 있습니다.

박 변호사: 그 점에 대해서도 주장을 하면 좋겠군요. 그런데 결론적으로 한정위헌을 구할 생각인가요?

김 변호사: 아닙니다. 심판대상조항이 의뢰인의 기본권을 침해한다고 볼 때, 다양한 주문이 나올 수 있는 가능성이 있으므로 일단 단순 위헌을 구할 생각입니다.

박 변호사: 좋습니다. 그럼 관계 법령으로 인해 침해되는 의뢰인의 기본권 등에 대해서 면밀히 검토해 주세요. 그리고 적법요건에도 주의해 주시고요.

김 변호사: 네. 알겠습니다.

박 변호사: 그럼 이상으로 오늘 회의를 마치겠습니다. 끝.

현역병 입영 통지서

통지번호: 000001

구분	[0] 현역병입영 　[ ] 상근예비역의 현역입영　([ ]의무　[ ]법무　[ ] 군종　[ ]수의)장교의 현역입영		
성명	김을수	생년월일	1997. 7. 20.
세대주 성명	김철수	관계	자
주소	서울특별시 영등포구 국회대로76가길 31		
병적지	서울특별시 영등포구 국회대로76가길 31		
입영부대	306보충대		
모이는 장소	의정부시 시민로 416번길 306 보충대	입영일시	2017. 3. 28. 14:00

「병역법 시행령」 제21조제1항, 제35조 및 제121조제3항에 따라 위와 같이 입영을 통지합니다.

2016 년 　 12 월 　 27 일

서울지방병무청장 (서울지방병무청장인)

유의사항

1. 정당한 사유 없이 입영하지 아니한 경우에는 「병역법」 제88조에 따라 3년 이하의 징역형을 받게 됩니다.
2. 질병으로 인하여 입영이 곤란한 사람은 입영일 연기원 또는 병역복무변경·면제신청서(재신체검사원)를 제출하시기 바랍니다. 만일, 연기 등의 신청을 하지 아니하고 입영하시더라도 입영 후 군 부대 신체검사에서 질병이 있다고 판정될 경우에는 귀가조치 될 수도 있습니다.

피의자신문조서

성   명 : 김을수
주민등록번호 : 970720-1234567

  위의 사람에 대한 병역법위반 피의사건에 관하여 2017. 4. 19. 서울남부지방검찰청 1223호 검사실에서 검사 강재현은 검찰주사보 박관조를 참여하게 하고 피의자에 대하여 아래와 같이 신문하다.

문   피의자의 성명, 주민등록번호, 직업, 주거, 등록기준지를 말하시오.
답   성명은   김을수
        주민등록번호는   970720-1234567   (19세)
        직업은   무직
        주거는   미합중국 버지니아주 페어팩스 해피 레인 1111
                        (1111 Happy lane, Fairfax, VA, 2233, USA)
        등록기준지는   서울 영등포구 여의도동 1-1234
        연락처는
        자택 전화 : 02-8811-7722   휴대 전화 : 010-555-2345
        입니다.

  검사는 피의사실의 요지를 설명하고 검사의 신문에 대하여 「형사소송법」 제244조의3에 따라 진술을 거부할 수 있는 권리 및 변호인의 참여 등 조력을 받을 권리가 있음을 피의자에게 알려주고 이를 행사할 것인지 그 의사를 확인한다.

진술거부권 및 변호인 조력권 고지 등 확인

1. 귀하는 진술을 하지 아니하거나 개개의 질문에 대하여 진술을 하지 아니할 수 있습니다.
2. 귀하가 진술을 하지 아니하더라도 불이익을 받지 아니합니다.
3. 귀하가 진술을 거부할 권리를 포기하고 행한 진술은 법정에서 유죄의 증거로 사용될 수 있습니다.
4. 귀하가 신문을 받을 때에는 변호인을 참여하게 하는 등 변호인의 조력을 받을 수 있습니다.

문 피의자는 위와 같은 권리들이 있음을 고지받았는가요.

답 예. 고지받았습니다.

문 피의자는 진술거부권을 행사할 것인가요.

답 아닙니다.

문 피의자는 변호인의 조력을 받을 권리를 행사할 것인가요.

답 아닙니다. 혼자서 조사를 받겠습니다.

이에 검사는 피의사실에 관하여 다음과 같이 피의자를 신문하다.

문   피의자의 병역관계는 어떠한가요.
답   2016년 병역판정신체검사를 받아 현역대상으로 판정되었으나, 아직 미필입니다.
문   피의자는 현역병 입영통지서를 받은 사실이 있는가요.
답   예. 2016. 12. 27. 서울지방병무청장으로부터 2017. 3. 28. 14:00까지 306보충대로 입영하라는 통지를 받았습니다.
문   피의자는 위 입영일시에 입영하였는가요.
답   아닙니다. 계속 입영하지 않고 있습니다.
문   그 이유가 무엇인가요.
답   저는 평화교 신봉자인데, 평화교에서는 인간은 신 앞에서 똑같이 어린 양에 불과하고, 서로 해치거나 증오해서는 안 된다고 가르치고 있습니다. 하나의 공동체에서 평화롭고 조화로운 삶을 사는 게 바로 신이 인간을 세상에 나게 하신 이유이므로, 이에 대한 위배는 절대적으로 허용될 수 없고 믿고 있습니다. 그런데 현역병으로 입영하게 되면 이러한 신의 뜻에 정면으로 반하는 결과가 됩니다. 그것은 결코 옳은 길이 아니며, 사악한 죄에 빠져드는 첩경입니다. 그래서 입영하지 않았습니다.
문   그러면 피의자는 절대로 군복무를 하지 않겠다는 뜻인가요.
답   신의 뜻에 따라 살기로 맹세한 이상, 그렇게 군복무를 할 수는 없습니다.
문   대한민국 국민이면 모두 헌법상 국방의 의무를 지는데, 그런 국민의 기본 의무조차 이행하지 않겠다는 말인가요.
답   저희 평화교 신도들은 얼마든지 국가와 사회에 봉사할 준비는 되어 있습니다. 하지만 총을 들고 인간들끼리 살육을 해서도 안 되고, 그러한 전쟁을 준비하기 위해 훈련을 해서도 안 된다고 믿고 있습니다. 차라리 다른 평화적인 봉사활동을 하라고 한다면, 그에 따를 의지는 있지만, 폭력적인 전쟁에 관련된 행위는 도저히 할 수 없다는 의미입니다.
문   어쨌든 대체복무 제도가 마련되어 있지 않은 상태에서 단지 그런 양심만 가지고 무조건 병역을 거부하는 것은 정당하지 않고 형사처벌된다는 것은 알고 있었지요.
답   예. 그렇습니다.

문   이상의 진술에 특별한 의견이나 이의가 있는가요.

답   저는 단순히 병역이 힘들어 이를 기피하는 게 아닙니다. 그보다 더 고된 공무도 얼마든지 할 의향이 있습니다. 다만, 군대와 전쟁은 신의 선의를 인간의 사악함으로 오염시키는 것입니다. 인간이 타락에서 벗어나 만인이 평화로이 공존하는 공동체를 만들려면 군대와 전쟁은 아무리 힘든 시련이 주어진다고 하더라도 단호하게 거부해야 한다고 믿을 뿐입니다. 이러한 믿음 자체가 악한 것도 아닌데, 단지 그런 믿음에서 군복무를 하지 않는 것 자체를 가지고 박해를 하는 것은 온당하지 않다고 생각합니다. 저희 평화교 신도들과 같은 양심적 사유로 인해 군복무를 못하는 사람의 수가 연간 600명 안팎 정도라고 알고 있습니다. 전체 군복무대상자에 비하면 극히 적은 비율에 불과합니다. 이들에게 다른 공익활동을 통해 군복무를 대체할 수 있도록 길을 열어 준다고 해서 국방에 커다란 결손이 발생할 리 없습니다. 형사처벌을 한다고 해서 그들의 군복무의무 이행을 실제로 관철할 여지도 없습니다. 다만, 형벌을 가하고 전과자로 만들어 공직이나 면허 취득 등에서 지속적으로 불이익을 주는 가혹함만 저지를 뿐입니다. 저희 아버지도 군복무 거부로 형사처벌을 받았지만, 저 그리고 언젠가는 제 후손들도 대를 이어 양심의 굴복을 강요당하고, 그에 따르지 않으면 처벌하고 사회적 불이익을 준다는 것은 지나치게 가혹합니다. 아무쪼록 이러한 사정을 잘 살피시어 선처를 해 주시기 바랍니다.

위 조서를 진술자에게 열람하게 하였던 바 진술한대로 오기나 증감 변경할 것이 전혀 없다고 말하므로 간인한 후 서명무인케하다.

진술자   김 을 수   (무인)

2017. 4. 19.

서 울 남 부 지 방 검 찰 청

검사   강 재 현 ㉑

검찰주사보   박 란 조 ㉑

발간등록번호 31-9735006-000621-14

이슈와 논쟁

이슈와 논쟁 | 제 690호 | 2013년 7월 29일 | 발행처 국회입법조사처 | 발행인 고갑동 | www.nars.go.kr

양심적 병역거부에 대한 논의 현황

1. 들어가는 말
(생략)

2. 국내 병역거부자 현황
 최근 10년간 우리나라 병역거부자 현황을 보면, 총 6,090명이 종교나 개인적 신념상의 이유로 병역을 거부한 것으로 나타나고 있으며, 매년 평균 600여명 내외이다.[1]
 사유별로는 대다수의 병역거부자가 종교적인 이유로 병역을 거부하고 있는 것으로 나타났는데, 전체 병역거부자 중 여호와의 증인이 6,045명으로 전체의 99.3%를 차지하고 있다.
 기타 병역거부 사유로는 전쟁반대, 평화주의, 신념적 사유 등이 있었으며, 이들 사유로 인한 병역거부자는 44명에 달하고 있다.
 한편 최근 10년간 발생한 병역거부자 중 형이 확정된 자는 6,090명 중 5,695명으로 93.5%에 달하고 있다. 이중 징역이 5,669명으로 93.1%에 달하고 있으며, 집행유예는 26명으로 0.4%에 달하고 있다. 한편 징역을 선고받은 사람 중 형량이 1년 6월 이상 2년 미만인 자가 99.8%로 나타났으며, 2년 이상이거나 1년 6월 미만인 자는 각각 0.1%에 불과한 것으로 나타나고 있다.

3. 병역거부에 대한 논의 현황
(1) 국제사회에서의 논의현황
 병역거부에 대한 국제사회의 논의현황을 파악하기 위해서는 유엔의 결의사항을 포함한 유럽의회 및 각국의 입법 현황을 동시에 분석하는 것이 바람직하다고 할 것이다. 그럼에도 불구하고 개별국가의 사례에서는 제도적 상이성이나 정치·군사·사회문화적 차이 등으로 인

---

[1] 우리 병역법에서는 현역병 또는 보충역 입영대상자 중 일정한 자를 대상으로 공익근무요원, 전문연구요원, 산업기능요원, 국제협력요원, 예술체육요원, 공중보건의, 공익법무관 등으로 군복무를 대신할 수 있도록 하는 병역특례제도를 두고 있다. 2010년도의 소집현황을 보면, 공익근무요원 25,757명, 공중보건의사 1,500명, 징병전담의사 46명, 국제협력의사 19명, 공익법무관 73명, 공중방역수의사 150명, 산업기능요원 8,296명, 전문연구요원 2,160명, 승선근무예비역 793명 등 총 38,794명이 병역특례에 의한 복무를 하였는바, 병역특례자의 규모에 비추어보면, 양심적 병역거부자의 규모는 그리 크지 않다고 볼 수 있다.

해 직접적인 비교가 어려운 것이 사실이다.

이에 따라 여기에서는 병역거부와 관련된 유엔인권위원회(UNCHR. 이하 '위원회')의 결의를 중심으로 국제사회에서 진행되어 온 병역거부에 대한 논의를 간략하게 살펴보고자 한다.

현행 유엔 인권이사회(United Nations Human Rights Council)의 전신인 유엔 인권위원회(United Nations Commission on Human Rights)는 일찍이 1987년 채택한 결의(Resolution) 46호에서 "종교적, 윤리적, 도덕적 또는 이와 유사한 동기에서 발생하는 심오한 신념에 기초한 양심에 따른 병역거부"를 각국이 인정해야 한다고 촉구함으로써, 양심적 병역거부를 국가가 존중해야 할 인권으로 선언하였다. 또한 자유권규약의 조약감시기구인 자유권규약위원회(Human Rights Committee)는 자유권규약 제18조 자체에서 양심적 병역거부권이 인정된다는 점을 선언하였다.

이후 2000년 결의 제34호와 2002년 결의 제45호에서는 1998년 결의 제77호에 비추어 병역거부와 관련한 각국의 현행 법과 관행을 재검토할 것을 결의하였으며, 2004년 제54호에서는 병역거부자에 대한 사면을 권고하는 결의안을 채택하였다.

우리나라의 양심적 병역거부자들은 4차례에 걸쳐, 자신들이 규약 상의 권리를 침해받았다고 주장했고, 이 4번 모두 자유권규약위원회는 대한민국 정부가 규약을 위반했다고 결정하기도 하였다.

유럽인권법원(European Court of Human Rights)은, 2011. 7. 7.과 2012. 1. 10. 아르메니아에 대해, 2011. 11. 22.과 2012. 1. 17.에는 터키에 대해, 각기 그 양심에 따른 병역거부자를 처벌한 것이 사상과 양심, 종교의 자유를 침해한 것이고 이는 유럽인권협약 제9조에 위반된다는 이유로 두 나라 정부에 대해 배상을 명하였다. 그 중 2011. 7. 7. 대재판부 결정은, 자유권규약위원회의 일반논평 제22호와 2006년의 한국인 2인에 대한 개인통보 이유를 인용하여, 양심적 병역거부권이 양심 및 종교의 자유에 관한 규정으로부터 도출된다고 해석함으로써 종전의 판례를 변경한 것이다.

(2) 국내에서의 논의 현황
(생략)

4. 외국의 대체복무 현황

미국, 영국, 스웨덴, 네델란드, 프랑스 등 현재 약 31개국에서 이 제도를 도입·시행하고 있다. 특히 독일은 1949년 양심적 병역거부의 권리와 대체복무제도를 기본법에까지 규정하였으며, 우리나라와 마찬가지로 심각한 국가안보의 위협을 받고 있는 대만에서도 2000년부터 이를 도입하여 성공적으로 시행하고 있다.

서울남부지방검찰청

2017. 5. 4.

사건번호   2017년 형제678호
수 신 자   서울남부지방법원
제　　목   **공소장**

검사 강재현은 아래와 같이 공소를 제기합니다.

I. 피고인 관련사항

피 고 인   김을수 (970720-1234567), 19세
              직업   무직
              주거   미합중국 버지니아주 페어팩스 해피 레인 1111
              등록기준지   서울 영등포구 여의도동 1-1234
죄　　명   병역법위반
적용법조   병역법 제88조 제1항 제1호
구속여부   불구속

II. 공소사실

피고인은 현역 입영대상자인바, 2016. 12. 27. 서울지방병무청장으로부터 2017. 3. 28. 14:00까지 입영하라는 통지를 받고도 입영기일부터 3일이 경과하도록 입영하지 아니하여 병역법을 위반한 것이다.

III. 첨부서류

(이하 생략)

검사   강 재 현 ㊞

위헌법률심판제청 신청서

사　　건　　2017고단870 병역법위반
피 고 인　　김을수

위 사건에 관하여 피고인은 다음과 같이 위헌법률심판제청을 신청합니다.

신 청 취 지
(생략)

신 청 이 유

1. 위헌제청신청의 경위

피고인은 현역병 입영대상자로서 2017. 3. 28. 14:00까지 의정부시 시민로 416번길 306 보충대로 입영하라는 서울지방병무청 명의의 소집통지서를 받았습니다. 그러나 피고인은 자신의 평화적·종교적 신념에 따라 입영일로부터 3일이 경과한 날까지 입영하지 아니하였습니다. 피고인은 2017. 5. 3. 병역법 제88조 제1항 제1호 위반으로 기소되었습니다(서울남부지방법원 2017고단870).

피고인은 피고인에게 적용된 병역법 제88조 제1항이 양심의 자유와 종교의 자유 등 피고인의 기본권을 침해하고, 국제법 존중주의에 위반된다고 생각하여, 이 사건 위헌법률심판제청 신청에 이르게 되었습니다.

2. 제청신청 대상 법률조항
(생략)

3. 재판의 전제성

이 사건 법률조항의 위헌 여부는 본 재판의 전제가 된 경우에 명백히 해당합니다.

4. 이 사건 법률조항이 위헌인 이유

양심에 따른 인격적 결정으로서 병역을 거부할 권리를 인정하지 않고 양심적 병역거부자들을 형사처벌하는 이 사건 법률조항은 양심의 자유, 종교의 자유 등 기본권을 침해합니다. 또한 시민적·정치적 자유에 관한 국제규약과 명백히 모순되는 법률로서 국제법존중주의에도 위반됩니다.

5. 결론

2004년 양심적 병역거부자를 형사처벌하는 병역법 조항에 관한 헌법재판소의 합헌 결정이 있은 이후 양심적 병역거부는 가장 치열한 인권 논의가 계속된 주제였습니다. 매년 500명이 넘는 젊은이들이 단지 평화를 염원하며 어떠한 살생을 위한 훈련에도 동의하지 않는다는 이유로 감옥에 가야만 했습니다.

우리 사회는 아직도 양심적 병역거부자의 양심과 공동체를 위한 의무가 공존할 수 있는 대체복무제도를 마련하지 않고 있습니다. 그러나 대체복무제도가 도입될 때까지 무한정 기다리고만 있을 수는 없습니다. 이제 양심적 병역거부자의 감옥행은 멈춰져야 합니다.

위헌임이 명백한 병역법 제88조 제1항 제1호에 대해 귀 재판부가 헌법재판소에 위헌법률심판제청을 해 주시기를 바라며 이 신청서를 제출합니다.

2017. 5. 11.
피고인 김을수

서울남부지방법원 형사7단독 귀중

서울남부지방법원

결 정

정 본 입 니 다
2017. 6. 5.
서울남부지방법원
법원주사 김주사

직인

| 사 건 | 2017초기987 위헌법률심판제청 |

(2017고단870 병역법위반)

피 고 인   김을수 (970720-1234567), 무직
           미합중국 버지니아주 페어팩스 해피 레인 1111
           (1111 Happy lane, Fairfax, VA, 2233, USA)

신 청 인   피고인

주 문

이 사건 위헌법률심판제청신청을 기각한다.

신 청 취 지

(생략)

이 유

이 사건 신청은 이유 없으므로 기각하기로 하여 주문과 같이 결정한다.

- 33 -

2017. 6. 5.

판 사   김 유 지

송 달 증 명 원

사   건 : 서울남부지방법원 2017초기987 위헌법률심판제청

신 청 인 : 김을수

증명신청인 : 신청인

위 사건에 관하여 정본이 신청인에게 2017. 6. 8.자로 송달되었음을 증명합니다. 끝.

2017. 6. 9.

서울남부지방법원

법원주사 김 주 사 | 직 인 |

본 증명(문서번호:전자제출제증명(신청)12768)에 관하여 문의할 사항이 있으시면 02-1112-2333로 문의하시기 바랍니다.

정부법무공단 내부회의록

일   시: 2017. 9. 11. 14:00 ~ 15:00
장   소: 정부법무공단 소회의실
참석자: 김선임 변호사(팀장), 강이론 변호사

김 변호사: 강 변호사님, 원고 최승계가 제기한 병역처분 취소소송 사건에 대해 논의해 봅시다. 우리 공단은 그 사건에서 피고 서울지방병무청장을 대리하고 있는데, 원고 측에서 최근에 준비서면을 제출했지요?

강 변호사: 예. 여기 원고측 준비서면(이 회의록 말미에 첨부)을 가지고 왔습니다.

김 변호사: 구체적인 쟁점은 무엇인가요?

강 변호사: 원고 최승계의 주장은 두 가지입니다. 자신에 대한 국적이탈신고 반려처분이 관계 법령이 정한 사전 통지절차를 거치지 않아 위법하다는 것과 병역처분이 선행처분인 국적이탈신고 반려처분의 위법으로 인하여 취소되어야 한다는 것입니다. 따라서 행정처분 사전통지제도를 정한 관계 법령의 내용과 이 사건 국적이탈신고 반려처분이 관계 법령이 정한 사전통지의 대상이 되는지 여부, 그리고 선행처분의 위법을 이유로 후행처분의 효력을 다툴 수 있는 경우와 그렇지 않은 경우의 근거 내지 요건이 각각 어떠한지와 이 사건에도 그 각각의 요건에 따라 후행처분인 병역처분을 다툴 수 있는지가 문제됩니다.

김 변호사: 그럼 각각의 쟁점에 관한 법리를 확인하여 원고 측의 주장을 적절히 반박하는 준비서면을 작성하면 되겠네요.

강 변호사: 네, 그렇게 하도록 하겠습니다.

김 변호사: 잘 알겠습니다. 그럼, 이상으로 회의를 마치겠습니다. 수고하세요. 끝.

준 비 서 면

사　　　건　　　서울행정법원 2016구합4840 현역병입영처분취소
원　　　고　　　최승계
피　　　고　　　서울지방병무청장

위 사건에 관하여 원고는 다음과 같이 변론을 준비합니다.

다　　음

1. 이 사건 국적이탈신고 반려 처분은 사전통지를 흠결하여 위법합니다.

　행정절차법은 행정청이 행정처분을 하기 이전에 그 처분의 상대방에게 미리 일정한 사항을 통지하도록 하고 있습니다.

　그럼에도 법무부장관은 원고에 대하여 위와 같은 사전 통지절차를 거치지 아니한 채로 이 사건 국적이탈신고 반려처분을 하였습니다.

　따라서 이 사건 국적이탈신고 반려처분은 위와 같은 사전 통지절차를 거치지 아니한 점에서도 위법하다 할 것입니다.

2. 이 사건 국적이탈신고 반려 처분의 하자는 이 사건 병역처분에 승계되었습니다.

　이 사건 국적이탈신고 반려처분은 제1항 기재 사유로 인하여 위법하나, 피고의 주장과 같이 이 사건 국적이탈신고 반려처분은 그 제소기간이 도과되어 그 자체의 취소를 구할 수는 없게 된 것이 사실입니다.

　그러나 두 개 이상의 행정처분이 연속적으로 행하여지는 경우 선행처분에 하자가 있으면 그 하자는 후행처분에 당연히 승계되므로, 선행처분에 불가쟁력이 생겨 그 효력을 다툴 수 없게 된 경우에도 선행처분의 하자를 이유로 후행처분의 효력을 다툴 수는 있습니다.

이에 따라 복수국적자로서 대한민국 국적의 이탈을 희망하여 국적이탈신고를 한 사람에 대하여 한 국적이탈신고 반려처분에 위법이 있는 경우, 그 자체를 행정소송의 대상이 되는 행정처분으로 보아 그 위법 여부를 다툴 수 없게 되었더라도, 이를 기초로 한 병역처분 등 후행처분의 취소를 구하는 행정소송에서도 선행처분인 국적이탈신고 반려처분의 위법이 후행처분에 승계되었다는 이유로 후행처분의 취소를 구할 수 있습니다.

따라서 이 사건 병역처분은 그 선행처분에 해당하는 이 사건 국적이탈신고 반려처분의 위법으로 인하여 마땅히 취소되어야 할 것입니다.

2017. 9. 6.

원 고   최 승 계   (인)

서울행정법원 귀중

기록이면 표지

참고자료 1. - 국적법(발췌)

■ 국적법(법률 제12421호, 2014. 3. 18. 일부개정)

제1조【목적】 이 법은 대한민국의 국민이 되는 요건을 정함을 목적으로 한다.
제2조【출생에 의한 국적 취득】 ① 다음 각 호의 어느 하나에 해당하는 자는 출생과 동시에 대한민국 국적(國籍)을 취득한다.
  1. 출생 당시에 부(父)또는 모(母)가 대한민국의 국민인 자
  2. 출생하기 전에 부가 사망한 경우에는 그 사망 당시에 부가 대한민국의 국민이었던 자
  3. 부모가 모두 분명하지 아니한 경우나 국적이 없는 경우에는 대한민국에서 출생한 자
② 대한민국에서 발견된 기아(棄兒)는 대한민국에서 출생한 것으로 추정한다.
제12조【복수국적자의 국적선택의무】 ① 만 20세가 되기 전에 복수국적자가 된 자는 만 22세가 되기 전까지, 만 20세가 된 후에 복수국적자가 된 자는 그 때부터 2년 내에 제13조와 제14조에 따라 하나의 국적을 선택하여야 한다. 다만, 제10조 제2항에 따라 법무부장관에게 대한민국에서 외국 국적을 행사하지 아니하겠다는 뜻을 서약한 복수국적자는 제외한다.
② 제1항 본문에도 불구하고「병역법」제8조에 따라 병역준비역에 편입된 자는 편입된 때부터 3개월 이내에 하나의 국적을 선택하거나 제3항 각 호의 어느 하나에 해당하는 때부터 2년 이내에 하나의 국적을 선택하여야 한다. 다만, 제13조에 따라 대한민국 국적을 선택하려는 경우에는 제3항 각 호의 어느 하나에 해당하기 전에도 할 수 있다.
③ 직계존속(直系尊屬)이 외국에서 영주(永住)할 목적 없이 체류한 상태에서 출생한 자는 병역의무의 이행과 관련하여 다음 각 호의 어느 하나에 해당하는 경우에만 제14조에 따른 국적이탈신고를 할 수 있다.
  1. 현역·상근예비역 또는 보충역으로 복무를 마치거나 마친 것으로 보게 되는 경우
  2. 전시근로역에 편입된 경우
  3. 병역면제처분을 받은 경우
제14조【대한민국 국적의 이탈 요건 및 절차】 ① 복수국적자로서 외국 국적을 선택하려는 자는 외국에 주소가 있는 경우에만 주소지 관할 재외공관의 장을

거쳐 법무부장관에게 대한민국 국적을 이탈한다는 뜻을 신고할 수 있다. 다만, 제12조 제2항 본문 또는 같은 조 제3항에 해당하는 자는 그 기간 이내에 또는 해당 사유가 발생한 때부터만 신고할 수 있다.
② 제1항에 따라 국적 이탈의 신고를 한 자는 법무부장관이 신고를 수리한 때에 대한민국 국적을 상실한다.
③ 제1항에 따른 신고 및 수리의 요건, 절차와 그 밖에 필요한 사항은 대통령령으로 정한다.

참고자료 2. - 국적법 시행령(발췌)

◉ **국적법 시행령(대통령령 25532호, 2014. 8. 6. 일부개정)**

제16조의2 【직계존속이 외국에서 영주할 목적 없이 체류한 상태에서 출생한 자】
법 제12조 제3항 각 호 외의 부분에서 직계존속이 외국에서 영주할 목적 없이 체류한 상태에서 출생한 자는 아버지 또는 어머니가 외국에 생활기반을 두고 있으면서 외국의 시민권이나 영주권을 취득한 상태 또는 법무부령으로 정하는 그에 준하는 체류 상태에서 출생한 자가 아닌 사람으로 한다.

제18조 【대한민국 국적의 이탈 절차 등】 ① 복수국적자로서 법 제14조 제1항에 따라 대한민국 국적을 이탈한다는 뜻을 신고하려는 사람은 법무부령으로 정하는 국적이탈 신고서를 작성하여 주소지 관할 재외공관의 장에게 제출하여야 하고, 재외공관의 장은 지체 없이 이를 법무부장관에게 송부하여야 한다.
② 법무부장관은 제1항에 따른 국적이탈 신고가 법 제14조 제1항에 따른 국적이탈 요건을 갖춘 경우에만 수리한다.
③ 법무부장관은 제1항 및 제2항에 따라 국적이탈 신고를 수리한 때에는 지체 없이 그 사실을 접수지 재외공관의 장을 거쳐 본인에게 알려야 하며, 등록기준지 가족관계등록관서의 장에게 통보하고 관보에 고시하여야 한다.
④ 법무부장관은 국적이탈자가 주민등록이 되어 있을 때에는 그 주민등록관서의 장에게도 그 사실을 통보하여야 한다.
⑤ 제3항 및 제4항에 따라 등록기준지 가족관계등록관서의 장 또는 주민등록관서의 장에게 통보하는 서류에는 다음 각 호의 사항을 적어야 한다.
  1. 국적이탈자의 성명, 생년월일, 성별 및 등록기준지
  2. 국적이탈의 원인 및 연월일
  3. 외국 국적

참고자료 3. - 병역법(발췌)

■ **병역법(법률 제14183호, 2014. 5. 9. 일부개정)**

제2조【정의 등】 ① 이 법에서 사용되는 용어의 뜻은 다음과 같다.
1. "징집"이란 국가가 병역의무자에게 현역(現役)에 복무할 의무를 부과하는 것을 말한다.
2. "소집"이란 국가가 병역의무자 또는 지원에 의한 병역복무자(제3조제1항 후단에 따라 지원에 의하여 현역에 복무한 여성을 말한다) 중 예비역(豫備役)·보충역(補充役) 또는 전시근로역에 대하여 현역 복무 외의 군복무(軍服務)의무 또는 공익 분야에서의 복무의무를 부과하는 것을 말한다.
3. "입영"이란 병역의무자가 징집(徵集)·소집(召集) 또는 지원(志願)에 의하여 군부대에 들어가는 것을 말한다.
4. (생략)

② 이 법에서 병역의무의 이행시기를 연령으로 표시한 경우 "○○세부터"란 그 연령이 되는 해의 1월 1일부터를, "○○세까지"란 그 연령이 되는 해의 12월 31일까지를 말한다.

제3조【병역의무】 ① 대한민국 국민인 남성은 헌법과 이 법에서 정하는 바에 따라 병역의무를 성실히 수행하여야 한다. 여성은 지원에 의하여 현역 및 예비역으로만 복무할 수 있다.

② 이 법에 따르지 아니하고는 병역의무에 대한 특례(特例)를 규정할 수 없다.

③ 제1항에 따른 병역의무 및 지원은 인종, 피부색 등을 이유로 차별하여서는 아니 된다.

④ 병역의무자로서 6년 이상의 징역 또는 금고의 형(刑)을 선고받은 사람은 병역에 복무할 수 없으며 병적(兵籍)에서 제적된다.

제5조【병역의 종류】 ① 병역은 다음 각 호와 같이 구분한다.
1. 현역: 다음 각 목의 어느 하나에 해당하는 사람
  가. 징집이나 지원에 의하여 입영한 병(兵)
  나. 이 법 또는 「군인사법」에 따라 현역으로 임용 또는 선발된 장교(將校)·준사관(準士官)·부사관(副士官) 및 군간부후보생
2. 예비역: 다음 각 목의 어느 하나에 해당하는 사람
  가. 현역을 마친 사람

나. 그 밖에 이 법에 따라 예비역에 편입된 사람
　3. 보충역: 다음 각 목의 어느 하나에 해당하는 사람
　　가. 병역판정검사 결과 현역 복무를 할 수 있다고 판정된 사람 중에서 병력수급(兵力需給) 사정에 의하여 현역병입영 대상자로 결정되지 아니한 사람
　　나. 다음의 어느 하나에 해당하는 사람으로 복무하고 있거나 그 복무를 마친 사람
　　　1) 사회복무요원
　　　2) 삭제
　　　3) 예술·체육요원
　　　4) 공중보건의사
　　　5) 병역판정검사전담의사
　　　6) 삭제
　　　7) 공익법무관
　　　8) 공중방역수의사
　　　9) 전문연구요원
　　　10) 산업기능요원
　　다. 그 밖에 이 법에 따라 보충역에 편입된 사람
　4. 병역준비역: 병역의무자로서 현역, 예비역, 보충역 및 전시근로역이 아닌 사람
　5. 전시근로역: 다음 각 목의 어느 하나에 해당하는 사람
　　가. 병역판정검사 또는 신체검사 결과 현역 또는 보충역 복무는 할 수 없으나 전시근로소집에 의한 군사지원업무는 감당할 수 있다고 결정된 사람
　　나. 그 밖에 이 법에 따라 전시근로역에 편입된 사람
② 예비역에 편입된 사람은 예비역의 장교·준사관·부사관 또는 병으로, 보충역에 편입된 사람은 보충역의 장교·준사관·부사관 또는 병으로, 전시근로역에 편입된 사람은 전시근로역의 부사관 또는 병으로 구분한다.
③ 병역의무자는 각각 그 병역의 병적에 편입되며, 병적 관리에 필요한 사항은 대통령령으로 정한다.

제8조【병역준비역 편입】 대한민국 국민인 남성은 18세부터 병역준비역에 편입된다.

제14조【병역처분】 ① 지방병무청장은 병역판정검사를 받은 사람(군병원에서 신체검사를 받은 사람을 포함한다) 또는 현역병지원 신체검사를 받은 사람에 대하여 다음 각 호와 같이 병역처분을 한다. 이 경우 현역병지원 신체검사를 받은 18세인 사람에 대하여는 신체등급 5급 또는 6급의 판정을 받은 경우에만 병역처분을 한다.

1. 신체등급이 1급부터 4급까지인 사람: 학력·연령 등 자질을 고려하여 현역병 입영 대상자, 보충역 또는 전시근로역
   2. 신체등급이 5급인 사람: 전시근로역
   3. 신체등급이 6급인 사람: 병역면제
   4. 신체등급이 7급인 사람: 재신체검사(再身體檢査)

② 제1항 제4호에 따라 재신체검사의 처분을 받은 사람으로서 제12조 제3항에 따라 다시 신체검사를 받고도 신체등급이 7급으로 판정된 사람은 대통령령으로 정하는 바에 따라 전시근로역으로 처분한다. 다만, 제65조 제1항 제2호 및 제3호의 전시근로역 편입에 해당하는 사람의 경우에는 다시 신체검사를 하지 아니하고 전시근로역에 편입할 수 있다.
③ 제1항 제1호에 규정된 사람 중 현역병입영 대상자 또는 보충역처분의 기준은 병무청장이 정한다.
④ 병무청장은 병역자원(兵役資源)의 수급(需給), 입영계획(入營計劃)의 변경 등에 따라 필요한 경우에는 제1항 제1호에 따라 처분된 사람 중 현역병입영 대상자를 보충역으로 병역처분을 변경할 수 있다.

제88조【입영의 기피 등】 ① 현역입영 또는 소집 통지서(모집에 의한 입영 통지서를 포함한다)를 받은 사람이 정당한 사유 없이 입영일이나 소집일부터 다음 각 호의 기간이 지나도 입영하지 아니하거나 소집에 응하지 아니한 경우에는 3년 이하의 징역에 처한다. 다만, 제53조 제2항에 따라 전시근로소집에 대비한 점검통지서를 받은 사람이 정당한 사유 없이 지정된 일시의 점검에 참석하지 아니한 경우에는 6개월 이하의 징역이나 500만원 이하의 벌금 또는 구류에 처한다.
   1. 현역입영은 3일
   2. 사회복무요원 소집은 3일
   3. 군사교육소집은 3일
   4. 병력동원소집 및 전시근로소집은 2일

② 제1항에 따른 통지서를 받고 입영할 사람 또는 소집될 사람을 대리하여 입영한 사람 또는 소집에 응한 사람은 1년 이상 3년 이하의 징역에 처한다. 다만, 제53조 2항에 따라 전시근로소집에 대비한 점검을 받아야 할 사람을 대리하여 출석한 사람은 1년 이하의 징역에 처한다.
③ 제20조의3 제2항을 위반한 사람은 3년 이하의 징역 또는 3천만원 이하의 벌금에 처한다.

▣ **병역법(법률 제10560호, 2010. 6. 4. 일부개정)**

제88조【입영의 기피 등】 ① 현역입영 또는 소집 통지서(모집에 의한 입영 통지서를 포함한다)를 받은 자가 정당한 사유 없이 입영일이나 소집기일부터 다음 각 호의 기간이 지나도 입영하지 아니하거나 소집에 응하지 아니한 경우에는 3년 이하의 징역에 처한다. 다만, 제53조 제2항에 따라 전시근로소집에 대비한 점검통지서를 받은 자가 정당한 사유 없이 지정된 일시의 점검에 참석하지 아니한 경우에는 6개월 이하의 징역이나 200만원 이하의 벌금 또는 구류에 처한다.

  1. 현역입영은 2일
  2. 사회복무요원 소집은 2일
  3. 군사교육소집은 2일
  4. 병력동원소집 및 전시근로소집은 1일

참고자료 4. - 시민적 및 정치적 권리에 관한 국제규약(International Covenant of Civil and Political Rights): 국문(발췌)

제2조
2. 이 규약의 각 당사국은 현행의 입법조치 또는 기타 조치에 의하여 아직 규정되어 있지 아니한 경우, 이 규약에서 인정되는 권리들을 실현하기 위하여 필요한 입법조치 또는 기타 조치를 취하기 위하여 자국의 헌법상의 절차 및 이 규약의 규정에 따라 필요한 조치를 취할 것을 약속한다.

제18조
1. 모든 사람은 사상, 양심 및 종교의 자유에 대한 권리를 가진다. 이러한 권리는 스스로 선택하는 종교나 신념을 가지거나 받아들일 자유와 단독으로 또는 다른 사람과 공동으로, 공적 또는 사적으로 예배, 의식, 행사 및 선교에 의하여 그의 종교나 신념을 표명하는 자유를 포함한다.
2. 어느 누구도 스스로 선택하는 종교나 신념을 가지거나 받아들일 자유를 침해하게 될 강제를 받지 아니한다.
3. 자신의 종교나 신념을 표명하는 자유는, 법률에 규정되고 공공의 안전, 질서, 공중보건, 도덕 또는 타인의 기본적 권리 및 자유를 보호하기 위하여 필요한 경우에만 제한받을 수 있다.
4. 이 규약의 당사국은 부모 또는 경우에 따라 법정 후견인이 그들의 신념에 따라 자녀의 종교적, 도덕적 교육을 확보할 자유를 존중할 것을 약속한다.

참고자료 5. - 달력

2016년

9월

일	월	화	수	목	금	토
				1	2	3
4	5	6	7	8	9	10
11	12	13	14	15	16	17
18	19	20	21	22	23	24
25	26	27	28	29	30	

10월

일	월	화	수	목	금	토
						1
2	3	4	5	6	7	8
9	10	11	12	13	14	15
16	17	18	19	20	21	22
23	24	25	26	27	28	29
30	31					

11월

일	월	화	수	목	금	토
		1	2	3	4	5
6	7	8	9	10	11	12
13	14	15	16	17	18	19
20	21	22	23	24	25	26
27	28	29	30			

12월

일	월	화	수	목	금	토
				1	2	3
4	5	6	7	8	9	10
11	12	13	14	15	16	17
18	19	20	21	22	23	24
25	26	27	28	29	30	31

2017년

1월

일	월	화	수	목	금	토
1	2	3	4	5	6	7
8	9	10	11	12	13	14
15	16	17	18	19	20	21
22	23	24	25	26	27	28
29	30	31				

2월

일	월	화	수	목	금	토
			1	2	3	4
5	6	7	8	9	10	11
12	13	14	15	16	17	18
19	20	21	22	23	24	25
26	27	28				

3월

일	월	화	수	목	금	토
			1	2	3	4
5	6	7	8	9	10	11
12	13	14	15	16	17	18
19	20	21	22	23	24	25
26	27	28	29	30	31	

4월

일	월	화	수	목	금	토
						1
2	3	4	5	6	7	8
9	10	11	12	13	14	15
16	17	18	19	20	21	22
23	24	25	26	27	28	29
30						

5월

일	월	화	수	목	금	토
	1	2	3	4	5	6
7	8	9	10	11	12	13
14	15	16	17	18	19	20
21	22	23	24	25	26	27
28	29	30	31			

6월

일	월	화	수	목	금	토
				1	2	3
4	5	6	7	8	9	10
11	12	13	14	15	16	17
18	19	20	21	22	23	24
25	26	27	28	29	30	

7월

일	월	화	수	목	금	토
						1
2	3	4	5	6	7	8
9	10	11	12	13	14	15
16	17	18	19	20	21	22
23	24	25	26	27	28	29
30	31					

8월

일	월	화	수	목	금	토
		1	2	3	4	5
6	7	8	9	10	11	12
13	14	15	16	17	18	19
20	21	22	23	24	25	26
27	28	29	30	31		
4						

9월

일	월	화	수	목	금	토
					1	2
3	4	5	6	7	8	9
10	11	12	13	14	15	16
17	18	19	20	21	22	23
24	25	26	27	28	29	30

10월

일	월	화	수	목	금	토
1	2	3	4	5	6	7
8	9	10	11	12	13	14
15	16	17	18	19	20	21
22	23	24	25	26	27	28
29	30	31				

2018년도 제1차
법전협
모의시험
문제

2018년도 제1차 변호사시험 모의시험 – 논술형(기록형)

| 시험과목 | 공 법(기록형) |

응시자 준수 사항

1. 시험 시작 전 문제지의 봉인을 손상하는 경우, 봉인을 손상하지 않더라도 문제지를 들추는 행위 등으로 문제 내용을 미리 보는 경우 모두 부정행위로 간주되어 그 답안은 영점 처리됩니다.

2. 답안은 흑색 또는 청색 필기구(사인펜이나 연필 사용 금지) 중 한 가지 필기구만을 사용하여 답안 작성 난(흰색 부분) 안에 기재하여야 합니다.

3. 답안지에 성명과 수험번호를 기재하지 않아 인적 사항이 확인되지 않는 경우에는 영점 처리 등 불이익을 받게 됩니다. 특히 답안지를 바꾸어 다시 작성하는 경우, 성명 등의 기재를 빠뜨리지 않도록 유의하여야 합니다.

4. 답안지에는 문제 내용을 기재할 필요가 없으며, 답안 내용 이외의 사항을 기재하거나 밑줄 기타 어떠한 표시도 하여서는 안 됩니다. 답안을 정정할 경우에는 두 줄로 긋고 다시 기재하여야 하며, 수정액 등은 사용할 수 없습니다.

5. 시험 종료 시각에 임박하여 답안지를 교체 요구한 경우라도 시험시간 종료 후 즉시 새로 작성한 답안지를 회수합니다.

6. 시험 종료 후에는 답안지 작성을 일절 할 수 없으며, 이에 위반하여 시험시간이 종료되었음에도 불구하고 **시험관리관의 답안지 제출 지시에 불응한 채 계속 답안을 작성하거나 답안지를 늦게 제출할 경우 그 답안은 영점 처리** 됩니다.

7. 답안은 답안지 쪽수 번호 순으로 기재하여야 하고, **배부받은 답안지는 백지 답안이라도 모두 제출**하여야 하며, **답안지를 제출하지 아니한 경우 그 시험시간 및 나머지 시험시간의 시험에 응시할 수 없습니다.**

8. 지정된 시간까지 지정된 시험실에 입실하지 아니하거나 시험관리관의 승인을 얻지 아니하고 시험시간 중에 그 시험실에서 퇴실한 경우 그 시험시간 및 나머지 시험시간의 시험에 응시할 수 없습니다.

9. 시험시간이 종료되기 전에는 어떠한 경우에도 문제지를 시험장 밖으로 가지고 갈 수 없고, 시험 종료 후 가지고 갈 수 있습니다.

법학전문대학원협의회
KOREAN ASSOCIATION OF LAW SCHOOLS

목 차

I. 문제 ··· 2

II. 작성요령 및 주의사항 ··· 3

III. 소장 양식 ··· 4

IV. 위헌법률심판제청신청서 양식 ····································· 5

V. 기록내용
    법률상담일지 ·· 7
    내부회의록 ··· 9
    법인등기부등본 ··· 14
    법인등기부등본 ··· 16
    산업단지입주계약신청(확인)서 ······································· 18
    사업계획서 ··· 20
    시정명령서 ··· 24
    처분사전통지서 ··· 25
    입주계약해지통보 ··· 26
    우편송달통지서 ··· 28
    과태료부과고지서 ··· 29
    과태료부과처분에 대한 이의제기 통보 ······················ 31
    과태료처분에 대한 이의신청서 사본 ··························· 32
    의견서 ··· 33
    증빙서류(2016년 12월 14일자 관보) ······························ 35
    심문기일통지서 ··· 37

VI. 참고 자료
    1. 산집법 관련 법령(발췌) ··· 39
    2. 문화예술진흥법 관련 법령(발췌) ······························· 46
    3. 달력 ··· 50

【문   제】

1. 사건의 개요

    가. 주식회사 앙드레는 서울 구로구 구로동 333-1에 주사무소를 두고 의류판매업 등을 영위하는 회사로서, 한국산업단지공단과 사이에 서울디지털국가산업단지 내 지식산업센터(이른바 '아파트형공장')인 '패션일번가타워'의 1, 2층 전부 및 3층 일부 시설에 관하여 입주계약을 체결하고 위 시설에서 의류판매매장과 음식점, 공연전시장을 운영하여 왔다. 그러던 중 입주계약변경계약도 체결함이 없이 위 매장에서 패션일번가타워 입주기업체의 생산제품이 아닌 제품을 판매하였다는 사유로 한국산업단지공단으로부터 입주계약 해지 통보를 받았다.

    나. 한편, 주식회사 앙드레는 그 동안 위 3층 공연전시장 시설을 주로 외부 패션쇼 기획사에 대관하는 식으로 운영해 왔는데, 문화예술진흥법상 그 공연관람객으로부터 문화예술진흥기금 모금을 수납하여 이를 한국문화예술진흥원에 제출할 의무가 있었음에도 이를 이행하지 않았다. 이를 이유로 문화체육관광부장관으로부터 2018. 5. 15. 1,000만 원의 과태료 처분을 받아, 이에 대해 이의신청 후, 그 과태료 재판절차에서 관련 조항의 위헌성을 다투려고 한다.

2. 주식회사 앙드레의 소송대리인 법무법인 가람의 담당변호사의 입장에서,

    가. 취소소송의 소장을 작성한다고 할 때, 첨부된 양식의 상자(☐) 부분을 작성하되, 소장의 제출일자(⑤)는 적법하게 소제기가 가능한 마지막 날짜를 기재하시오. (50점)

    나. 법원에 문화예술진흥법상 과태료 관련 조항의 위헌여부심판 제청을 구하는 위헌법률심판제청신청서를 작성하되, 첨부된 양식의 상자(☐) 부분만 기재하시오. (50점)

【작성요령 및 주의사항】

1. 첨부된 양식의 상자(　　　　　　　　)에 들어갈 내용만 작성할 것.

2. 기록에서 제시된 법령, 사실관계, 인명(人名), 단체(團體) 등은 모두 가상(假想)의 것임.

3. 법률상담일지의 사실관계 및 기록에 첨부된 자료들을 기초로 그것이 사실임을 전제로 하고, 첨부된 관련 법령과 다른 내용의 현행 법령은 고려하지 말 것.

4. 기록상 각종 서류는 적법하게 작성된 것으로 간주하고 서류 등에 필요한 서명과 날인, 또는 무인과 간인 등은 모두 적법하게 갖추어진 것으로 볼 것.

5. 소장, 위헌법률심판제청신청서의 내용은 경어체로 작성할 것.

6. 소장의 ③ 을 작성할 때 대상적격, 피고적격, 제소기간을 위주로 검토할 것.

7. 소장의 ④ 을 작성할 때 근거 법령의 위헌성은 주장하지 말 것.

8. 기록 중 일부 생략된 것이 있을 수 있고, 오기나 탈자가 있을 수 있음.

【소장 양식】

소　　장

원　고　(생략)

피　고　　①

○○○○○ 청구의 소(생략)

청　구　취　지

②

청　구　원　인

1. 처분의 경위 등(생략)
2. 소의 적법성

③

3. 처분의 위법성

④

입　증　방　법(생략)
첨　부　서　류(생략)

⑤

원고 소송대리인 (생략)

○○○○○ 법원 귀중 (생략)

【위헌법률심판제청신청서 양식】

위헌법률심판제청신청서

사 건　　①
위반자　(생략)

신 청 취 지

②

위헌이라고 해석되는 법률조항 (생략)

신 청 이 유

1. 사건의 개요 (생략)

2. 제청신청범위 및 재판의 전제성

③

3. 위헌이라고 해석되는 이유

④

4. 결론

⑤

2018. 6. 25.

신청인의 대리인 법무법인 가람

담당변호사 김명민

⑥　　귀중

기록내용 시작

수임번호 2018 - 10	법률상담일지		2018. 6. 12.
의뢰인	주식회사 앙드레 (대표이사 이상봉)	의뢰인 전화	02-2345-6789
의뢰인 주소	서울 구로구 구로동 333-1	의뢰인 팩스	02-2345-6788

상 담 내 용

1. 주식회사 앙드레(이하 '의뢰인 회사')는 서울 금천구 가산동 12-34 패션일번가타워의 1, 2층에서 의류판매시설을, 3층에서 음식점과 문화공연시설을 운영하고 있다. 패션일번가타워는 산업집적활성화 및 공장설립에 관한 법률(약칭 '산집법')상 지식산업센터이다.

2. 의뢰인 회사는 2015. 9. 2. 국가산업단지인 서울디지털산업단지의 관리기관인 한국산업단지공단에 산업단지 내 입주계약신청을 하였고, 같은 달 7. 한국산업단지공단과 사이에 산집법 제38조 제1, 3항에 의한 제조업 외의 사업을 영위하기 위한 사업자로서 입주계약을 체결하였다. 그 입주계약신청시 제출한 사업계획서에는 산집법 시행령 제36조의4 제2항 제1호의 규정에 따라 지원시설인 의뢰인 회사의 판매시설에서 패션일번가타워의 입주기업체가 생산한 제품을 판매하여 입주기업체의 제품 판로를 지원한다는 내용이 기재되어 있다.

3. 의뢰인 회사는 입주계약을 체결한 후 패션일번가타워 지상 1, 2층에 42개의 의류매장을 설치하여 수수료위탁판매형식으로 의류판매매장을 운영했는데, 패션일번가타워의 입주기업체가 생산한 의류제품 외에도 중국에서 생산된 의류 제품과 패션일번가타워에 입주하지 않은 국내 외부 업체가 생산한 신발, 가방, 벨트 등도 판매하다가 이 사실이 2017. 7. 28. 한국산업관리공단의 현장실태조사에서 적발되었다. 한국산업단지공단은 2017. 8.경 의뢰인 회사에 6개월 후인 2018. 2. 12.까지 위반사항을 시정할 것을 명령하였으나, 의뢰인 회사는 외부 업체와의 계약 파기에 따른 민사상 손해 등을 우려하여 이 시정명령을 기한 내에 이행하지 못하였다.

4. 애초에 의뢰인 회사가 외부 업체의 제품을 판매하게 된 것은 패션일번가타워의 입주기업체가 생산한 의류제품을 판매하면서 그 판매를 늘리기 위해 외부 업체의 벨트, 신발, 가방 등을 함께 코디하여 진열하면서 같이 판매하게 된 것이다. 또한 중국에서 생산된 의류제품도 판매하긴 하였지만 이는 패션일번가타워의 입주기업체에서 기획·디자인을 한 다음 중국에 봉제·가공을 의뢰하여 OEM 방식(주문자위탁생산 방식)으로 생산한 의류제품이었

- 7 -

다.

5. 한국산업단지공단은 의뢰인 회사가 시정명령을 이행하지 않자 2018. 3. 2. 입주계약 해지에 대한 사전통지를 하였고, 이에 대해 의뢰인 회사가 청문을 요청하였으나 수용되지 않았다. 한국산업단지공단은 2018. 3. 22. 의뢰인 회사에게 입주계약 전체를 해지한다는 내용을 통보하였다.

6. 의뢰인 회사는 그 후로 외부 업체의 제품을 점차 처분하여 왔고, 외부 업체와의 계약이 종료된 이후로는 다시 외부 업체의 제품을 들이지 않는 등으로 정리를 해 온 결과 지난 주 경에 비로소 외부 업체의 제품을 모두 처분하여 매장에서 전부 치운 상태이다. 하지만 이대로 입주계약이 해지되어 매장 운영을 중지하고 철수하면 시설에 들인 비용 등의 큰 손해를 입게 된다.

7. 한편, 위 패션일번가타워 3층 문화공연시설은 그 동안 주로 패션쇼 공연장으로 사용되어 왔다. 의뢰인 회사는 이를 패션쇼 공연행사를 원하는 기획사 등에게 대관하는 방식으로 운영하였다. 그런데 2018. 3. 문화체육관광부의 담당공무원한테서 연락이 와 2017년도 문화예술진흥기금을 모금한 실적이 없다는 지적을 받았다. 그 후 문화체육관광부장관은 모금의무 위반을 이유로 2018. 5. 15. 의뢰인 회사에 대하여 1,000만 원의 과태료 부과처분을 하였다. 의뢰인 회사는 근본적으로 문화예술진흥기금 모금제도 자체가 위헌적이지 않은가 하는 의문을 가지고 있다.

8. 의뢰인 회사는 한국산업단지공단의 위 입주계약해지통보를 다투는 소송 및 위 문화예술진흥법상 과태료 관련 조항의 위헌성을 다투는 절차를 수행해 줄 것을 의뢰하였다.

법무법인 가람(담당변호사 김명민)
전화 02-8765-4321, 팩스 02-9876-5432, 이메일 jgi@lawcon.com
서울 서초구 강남대로 100 법조빌딩 10층

법무법인 가람 내부회의록

일 시: 2018. 6. 13. 14:00 ~ 15:00
장 소: 법무법인 가람 소회의실
참석자: 박우수 변호사(송무팀장), 김명민 변호사

박 변호사: 김 변호사님, 의뢰인 주식회사 앙드레 사건에 대해 논의해 봅시다. 간단히 의뢰인 회사의 상황을 설명해 주시겠어요?

김 변호사: 네, 의뢰인 회사는 지식산업센터인 패션일번가타워 1, 2, 3층에서 판매시설과 음식점, 공연전시장을 운영하고 있습니다. 그런데 최근 관리기관인 한국산업단지공단으로부터 입주계약 해지통보를 받아서 전 업장을 철수해야 하는 상황이라고 합니다.

박 변호사: 지식산업센터라는 게 정확히 무엇인가요?

김 변호사: 지식산업센터는 「산업집적활성화 및 공장설립에 관한 법률」(이하 '산집법'으로 약칭)상 개념인데, 동일 건축물에 제조업, 지식산업 및 정보통신사업을 영위하는 자와 지원시설이 복합적으로 입주할 수 있는 집합건축물입니다. 예전에 주로 제조업체가 입주하던 아파트형공장에 점차 정보통신산업 등 첨단산업 사업체의 입주가 증가하니까 이런 추세에 맞추어 아파트형공장을 지식산업센터로 이름을 바꾸고, 제조업 외에 지식산업 및 정보통신산업 등을 하는 자와 기업지원시설이 복합적으로 입주하는 건축물로 재정의한 것입니다.

박 변호사: 그렇다면 계약을 해지하였다는 한국산업단지공단이 그 건축물의 소유자이고, 임대인인가요?

김 변호사: 아닙니다. 산집법상 입주계약은 산업단지의 관리기관과 체결하는 계약이고, 민법상 임대차계약과는 많이 다릅니다. 오히려 입주업체가 시설

의 소유권을 갖고 있는 경우도 있습니다. 간단히 설명하자면 입주계약은 산업단지 시설을 분양받은 소유자나 시설의 소유자로부터 시설을 임차한 업체가 산업단지의 관리기관과 사이에서 체결하는 계약입니다.

박 변호사: 한국산업단지공단은 임대인이 아니라 패션일번가타워의 관리기관이란 말이군요.

김 변호사: 그렇습니다. 한국산업단지공단은 사업단지 개발·관리 등을 위해 설립된 공법인이고, 패션일번가타워는 한국디지털국가산업단지의 지식산업센터입니다. 산집법상 국가산업단지는 산업통상자원부장관이 관리권자인데, 한국산업단지공단이 국가산업단지의 시설 관리에 관한 업무를 산업통상자원부장관으로부터 위탁받았습니다.

박 변호사: 그럼 이 입주계약 해지를 다투려면 민사소송이 아니라 행정소송을 제기해야겠네요?

김 변호사: 그럴 것 같습니다. 그런데 행정소송을 제기하는 경우에도 항고소송과 당사자소송 중에서 어떤 유형의 소송을 제기해야 할지를 결정하는 것이 더 어려운 문제인 것 같습니다.

박 변호사: 보통 계약의 해지는 대등한 당사자의 지위에서 계약을 해지하는 통지를 하는 것일 뿐이므로 행정처분이라 할 수 없을 텐데요.

김 변호사: 계약의 해지는 처분성이 인정되지 않는 경우가 많습니다만, 이 사건에서 한국산업단지공단의 지위나 입주계약의 성격, 입주계약 해지에 따른 법률관계가 보통의 계약 해지와는 좀 다른 부분이 있습니다. 특히 입주계약을 해지한 이후의 법률관계에서 수반되는 의무를 불이행한 경우에 대해 형사적 내지 행정적 제재가 있는 점을 보면 그렇습니다.

박 변호사: 음... 계약 해지통보가 행정청이 법에서 인정한 고권적인 지위에서 한 것인지, 상대방과 대등한 지위에서 하는 공법상 계약이나 사법상의 계약의 해지와 구별되는지, 뭐 이런 점이 문제가 되겠네요. 근거 법령을

잘 살펴보시지요. 특히 상대방이 행정법상 의무를 이행하지 아니할 경우에 행정청이 직접 강제적인 수단을 행사하여 의무의 이행을 실현시킬 수 있는 방법이 있는지 여부도 처분성을 인정하는 데 중요한 표지가 될 것입니다.

김 변호사: 네, 관련 법령을 자세히 검토해 보도록 하겠습니다.

박 변호사: 그나저나 의뢰인 회사가 입주계약을 해지당한 사유는 무엇인가요? 우리가 다툴 만한 부분이 있는가요?

김 변호사: 일단 입주계약 해지 사유는 의뢰인 회사가 패션일번가타워 입주기업체가 생산한 제품이 아닌 제품을 판매시설에서 판매했다는 것입니다. 산집법상 의뢰인 회사의 판매시설은 입주업체들에 대한 지원시설이라서 입주업체가 만든 물건만을 판매해야 하고 다른 내용의 사업을 하려면 산집법에 따라 입주계약을 변경하는 계약을 다시 체결해야 합니다. 그런데 의뢰인 회사가 변경계약을 체결하지 않은 채 사업계획서와 입주계약에서 정한 것과 달리 입주기업체의 물건이 아닌 외부 업체의 물건을 팔았다는 것입니다.

박 변호사: 그럼 의뢰인 회사가 법령이나 계약을 위반한 점에는 반박의 여지가 없겠네요.

김 변호사: 하지만 해지 사유의 근거 법령의 해석상 다툴 부분이 좀 있습니다. 의뢰인 회사가 중국산 의류제품을 팔긴 했지만 이 의류는 OEM방식으로 생산된 것으로 중국에서 봉제·가공된 제품일 뿐 패션일번가타워의 입주기업체가 기획하고 디자인한 제품들이라고 합니다. 그리고 국내 외부 업체가 생산한 제품을 판매한 것은 패션일번가타워의 입주기업체가 생산한 의류제품을 판매하면서 의류와 함께 코디할 신발, 가방, 벨트 등의 비의류제품을 부차적으로 판매한 것이라서 사업계획서나 입주계약에서의 업종이나 사업내용이 완전히 바뀐 것은 아닙니다.

박 변호사: 알겠습니다. 의뢰인에게 유리한 해석이 가능한지 법령과 계약 내용을

잘 검토해 주시지요. 시정명령과 해지 통보를 받은 지 시간이 좀 지났던데 의뢰인 회사는 지금도 여전히 외부 업체가 생산한 제품을 팔고 있나요?

김 변호사: 아닙니다. 외부 업체의 물건을 바로 철수하면 외부업체에 대해 민사상 책임을 질 수 있어 시정명령을 받았을 때 바로 철수를 못했고, 재고를 다 처분하는 데 시간이 걸리긴 했지만 계속 외부 업체의 제품을 계속 정리를 해 와서 지금은 입주업체의 제품이 아닌 물건은 모두 처분했고, 현재 매장에는 전혀 없다고 합니다.

박 변호사: 그렇다면 그런 사정도 주장해 봅시다. 그럼, 잘 검토해서 소장을 빨리 준비해 주시지요. 그건 그렇고, 과태료 이의에 따른 소송건은 어떻게 처리할 계획인가요.

김 변호사: 현재 해당 사건이 서울남부지방법원 제55단독에 계류중인데, 일단 그 재판부에 문화예술진흥법상 모금의무 근거조항에 대해 위헌제청을 해 달라고 신청해 보려고 합니다.

박 변호사: 좋은 생각입니다. 그런데 위헌제청신청은 어떤 조항들에 대하여 할 것인가요.

김 변호사: 이번에 의뢰인 회사가 직접적으로 관련된 조항은, 공연장을 대관받은 자로 하여금 모금을 하게 한 후, 그 징수액을 전달받아 한국문화예술진흥원에 제출할 의무를 부과하는 조항일 터입니다. 하지만 이와 같은 모금 수납에 관한 규정만 문제삼을 것이 아니라, 더 근본적으로 공연장의 입장객들에게 그와 같은 모금에 관한 금전적 부담을 지우는 게 정당한가 하는 점에 대한 문제제기가 필요하다고 판단합니다.

박 변호사: 구체적으로 어떠한 조항들을 대상으로 위헌제청신청해야 할지 그 제청신청범위에 대해 면밀히 잘 검토하여 주세요.

김 변호사: 예. 그렇게 하겠습니다.

박 변호사: 본안에서 법령이 위헌이라는 논리는 어떻게 전개할지 구상해 보았나요.

김 변호사: 우선, 문화예술진흥기금 모금의 법적 성격부터 규명해야 할 듯합니다. 왜냐하면 공과금의 종류 중 어느 것에 해당하느냐에 따라 그 위헌성 심사의 척도가 달라질 수 있기 때문입니다.

박 변호사: 그리고 나서는요.

김 변호사: 그런 다음에 공과금 특유의 헌법적 정당화요건을 중심으로 위헌성을 검토할 생각입니다. 단순히 이 사건 모금액이 재산권을 과도하게 침해하는가 하는 측면에서 평범하게 접근하는 것은 그다지 설득력을 얻기 힘들 것 같다는 판단에서입니다.

박 변호사: 좋은 생각인 것 같습니다.

김 변호사: 공연장 입장객에 대한 공과금 부담의 정당화 여부는 형식적, 실체적 양면에서 검토해야 할 것이고, 그것이 위헌임을 전제로 공연장 시설 운영자에 대해 모금 수납의 최종적 이행책임을 지우는 것 역시 위헌적이라는 결론을 도출하려고 합니다.

박 변호사: 일단 그런 내용으로 서면을 준비해 주시되, 제가 검토할 시간을 충분하게 가질 수 있도록 조속히 준비해 주시기 바랍니다. 그럼, 이상으로 회의를 마치겠습니다. 수고하세요. 끝.

등기번호	0236508
등록번호	151102-0001234

등기사항전부증명서(현재 유효사항)

상 호	주식회사 앙드레	일자 생략	변경
		일자 생략	등기
본 점	서울 구로구 구로동 333-1	일자 생략	변경
		일자 생략	등기

공고방법	이 회사의 공고는 회사 인터넷홈페이지(http://www.lorriot.co.kr)에 게재한다. 단, 전산장애 또는 그 밖의 부득이한 사유로 회사 인터넷 홈페이지에 공고할 수 없을 경우에는 서울시 내에서 발행되는 일간 매일경제 신문에 게재한다.	일자 생략	변경
		일자 생략	등기

1주의 금액	금 5,000원	일자 생략	변경
		일자 생략	등기

발행할 주식의 총수	700,000주	일자 생략	변경
		일자 생략	등기

발생주식의 총수와 그 종류 및 각각의 수		자본금의 액	변경연월일
			등기연월일
발행주식의 총수	300,000주	금 1,500,000,000	생략
보통주식	300,000주		생략

목 적

1. 의류 생산 판매업
2. 기타 대형종합 소매업   <2013. 3. 30. 변경   2013. 4. 10. 등기>
3. 부동산 임대업   <2013. 3. 30. 변경   2013. 4. 10. 등기>
4. 부동산 공급업   <2013. 3. 30. 변경   2013. 4. 10. 등기>
5. 음식점업   <2013. 3. 30. 변경   2013. 4. 10. 등기>
6. 공연장 대관업   <2013. 3. 30. 변경   2013. 4. 10. 등기>
7. 전자상거래업   <2013. 3. 30. 변경   2013. 4. 10. 등기>
8. 위 각 호에 관련된 부대사업 <2013. 3. 30. 변경   2013. 4. 10. 등기>

임원에 관한 사항

대표이사 이상봉 680504-1******
 (이하 생략)

사내이사 이성한 590805-1******
 (이하 생략)

감 사   한영식 530412-1******
 (이하 생략)

이 사   송신영 650613-2******
 (이하 생략)

지점에 관한 사항

서울 금천구 가산동
2014년 12월 1일 설치   2014년 12월 7일 등기

회사성립연월일	2001년 6월 10일

등기기록의 개설 사유 및 연월일
상업등기처리규칙 부칙 제2조 제1항의 규정에 의하여 구등기용지로부터 이기 2016년 1월 3일 등기

---이 하 여 백---

수수료 1,000원 영수함
관할등기소 : 서울중앙지방법원 상업등기소 / 발행등기소 : 서울중앙지방법원 상업등기소

이 증명서는 등기기록의 내용과 틀림 없음을 증명합니다. [다만 신청이 없는 사항의 기재를 생략하였습니다.]

서기 2018년 6월 2일

서울중앙지방법원 상업등기소 등기관 최고봉

[서울중앙지방법원 상업등기소등기관 인]

---

* 실선으로 그어진 부분은 말소(변경, 경정)된 등기사항입니다.

4010915313667289567922482064 1 1000 1   발행일 2018/03/02

등기번호	002027
등록번호	115071-0000095

등기사항전부증명서(현재 유효사항)

명 칭	한국산업단지공단	.일자생략 . 변경
		2012. 1. 24. 등기
주사무소	서울 구로구 디지털로 32길 신세기벤처센터 14층	2013. 5. 20. 변경
		2013. 5. 22. 등기

목 적
1. 산업단지의 개발 및 조성에 관한 사업
2. 산업단지내의 용지 및 시설의 분양, 매각, 임대 및 사후관리
3. 산업단지 혁신클러스터사업
4. 산업단지 구조고도화에 관한 사업
5. 환경친화적 산업단지 구축 및 환경오염방지에 관한사업
6. 공장, 아파트형공장, 물류시설 및 지원시설, 산업집적기반시설의 설치, 운영과 분양, 임대 및 매각에 관한 사업
7. 입주기업체 근로자의 후생복지 향상을 위한 교육사업, 주택건설사업 및 보육시설 설치, 운영
8. 공장설립관련업무 지원 및 공장설립옴부즈만 사무소의 설치,운영
9. 공장의 이전,집단화 및 기업지방이전 촉진사업
10. 공장설립 및 산업단지와 관련된 각종 정책연구 및 조사통계업무에 관한 사업
11. 산업단지내의 산업용지, 공장, 생산설비, 생산제품, 원부자재 등의 중개,알선 및 거래촉진 사업
12. 입주기업체의 노사협력증진에 관한 사업
13. 산업기능요원제도 운영, 취업알선, 직업훈련 실시 등 입주기업체의 인력수급에 관한 사업
14. 입주기업체 및 지원기관을 위한 공업용수, 전기, 증기, 가스, 유류공급, 차량 관련 및 공용 시설물 설치, 운영 등의 지원사업

임원에 관한 사항
~~이사 진상우 610725-*******~~
2013 년 12 월 31 일 취임 2012 년 01 월 04 일 등기
2016 년 09 월 05 일 사임 2016 년 10 월 04 일 등기
~~이사장 강남김 610616-******* 대구광역시 수성구 동대구로 35, 101동 1303호(두산동, 에스캐 아리더스뷰)~~
2013 년 09 월 16 일 취임 2015 년 11 월 06 일 등기
2016 년 09 월 05 일 사임 2016 년 10 월 04 일 등기
이사 이우곤 600105-*******
2015 년 02 월 17 일 취임 2012 년 03 월 09 일 등기
~~이사 홍민주 590215-*******~~
2013 년 02 월 17 일 취임 2012 년 03 월 09 일 등기
2016 년 02 월 17 일 퇴임 2015 년 03 월 18 일 등기
이사 한문철 550115-*******
2016 년 04 월 04 일 취임 2016 년 04 월 18 일 등기
생략
이사장 황상도 600509-******* 경기도 과천시 별양로 15, 608동 907호(별양동, 주공아파트)
2016 년 09 월 12 일 취임 2016 년 10 월 04 일 등기
비상임이사 김춘삼 590304-*******
2016 년 09 월 13 일 취임 2016 년 10 월 13 일 등기

---이 하 여 백---

수수료 1,000원 영수함
관할등기소 : 서울중앙지방법원 상업등기소 / 발행등기소 : 서울중앙지방법원 상업등기소

이 증명서는 등기기록의 내용과 틀림 없음을 증명합니다. [다만 신청이 없는 사항의 기재를 생략하였습니다.]

서기 2018년 6월 2일

서울중앙지방법원 상업등기소 등기관 최고봉

[서울중앙지방법원 상업등기소등기관 인]

---

* 실선으로 그어진 부분은 말소(변경, 경정)된 등기사항입니다.
4010915313667289567922482064   1 1000 1   발행일 2018/03/02   1/1

산업단지입주 [√]계약 / [ ]계약변경 신청(확인)서

※ 바탕색이 어두운 난은 신청인이 적지 않으며, [ ]에는 해당되는 곳에 √ 표를 합니다. (앞쪽)

접수번호	2015-553	접수일	2015. 9. 2.	처리기간	5일(「산업집적활성화 및 공장설립에 관한 법률 시행규칙」 제34조제2항에 따라 관계기관과 협의하는 경우에는 10일)

신청인

회사명	주식회사 앙드레 (전화번호: 02-2345-6789)
대표자 성명	이상봉 생년월일(법인등록번호) 151102-0001234
대표자 주소(법인 소재지)	서울 구로구 구로동 333-1

입주계약신청내용

공장(사업장) 소재지   서울 금천구 가산동 12-34 패션1번가 타워 1, 2, 3층

입주형태	[ ] 분양	[√] 임차	[ ] 양도·양수	[ ] 기타

회사명	주식회사 앙드레	대표자 성명	이상봉

업 종	분류번호 생략	첨단업종(적용범위) 대형종합소매업점업, 일반음식점업 및 문화공연시설	생산품(서비스) 의류관련제품판매(소매), 일반음식점 운영, 공연전시장

규 모	부지 면적(m²) 생략	건축 면적(m²) 8,000m² (1층 3,000m²+2층 3,000m²+3층 2000m²)	제조시설 면적(m²) 생략	부대시설 면적(m²) 생략

기존공장

회사명	생략	대표자	생략
소재지	생략		
업 종	생략	분류번호	생략
규 모	부지 면적(m²) 생략	제조시설 면적(m²) 생략	부대시설 면적(m²) 생략

계약 변경사항, 사유

「산업집적활성화 및 공장설립에 관한 법률」 제38조제1항부터 제3항 및 같은 법 시행규칙 제34조·제35조에 따라 위와 같이 산업단지 입주계약(변경계약)을 신청합니다.

2015년 9월 2일

신청인   주식회사 앙드레 대표이사 이상봉 (서명 또는 인)

관리기관   한국산업단지공단   귀하

「산업집적활성화 및 공장설립에 관한 법률」 제38조제1항부터 제3항까지, 제38조의2제1항 및 같은 법 시행규칙 제34조·제35조에 따라 위와 같이 산업단지 입주계약(변경계약)을 확인합니다.

2017년 9월 7일

관리기관   한국산업단지공단   (한국산업단지공단 이사장직인)

210mm×297mm[백상지 80g/m²]

(뒤쪽)

첨부서류	1. 산업단지입주계약신청의 경우에는 별지 제2호의2서식의 사업계획서 (임대사업자의 경우에는 임대사업계획서) 1부 2. 변경계약신청의 경우에는 변경사항을 증명하는 서류와 변경사항에 대한 사업계획서 각 1부	수수료 없 음

처 리 절 차

이 신청서는 아래와 같이 처리됩니다.

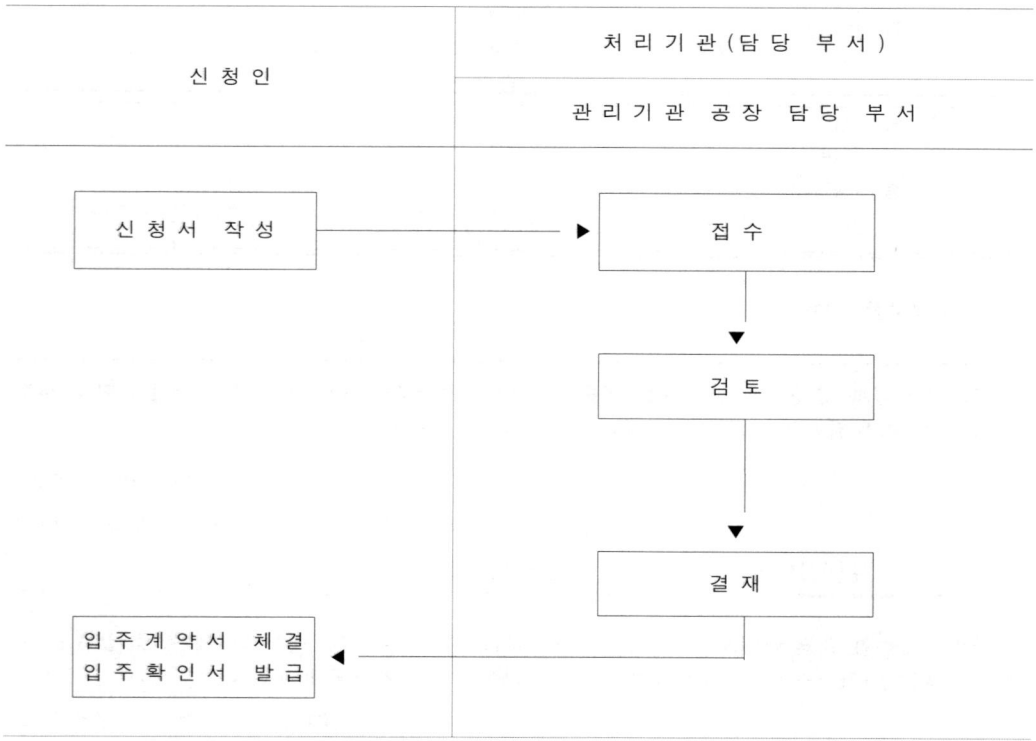

[별지 제2호 서식] (제1쪽)

비제조업 사업계획서

2015 . 9 . 2 .

회 사 명 ㈜ 앙드레
대 표 자 이 상 봉

㈜앙드레
대표이사
직인

(제2쪽)

1. 사업개요

업체 현황	회 사	명칭	주식회사 앙드레		
		주소	서울 구로구 구로동 333-1		
		전화번호	02-2345-6789	팩스번호	02-2345-6788
		홈페이지 주소	www.andre.co.kr	법인등록번호	151102-0001234
	대표자	성명	이상봉	이메일 주소	sangbong99@hotmail.com
		전화번호	010-255-6777	생년월일	02-2345-6788

사업 현황	업종(5단위)	의복소매업(47415), 음식점업(56120), 공연시설운영업(90110)
	주요제품 및 서비스	의복 판매 등

사업장 현황	주 소	서울시 금천구 가산동 12-34 패션일번가타워 101호 등			
	형 태	분양( ) 경매( ) 양수( ) 임차(○) / 신규 건립( ) 기존 건물( )			
	용도지역	준공업지역			
	지 목	공장용지			
	건설계획	사업자등록번호	201-00-6699		
		착공 예정일			
		준공 예정일 또는 준공일			
		사업 시작일			
	규 모	종업원 수	국내	남	3
				여	10
			국외	남	0
				여	0
		용지 면적		생략	
		건축 면적		생략	
		건축 면적/용지 면적			
		기준건축 면적율		%	

사업 내용	사업목적	-판매시설(1층 101호~119호 및 2층 201호~223호, 층별 면적 각 3,000㎡) 운영 - 팬션일번가타워에 입주한 자가 생산한 제품을 저렴한 가격과 멋을 수 있는 품질로 인근의 소비자에게 판매하여 입주기업체의 생산 제품 판로를 지원코저 함 -일반음식점 (3층 306호 1,200㎡) - 입주업체 근로자를 위한 음식점 운영을 통해 근로자 복지지원 등 동일 건물 내 음식점 운영으로 입주업체의 생산활동을 지원코저 함 -공연시설 (3층 301호 800㎡) - 팬션일번가타워에서 생산 판매되는 제품을 구매하는 소비자들에게 패션쇼, 의류산업 전시 등을 통해 구매욕구를 고취시키고, 입주기업체들이 구매자의 선호도, 유행 경향 등을 파악할 수 있도록 하여 입주기업체의 생산활동을 지원코저 함
	기대효과	의류제조관련업이 집적된 패션일번가타워 내 입주를 통해 다양한 연관 제조업체의 판로 지원과 제작 여건의 지원으로 시너지 효과를 기대함.

(제3쪽)

2. 건축물 건설 및 활용계획

용 도	건축면적(㎡)	건축시기	활용계획
계		해당없음	

※ 작성요령 : 각 시설물에 대한 건축면적은 연면적을 적습니다.
  1. 용도란에는 건축법상 세부용도에 의거 구분하여 기재
  2. 건물활용계획란에는 사업내용에 따른 건물활용 계획 기재

3. 건물배치도

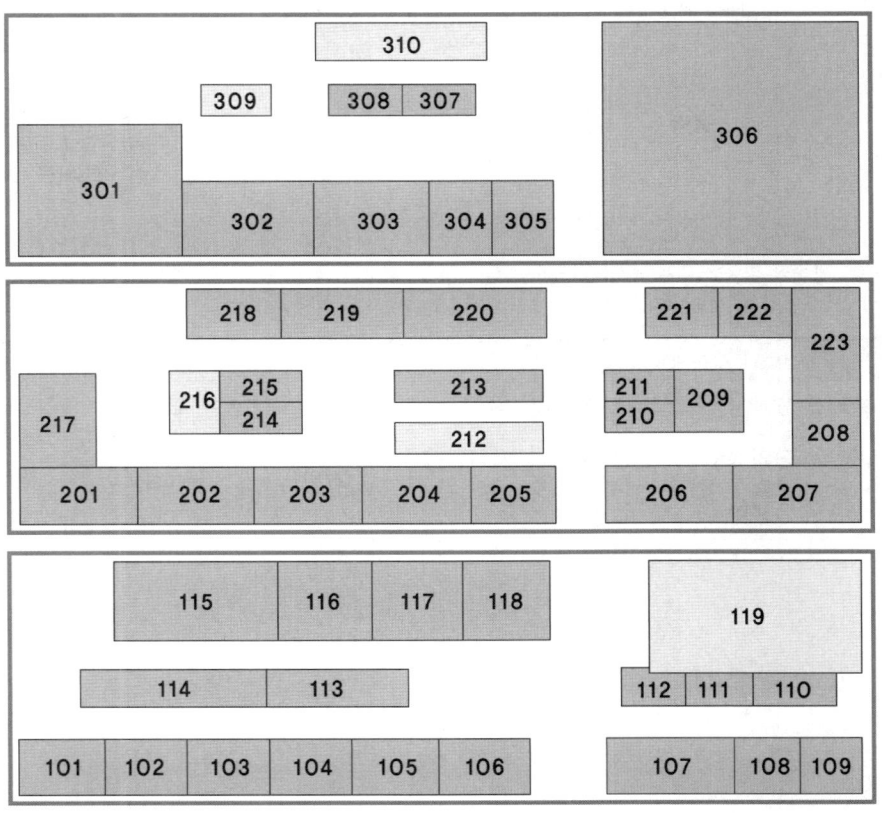

※ 작성요령 : 건축물의 용도 위주로 개략적으로 위치, 면적, 연도별 설치계획만을 표시할 것

(제4쪽)

4. 생산, 판매, 서비스제공 계획

구 분	제품 및 서비스	단가	수량 (개, 톤, 건 등)	금액 (백만원)
2015 년도				
2016 년도		생략		
2017 년도				
2018 년도				

5. 주요시설(장비) 현황

시설명	용량 및 규격 (HP · kW · m³)	수량 (대식)	배출오염물질		비 고
			종류	배출량	
	생략				대 기 ( )종 수 질 ( )종 소음·진동(유·무)

※ 작성요령 : 「수질 및 수생태계 보전에 관한 법률」, 「대기환경보전법」 또는 「소음·진동관리법」에 따른 배출시설을 적습니다.

6. 용수·전력·연료의 사용계획

용수(톤/일)		전력(kW/일)		연료		
생활용수	공업용수	일반전력	자가발전	석유 (ℓ/일)	가스 (m³/일)	기타 (톤/일)
	생략					

시정명령서

수신자　주식회사 앙드레 귀하
시　행　2017. 8. 10.
제　목　시정명령서 발부

1. 귀사께서 입주하여 계시는 패션일번가타워 내 지원시설 중 판매시설인 의류매장에 관하여 현장실태조사를 실시한 결과(2017. 7. 28.자 실시) 아래 표와 같이 귀사의 판매시설 42개의 의류매장 중 32개 매장에서 위 공장에 입주한 업체가 생산하지 아니한 제품을 판매하고 있음이 적발되었는바, 이는 입주계약신청시 제출한 사업계획서상 사업내용의 변경사항임에도 입주계약변경계약을 체결하지 않은 행위임이 인정되므로 이에 대하여 「산업집적활성화 및 공장설립에 관한 법률」 규정에 의거 아래 표와 같이 **시정명령하오니 기한 내에 이행 완료하시기 바랍니다.**
2. 시정기간 내에 이행하지 아니하는 경우에는 「산업집적활성화 및 공장설립에 관한 법률」 제42조 제1항 4호의 규정에 의하여 **입주계약이 해지**될 수 있음을 통보합니다.

위반 매장 호수	위반사항	시정사항	시정기한
101, 102, 103, 108, 109, 112, 114, 115, 116, 203, 205.(11개)	변경계약 체결 없이 패션1번가타워에 입주한 업체가 생산하지 않은 제품의 판매 : -입주기업체가 생산하지 아니한 비의류제품(벨트, 신발, 가방) 진열·판매	입주기업체가 생산하지 않은 제품 전부에 대하여 판매를 중지하고 매장에서 철수할 것.	2018. 2. 12. (6개월)
201. 117, 118, 119, 206, 208, 209, 216, 217, 218, 219, 220, 221(13개)	변경계약 체결 없이 패션1번가타워에 입주한 업체가 생산하지 않은 제품의 판매 : -중국에서 생산된 의류의 판매		
104, 105, 106, 107, 201, 202, 204, 207(8개)	변경계약 체결 없이 패션1번가타워에 입주한 업체가 생산하지 않은 제품의 판매 : -입주기업체가 생산하지 아니한 비의류제품(벨트, 신발, 가방) 진열·판매 - 중국에서 생산된 의류의 판매		

한국산업단지공단

[한국산업단지공단 이사장인]

우(08322) 서울 구로구 디지털로 32길 신세기벤처센터 14층 / www.kicox.or.kr
전화 02-2020-5050/ 전송 02-3020-5055 / 전자우편 sim99@.kicox.or.kr

한국산업단지공단

수신자　주식회사 앙드레
시　행　2018. 3. 2.
제 목　**처분사전통지서(의견제출통지)**

산업집적활성화 및 공장설립에 관한 법률 제42조 제1항 5호에 따라 다음 내용을 통지하오니 의견을 제출하여 주시기 바랍니다.

예정된 처분의 제목		입주계약 해지			
당사자	성명(명칭)	주식회사 앙드레			
	대표자	이상봉			
	주소(사업장)	서울 구로구 구로동 333-1			
처분의 원인이 되는 사실		사업 내용 변경 시 변경계약 미체결-해당 지식산업센터(패션일번가타워)에서 생산하지 않은 제품을 판매하면서 변경사항에 대해 입주계약변경계약을 체결하지 않음			
처분하고자 하는 내용		입주계약 해지			
법적근거 및 조문내용		산업집적활성화 및 공장설립에 관한 법률 제42조 제1항 4호, 제38조 제3항 및 동법시행규칙 제35조 제1항 제2호			
의견제출	제출처	기관명	한국산업단지공단	부서명	입주계약관리부	담당자	심지원
		주소	서울 구로구 디지털로 32길 신세기벤처센터 14층	전화번호	02-2020-5050
		전자우편주소	sim99@kicox.or.kr	팩스번호	02-3020-5055
	제출기한	2018년 3월 12일까지			

<의견제출시 유의사항>
1. 귀하는 위 사항에 대하여 구술·정보통신망 또는 서면으로 의견제출을 할 수 있으며, 주장을 입증할 증거자료를 함께 제출할 수 있습니다. 다만, 정보통신망을 이용하여 의견을 제출하고자 하는 경우에는 미리 의견제출기관으로 알려주시고, 의견을 제출한 후에 의견의 도달여부를 담당자에게 확인하여 주시기 바랍니다.
2. 의견제출기한내에 의견을 제출하지 아니하는 경우에는 의견이 없는 것으로 간주합니다.
3. 귀하께서 행정청에 출석하여 의견진술을 하고자 하는 경우에는 행정청에 미리 그 사실을 알려주십시오.
4. 그 밖에 궁금한 사항이 있으시면 의견제출기관으로 문의하시기 바랍니다.

한 국 산 업 단 지 공 단　[한국산업단지공단이사장직인]

한국산업단지공단

수신자   주식회사 앙드레
시　행   2018. 3. 22.
제　목   입주계약 해지 통보

1. 귀사의 무궁한 발전을 기원합니다.
2. 귀사는 패션일번가타워(지식산업센터)의 지원기관으로 입주계약 신청시 사업계획서에서 지원시설 내 판매시설에서 위 센터에 입주한 업체가 생산한 제품만을 판매하기로 하였음에도 불구하고 입주계약변경계약을 신청함이 없이 이러한 사업계획서 내용에 위반하여 임의로 입주기업체가 위 센터에서 생산하지 아니한 제품(중국산 의류 및 입주기업체가 생산하지 않는 가방, 벨트, 가방 등)을 판매함으로써 「산업집적활성화 및 공장설립에 관한 법률」 제42조 제1항 제4호에 해당하므로, 이에 귀사의 입주계약을 해지함을 통보합니다.

〈해지 대상 입주계약〉

업체명	업종	지원시설 면적			해지 여부
		시설	층/호수	면적	
주식회사 앙드레	기타 대형종합소매점, 일반음식점업, 문화공연장	판매시설	1층 2층	합계 6,000㎡	전부 해지
		일반음식점	3층(306호)	1,200㎡	
		공연장	3층(301호)	800㎡	

3. 아울러, 귀사는 「산업집적활성화 및 공장설립에 관한 법률」 제42조 제2항, 제52조 제2항 6호에 의거 해지 통지를 받은 날로부터 즉시 사업을 중지하여야 하고, 이를 위반할 시 3년 이하의 징역 또는 5천만원 이하의 벌금에 처해 질 수 있음을 알려 드립니다.

한국산업단지공단 [한국산업단지공단이사장인]

우(08322) 서울 구로구 디지털로 32길 신세기벤처센터 14층 / www.kicox.or.kr
전화 02-2020-5050/ 전송 02-3020-5055 / 전자우편 sim99@kicox.or.kr/

우 편 송 달 통 지 서

		배달 못한 사유			
0. **송달서류** 입주계약 해지통보 (2018. 3. 22.)		구분/회수	1회	2회	3회
		1.수취인부재			
		2.폐문 부재			
0. **발송자** 한국산업단지공단		3.수취인불명			
		4.주소 불명			
0. **송달받을 사람** 주식회사 앙드레 대표이사 이상봉 서울 구로구 구로동 333-1		5.이사 불명			
		6. 기 타			
		배달날짜			
		집배원 확인			
		사유기재			

	송달 방법		영수인 성명, 서명 또는 날인	
1	본인에게 주었다.			
2	본인을 만나지 못하여 ① 내지 ③사람에게 주었다.	① 본인 영업소, 사무소의 사무원 또는 피용자	이건형 (인)	
		② 본인주소, 거소의 동거인		
		③ 본인 근무장소의 사용자, 종업원등		
3	① 내지 ③사람이 수령을 거부하므로 그 장소에 서류를 두었다.	① 송달받을 본인		
		② 본인 영업소, 사무소의 사무원 또는 피용자		
		③ 본인주소, 거소의 동거인		
송달한 날짜		2018. 3. 26.		
송달 장소		서울 구로구 구로동 333-1		
접수인란		위와 같이 송달하였습니다. 2018 년 3월 27일 우편집배원　　배달수 (인)		

(앞쪽)

봉 함 엽 서

보내는 사람
문화체육관광부장관
우 30119 세종특별자치시 갈매로 388 정부세종청사 15동

받는 사람
주식회사 앙드레 (대표이사 이상봉)
서울 구로구 구로동 333-1

과태료 부과 고지서 재중

------- 접 는 선 -------

------- 접 는 선 -------

문체관-제54321호

과태료 부과 고지서 및 영수증(납부자용)

납부자: 주식회사 앙드레	법인번호: 151102-0001234	세입징수관	계좌번호
주 소: 서울 구로구 구로동 333-1		정만수	삼한은행 110-3200012-345

귀하에 대하여 「문화예술진흥법」 제28조 제1항에 따라 아래와 같이 과태료를 부과하니 납부기한까지 납부하시기 바랍니다.

과태료 금액		10,000,000원	납부기한	2018. 5. 15. ~ 2018. 6. 15.
위반사항	위반내용	문화예술진흥기금 모금의무 위반		
	적용법령	문화예술진흥법 제19조의2 제2항, 제28조 제1항		

2018년 5월 15일

위 금액을 정히 영수합니다.

* 납기 후 수납 불가

문화체육관광부장관 직인

년 월 일 수납인

210㎜×297㎜[일반용지 60g/㎡(재활용품)]

(뒤쪽)

문체관-제54321호

과태료 부과 고지서 및 영수증(수납기관용)
문화체육관광부

납부자: 주식회사 앙드레 법인번호: 151102-0001234	세입징수관	계좌번호
주 소: 서울 구로구 구로동 333-1	정만수	삼한은행 110-3200012-345

과태료 금액	10,000,000원	납부기한	2018. 5. 15. ~ 2018. 6. 15.

금액을 수납 의뢰합니다.

년   월   일   삼한은행   지점

문화체육관광부장관 직인   수납인

― 접는선 ―

< 안 내 말 씀 >

❖ 앞쪽에 기재된 과태료 금액을 한국은행 국고(수납) 대리점인 삼한은행에 납부하시기 바랍니다.

❖ 과태료 부과에 불복하실 경우 과태료 부과통지를 받은 날부터 60일 이내에 우리 문화체육관광부에 서면으로 이의제기를 하실 수 있습니다.

❖ 이의제기 없이 기한까지 납부하지 않으실 경우「질서위반행위규제법」제24조에 따라 5/100의 가산금이 부과되며, 매 1개월 경과 시마다 12/1000의 중가산금이 부과됩니다. 아울러 같은 법 제52조에 따라 관허사업의 제한을 받을 수 있으며, 같은 법 제53조 제1항에 따라 체납 또는 결손처분자료가 신용정보기관에 제공될 수 있고, 같은 법 제54조에 따라 법원의 결정으로 감치에 처해질 수 있습니다.

❖ 영수증은 5년간 보관하시기 바랍니다.

문화체육관광부

수 신 서울남부지방법원장
(경 유)
제 목 과태료 부과 처분에 대한 이의제기 통보

　　「문화예술진흥법」 위반자에 대하여 과태료 처분을 한바, 당사자로부터 아래와 같이 이의제기가 있어서 이를 통보하오니「질서위반행위규제법」에 따라 과태료 재판을 하여 주시기 바랍니다.

— 아 래 —

1. 이의제기인
   가. 사업체명: 주식회사 앙드레
   나. 대표자 성명: 이상봉
   다. 법인등록번호: 151102-0001234
   라. 주　　소: 서울 구로구 구로동 333-1
   마. 전화번호: 02-2345-6789
2. 이의대상인 과태료 처분내용
   가. 과태료 납부통지일: 2018. 5. 17.
   나. 과태료 금액: 10,000,000원
   다. 위반내용: 모금의무(「문화예술진흥법」 제19조의2 제2항) 위반
3. 이의제기일: 2018. 5. 24.
4. 이의제기 사유: 고의 부정 등.
5. 이의제기에 대한 의견: 이유 없음

붙임: 1. 과태료 부과에 대한 이의제기서 사본 1부.
　　　2. 의견서 1부.
　　　3. 증빙서류(2016. 12. 14.자 관보) 1부. 끝.

문화체육관광부장관   [직인]

주무관 문정혁　　　사무관 윤도현　　　재정담당관 2018. 5. 28. 이은미
협조자
시행　재정담당관-2345 (2018. 5. 29.)　　　접수
우 30119 세종특별자치시 갈매로 388 정부세종청사 15동 문화체육관광부
전화번호 (044) 203-2000　　　팩스번호 (044) 203-3447　　/ http://www.mcst.go.kr

210mm×297mm(백상지 80g/㎡)

과태료처분에 대한 이의신청서

접수번호	2125	접수일자	2018. 5. 24.	처리기간	7일

신청인	성명(법인명 또는 사업자명) 주식회사 앙드레
	생년월일(법인등록번호 또는 사업자등록번호) 151102-0001234
	주소 서울 구로구 구로동 333-1

과태료처분 내역	부과기관	문화체육관광부장관	처분통지서 번호	문체관-제54321호
	통지서 수령일	2018. 5. 17.	과태료 금액	10,000,000원
	처분사유	「문화예술진흥법」 제19조의2 제2항 위반		

과태료 처분에 대한 불복 사유	신청인은 문화예술진흥기금 모금의무 위반의 고의가 없었고, 근본적으로 문화예술진흥법상 기금 모금은 위헌 무효이어서 결국 신청인에 대한 과태료 처분은 위법하므로 불복함.

「질서위반행위규제법」 제20조 제1항에 따라 이의를 제기하오니 법원의 과태료 재판을 받도록 조치하여 주시기 바랍니다.

2018년 5월 24일

신청인   주식회사 앙드레
                    대표이사 이상봉   (인)

문화체육관광부장관 귀하

210mm×297mm[백상지 80g/㎡]

의 견 서

대상처분: 문체관-제54321호, 2018. 5. 15.자 과태료처분 (10,000,000원)
처 분 청: 문화체육관광부장관
상 대 방: 주식회사 앙드레

위 과태료처분의 상대방 주식회사 앙드레(이하 '이의신청 회사')가 이의를 제기한 데 대하여 처분청 문화체육관광부장관은 다음과 같이 의견을 제출합니다.

1. 문화예술진흥기금 모금의무의 법적 근거

문화예술진흥법 제19조 제1항에 따르면, 한국문화예술진흥원(이하 '진흥원')은 문화예술진흥기금을 조성하기 위하여 필요하다고 인정할 때에는 문화체육관광부장관의 승인을 얻어 공연장 등 시설의 입장객들을 상대로 모금을 할 수 있습니다. 이에 따라 진흥원은 2016년 11월에 2017년도 모금의 승인을 신청하였고, 문화체육관광부장관은 2016년 12월 14일자로 이를 승인하고 그 취지를 관보에 고시하였습니다.

진흥원은 2016년 12월 15일 이와 같은 모금승인내용을 전국의 공연장 등 모금대상시설 운영자 모두에게 서면통보하였으며, 문화예술진흥법 제19조 제3항 및 제19조의2 제2항에 의하여 모금대상시설 운영자는 위 기금을 모금하여 진흥원에 납부·제출할 의무를 지게 되었습니다.

2. 이의신청 회사의 모금의무 위반

본건 이의신청 회사는 서울 금천구 가산동 12-34 패션1번가 타워 3층에 있는 패션쇼 등 공연을 위한 시설을 운영하고 있으며, 진흥원으로부터 위와 같은 모금승인내용을 통보받았으므로, 위 문화예술진흥법상 모금의무를 집니다. 하지만 이의신청 회사는 2017년 1월 1일부터 12월 31일까지 총 25회에 걸쳐 그 시설을 패션쇼 기획사 등에 대관하여 패션쇼 유료 공연 행사를 개최토록 하였음에도 불구하고, 그 입장객으로부터 모금 및 진흥원에 납부·제출 의무를 전혀 이행하지 않아 문화예술진흥법상 모금의무를 위반하였습니다.

3. 위반액 규모

이의신청 회사가 운영하는 공연장은 총 500석 규모로, 평균 매표율이 약 80%에 이르고, 평균 입장료가 30,000원 가량입니다. 공연장 입장료의 6%를 모금해야 하는 점을 감안할 때, 이의신청 회사는 매 회당 720,000원(= 500 x 0.8 x 30,000 x 0.06) 가량을 모금·납부하였어야 했습니다. 그럼에도 총 25회에 걸쳐 그 의무를 불이행하였는바, 위반액 규모는 합계 18,000,000원(= 720,000원 x 25회)에 달합니다.

- 33 -

4. 처분의 적정성

이의신청 회사는 자신은 본건 공연장의 대관만 하였을 뿐이고, 직접 패션쇼를 기획하여 관객들로부터 입장료 수입을 거둔 것은 아니므로, 문화예술진흥법상 모금 및 납부·제출 의무를 지는 줄 몰랐다고 항변하고 있습니다. 하지만 문화예술진흥법 제19조의2에서는 공연장을 대관하는 경우에도 그 시설운영자는 대관을 받은 자에게 모금을 하도록 한 후, 그 모금액을 수령하여 자신이 최종적으로 진흥원에 납부·제출할 의무를 지는 것입니다. 이러한 취지는 법률에 명시되어 있을 뿐만 아니라, 진흥원에서 모금승인내용을 통보했을 때에도 이미 안내되었는바, 이의신청 회사가 모금의무를 지는 줄 몰랐다는 것은 궁색한 변명에 지나지 않습니다.

전술한 바처럼, 본건 위반액 규모가 연간 1,800만 원이 이른 것으로 추산되는데도, 이의신청 회사가 자신의 과오를 인정하고 시정하려는 의사가 전혀 없는 점에 비추어 볼 때, 그 모금의무 위반행위에 대한 과태료 1,000만원은 결코 과다하다고 할 수 없습니다.

5. 결론

결국 본건 이의신청은 이유없으므로, 이의신청 회사를 원래 처분액인 1,000만 원 그대로 과태료에 처하는 결정을 내려 주시기 바랍니다.

2018. 5. 29.

의견제출인   문화체육관광부장관

서울남부지방법원 귀중

제12345호 　　　관　보　　　2016. 12. 14. (수요일)

공　고

◆문화체육관광부공고 제2016-167호
　한국문화예술진흥원이 요청한 문화예술진흥기금 모금승인 신청에 대하여 문화예술진흥법 제19조 제1항에 따라 다음과 같이 승인하였음을 공고합니다.

2016년 12월 14일
문화체육관광부장관

1. 목적: 문화예술진흥기금 조성

2. 모금지역: 전국

3. 모금기간: 2017년 1월 1일 ~ 2017년 12월 31일

4. 모금대상 및 시설
　가. 공연장 모금: 전국 각 시(특별시 및 광역시 포함) 소재지 공연장
　　○ 전국 각 시 소재지 극장(영화관)에서 유료로 행하는 공연
　　○ 국가 또는 지방자치단체 및 공공기관이나 개인이 운영하는 문화예술공연장 등에서 유료로 행하는 공연
　　○ 공연이 행하여지는 장소(시설)에서 유료로 행하는 공연 및 전시
　나.~ 라. (생략)

5. 모금방법: 모금대상 시설물이용자의 입장료 또는 관람료를 기준으로 일정율(일정액)을 부가 모금함.

6. 모금요율
　가. 공연장 모금
　　○ 극장(영화관, 영화를 상영하는 공연장, 자동차극장) 모금
　　- 1,001원 이상 3,000원까지: 입장요금의 2.0%
　　- 3,001원 이상: 입장요금의 6.5%
　　○ 극장(영화관)을 제외한 기타 공연장 모금
　　- 1,001원 이상 3,000원까지: 입장요금의 2.0%
　　- 3,001원 이상: 입장요금의 6%
　나.~ 다. (생략)

7. 금품의 종류: 현금

8. 모금한도액: 38,000,000,000원
　가. 공연장 모금: 35,000,000,000원
　나.~라. (생략)

9. 모금대행기관
　가. 공연장 모금: 모금대상시설 운영자
　나.~라. (생략)

10. 모금 수수료: 모금액의 5% 이내
11. 기금모금 및 불입의무자
 가. 공연장 모금: 시설운영자
 나.~라. (생략)
12. 기금모금 및 불입의무자 의무사항
 가. 당해 모금대상 시설의 입장권 또는 관람권에 모금내역 및 모금액 명기
 나. 모금액은 일반 수입자금과 구분하여 관리
 다. 모금액 관리장부 비치
 라. 모금액 납부시 모금현황 자료 제출(모금불입납부서에 기재)
 마. 대관시설 운영자
  ○ 모금내역을 대관받는 자에게 통보
  ○ 대관행사 종료시 대관받은 자에게 모금액을 받아 한국문화예술진흥원에 납부
13. 모금액의 납부기한 및 납부방법
 가. 모금액의 납부기한: 매월 말일을 기준으로 한 모금액을 다음달 10일까지 한국문화예술진흥원에 납부
 나. 모금액의 납부구좌(한국문화예술진흥원의 지정구좌)

서 울 남 부 지 방 법 원

심 문 기 일 통 지 서

사　　건　　2018과172　문화예술진흥법 위반

위 반 자　　주식회사 앙드레

위 사건 심문기일이 다음과 같이 지정되었으니 출석하시기 바랍니다.

일　시　　2018. 7. 4. 15:00

장　소　　310호 법정

2018. 6. 11.

법원주사　강 한 수

주 의　1. 출석할 때에는 주민등록증과 도장을 가져오시기 바랍니다.
　　　　2. 이 사건에 관하여 제출하는 서류에는 사건번호(2018과172)를 기재하시기 바랍니다.
　　　　3. 사건진행 ARS는 지역번호 없이 1588-9100입니다. 바로 청취하기 위해서는 안내음성에
　　　　　 관계 없이 '1'+'9'+[열람번호 000212 2018 179 1724]+'*'를 누르세요.
　　　　* 주차시설이 협소하오니 대중교통을 이용하여 주시기 바랍니다.

법원 소재지:　　서울 양천구 신월로 386
　　　　　　　　서울남부지방법원

담당재판부:　　과태료 55단독
전화번호:　　　02-2190-1315

기록이면 표지

참고자료 1 - 산집법 관련 법령 (발췌)

산업집적활성화 및 공장설립에 관한 법률 (약칭: 산집법)
[법률 제13312호, 2015. 5. 18. 일부개정]

제1장 총칙

제1조(목적) <u>이 법은 산업의 집적(集積)을 활성화하고 공장의 원활한 설립을 지원하며 산업입지 및 산업단지를 체계적으로 관리함으로써 지속적인 산업발전 및 균형 있는 지역발전을 통하여 국민경제의 건전한 발전에 이바지함을 목적으로 한다.</u>

제2조(정의) 이 법에서 사용하는 용어의 뜻은 다음과 같다.
  13. "지식산업센터"란 동일 건축물에 제조업, 지식산업 및 정보통신산업을 영위하는 자와 지원시설이 복합적으로 입주할 수 있는 다층형 집합건축물로서 대통령령으로 정하는 것을 말한다.
  14. "산업단지"란 「산업입지 및 개발에 관한 법률」 제6조·제7조·제7조의2 및 제8조에 따라 지정·개발된 국가산업단지, 일반산업단지, 도시첨단산업단지 및 농공단지를 말한다.
  15. "산업단지의 관리"란 다음 각 목의 어느 하나에 해당하는 것으로서 대통령령으로 정하는 업무를 말한다.
    가. 산업단지의 용지 및 시설의 매각·임대 및 사후관리
    나. 산업단지에서의 대통령령으로 정하는 기반시설의 설치·유지·보수 및 개량
    다. 입주기업체 및 지원기관의 사업활동 지원
  16. "관리권자"란 제30조 제1항 각 호에 따른 산업단지의 관리권한을 가진 자를 말한다.
  17. "관리기관"이란 제30조 제2항 각 호에 따른 산업단지의 관리업무를 수행하는 자를 말한다.
  18. "입주기업체"란 산업단지에 입주하여 제조업, 지식산업, 정보통신산업, 자원비축시설, 그 밖에 대통령령으로 정하는 산업을 운영하려는 자 중 대통령령으로 정하는 자격을 가진 자로서 제38조제1항 또는 제3항에 따라 입주계약을 체결한 기업체를 말한다.
  19. <u>"지원기관"이란 산업단지에 입주하여 입주기업체의 사업을 지원하기 위하여 필요한 금융, 보험, 의료, 교육, 그 밖에 대통령령으로 정하는 사업을 하려는 자 중 대통령령으로 정하는 자격을 가진 자로서 제38조제3항에 따라 입주계약을 체결한 자를 말한다.</u>

제4장 지식산업센터

제28조의4(지식산업센터의 분양) ① 지식산업센터를 설립한 자가 지식산업센터를 분양 또는 임대하려는 경우에는 공장건축물 착공 후 산업통상자원부령으로 정하는 바에 따라 모집공고안을 작성하여 시장·군수 또는 구청장의 승인을 받아 공개로 입주자(지식산업센터를 분양 또는 임대받아 제조업이나 그 밖의 사업을 하는 자를 말한다. 이하 같다)를 모집하여야 한다. 승인을 받은 사항 중 산업통상자원부령으로 정하는 중요사항을 변경하려는 경우에도 또한 같다.

② 다음 각 호의 어느 하나에 해당하는 지식산업센터를 분양 또는 임대하는 경우에는 제1항을 적용하지 아니한다.
　1. 공공사업에 의하여 철거되는 공장의 유치나 그 밖에 대통령령으로 정하는 사유로 설립된 지식산업센터
　2. 대통령령으로 정하는 규모 미만의 지식산업센터

제28조의5(지식산업센터에의 입주) ① 지식산업센터에 입주할 수 있는 시설은 다음 각 호의 시설로 한다.
　1. 제조업, 지식기반산업, 정보통신산업, 그 밖에 대통령령으로 정하는 사업을 운영하기 위한 시설
　2. 생략
　3. 그 밖에 입주업체의 생산 활동을 지원하기 위한 시설로서 대통령령으로 정하는 시설
② 제1항 제1호에 따라 지식산업센터에 입주할 수 있는 시설의 범위 및 규모는 대통령령으로 정한다.

제28조의7(입주자 등의 의무) ① 지식산업센터의 입주자 또는 관리자는 다음 각 호의 행위를 하여서는 아니 된다.
　1. 생략
　2. 생략
　3. 제28조의5 제1항에 따른 입주대상시설이 아닌 용도로 지식산업센터를 활용하거나 입주대상시설이 아닌 용도로 활용하려는 자에게 지식산업센터의 전부 또는 일부를 양도·임대하는 행위
　4. 생략

제28조의8(의무위반에 대한 조치 등) 시장·군수 또는 구청장은 입주자 또는 관리자가 제28조의7에 따른 의무를 준수하지 아니하여 지식산업센터의 안전에 위해를 끼치거나 다른 업체의 생산활동에 지장을 주는 등 지식산업센터의 안전을 해치거나 제28조의5 제1항에 따른 입주대상시설 외의 용도로 활용하는 경우에는 상당한 기간을 정하여 그 시정을 명하거나 대통령령으로 정하는 바에 따라 지식산업센터의 안전확보 등을 위하여 필요한 조치를 할 수 있다

제5장 산업단지의 관리
제30조(관리권자 등) ① 관리권자는 다음 각 호와 같다.
　1. 국가산업단지는 산업통상자원부장관
　2. 생략
　3. 생략
② 관리기관은 다음 각 호와 같다.
　1. 관리권자
　2. 관리권자로부터 관리업무를 위임받은 지방자치단체의 장
　3. 관리권자로부터 관리업무를 위탁받은 한국산업단지공단

제38조(입주계약 등) ① 산업단지에서 제조업을 하거나 하려는 자는 산업통상자원부령으로 정하는 바에 따라 관리기관과 그 입주에 관한 계약(이하 "입주계약"이라 한다)을 체결하여야 한다. 다만, 대통령령으로 정하는 경우에는 그러하지 아니하다.
② 입주기업체 및 지원기관이 입주계약사항 중 산업통상자원부령으로 정하는 사항을 변경하려는 경우에는 새로 변경계약을 체결하여야 한다.
③ 제1항과 제2항은 산업단지에서 제조업 외의 사업을 하거나 하려는 자에 대하여 준용한다.

제42조(입주계약의 해지 등) ① 관리기관은 입주기업체 또는 지원기관이 다음 각 호의 어느 하나에 해당하는 경우에는 대통령령으로 정하는 기간 내에 그 시정을 명하고 이를 이행하지 아니하는 경우 그 입주계약을 해지할 수 있다.
  1. 생략
  2. 생략
  3. 생략
  4. 제38조 제2항(제38조 제3항에서 준용하는 경우를 포함한다)에 따른 변경계약을 체결하지 아니하고 산업통상자원부령으로 정하는 사항을 변경한 경우
  5. 제38조 및 제38조의2에 따른 입주계약을 위반한 경우
  6. 생략
  7. 생략
② 제1항에 따라 입주계약이 해지된 자는 남은 업무의 처리 등 대통령령으로 정하는 업무를 제외하고는 그 사업을 즉시 중지하여야 한다.
③ 삭제
④ 관리기관은 제1항에 따라 입주계약을 해지한 경우에는 그 내용을 시장·군수 또는 구청장에게 보고하여야 한다.
⑤ 관리기관이 제1항에 따라 입주계약을 해지하려는 경우에는 사전에 계약당사자의 의견을 들어야 한다.

제43조(입주계약 해지 후의 재산처분 등) ① 제42조제1항 각 호의 사유로 입주계약이 해지된 자 중 제39조제1항 각 호의 어느 하나에 해당하는 자는 그가 소유하는 산업용지 및 공장 등을 산업통상자원부령으로 정하는 기간에 제39조제1항 및 제2항에 따라 처분하여야 한다.
② 제42조제1항 각 호의 사유로 입주계약이 해지된 자 중 제39조제1항 각 호 외의 경우로 그 소유한 산업용지 및 공장등을 양도하려는 자는 대통령령으로 정하는 바에 따라 관리기관에 신고한 후 산업통상자원부령으로 정하는 기간에 다른 기업체나 유관기관에 양도하여야 하며, 폐업한 자의 경우에도 또한 같다. 다만, 산업용지 및 공장등을 입주기업체에 양도하려는 경우에는 그러하지 아니하다.
④ 제2항에 따른 기간 내에 양도되지 아니한 산업용지 및 공장등은 제39조제5항에 따른 가격으로 관리기관이 매수할 수 있다.

제43조의2(양도의무 불이행자에 대한 조치) ① 관리권자는 공장등을 취득한 자가 다음 각 호의 어느 하나에 해당하는 경우에는 대통령령으로 정하는 바에 따라 공장등의 철거를 명할 수 있다.
  1. 제40조제1항을 위반하여 공장등을 양도하지 아니한 경우
  2. 제43조제1항 및 제2항에 따른 기간에 공장등을 양도하지 아니한 경우
② 제1항에 따른 철거명령은 관리권자가 해당 산업용지의 소유권을 가지고 있는 경우에만 행사할 수 있다.

제43조의3(이행강제금) ① 관리권자는 제43조제1항 또는 제2항에 따른 처분·양도 의무를 이행하지 아니한 자에 대하여는 산업통상자원부령으로 이행기한을 정하여야 하며, 그 기한까지 의무를 이행하지 아니한 경우에는 처분·양도할 재산가액의 100분의 20에 해당하는 금액의 이행강제금을 부과할 수 있다.
② 이하 생략

제5장의3 한국산업단지공단

제45조의9(한국산업단지공단의 설립 등) ① 산업단지의 개발 및 관리와 기업체의 산업활동 지원을 위하여 한국산업단지공단을 설립한다.
② 한국산업단지공단은 법인으로 하고, 주된 사무소의 소재지에서 설립등기를 함으로써 성립한다.
③ 한국산업단지공단이 아닌 자는 한국산업단지공단 또는 이와 유사한 명칭을 사용하지 못한다.

제45조의11(임원) ① 한국산업단지공단은 임원으로서 이사장 1명, 부이사장 1명, 이사장 및 부이사장을 제외한 이사(비상임이사를 포함한다) 13명 이내(이사장 및 부이사장을 포함한 상임이사는 이사 정수의 3분의 2 미만으로 한다), 감사 1명(비상근을 말한다. 이하 같다)을 둔다.

제45조의12(임원의 직무) ① 이사장은 한국산업단지공단을 대표하고 업무를 총괄한다.

제45조의13(사업) ① 공단은 제45조의9 제1항의 목적을 달성하기 위하여 다음 각 호의 사업을 한다.
  1. <u>제2조 제15호에 따른 산업단지의 관리</u>
  2. 산업단지의 개발, 조성, 분양, 임대 및 매각에 관한 사업
  3. <u>공장·지식산업센터 및 지원시설·산업집적기반시설의 설치·운영과 분양·임대 및 매각에 관한 사업(제39조 제1항에 따라 양도받은 산업용지 또는 공장등을 매각하는 사업을 포함한다)</u>
  4. 입주기업체의 노사협력 증진 및 인력수급에 관한 사업

5. 입주기업체 근로자의 후생복지·교육사업 및 주택건설사업
  5의2. 입주기업체 근로자의 자녀들을 위한 보육시설의 운영에 관한 사업
  6. 입주기업체의 생산성 향상 및 수출 촉진을 위한 사업
  7. 공장설립 관련 업무의 지원
  8. 공장의 이전·집단화를 위한 사업
  9. 공장설립 및 산업단지와 관련한 정보의 수집·보급 및 조사·연구
  10. 산업단지구조고도화사업
  11. 산업집적지경쟁력강화사업
  12. 입주기업체를 지원하기 위한 사업으로서 그 밖에 대통령령으로 정하는 사업
② 각 산업단지의 관리권자는 산업단지의 관리업무를 산업통상자원부장관과 협의하여 공단에 위탁할 수 있다.
③ 삭제 〈1999.2.8.〉
④ 공단은 제1항의 사업을 할 때 지방자치단체 및 중소기업진흥공단 또는 상공회의소 등 유관기관과 입주기업에 대한 지원업무에 관하여 상호 협력할 수 있다.
⑤ 제4항에 따른 지방자치단체 및 유관기관과의 협력에 필요한 사항은 대통령령으로 정한다.

제7장 벌칙

제52조(벌칙)
 ② 다음 각 호의 어느 하나에 해당하는 자는 3년 이하의 징역 또는 1천500만 원 이하의 벌금에 처한다.
  5. 제38조제1항 또는 제3항에 따른 입주계약을 체결하지 아니하고 제조업 또는 그 외의 사업을 한 자
  6. 제42조 제2항을 위반하여 계속 그 사업을 하는 자

제53조(벌칙) 다음 각 호의 어느 하나에 해당하는 자는 1천500만 원 이하의 벌금에 처한다.
  4. 제38조 제2항을 위반하여 변경계약(산업통상자원부령으로 정하는 경미한 사항에 대한 변경은 제외한다)을 체결하지 아니하고 제조업 또는 그 외의 사업을 하는 자

제55조(과태료)
 ② 다음 각 호의 어느 하나에 해당하는 자에게는 200만 원 이하의 과태료를 부과한다.
  9. 제38조 제2항을 위반하여 변경계약(산업통상자원부령으로 정하는 경미한 사항에 대한 변경을 말한다)을 체결하지 아니하고 제조업 또는 그 외의 사업을 하는 자

산업집적활성화 및 공장설립에 관한 법률 시행령(약칭: 산집법 시행령) [대통령령 제26577호, 2015. 10. 6. 일부개정]

제4조의6(지식산업센터) 법 제2조제13호에서 "대통령령으로 정하는 것"이란 다음 각 호의 요건을 모두 갖춘 건축물을 말한다.
1. 지상 3층 이상의 집합건축물일 것
2. 공장, 제6조제2항에 따른 지식산업의 사업장 또는 같은 조 제3항에 따른 정보통신산업의 사업장이 6개 이상 입주할 수 있을 것
3. 생략

제6조(산업단지의 입주자격) ① 법 제2조 제18호 및 제19호에서 "대통령령으로 정하는 자격"이란 다음 각 호의 자격을 말한다.
  1. 해당 산업단지의 관리기본계획에 따른 입주대상산업 및 시설 또는 입주기업체의 사업지원에 필요한 사업일 것
  2. 해당 사업의 시행을 위하여 관련 법규에 따른 인가·허가 등을 받았거나 받을 수 있을 것
⑥ 법 제2조 제19호에서 "대통령령으로 정하는 사업"이란 다음 각 호의 사업을 말한다.
  1. 통관업, 용역업, 판매업 및 수선업
  8. 「건축법 시행령」 별표 1 제5호에 따른 문화 및 집회시설, 같은 별표 제11호에 따른 노유자시설과 같은 별표 제15호에 따른 숙박시설(「관광진흥법」 제3조제1항에 따른 호텔업만 해당한다)을 설치·운영하는 사업
  9. 그 밖에 산업통상자원부장관이 필요하다고 인정하여 지정하는 사업
⑦ 관리기관은 산업단지의 조성목적, 지역경제의 활성화 또는 국민경제상 필요하다고 인정할 때에는 제1항제1호에도 불구하고 관리권자[농공단지의 관리기관의 경우에는 특별시장·광역시장·특별자치시장·도지사 또는 특별자치도지사(이하 "시·도지사"라 한다)]의 승인을 받아 해당 산업단지에 입주할 자격을 부여할 수 있다.

제36조의4(지식산업센터에의 입주)
  ② 법 제28조의5 제1항 제3호에 따른 입주업체의 생산 활동을 지원하기 위한 시설은 다음 각 호의 시설로 한다. 다만, 시장·군수 또는 구청장이나 관리기관이 해당 지식산업센터의 입주자의 생산활동에 지장을 줄 수 있다고 인정하는 시설은 제외한다.
  1. 금융·보험·교육·의료·무역·판매업(해당 지식산업센터에 입주한 자가 생산한 제품을 판매하는 경우만 해당한다)을 하기 위한 시설
  2. 물류시설, 그 밖에 입주기업의 사업을 지원하거나 어린이집·기숙사 등 종업원의 복지증진을 위하여 필요한 시설
  3. 「건축법 시행령」 별표 1 제3호 및 제4호에 따른 근린생활시설(면적제한이 있는 경우에는 그 제한면적범위 이내의 시설단 해당한다)
  4. 「건축법 시행령」 별표 1 제5호에 따른 문화 및 집회시설 또는 같은 표 제13호에 따른 운동시설로서 산업통상자원부령으로 정하는 시설

제48조의2(입주기준 등)

④ 관리기관이 법 제38조제1항부터 제3항까지의 규정에 따라 입주계약을 체결하려면 법, 이 영, 그 밖에 관련 법령 및 해당 산업단지의 관리기본계획에 적합하여야 한다.

제54조(시정기간 등) 법 제42조 제1항 각 호 외의 부분에서 "대통령령으로 정하는 기간"이란 6개월을 말한다.

제56조(입주계약해지 후의 남은 업무의 처리) ① 법 제42조 제2항에서 "남은 업무의 처리 등 대통령령으로 정하는 업무"란 입주계약 해지 당시에 이미 계약이 체결된 물품의 제조·가공·하역·수송·보관 및 수출입 업무와 이에 관련되는 부대 업무를 말한다.
② 법 제42조 제2항에 따른 남은 업무는 3개월 이내에 처리하여야 한다. 다만, 관리기관이 부득이한 사유가 있다고 인정한 때에는 그 기간을 연장할 수 있다.

제56조의3(이행강제금의 처분 및 징수업무 위탁기관) ① 법 제43조의3제6항에서 "대통령령으로 정한 관리기관"이란 다음 각 호의 기관을 말한다.

1. 법 제30조제2항제2호에 따른 관리권자로부터 관리업무를 위임받은 지방자치단체의 장

2. 법 제30조제2항제3호에 따른 관리권자로부터 관리업무를 위탁받은 공단(이행강제금의 처분 및 징수에 필요한 조사업무만을 말한다)

② 법 제43조의3에 따른 이행강제금의 부과 및 징수 절차는 산업통상자원부령으로 정한다. <개정 2013.3.23.>

산업집적활성화 및 공장설립에 관한 법률 시행규칙(약칭: 산집법 시행규칙)
[산업통상자원부령 제154호, 2015. 8. 19., 일부개정]

제35조(입주계약사항의 변경) ① 법 제38조 제2항에서 "산업통상자원부령으로 정하는 사항"이란 다음 각 호의 사항을 말한다.
  1. 회사명 또는 대표자 성명(대표자 성명의 경우에는 법인이 요청하는 경우만 해당한다)
  2. 업종(공장의 경우에는 영 제18조의2 제4항에 따른 업종을 말한다) 또는 <u>사업내용</u>
  3. 부지면적. 다만, 공장부지의 경우에는 다음 각 목의 요건을 갖춘 부지면적의 변경은 제외한다.
    가. 변경하려는 자가 설립 중인 공장일 것
    나. 변경면적이 당초 입주계약체결 시의 공장부지면적의 100분의 20 이내일 것
    다. 변경 후의 기준공장면적률이 법 제8조 제2호에 따른 기준공장면적률에 적합할 것
  4. 건축면적. 다만, 공장의 경우에는 영 제18조의2 제1항에 따른 공장건축면적의 변경만 해당하며, 제3호 각 목의 요건을 갖춘 공장건축면적의 변경은 제외한다.
  5. 공장(사업장) 소재지 (산업용지 및 건축물을 임차한 입주기업체가 동일 산업단지 내 다른 산업용지 및 건축물을 임차하여 이전하고자 하는 경우에 한한다)

참고자료 2 – 문화예술진흥법 관련 법령 (발췌)

문화예술진흥법 [법률 제8976호, 2015. 5. 4. 일부개정]

제2조 (정의) 이 법에서 사용하는 용어의 정의는 다음과 같다.
　1. "문화예술"이라 함은 문학, 미술(응용미술을 포함한다), 음악, 무용, 연극, 영화, 연예, 국악, 사진, 패션디자인, 건축, 어문 및 출판을 말한다.
　2. "문화산업"이라 함은 문화예술의 창작물 또는 문화예술용품을 산업의 수단에 의하여 제작·공연·전시·판매를 업으로 영위하는 것을 말한다.
　3. "문화예술회관"이라 함은 연주회·무용·연극등의 공연과 전시·학술행사 개최 등의 용도로 건립된 건축물을 말한다.

제17조 (기금의 설치등) ① 문화예술 진흥을 위한 사업이나 활동을 지원하기 위하여 문화예술진흥기금(이하 "기금"이라 한다)을 설치한다.
② 기금은 제23조의 규정에 의한 한국문화예술진흥원이 운용·관리하되, 독립된 회계로 따로 계리하여야 한다.
③ 기금의 운용·관리에 관하여 필요한 사항은 대통령령으로 정한다.

제18조 (기금의 조성) ① 기금은 다음 각 호의 재원으로 조성한다.
　1. 정부의 출연금
　2. 개인 또는 법인으로부터의 기부금품
　3. 제19조 및 제19조의2의 규정에 의한 모금액
　4. 기금운용으로 생기는 수익금
　5. 기타 대통령령으로 정하는 수입금
②~④ (생략)

제19조 (기금의 모금) ① 한국문화예술진흥원은 기금을 조성하기 위하여 필요하다고 인정할 때에는 문화체육관광부장관의 승인을 얻어 다음 각 호의 시설을 관람하거나 이용하는 자에 대하여 모금할 수 있다.
　1. 공연장
　2. 박물관 및 미술관
　3. 문화재보호법 제39조의 규정에 의하여 관람료를 징수하는 지정문화재(종교단체 소유의 문화재는 제외한다)
② 문화체육관광부장관은 제1항의 승인을 한 때에는 그 사실을 행정자치부장관에게 통보하고 이를 관보에 고시하여야 한다.
③ 한국문화예술진흥원은 제1항의 규정에 의한 모금을 승인받은 때에는 모금대상시설 운영자에게 모금승인내용을 통보하여야 하며, 그 내용을 통보받은 모금대상시설 운영자는 당해 시설을 관람 또는 이용하는 자로부터 모금하여 한국문화예술진흥원에 납부하여야 한다.
④ 제3항의 규정에 의한 모금대상시설운영자가 모금액을 납부할 때에는 모금과 관련된 자료를 함께 제출하여야 한다.

⑤ 제1항의 규정에 의한 모금의 모금액, 모금대행기관의 지정, 모금수수료, 모금방법 및 관련자료 기타 필요한 사항은 대통령령으로 정한다.

제19조의2 (대관에 의한 모금) ① 제19조 제3항의 규정에 의한 모금대상시설운영자로부터 대관을 받은 자는 모금대상시설운영자에 갈음하여 당해 시설을 관람 또는 이용하는 자로부터 모금을 하여 그 모금액 및 관련자료를 모금대상시설운영자에게 납부·제출하여야 한다.
② 모금대상시설운영자는 제1항의 규정에 의한 모금액 및 관련자료를 한국문화예술진흥원에 납부·제출하여야 한다.
③ 제1항의 규정에 의한 모금의 모금액·모금수수료·모금방법 및 관련자료에 관하여 필요한 사항은 대통령령으로 정한다.

제20조 (기금의 용도) 기금은 다음 각 호의 사업 및 활동의 지원에 사용한다.
  1. 문화예술의 창작과 보급
  2. 민족고유문화의 발전을 위한 조사·연구·저작과 그 보급
  3. 문화예술인의 후생복지증진을 위한 사업
  4. 지방문화예술진흥기금에의 출연
  5. 한국문화예술진흥원의 운영에 필요한 경비
  6. 기타 문화예술의 진흥을 목적으로 하는 사업이나 활동

제28조 (과태료) ① 정당한 사유 없이 제19조 제3항, 제19조의2 제1항 또는 제2항의 규정에 위반하여 모금의무를 이행하지 아니하거나 모금액을 납부하지 아니한 자는 1천만원 이하의 과태료에 처한다.
② (생략)
③ 제1항과 제2항의 규정에 의한 과태료는 대통령령이 정하는 바에 의하여 문화체육관광부장관이 부과·징수한다.

문화예술진흥법 시행령 [대통령령 제19960호, 2015. 10. 23. 일부개정]

제33조 (기금모금의 승인) 진흥원장은 법 제19조 제1항의 규정에 의하여 기금을 모금하고자 하는 때에는 다음 각 호의 사항에 대하여 문화체육관광부장관의 승인을 얻어야 한다. 이를 변경하고자 하는 때에도 또한 같다.
  1. 모금대상시설
  2. 모금기간
  3. 모금예정액

제34조 (모금액등) ① 모금대상시설별로 관람자 또는 이용자에 대하여 모금하는 금액은 진흥원장이 [별표1]의 기준에 의하여 문화체육관광부장관의 승인을 얻어 정한다.
② 진흥원장은 법 제19조 제4항의 규정에 의하여 모금대상시설의 운영자를 진흥원을 대행하여 기금을 모금할 수 있는 모금대행기관으로 지정할 수 있다.
③ 진흥원장은 모금액에 문화체육관광부장관의 승인을 얻어 정하는 모금수수료율을 곱하여 산정한 금액을 모금수수료로 모금대행기관에게 지급한다.
④ 제2항의 규정에 의한 모금대행기관은 모금 및 모금납부업무의 공정한 수행을 위하여 다음 각 호의 사항을 이행하여야 한다.
  1. 당해 모금대상시설의 관람권 또는 이용권에 모금내역 및 모금액을 기재할 것
  2. 모금액을 일반 수입자금과 구분하여 별도로 관리할 것
  3. 관람료 또는 이용료별 모금액을 기재한 장부를 비치할 것
  4. 매월 말일을 기준으로 한 모금액을 다음 달 10일까지 진흥원에 납부할 것
  5. 매월 말일을 기준으로 다음 각목의 모금과 관련된 자료를 다음 달 10일까지 진흥원에 제출할 것
    가. 관람료 또는 이용료별 입장인원 총계
    나. 모금하여야 할 금액과 실제 모금액
    다. 미납액 및 미납사유

[별표1]
모금대상시설별 모금액 기준(제34조 관련)

대상시설		입장료(관람료)별 모금비율	
		입장료(관람료)	모금비율
법 제19조 제1항 제1호의 공연장	영화관	3,000원 미만	100분의 2 이상
		3,000원 이상	100분의 5 이하
	기타 공연장	3,000원 미만	1,000분의 65 이상
		3,000원 이상	1,000분의 75 이하
제19조 제1항 제2호의 박물관 및 미술관, 법 제19조 제1항 제3호의 지정문화재		101원 이상	100분의 5 이상 100분의 10 이하

※비고 : 입장료(관람료)가 100원이하인 경우에는 모금을 하지 아니한다.

부담금관리기본법
[법률 제9876호, 2015. 10. 21. 일부개정]

제2조(정의) 이 법에서 "부담금"이란 중앙행정기관의 장, 지방자치단체의 장, 행정권한을 위탁받은 공공단체 또는 법인의 장 등 법률에 따라 금전적 부담의 부과권한을 부여받은 자(이하 "부과권자"라 한다)가 분담금, 부과금, 기여금, 그 밖의 명칭에도 불구하고 재화 또는 용역의 제공과 관계없이 특정 공익사업과 관련하여 법률에서 정하는 바에 따라 부과하는 조세 외의 금전지급의무(특정한 의무이행을 담보하기 위한 예치금 또는 보증금의 성격을 가진 것은 제외한다)를 말한다.

제3조(부담금 설치의 제한) 부담금은 별표에 규정된 법률에 따르지 아니하고는 설치할 수 없다.

[별표]
　　　　　이 법에 따라 설치하는 부담금(제3조 관련)

1.~21. (생략)
22. 「문화예술진흥법」 제19조 및 제19조의2의 규정에 따른 모금
23.~94. (생략)

참고자료 3 − 달력

【2018년 달력】

		1월				
일	월	화	수	목	금	토
	1	2	3	4	5	6
7	8	9	10	11	12	13
14	15	16	17	18	19	20
21	22	23	24	25	26	27
28	29	30	31			

		2월				
일	월	화	수	목	금	토
				1	2	3
4	5	6	7	8	9	10
11	12	13	14	15	16	17
18	19	20	21	22	23	24
25	26	27	28			

		3월				
일	월	화	수	목	금	토
				1	2	3
4	5	6	7	8	9	10
11	12	13	14	15	16	17
18	19	20	21	22	23	24
25	26	27	28	29	30	31

		4월				
일	월	화	수	목	금	토
1	2	3	4	5	6	7
8	9	10	11	12	13	14
15	16	17	18	19	20	21
22	23	24	25	26	27	28
29	30					

		5월				
일	월	화	수	목	금	토
		1	2	3	4	5
6	7	8	9	10	11	12
13	14	15	16	17	18	19
20	21	22	23	24	25	26
27	28	29	30	31		

		6월				
일	월	화	수	목	금	토
					1	2
3	4	5	6	7	8	9
10	11	12	13	14	15	16
17	18	19	20	21	22	23
24	25	26	27	28	29	30

		7월				
일	월	화	수	목	금	토
1	2	3	4	5	6	7
8	9	10	11	12	13	14
15	16	17	18	19	20	21
22	23	24	25	26	27	28
29	30	31				

		8월				
일	월	화	수	목	금	토
			1	2	3	4
5	6	7	8	9	10	11
12	13	14	15	16	17	18
19	20	21	22	23	24	25
26	27	28	29	30	31	

		9월				
일	월	화	수	목	금	토
						1
2	3	4	5	6	7	8
9	10	11	12	13	14	15
16	17	18	19	20	21	22
23	24	25	26	27	28	29
30						

확 인 : 법학전문대학원협의회

2018년도 제2차
법전협
모의시험
문제

2018년도 제2차 변호사시험 모의시험 - 논술형(기록형)

시험과목	공 법(기록형)

응시자 준수사항

1. 시험 시작 전 문제지의 봉인을 손상하는 경우, 봉인을 손상하지 않더라도 문제지를 들추는 행위 등으로 문제 내용을 미리 보는 경우 모두 부정행위로 간주되어 그 답안은 영점 처리 됩니다.

2. 답안은 흑색 또는 청색 필기구(사인펜이나 연필 사용 금지) 중 한 가지 필기구만을 사용하여 답안 작성 난(흰색 부분) 안에 기재하여야 합니다.

3. 답안지에 성명과 수험 번호를 기재하지 않아 인적 사항이 확인되지 않는 경우에는 영점 처리 등 불이익을 받게 됩니다. 특히 답안지를 바꾸어 다시 작성하는 경우, 성명 등의 기재를 빠뜨리지 않도록 유의하여야 합니다.

4. 답안지에는 문제 내용을 기재할 필요가 없으며, 답안 내용 이외의 사항을 기재하거나 밑줄 기타 어떠한 표시도 하여서는 안 됩니다. 답안을 정정할 경우에는 두 줄로 긋고 다시 기재하여야 하며, 수정액 등은 사용할 수 없습니다.

5. 시험 종료 시각에 임박하여 답안지를 교체 요구한 경우라도 시험시간 종료 후 즉시 새로 작성한 답안지를 회수합니다.

6. 시험 종료 후에는 답안지 작성을 일절 할 수 없으며, 이에 위반하여 시험시간이 종료되었음에도 불구하고 **시험관리관의 답안지 제출 지시에 불응한 채 계속 답안을 작성하거나 답안지를 늦게 제출할 경우 그 답안은 영점 처리** 됩니다.

7. 답안은 답안지 쪽수 번호 순으로 기재하여야 하고, **배부받은 답안지는 백지 답안이라도 모두 제출**하여야 하며, **답안지를 제출하지 아니한 경우 그 시험시간 및 나머지 시험시간의 시험에 응시할 수 없습니다.**

8. 지정된 시간까지 지정된 시험실에 입실하지 아니하거나 시험관리관의 승인을 얻지 아니하고 시험시간 중에 그 시험실에서 퇴실한 경우 그 시험시간 및 나머지 시험시간의 시험에 응시할 수 없습니다.

9. 시험시간이 종료되기 전에는 어떠한 경우에도 문제지를 시험장 밖으로 가지고 갈 수 없고, 시험 종료 후 가지고 갈 수 있습니다.

법학전문대학원협의회
KOREAN ASSOCIATION OF LAW SCHOOLS

목 차

I. 문제 ·· 2

II. 작성요령과 주의사항 ·· 3

III. 소장 양식 ·· 4

IV. 준비서면 양식 ··· 5

V. 헌법소원심판청구서 양식 ·· 6

VI. 기록내용
    법률상담일지 I ··· 8
    내부회의록 I ·· 9
    등기부등본(토지) ··· 12
    토지대장 ·· 14
    건축·대수선·용도 변경신고서 ·· 15
    건축신고 불수리 통지 ·· 17
    우편송달보고서 ··· 18
    토지이용계획서 ··· 19
    대기오염물질 예상배출농도 통지 ··· 20
    법률상담일지 II ·· 21
    내부회의록 II ·· 22
    소장 ·· 24
    답변서 ·· 30
    위헌법률심판제청신청서 ··· 32
    판결문 ·· 33
    결정문 ·· 35
    송달증명원 ·· 37
    내부회의록 III ·· 38
    준비서면 ·· 40

VII. 참고 자료
    1. 관련법령(발췌) ·· 43
    2. 달력 ·· 53

【문 제】

1. 사건의 개요

   의뢰인 강장식은 자신이 소유하는 임야에 반려동물 장례식장을 신축하고자 순천시장을 상대로 개발행위허가신청 등이 포함된 건축신고를 하였으나, 순천시장은 교육환경보호구역 내 동물장묘업 미등록자의 동물화장시설 설치 금지 등을 이유로 건축신고를 수리하지 아니하였다.

   한편, 의뢰인은 인터넷쇼핑사이트 '컴오샵'에 계정이 있었는데, 해킹으로 이 계정상의 주민등록번호 등 개인정보가 불법유출되었다. 이로 인한 2차 피해를 방지하기 위해 광주광역시 남구청장에게 주민등록번호 변경신청을 하였으나, 받아들여지지 않았다. 의뢰인은 이러한 처분의 취소를 구하는 소를 제기하고 그 소송계속중 위헌심판제청을 신청하였으나, 각하되었다.

2. 의뢰인의 변호사로서,

   가. 순천시장이 의뢰인에 대해서 한 건축신고 불수리처분의 취소를 구하는 소장을 작성한다고 할 때, 첨부된 소장의 상자( ) 부분을 작성하시오. 단, ④에는 제소기간의 마지막 날을 기재하시오. (40점)

   나. 건축신고 불수리처분의 취소를 구하는 제1심 소송이 진행되던 중 피고가 처분사유의 추가를 주장하는 준비서면을 보내와서 이를 반박하는 준비서면을 작성한다고 할 때, 첨부된 준비서면의 상자( ) 부분을 작성하시오. (10점)

   다. 헌법소원심판청구서를 작성하되, 첨부된 양식의 상자( ) 부분을 작성하시오. 단, ⑤에는 헌법소원심판청구기간의 마지막 날을 기재하시오. (50점)

【작성요령과 주의사항】

1. 기록상 각종 서류는 적법하게 작성된 것으로 간주하고 서류 등에 필요한 서명과 날인, 또는 무인과 간인 등은 모두 적법하게 갖추어진 것으로 볼 것.

2. 서술어로 경어를 사용할 것.

3. 첨부된 관련 법령(일부 조문은 가상의 것으로 현행 법령과 차이가 있을 수 있음)은 이 사건의 모든 절차와 과정, 소장, 준비서면 및 청구서의 작성과 제출 시 모두 시행되는 것으로 보고, 첨부된 관련 법령과 다른 현행 법령은 고려하지 말 것.

4. 법률상담일지의 사실관계와 기록에 첨부된 자료들을 기초로 하고, 그것이 사실임을 전제로 할 것.

5. 기록 중 일부 생략된 것이 있을 수 있고, 오기나 탈자가 있을 수 있음.

【소장 양식】

소　　장

원　　고　　강장식
　　　　　광주광역시 남구 효덕로271
　　　　　소송대리인 법무법인 집현
　　　　　담당변호사 백팽년
피　　고　　순천시장

건축신고불수리처분 취소청구의 소

청　구　취　지

①

청　구　이　유

1. 처분의 경위 등(생략)
2. 건축법상 건축신고의 처분성

②

3. 처분의 위법성

③

4. 결론(생략)

입　증　방　법(생략)
첨　부　서　류(생략)

2018.　④

원고 소송대리인 법무법인 집현
담당변호사 백팽년 (인)

| ⑤ | 귀중 |

【준비서면 양식】

준 비 서 면

사 건   2018구합33838   건축신고불수리처분취소
원 고   강장식
피 고   순천시장

위 사건에 관하여 원고 소송대리인은 다음과 같이 변론을 준비합니다.

다 음

⑥

2018. 11. 15.

원고 소송대리인 법무법인 집현

담당변호사 백팽년 (인)

(생략) 귀중

【헌법소원심판청구서 양식】

헌법소원심판청구서

청 구 인 강장식
　　　　(이하 생략)

청구취지

①

당해사건

②

위헌이라고 판단되는 법률조항
(생략)

청구이유

Ⅰ. 사건의 개요(생략)

Ⅱ. 적법요건의 구비 여부

③

Ⅲ. 위헌이라고 해석되는 이유

④

Ⅳ. 결론(생략)

첨 부 서 류
(생략)

2018.　 ⑤

청구인 대리인 법무법인 집현
　　　　담당변호사 정삼문

헌법재판소 귀중

기록내용 시작

수임번호 2018-97	**법률상담일지 I**	2018. 7. 5.
의뢰인	강장식	의뢰인 전화	062) 333-1588
의뢰인 주소	광주광역시 남구 효덕로271	의뢰인 팩스	

상 담 내 용

1. 의뢰인은 2018. 6. 8. 그 소유인 전남 순천시 연향동 293-2 임야 487㎡(이하 '이 사건 임야'라 한다) 지상에 연면적 186.34㎡, 지하 1층, 지상 1층 규모의 반려동물 장례식장을 신축하기 위하여 순천시에 개발행위허가신청, 산지전용허가신청, 개인하수처리시설의 설치신고, 대기오염물질 배출시설설치의 허가신청이 포함된 건축신고(이하 '이 사건 신고'라 한다)를 하였다.

2. 이 사건 임야는 임야, 전답으로 둘러싸여 있고, 이 사건 임야 남쪽으로 직선거리 200m 이내에 유학고등학교가 위치해 있다. 북서쪽으로 반경 600m 이내에는 미륵마을이 있는데, 미륵마을에는 쓰레기매립장, 하수처리장 등이 위치하여 있다. 그리고 의뢰인이 설치할 예정인 화장로(이하 '이 사건 화장로'라 한다)는 1기이고, 그 시간당 처리량은 25kg으로 비교적 소규모이다.

3. 순천시장은 순천시 도시계획위원회의 심의를 거쳐 2018. 6. 27. 의뢰인에게 "교육환경보호구역 내에서 동물장묘업 미등록자는 동물화장시설을 설치할 수 없고, 동물사체 소각에 따른 연기, 냄새 등으로 인한 대기오염의 우려가 있으며, 2018. 10.경 유치원 등 교육시설이 입주할 예정이다." 는 이유로 이 사건 신고를 수리하지 아니하였다.

4. 의뢰인은 "인근에 반려동물 장례식장이 없어서 반려동물을 키우는 많은 주민들이 먼 거리를 이동해야 하는 등 불편을 겪고 있고, 교육환경보호구역 내에서는 동물장묘업 등록을 마친 자만이 반려동물 장례식장을 설치할 수 있다는 것은 부당하며, 동물사체 소각 과정에서 일부 대기오염물질이 발생하는 것은 사실이지만 악취가 날 정도는 아니다."고 주장하면서 순천시장이 인근 주민들의 집단 민원을 걱정하여 신고를 불수리한 것으로 짐작하고 있다.

5. 이에 의뢰인은 이 사건 임야에 반려동물 장례식장을 건축하고자 순천시장의 건축신고 불수리의 취소를 구하는 행정소송을 제기하고자 한다.

법무법인 집현(담당변호사 백팽년)
전화 062-231-7456, 팩스 062-231-7457, 이메일 pnpak@vic.com
광주광역시 남구 제중로79 세종빌딩 6층

법무법인 집현 내부회의록 I

일   시: 2018. 7. 6. 14:00 ~ 15:00
장   소: 법무법인 집현 회의실
참석자: 윤성원 변호사(공법팀장), 백팽년 변호사

윤 변호사: 전남 순천시 연향동 소재 임야상의 건축신고 불수리 사건과 관련하여 논의해 보시지요. 어떠한 사건인가요?

백 변호사: 의뢰인 소유의 이 사건 임야는 국토의 계획 및 이용에 관한 법률(이하 '국토계획법'이라 한다) 제36조 제1항 제2호 가목의 보전관리지역에 해당하므로, 건축법 제14조 제1항 제2호에 따라 건축신고만 하면 건축허가가 의제되어 연면적이 200㎡ 미만이고 3층 미만인 건축물을 건축할 수 있습니다. 의뢰인이 계획하는 반려동물 장례식장은 연면적이 186.34㎡인 지하 1층, 지상 1층 건물에 불과하여 건축신고를 한 후 이 사건 임야상에 반려동물 장례식장을 신축하려고 했는데 뜻밖에도 순천시장으로부터 불수리 통보를 받았습니다.

윤 변호사: 일반적인 건축신고라고 한다면 순천시장의 수리 여부와 관계없이 반려동물 장례식장 신축을 할 수 있는 것 아닌가요? 그렇지 않다면 소규모 건물 신축 등 건축행위에 대하여 행정청의 규제를 완화한 취지가 무색해 질 것 같은데, 허가가 의제되는 건축신고는 다르게 보아야 하는 것인가요?

백 변호사: 일반적인 건축신고라면 행정청의 수리가 필요하지 않으므로, 형식적 요건을 갖춘 신고만 하면 당연히 건축을 할 수 있습니다. 그런데 허가가 의제되는 건축신고도 일반적인 건축신고와 마찬가지로 보아 수리 여부와 관계없이 건축행위를 할 수 있다고 속단하여 건축을 진행할 경우 여러 가지 법적 불이익을 받을 수 있습니다. 또한 건축신고는 건축행위에 대한 규제완화라는 의미도 있지만 인근 주민, 환경에 대한 영향과 같은 공익과도 연관됩니다. 이러한 관점에서 순천시장이 이 사건 신고를 수리하지 아니한 것을 소송으로 다툴 법적 이익을 검토해보겠습니다.

윤 변호사: 이 사건 신고를 수리하지 아니한 사유는 무엇인가요?

변호사: 순천시장의 건축신고 불수리 통지서에 따르면 "① 교육환경보호구역 내에서 동물장묘업 미등록자는 동물화장시설을 설치할 수 없고, ② 동물 사체 소각에 따른 연기, 냄새 등으로 인하여 대기오염의 우려가 있으며, ③ 2018. 10.경 이 사건 임야 인근에 유치원 등 교육시설이 입주할 예정이므로 신고를 수리하지 아니한다."는 것입니다.

변호사: 각 사유에 관하여 검토가 필요하겠군요. 먼저 교육환경 저해에 관한 사유부터 봅시다. 교육환경보호구역이란 학생들의 학습 등에 저해가 될 만한 행위가 금지되는 구역으로 보이는데, 어떠한 지역인가요?

변호사: 교육환경 보호에 관한 법률(이하 '교육환경법'이라 한다) 제8조 제1항에 의하면 학교경계 또는 학교설립예정지 경계로부터 직선거리 200m의 범위 안의 지역을 교육환경보호구역으로 설정하면서 학교출입문으로부터 직선거리로 50m까지인 지역을 절대보호구역, 학교경계 등으로부터 직선거리로 200m까지인 지역 중 절대보호구역을 제외한 지역을 상대보호구역으로 구분하고 있습니다. 교육환경보호구역에서는 교육환경법 제9조에서 규정하는 일정한 행위와 시설을 하는 것이 금지됩니다. 이 사건 임야는 인접한 유학고등학교의 경계로부터 직선거리 200m 이내에 있어 상대보호구역에 속합니다.

변호사: 그렇다면 교육환경보호구역에서 반려동물 장례식장을 설치하는 것이 금지된다는 말인가요?

변호사: 사람의 시신이나 유골을 화장하기 위한 화장시설 등의 설치는 금지됩니다. 하지만 동물의 사체를 화장하는 시설은 교육환경에 미치는 영향이 상대적으로 적다고 보아서인지 모든 동물화장시설이 금지되는 것은 아니고, '규모, 용도 및 학습과 학교보건위생에 대한 영향 등을 고려하여 대통령령으로 정하는 시설'의 설치만을 금지하고 있습니다(교육환경법 제9조 제9호). 그리고 이에 기한 교육환경법 시행령 제22조 제1항 제2호에서는 금지되는 시설 중 하나로 '동물보호법 제33조에 따른 동물장묘업 등록을 받지 아니한 자가 설치하는 동물화장시설'을 규정하고 있습니다. 그런데 동물장묘업 등록을 하려면 동물보호법 시행규칙 제37조 제1항에서 보는 바와 같이 일정한 영업장 시설과 인력 등을 갖춘 이후에 등록신청을 하여야만 합니다. 즉 일정한 영업장 시설과 인

력 등을 갖추어 기존에 동물장묘업 등록을 마친 자가 아니라면 교육환경보호구역에서 동물화장시설을 설치할 수 없는 결과가 되는 것입니다. 교육환경법이 대통령령에서 금지시설의 범위를 결정할 때 고려하여야 할 사항으로 규정한 것과 대비해 보면 위 시행령 조항이 동물장묘업 등록 여부를 기준으로 금지시설을 규율할 수 있는 것인지 의문입니다.

윤 변호사: 다음으로 두 번째 사유를 보죠. 반려동물 장례식장에서 동물 사체를 소각하게 되면 대기환경에 영향을 주는 유해물질을 배출할 우려는 현실적으로 존재하는 것 같은데, 관련 법령상 배출기준은 어떠한가요?

백 변호사: 그러한 우려가 물론 있기는 합니다. 하지만 순천시장의 우려는 추상적이고 막연한 것이라서 문제가 있다고 봅니다. 동물보호법 제32조 제1항, 동법 시행규칙 제35조 2항 [별표9] 2. 다. 4)에 의하면 동물화장시설은 대기환경보전법 제16조에 따른 배출허용기준 등 환경 관계법령에 따른 기준에 적합하여야 합니다. 그런데 이 기준에 의하면 화장로시설과 폐기물소각처리시설의 대기오염물질의 배출기준이 다릅니다. 동물화장시설이 이 중 어디에 해당되는지에 관한 해석이 필요한데 관련 법령을 종합적으로 검토하겠습니다.

윤 변호사: 마지막으로 이 사건 임야 인근에 유치원 등 교육시설이 입주할 예정이라는 사유에 대하여는 어떻게 대응할 생각인가요?

백 변호사: 2018. 10.경 이 사건 임야 인근에 유치원과 초등학교가 신설될 예정이긴 합니다. 건축신고 불수리 시점을 기준으로 그 이후에 발생할 사정에 근거하여 신고를 수리하지 않았는데, 만일 이 사건 소송과정에서 위와 같은 학교의 설치가 현실화될 경우에 이렇게 변경된 사실관계까지 고려해서 처분의 적법성을 판단해야 하는지 검토해야 할 것 같습니다.

윤 변호사: 이러한 사항들을 검토해서 행정소송의 소장을 작성하시기 바랍니다. 이상으로 회의를 마치겠습니다. 끝.

등기부 등본 (말소사항 포함) - 토지

[토지] 순천시 연향동 293-2　　　　　　고유번호 1103-1996-770729

【표 제 부】　　　(토지의 표시)

표시번호	접 수	소재지번	지 목	면 적	등기원인 및 기타사항
1 (전 2)	1984년5월30일	순천시 연향동 293-2	임야	487㎡	
					부동산등기법 제177조의 6 제1항의 규정에 의하여 2000년 05월 15일 전산이기

【갑　　구】　　　(소유권에 관한 사항)

순위번호	등기목적	접 수	등기원인	권리자 및 기타사항
1 (전 5)	소유권이전	1987년4월4일 제14396호	1987년4월3일 매매	소유자 장○○ 51****-2****** (주소생략)
				부동산등기법 제177조의 6 제1항의 규정에 의하여 2000년 05월 15일 전산이기
1-1	1번등기명의인 표시변경	2004년7월5일 제33902호	2003년3월12일 전거	장○○의 주소 (생략)
1-2	1번등기명의인 표시변경		2005년3월7일 전거	장○○의 주소 (생략) 2005년7월25일 부기
2	소유권이전	2015년3월19일 제40783호	2015년2월26일 매매	소유자 강장식 65****-2****** 광주광역시 남구 효덕로271

【을 구】	(소유권 이외의 권리에 관한 사항)			
순위번호	등기목적	접 수	등기원인	권리자 및 기타사항
1	근저당권설정	(생략)	(생략)	(생략)
2	지상권설정	(생략)	(생략)	(생략)

── 이 하 여 백 ──

수수료 금 1,200원 영수함   관할등기소 광주지방법원 순천지원 등기과

이 등본은 부동산 등기부의 내용과 틀림없음을 증명합니다.

서기 2018년 07월 04일

광주지방법원 순천지원 등기과   등기관 정 등 기 ㊞   [광주지법 순천지원 등기과 등기관]

* 실선으로 그어진 부분은 말소사항을 표시함.
* 등기부에 기록된 사항이 없는 갑구 또는 을구는 생략함.

발행번호 11020021002191072010961250SLBO114951WOG295021311122   2/2   발행일 2018/07/04

고유번호	1111018300-10492-0024			토지대장	도면번호	9	발급번호	20160713-0009-0001
토지소재	순천시 연향동				장번호	2-1	처리시각	09시37분09초
지번	293-2	축 척	1:1200		비고		작성자	인터넷민원

토 지 표 시

지목	면적(㎡)	사 유
임야	*487*	(21)1974년07월08일 293번에서 분할
		----이하여백----

소 유 자

변동일자	주 소	
변동원인	성명 또는 명칭	등록번호
1976년11월29일	(생략)	
(03)소유권이전	(생략)	
2004년07월05일	(생략)	
(4)주소변경	(생략)	
2015년03월19일	광주광역시 남구 효덕로271	
(03)소유권이전	강장식	
이 하 여 백		

등급수정 년월일	1984.01.01.	1984.07.01.	1985.07.01.	1989.01.01.	1990.01.01.	1991.01.01.	1992.01.01.	1993.01.01.
토지등급 (기준수확량등급)	66	171	173	179	192	193	195	196
개별공시지 가기준일	2011년 01월01일	2012년 01월01일	2013년 01월01일	2014년 01월01일	2015년 01월01일	2016년 01월01일	2017년 01월01일	2018년 01월01일
개별공시지 가(원/㎡)	34000	44000	50000	51000	57000	59000	61000	63000

토지 대장에 의하여 작성한 등본입니다.

2018년 7월 3일

순천시장

건축 · 대수선 · 용도변경신고서

• 어두운 란(▓)은 신고인이 작성하지 아니하며, [ ]에는 해당하는 곳에 √ 표시를 합니다.

신고번호(연도-기관코드-업무구분-신고일련번호) (생략)	접수일자 2018-06-08	처리일자

건축구분	[√] 신축　[ ] 증축　[ ] 개축　[ ] 재축　[ ] 이전　[ ] 대수선 [ ] 신고사항변경신고　　[ ] 용도변경		
① 건축주	성명　강장식		생년월일(사업자 또는 법인등록번호) 65****
	주소　광주 남구 효덕로271		(전화번호 :　생략　)
	전자우편 송달동의	「행정절차법」제14조에 따라 정보통신망을 이용한 각종 부담금 부과 사전통지 등의 문서 송달에 동의합니다.	
		[ ] 동의함	[√] 동의하지 않음
			건축주　　　　　　　(인)
	전자우편 주소		@
② 설계자	성명　　　　　　　　(서명 또는 인)		자격번호
	사무소명		신고번호
	사무소주소		
	(전화번호 : 　　　　　　　　　　　　)		
③ 대지조건	대지위치　순천시 연향동		
	지번　293-2		관련지번
	지목　임야		용도지역　　　　　　　　　/
	용도지구　　　　　　　/		용도구역　　　　　　　　/

• 대수선의 경우에는 대수선 개요(Ⅳ)만 적되, 대수선으로 인하여 층별 개요와 동별 개요의 (주)구조가 변경되는 경우에는 변경되는 (주)구조를 동별 개요와 층별 개요에 적습니다.
• 건축구분에 관계없이 전체 건축물에 대한 개요를 적습니다.

Ⅰ. 전체 개요

대지면적　　　　　　　　　　　　　487㎡	건축면적　　　　　　　　　　　　㎡
건폐율　　　　　　　　　　　　　％	연면적 합계　　　　　　　186.34㎡
연면적 합계(용적률 산정용)　　　　㎡	용적률　　　　　　　　　　　　％
④ 건축물명　　　주건축물수　　1동	부속건축물　　　　　동　　　㎡
⑤ 주용도　　　　세대/호/가구수　　세대 호 가구	총 주차대수　　　　　　　　대
주택을 포함하는 경우 세대/호/가구별 평균전용면적　　　　　　　　　　㎡	

210mm×297mm [보존용지(2종) 70g/㎡]

⑥ 하수처리시설		형식			용량			
주차장	구 분	옥내		옥외		인근		(인용) 면제
	자주식	대	m²	대	m²	대	m²	
	기계식	대	m²	대	m²	대	m²	대

일괄처리 사항	[ ] 공사용 가설건축물 축조신고　　[ ] 공작물 축조신고　　[√] 개발행위허가 [ ] 도시계획시설사업 시행자의 지정 및 실시계획인가　　[√] 산지전용허가 및 신고 [ ] 농지전용허가·신고 및 협의　　[ ] 사도개설허가　　[ ] 도로점용허가 [ ] 비관리청 도로공사시행 허가 및 도로의 연결허가　　[ ] 하천점용허가 [√] 개인하수처리시설 설치신고　　[ ] 배수설비 설치신고　　[ ] 상수도 공급신청 [ ] 자가용전기설비공사계획의 인가 또는 신고 [√] 대기오염물질배출시설설치 허가·신고　　[ ] 수질오염물질배출시설설치 허가·신고 [ ] 가축분뇨배출시설설치 허가·신고　　[ ] 공원구역 행위허가 [ ] 도시공원점용허가　　　　　　　　　　　[ ] 특정토양오염관리대상시설 신고

「건축법」 제14조·제16조 제1항·제19조 및 같은 법 시행규칙 제12조·제12조의2 에 따라 위와 같이 건축·대수선·용도변경신고서를 제출합니다.

2018년　6월　8일

건축주　　　　강장식　　(서명 또는 인)

순천시장　귀하

순 천 시

수신자　광주 남구 효덕로271　강장식 귀하
(경유)
제목　건축 불수리 통지(연향동 293-2)
----

1. 항상 시정 발전에 협조하여 주신데 대하여 감사드리며, 가내에 건강과 평안하심을 기원합니다.
2. 귀하께서 우리시에 제출하신 연향동 293-2 지상 건축물 신고에 대해 관련부서 협의결과 아래와 같은 사유로 부득이 불수리 통지하오니 이점 양지하시기 바랍니다.

　　□ 사유

　　○ 순천시 도시계획위원회 심의결과: 부결

　　○ 불수리 사유: 교육환경보호구역 내에서 동물장묘업 미등록자의 동물화장시설 설치 금지, 동물사체 소각에 따른 연기, 냄새 등으로 인한 대기오염 우려, 2018. 10.경 위 토지 인근에 유치원 등 교육시설 입주 예정

3. 건축신고 불수리에 대하여 궁금하시거나 추가로 아시고자 하는 사항은 시청 건축과(061-749-3807, 담당: 손천만)로 문의하여 주시면 상세히 답변드리겠습니다. 끝.

순천시장　[순천시장인]

★ 주무관　정주무　건축미관팀장　진사무　건축과장　신과장　협조자
시행 건축과-4485 (2018. 6. 27.)　접수 (2018. 6. 8.)
우 57956 순천시 장명로 30(장천동) / http://www.suncheon.go.kr
전화 061)749-3889　/　전송 061)749-8800

우편송달보고서

증서 2018년　제265호　　　　2018년　6월　28일　　발송

1. 송달서류　건축신고 불수리 통지 　　　　　（건축과-4485, 2018. 6. 27.） 　　　　　　　　　　　　　　　　　　발송자　순천시장 송달받을 자　강장식 귀하 광주 남구 효덕로271		
영수인　　　강장식 (서명)		
영수인 서명날인 불능		
①. 송달받을 자 본인에게 교부하였다.		
2	송달받을 자가 부재 중이므로 사리를 잘 아는 다음 사람에게 교부하였다.	
	사무원	
	피용자	
	동거자	
3	다음 사람이 정당한 사유 없이 송달받기를 거부하므로, 그 장소에 서류를 두었다.	
	송달받을 자	
	사무원	
	피용자	
	동거자	
송달연월일　　2018. 6. 29.　15시 30분		
송달장소　　광주 남구 효덕로271		
위와 같이 송달하였다. 　　　　　　　　　　　　2018. 6. 29. 　　　　　　　　　　　　우체국 집배원　　김택송		

토지이용계획서

토지소재지			순천시 연향동 293-2			
토지	지목	임야	면적	487㎡	개별공시지가	63,000원
건축물	건물명칭					
	주용도					
	임야면적	㎡	연면적	㎡	건축물수	동
	건축면적	㎡	건폐율	%	용적률	%
	특이사항					

지역지구등 지정 여부	국토계획법에 따른 지역, 지구 등	다른 법령에 따른 지역, 지구 등
	관리지역, 보전관리지역, 최고고도지구 (3층 이하)	상대보호구역(2014. 10. 27.)<교육환경 보호에 관한 법률>

도면

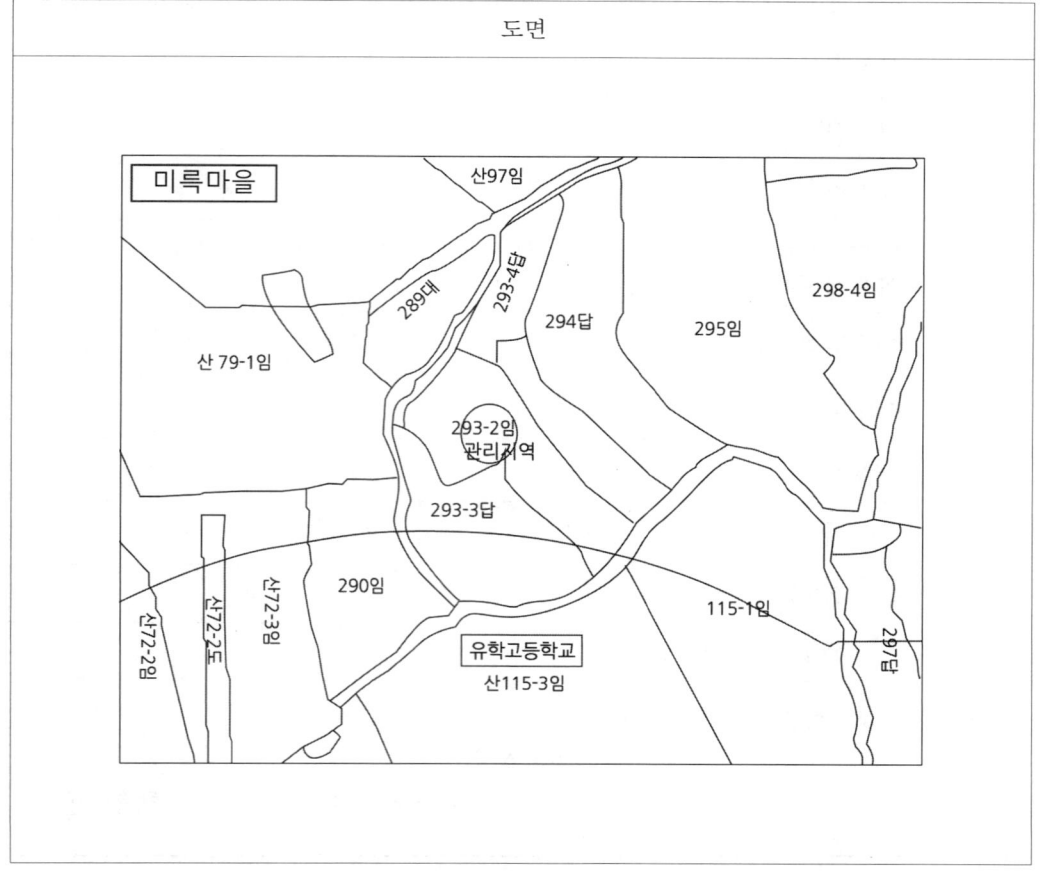

한국산업기술시험원

수신   강장식
(경유)
제목   대기오염물질 예상배출농도 통지

---

1. 귀하의 무궁한 발전을 기원합니다.

2. 귀하가 순천시 연향동 293-2 지상에 설치할 예정인 화장로 1기(시간당 처리량 25㎏)에 대한 대기환경보전법 제16조 제1항, 동법 시행규칙 제15조 [별표 제8호]의 배출허용기준과 대기오염물질 예상배출농도에 관한 시험결과를 아래와 같이 알려드립니다.

아   래

대기오염물질	배출허용기준 (대기환경보전법상 폐기물 소각처리시설)	배출허용기준 (대기환경보전법상 화장로시설)	이 사건 화장로 예상배출농도
일산화탄소(ppm)	200 이하 (소각용량 시간당 2톤 미만)	80 이하	120.236
염화수소(ppm)	20 이하 (소각용량 시간당 2톤 미만)	20 이하	13.882
황산화물(ppm)	50 이하 (소각용량 시간당 200㎏ 미만)	30 이하	40.676
질소산화물(ppm)	90 이하 (소각용량 시간당 2톤 미만)	70 이하	82.334

2018. 6. 2.

한국산업기술시험원장

시험사   최무신   평가실장 장영신   원장   정약응
시행 한국산업기술시험원-3728   (2018. 6. 2.)   접수   (2018. 5. 12.)
(이하 생략)

수임번호 2018-98	법률상담일지 Ⅱ		2018. 7. 10.	
의뢰인	강장식		**의뢰인 전화**	062)333-1588
의뢰인 주소	광주광역시 남구 효덕로 271		**의뢰인 팩스**	

상 담 내 용

1. 의뢰인은 인터넷쇼핑사이트 '컴오샵'에 계정이 있는데, 2017. 11.경에 컴오샵이 해킹되어 의뢰인의 이름, 주소, 주민등록번호 등이 유출되었다. 그리하여 이 개인정보들을 이용한 명의도용 등을 우려하고 있다.

2. 의뢰인은 이러한 2차 피해를 방지하기 위해 2018. 1. 29. 광주광역시 남구청장에게 주민등록번호 변경을 신청하였다. 하지만 남구청장은 2018. 2. 1. 주민등록번호 변경신청은 법령에서 정한 '주민등록번호 정정사유'에 해당하지 않는다면서 그 변경을 거부하였다.

3. 의뢰인은 2018. 3. 26. 광주지방법원에 '주민등록번호변경신청 거부처분 취소의 소'를 제기하였고, 그 소송계속중에 주민등록법령 관계 조항에 대한 위헌제청을 신청하였다. 하지만 법원은 2018. 6. 27. 원고의 위 거부처분취소의 소와 위헌제청신청을 모두 각하하였다.

4. 이에 의뢰인은 주민등록번호 변경을 허용하지 않는 관계 조항에 대해 헌법소원을 하고자 한다.

법무법인 집현(담당변호사 정삼문)
전화 062-231-7456, 팩스 062-231-7457, 이메일 smjung@vic.com
광주광역시 남구 제중로79 세종빌딩 6층

법무법인 집현 내부회의록 II

일　시: 2018. 7. 10. 14:00 ~ 15:00
장　소: 법무법인 집현 소회의실
참석자: 윤성원 변호사(공법팀장), 정삼문 변호사

윤 변호사: 의뢰인 강장식의 헌법소원 의뢰 건과 관련하여, 현재까지 소송의 진행 상황은 어떠한가요.

정 변호사: 의뢰인은 2018년 3월 26일 광주광역시 남구청장을 상대로 '주민등록번호변경신청 거부처분 취소의 소'를 제기했습니다. 그리고 그 소송 계속중에 주민등록법 제7조 제3항 및 제4항과 같은 법 시행령 제7조, 제8조 제1항에 대해 위헌제청을 신청했습니다. 하지만 광주지방법원은 2018년 6월 27일 소각하 판결을 하였고 같은 날 위헌제청신청도 각하하는 결정을 하였습니다. 이에 의뢰인은 2018년 7월 9일자로 본인이 직접 법원에 항소장을 제출하였는데, 위헌제청을 신청한 법령의 위헌성을 다투는 헌법소원 제기와 관련해서는 법리적 난해함을 호소하며 우리 법무법인에 헌법소송에 관한 전문성을 십분 발휘해 달라고 당부하였습니다.

윤 변호사: 헌법소원의 어떤 점이 법리적으로 난해하다는 것인가요.

정 변호사: 의뢰인이 다투고자 하는 바는, 주민등록번호가 불법유출되어 명의도용 등 2차 피해의 우려가 있어서 주민등록번호를 변경하고 싶어도, 관계 법령에서 주민등록번호 변경을 허용하는 규정을 두고 있지 않음으로 말미암아 행정청이 주민등록번호 변경을 해 주지 않는다는 것입니다. 행정청의 거부처분에 대해서는 취소소송을 하고 있음은 이미 말씀드린 바와 같고, 헌법소원으로는 주민등록번호 변경을 허용하지 않는 법률 규정을 다투려고 하는데, 광주지방법원이 위헌제청신청을 각하하면서 '의뢰인의 위헌제청신청은 재판의 전제성이 없는 조항을 대상으로 한 것이거나 입법부작위를 다투는 취지에 불과하다'고 판시하고 있어서 문제라는 것입니다.

윤 변호사: 그럼, 입법부작위에 대해 헌법소원을 하는 것은 어떤가요.

정 변호사: 입법부작위가 인정되기 위해서는 헌법상 인정되는 입법의무가 있어야 할 텐데, 헌법상 어떤 구체적인 내용의 입법의무가 인정되기란 극히 어렵기 때문에, 입법부작위 헌법소원은 별로 승소 가망이 없습니다. 그래서 그 대신에 불완전·불충분한 법률규정 자체를 다투는 방안이 더 유망할 것이라고 판단됩니다.

윤 변호사: 좋습니다. 그런데 그 경우 헌법소원은 헌법재판소법 제68조 제1항과 제2항 중 어느 것에 의하여 하려고 하는가요.

정 변호사: 제68조 제1항에 의한 헌법소원은 기본권침해 사유가 있음을 안 날부터 90일 이내에 제기해야 하는데, 현재 그 청구기간이 이미 도과되었다고 판단될 가능성이 있습니다. 그래서 헌재법 제68조 제2항에 따른 헌법소원심판청구를 준비하고자 합니다.

윤 변호사: 그렇다면 법원이 위헌제청신청 각하결정에서 판시한 사유들에 대해서 더욱 잘 반박할 필요가 있겠군요. 그 경우 승소 전망은 어떻습니까.

정 변호사: 제 소견으로는, 잘하면 헌법불합치 결정을 이끌어낼 수 있지 않을까 생각합니다. 다만, 다른 유형의 결정이 내려질 가능성도 전혀 배제할 수 없으므로, 일단 헌법소원심판청구서에는 단순위헌을 구하는 취지로 청구취지를 작성하고자 합니다.

윤 변호사: 헌법소원심판청구서는 언제쯤 제출될 수 있을까요.

정 변호사: 제가 내일부터 2주간 김갑동씨의 국제중재재판 대리를 위해 네덜란드 헤이그로 출장을 떠납니다. 헌법소원심판청구서는 출장을 갔다와서야 작성할 수 있을 것 같습니다.

윤 변호사: 그럼, 사건을 재배당할까요.

정 변호사: 아닙니다. 귀국하자마자 작성하면 청구기간 내에 제출할 수 있습니다.

윤 변호사: 그럼, 청구기간을 도과하지 않도록 각별히 신경을 써 주시길 부탁드립니다. 오늘은 이상으로 회의를 마치겠습니다. 끝.

소 장

사 건 번 호	12345
배당순위번호	
재 판 부	제 부
주 심	

원   고   강장식
            광주광역시 남구 효덕로 271
피   고   광주광역시 남구청장

주민등록번호변경신청 거부처분 취소

청구취지

1. 피고가 2018. 2. 1. 원고에게 한 주민등록번호변경신청 거부처분을 취소한다.
2. 소송비용은 피고의 부담으로 한다.
라는 판결을 구합니다.

청구원인

1. 이 사건 처분의 경위

원고는 인터넷쇼핑사이트 '컴오샵'의 이용자인바, 최근 '컴오샵'에 대한 해킹 사건으로 주민등록번호가 유출되었습니다(갑 제1호증). 이에 원고는 2018. 1. 29. 피고에게 원고의 주민등록번호를 변경해 줄 것을 신청하였습니다. 하지만 피고는 2018. 2. 1. 원고의 위 신청이 주민등록법 시행령 제8조에서 규정하는 주민등록번호 정정사유에 해당하지 않고, 현행 법령상 주민등록번호 유출을 이유로 한 주민등록번호 변경은 인정되지 않는다며 그에 대해 거부처분을 하였습니다(갑 제2호증).

2. 이 사건 거부처분의 위법성

주민등록번호는 공공부문이나 민간부문에서 널리 개인을 식별하고 구분하는 번호로 이용되고 있습니다. 나아가, 각종 개인정보가 주민등록번호와 함께 입력됨으로써, 주민등록번호는 단순한 개인식별번호에서 그치는 게 아니라, 사실상 여러 개인정보들을 연결해 주는 연결자(key data) 기능도 하고 있습니다.

그런데 이러한 주민등록번호가 불법유출되면, 그 주민등록번호 유출 자체가 이미 당사자의 의사에 반하여 이루어진 점에서 개인의 권리침해에 해당할 뿐만 아니라, 유출된 주민등록번호를 활용한 2차적 권리침해의 위험성도 있어서 큰 문제입니다. 실제로, 불법유출 주민등록번호를 이용해 인터넷 사이트 회원 가입 후 유료컨텐츠를 이용하거나 신용카드를 발급하고, 대포폰 또는 대포통장을 개설하는 등 범죄에 악용하는 사례가 언론에 종종 보도되고 있습니다(갑 제3호증의 1, 2). 즉, 주민등록번호가 유출된 경우 당사자는 결국 각종 범죄에 노출된다고 보아도 과언이 아닙니다.

그러므로 주민등록법에서 주민등록번호 발급의무와 주민등록번호 정정에 관하여만 규정하고, 주민등록번호 변경에 관하여는 아무런 명시적인 규정을 두고 있지 않다고 하더라도, 위와 같은 여러 2차 피해가 예상되는 만큼, 주민등록번호가 유출된 경우 주민등록번호 변경은 허용됨이 마땅합니다. 만약 이와 같은 해석론이 받아들여지지 않는다면, 위 규정들 자체가 위헌이라고 볼 수밖에 없습니다.

3. 결론

그렇다면 피고의 이 사건 거부처분은 결국 위법하므로, 이를 취소하여 주시기 바랍니다.

입증방법

1. 갑 제1호증　　　　　　　　정보유출 안내문
1. 갑 제2호증　　　　　　　　주민등록변경 신청에 대한 거부통지
1. 갑 제3호증의 1, 2　　　　　각 인터넷신문 기사

첨부서류

(생략)

2018. 3. 26.

원고　강장식　(인)

광주지방법원 귀중

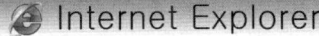 Internet Explorer

https://memberssl.comoshop.co.kr///Authenticate/Popup/Popup4.aspx

<컴오샵에서 알려드립니다.>

강장식 고객님,

유갑스럽게도 고객님께서는 경찰청 사이버테러 대응센터가 확인한 개인정보 유출 회원에 포함되어 있습니다. 유출된 고객님의 개인정보는 이름, 아이디, 주민등록번호, 이메일주소, 주소, 전화번호 등입니다.

유출된 개인정보의 유포나 도용으로 인한 구체적 피해사례는 현재까지 보고된 바 없으나, 저희 컴오샵은 경찰과 협력하여 유출정보의 유포 방지와 조속한 범인 검거를 통해 소중한 회원정보를 즉각 회수하기 위한 최선의 노력을 계속 기울일 것을 약속 드립니다.

업계를 대표하는 기업으로서 해킹 범죄의 대상이 되어 고객님께 심려를 끼쳐 드린 점에 대해 다시 한 번 사과드립니다.

개인정보 관련 피해 가능성 최소화를 위한 안전지침

1. 보이스 피싱 주의: 정부기관, 쇼핑몰 운영자, 금융기관을 빙자, 전화 등으로 계좌번호, 신용카드번호 등 금융정보를 묻는 경우 일단 전화를 끊고 해당 기관/업체에 다시 전화로 확인해 볼 필요가 있습니다.

2. 피싱메일, 피싱사이트 주의: 메일에 포함된 URL을 통해 특정 사이트로 직접 연결을 유도하고, 개인정보를 입력하게 하는 피싱 사이트에 주의하시기 바랍니다.

3. 비밀번호 변경: 만일의 경우를 대비하여 타 웹사이트에서 주민등록번호, 휴대전화번호 등을 조합한 패스워드를 사용하신다면 불편하시더라도 패스워드를 변경, 재설정 하시길 당부 드립니다.

온라인 민원사례							
목록번호	9320		제목:	주민번호 변경을 청구합니다.			
작성자	강장식	작성일	2018-01-29 17:45:00	조회수	11	공개여부	비공개

청구인 : 강장식
피청구인 : 광주광역시 남구청장
청구일자 : 2018년 1월 29일

청구의 내용:
청구인의 주민등록번호를 변경하여 줄 것을 청구함.

청구의 이유:
청구인은 인터넷쇼핑사이트 컴오샵(http://www.comoshop.co.kr)의 회원으로서 성명, 주민등록번호 등 일정한 개인정보를 제공하고 서비스를 제공받던 중, 2017년 말 발생한 개인정보 유출 사건으로 인해 개인정보가 유출된 바 있음.
주민등록번호는 그 사용범위가 제한되지 않아 지금까지 공공기관은 물론 민간영역에서도 널리 이용되어 왔으며, 특히 개인정보를 확인하기 위한 매칭코드(matching code) 기능을 하고 있음. 따라서 주민등록번호가 유출되면 개인의 모든 정보가 얼마든지 유출될 수 있고, 실제로 빈번히 발생하는 개인정보 유출 및 불법이용 사건들을 보면, 이러한 위험성은 단지 가상적인 것에서 그치지 않고 있음.
유일독자성, 종신불변성, 전속성 등의 특성을 가진 주민등록번호가 불법유출됨으로써 언제든지 온라인 및 오프라인에서 청구인의 주민등록번호가 불법적으로 이용될 가능성이 현저한바, 2차 피해 발생을 위해 청구인의 주민등록번호를 변경하여 줄 것을 청구하는 바임.

2018년 1월 29일
청구인 이름 (인)

갑제2호증

◎ 답변

담당부서	행정지원국 자치행정과	답변일자	2018-02-01 11:45:44	접수번호	20111125174500006337
작성자	오미자	전화번호	2199-6370	이메일	

안녕하십니까? 요청하신 사항에 대해 답변 드리겠습니다.
주민등록법 제7조 제3항에서 "시장, 군수, 구청장은 주민에게 개인별로 고유한 등록번호(주민등록번호)를 부여하여야 한다."고 규정하고, 주민등록법 시행규칙 제2조에서 "주민등록번호는 생년월일, 성별, 지역 등을 표시할 수 있는 13자리의 숫자로 작성한다."고 규정하고 있으며, 주민등록법 시행령 제8조에서는 주민등록번호를 정정할 수 있는 경우로서, 가족관계등록부를 정정한 결과 주민등록번호를 정정하여야 하는 경우나 주민등록번호에 오류가 있는 경우 등에 한하여 정정을 허용하고 있습니다.
따라서 귀하의 경우와 같이 오류 없이 정상적으로 부여된 주민등록번호에 대해 그 불법유출을 이유로 변경을 하는 것은 현행법상 허용되지 않으니, 이 점 양해해 주시기 바랍니다.

2018. 2. 01.
광주광역시 남구청장 박정해 드림
(답변부서장: 자치행정과장 이길만, 전화번호 2199-6370)

전국민의 신상정보가 털리고 있다

글쓴이   임운규   2015-01-03

지난 2014년 우리나라 IT 분야의 최대 이슈 중 하나는 단연 개인정보의 유출문제였다. 최근 5년 이내 발생한 개인정보 유출건수는 어림잡아도 1억 2,000만 건에 달한다.

국내 인터넷 사이트는 거의 대부분 주민등록번호와 주소, 전화번호 등 구체적인 개인 정보를 토대로 가입 절차가 이뤄진다. 민감한 개인 정보인 주민등록번호를 저장하고 있어 전세계 해커들의 집중 공격의 대상이 되고 있다는 점이 가장 큰 문제다. 이로 인해 잠재적 피해를 볼 수 있는 만큼 기존의 주민등록번호제의 개선 및 개편 또는 보완 작업이 필요하다.

특히 불법유출된 주민등록번호에 대해서는 당사자의 희망에 따라 변경을 허용해야 할 것이다. 물론 이로 인해 일시적인 사회적 혼란을 염려할 수도 있다. 그러나 주민등록번호가 변경된다 하더라도 변경 전 주민등록번호와 연계 시스템을 구축하여 활용한다면 얼마든지 본인 확인이 가능할 것이다. 이는 공인인증서(NPKI)나 전자관인(GPKI)이 1, 2년마다 갱신되어야 하지만 개인식별기능에 별다른 문제가 발생한 바 없다는 사실에 의해서도 충분히 증명된다. 설령 그렇지 않다고 하더라도, 개인정보 유출로 인한 '대혼란'에 비하면 전술한 '사회적 혼란'은 전혀 감수하지 못할 바는 아니다.

개인정보의 제공에 대한 안일한 생각을 버리고, 인터넷 세상에서는 언제 어떤 용도로 악용될 수 있음을 인식하여 보다 세심한 주의와 관심을 가질 것이 절실히 요구된다.

글 / IT동아 임운규 (unkyu@itdonga.com)

http://it.donga.com/newsbookmark/7857/

인터넷쇼핑사이트 컴오샵 해킹, 2차 피해 확산 우려

[중앙일보 / 한혜란 / 입력 2017.12.07. 11:58]

갑제3호증의 2

지난 달 일어난 인터넷쇼핑사이트 컴오샵 해킹 사건으로 인한 2차 피해 우려가 커지고 있다.

6일 희망은행에 따르면 이 회사 카드 고객 A씨는 지난 달 19일 휴대전화로 "카드발급 신청이 완료됐다"는 문자메시지를 받고 깜짝 놀랐다. 자신도 모르게 누군가 신용카드 추가발급을 신청했기 때문이다. A씨는 은행에 바로 전화해 카드발급을 막았다. 이 은행 관계자는 "컴오샵 계정을 통해 A씨의 개인정보를 빼낸 해커가 카드 추가발급을 시도한 것으로 보인다"고 말했다.

이번 사건을 계기로 주민등록번호 관리체계에 대해 문제를 제기하는 견해가 많다. 물론 주민등록번호를 무분별하게 변경하는 것을 용인하기는 어려울 테다. 하지만 예컨대 생명·신체에 대한 위험성의 발생과 같이 입법자가 정하는 일정한 요건을 구비한 경우에 한해 객관성과 공정성을 갖춘 기관의 심사를 거쳐 변경을 할 수 있도록 허용한다면, 범죄은폐 또는 신분세탁 등 불순한 의도로 주민등록번호 변경절차를 악용하려는 시도를 차단할 수 있다.

어쨌든 이미 발생한 해킹에 대해서는 2차 피해에 대한 우려가 큰 만큼, 정부와 주요 금융회사들 간에 긴밀한 협력체계를 갖추어 국민의 피해예방을 위해 비상하게 노력할 것이 요구되는 시점이다.

한혜란 기자 〈haeran.joongang.co.kr〉

http://www.joins.com/media/448514

답 변 서

사　　건　　2018구합12345　주민등록번호변경신청거부처분취소
원　　고　　강장식
피　　고　　광주광역시 남구 구청장

위 사건에 관하여 피고는 다음과 같이 답변합니다.

청구취지에 대한 답변

1. '이 사건 소를 각하한다' 또는 '원고의 청구를 기각한다'.
2. 소송비용은 원고의 부담으로 한다.
라는 판결을 구합니다.

청구원인에 대한 답변

1. 본안전 항변

이 사건에서 원고는 해킹에 의한 주민등록번호 유출을 이유로 주민등록번호 변경을 신청하고 있으나, 이는 주민등록법 시행령 제8조에서 규정하는 주민등록번호 정정의 사유에 해당하지 않고, 그 외에 달리 원고 주장의 변경신청권을 인정할 법적 근거는 찾을 수 없습니다.

그렇다면, 피고가 원고의 신청을 따르기를 거부했다고 하더라도 이를 항고소송의 대상이 되는 거부처분이라고 볼 수는 없습니다. 따라서 이 사건 소는 부적법하므로 각하되어야 합니다.

2. 본안에 관한 항변

주민등록번호는 등록대상자인 주민 개개인을 식별할 수 있게 함으로써 공공기관이 행정사무를 신속하고 효율적으로 처리하는 데 도움을 줍니다. 그런데 이러한 기능은, 그 번호가 고정되는 경우에 담보될 수 있는 것이고, 주민등록번호의 임의적 변경을 인정할 경우에는 그러한 개인식별기능이 약화되어 당초 주민등록번호 제도를 도입한 입법목적을 달성할 수 없게 됩니다.

또한 만일 임의적인 주민등록번호 변경을 허용하게 되면, 범죄은폐, 탈세, 채무면탈 또는 신분세탁 등의 불순한 의도로 이를 악용하는 경우까지 발생할 우려도 있으며, 주민등록번호 변경에 따른 각종 기록의 정정·변경 등 막대한 사회적 비용 내지 혼란 등이 야기될 수 있습니다.

이에 입법자는 개인에게 주민등록번호 변경신청권을 인정하는 법규정을 두는 대신, 법률에 따르지 아니하고 영리의 목적으로 다른 사람의 주민등록번호에 관한 정보를 알려 주는 자 또는 다른 사람의 주민등록번호를 부정하게 사용한 자를 형사처벌하고(주민등록법 제37조 제9호, 제10호), 개인정보처리자 또는 정보통신사업 제공자 등의 주민등록번호 수집·이용을 제한하며(개인정보보호법 제24조의2 제1항, 정보통신망법 제23조의2 제1항), 주민등록번호가 분실·도난·유출·변조·훼손된 경우 개인정보처리자에게 5억 원 이하 과징금을 부과징수할 수 있게 하고(개인정보보호법 제34조의2), 개인정보 유출 등에 대한 피해구제를 강화하고자 징벌적 손해배상제도를 도입하는 등(개인정보보호법 제39조, 제39조의2) 여러 대안적 조치를 강구하였던 것입니다.

이러한 점들을 감안할 때, 이 사건 주민등록번호 변경신청을 받아들이지 않았다고 하여 그것만으로 위법성을 단정할 수 없습니다. 그러므로 원고의 청구는 이유 없어 기각되어야 합니다.

3. 결론

이상과 같은 이유로 이 사건 소를 각하하거나 청구를 기각해 주시길 바랍니다.

2018. 4. 25.

피고 광주광역시 남구청장
소송수행자 지방행정주사 한미희

광주지방법원 제2행정부 귀중

위헌법률심판제청신청서

사　　건　　2018구합12345 주민등록번호변경신청거부처분취소
원　　고　　강장식
피　　고　　광주광역시 남구청장
신 청 인　　강장식

신청취지

위 사건에 관하여, 주민등록법 제7조 제3항, 제4항과 같은 법 시행령 제7조, 제8조 제1항의 위헌여부에 관한 심판을 제청한다.
라는 결정을 구합니다.

신청이유

1. 이 사건의 개요

(생략)

2. 제청신청 대상조항이 위헌인 이유

(생략)

3. 결론

　따라서 위 제청신청 조항들의 위헌여부의 심판을 헌법재판소에 제청해 주시기 바랍니다.

2018. 5. 11.

신청인　　강장식

광주지방법원 제2행정부 귀중

광주지방법원
제2행정부
판 결

사 건	2018구합12345 주민등록번호변경신청거부처분취소	
원 고	강장식	
	광주광역시 남구 효덕로 271	
피 고	광주광역시 남구청장	
	소송수행자 한미희	
변론종결	2018. 6. 13.	
판결선고	2018. 6. 27.	

주문
1. 이 사건 소를 각하한다.
2. 소송비용은 원고가 부담한다.

청구취지
(생략)

이유

1. 처분의 경위
(생략)

2. 본안전 항변에 대한 판단
 가. 당사자의 주장
  피고는 '이 사건 주민등록번호 변경신청 거부의 고지는, 주민등록법령상 원고에게 주민등록번호 변경신청권이 없는 이상, 항고소송 대상이 되는 처분이 아니다'고 주장한다.
  이에 대하여 원고는 '주민등록법령의 규정내용 등에 비추어 볼 때 해석상 주민등록번호변경을 허용해야 하며, 만약 허용하지 않는다면, 주민등록번호의 유출에 따른 주민등록번호 변경을 규정하지 않은 주민등록법령이 위헌이다'고 주장한다.

나. 판단

현행 주민등록법령에서 명시적으로 허용한 주민등록번호 정정 이외에 법령해석을 통한 주민등록번호 변경신청권은 인정되지 않는 것으로 보이고, 주민등록번호 유출 등을 사유로 하는 주민등록번호 변경신청권에 관한 규정을 두지 않았다고 하여 주민등록법령이 위헌이라고 단정할 수 없는바, 조리상 신청권이 있다고 인정되지도 아니한다. 따라서 피고의 본안전항변은 이유 있다.

3. 결론

그렇다면 이 사건 소는 부적법하므로 이를 각하하기로 하여 주문과 같이 판결한다.

재판장　판　사　김 유 지
　　　　판　사　유 현 미
　　　　판　사　현 철 수

광주지방법원
제2행정부
결 정

사 건	2018초기678 위헌법률심판제청신청	
원 고	강장식	
	광주광역시 남구 효덕로 271	
본안사건	광주지방법원 2018구합12345 주민등록번호변경신청거부처분취소	

주문
이 사건 위헌법률심판제청신청을 모두 각하한다.

신청취지
주민등록법 제7조 제3항, 제4항과 같은 법 시행령 제7조, 제8조 제1항의 위헌여부에 관한 심판을 제청한다.

이유

1. 사안의 개요
(생략)

2. 신청인의 주장 및 판단
 가. 신청인 주장의 요지
 (생략)

 나. 판단
 (1) 주민등록법 시행령 제7조, 제8조 제1항 부분에 대한 판단
 (생략) 그러므로 이 부분 신청은 부적법하다.

 (2) 주민등록법 제7조 제3항, 제4항에 대한 판단
  주민등록법 제7조 제3항은 주민에게 개인별로 고유한 등록번호(주민등록번호)를 부여해야 한다는 내용이고, 같은 조 제4항은 주민등록번호 부여 등에 관한 사항을 대통령령에 위임한다는 내용으로서, 이들 조항은 모두 주민등록번호 부여에 관한 규정이

다. 하지만 당해 본안사건은 이미 부여되어 있는 신청인의 주민등록번호에 대한 변경신청을 거부한 조치에 대해 취소를 구하는 사안이어서, 위 주민등록법 제7조 제3항, 제4항은 당해 본안사건의 재판에 적용될 조항이 아니라 할 것인바, 위 각 조항이 헌법에 위반되는지 여부는 재판의 전제가 된다고 할 수 없다.

또한 신청인은 위 각 조항이 주민등록번호 변경절차를 두고 있지 아니한 것이 위헌이라고 주장하나, 이는 입법부작위를 다투려는 취지로 보이고, 헌법재판소법 제41조에 의한 법원의 위헌심판제청은 입법부작위 그 자체를 심판대상으로 하는 것이 허용되지 않는다.

따라서 이 부분 신청도 부적법하다.

3. 결론

그렇다면, 신청인의 이 사건 신청은 부적법하므로 이를 모두 각하하기로 하여, 주문과 같이 결정한다.

2018. 6. 27.

재판장   판 사   김 유 지
            판 사   유 현 미
            판 사   현 철 수

송 달 증 명 원

사   건 : 광주지방법원 2018초기678 위헌법률심판제청신청

신 청 인 : 강장식

증명신청인 : 신청인

위 사건에 관하여 정본이 신청인에게 2018. 7. 5. 자로 송달되었음을 증명합니다.
끝.

2018. 7. 6.

광주지방법원

법 원 주 사   김 주 일   [직인]

법무법인 집현 내부회의록 Ⅲ

일 시: 2018. 11. 9. 14:00 ~ 15:00
장 소: 법무법인 집현 회의실
참석자: 윤성원 변호사(공법팀장), 백팽년 변호사

윤 변호사: 반려동물 장례식장 건축신고 불수리를 다투는 사건은 어떻게 진행되고 있나요? 1회 변론기일의 경과가 어떠한가요?

백 변호사: 지난 번 내부회의에서 검토한 결과를 토대로 소장을 작성하여 제출하였는데, 순천시장은 답변서에서 "반려동물 장례식장이 교육환경에 미치는 악영향을 고려하면 동물장묘업 등록을 마친 자만이 교육환경보호구역에서 동물화장시설을 설치할 수 있도록 한 시행령 규정은 정당하고, 동물 사체의 소각 등으로 인한 대기오염은 그 정도의 문제일 뿐 그 발생 자체를 부정할 수 없으며, 처분의 위법성을 판단하는 기준시점은 판결시이므로 2018. 10.경 이 사건 임야로부터 200m 이내에 유학유치원과 유학초등학교가 신설되었다는 점까지 고려하여 이 사건 신고 불수리의 적법성을 판단하여야 한다."는 취지로 주장하였습니다. 피고 측은 법정에서도 답변서의 내용대로 주장하였습니다만, 건축신고 불수리 사유에 대하여 조목조목 따지는 우리측 주장에 상당히 곤혹스러워 하는 눈치였습니다.

윤 변호사: 그렇다면 소송의 결과가 희망적이겠군요. 1회 변론기일에서 바로 변론종결이 되었나요?

백 변호사: 저는 변론종결을 바라는 입장이었습니다만, 상대방이 법리적 검토를 위하여 변론을 한 번 속행하여 달라고 재판부에 요청하여 2회 변론기일이 잡혔습니다. 그런데 며칠 전에 순천시장이 준비서면(회의록 말미에 첨부)을 보내왔는데, 거기에는 "건축신고 수리에 반대하는 인근 학교 교직원들과 학부모들의 탄원서가 제출되었고, 순천시장이 인근 주민들과 가진 면담에서도 '반려동물 장례식장 절대 불가'라는 입장을 청취하는 등 민원이 발생하였기 때문에 건축신고를 수리할 수 없었다며 '민원 발생, 지역주민, 인근지 학교재단 등과의 사전 의견 수렴 및

합의 없음'이라는 처분사유를 추가한다."고 밝히고 있습니다.

윤 변호사: 그와 같은 처분사유의 추가가 가능한가요?

백 변호사: 그 허용기준에 관한 판례의 입장을 살펴보고, 추가된 처분사유 자체의 타당성에 관하여도 검토하도록 하겠습니다. 끝.

준 비 서 면

사 건   2018구합33838   건축신고불수리처분취소
원 고   강장식
피 고   순천시장

위 사건에 관하여 피고 소송대리인은 다음과 같이 변론을 준비합니다.

다 음

처분사유로 추가된 사유가 당초의 처분시 그 사유를 명기하지 않았을 뿐 처분시에 이미 존재하고 있었고 당사자도 그 사실을 알고 있었을 경우에는 원고의 방어권과 신뢰를 침해할 우려가 없으므로 처분사유의 추가가 허용된다고 할 것입니다.

원고가 건축신고서를 제출한 직후인 2018. 6. 12. 유학고등학교 교직원들과 학부모들은 건축신고 수리에 반대하는 취지의 각 탄원서를 피고에게 제출하였습니다. 또한 피고가 2018. 6. 16. 개최한 면담에서 인근 미륵마을 주민들은 "미륵마을에는 이미 쓰레기매립장, 하수처리장 등이 위치하여 있고, 반려동물 장례식장은 환경적, 정서적으로도 좋지 않기 때문에 절대 불가하다."는 입장을 밝혔습니다. 따라서 이 사건 신고의 불수리 당시 인근 주민들의 민원이 이미 있었고, 원고도 그 사실을 잘 알고 있었습니다.

이에 피고는 건축신고 불수리 사유로 '민원 발생, 지역주민, 인근지 학교재단 등과의 사전 의견 수렴 및 합의 없음'이라는 처분사유를 추가하고자 합니다.

2018. 10. 17.

입 증 방 법

을 제8호증   혐오시설 건축신고 수리 반대 서명서 제출

피고 소송대리인 법무법인 훈구
담당변호사 신숙수 (인)

(생략) 귀중

자율과 창의가 살아 숨쉬는 학교

유 학 고 등 학 교

수신   순천시장(건축과장)
(경유)
제목   혐오시설 건축신고 수리 반대 서명서 제출

---

      1. 시청의 무궁한 발전을 기원합니다.

      2. 시청에 접수된 연향동 293-2에 건축신고한 동물 전용 장례식장에 대한 건축신고 수리를 불허하여 주시기 바랍니다.

      3. 이에 대한 우리학교의 강력한 의지의 표현으로 교직원과 학부모들의 반대 탄원서를 제출합니다.

붙임   혐오시설 허가 반대 탄원서 150부(생략), 끝.

2018. 6. 12.

유학고등학교장

주무관   정도존   행정실장 이강원   교장   이승계

시행 유학고등학교-3528   (2018. 6. 12.)   접수   (2018. 6. 12.)
(이하 생략)

기록이면표지

참고자료 1 - 관련 법령(발췌)

■ 건축법

제11조(건축허가)

① 건축물을 건축하거나 대수선하려는 자는 특별자치시장·특별자치도지사 또는 시장·군수·구청장의 허가를 받아야 한다. 다만, 21층 이상의 건축물 등 대통령령으로 정하는 용도 및 규모의 건축물을 특별시나 광역시에 건축하려면 특별시장이나 광역시장의 허가를 받아야 한다.

⑤ 제1항에 따른 건축허가를 받으면 다음 각 호의 허가 등을 받거나 신고를 한 것으로 보며, 공장건축물의 경우에는 「산업집적활성화 및 공장설립에 관한 법률」 제13조의2와 제14조에 따라 관련 법률의 인·허가등이나 허가등을 받은 것으로 본다.

   3. 「국토의 계획 및 이용에 관한 법률」 제56조에 따른 개발행위허가

   5. 「산지관리법」 제14조와 제15조에 따른 산지전용허가와 산지전용신고, 같은 법 제15조의2에 따른 산지일시사용허가·신고. 다만, 보전산지인 경우에는 도시지역만 해당된다.

   12. 「하수도법」 제34조 제2항에 따른 개인하수처리시설의 설치신고

   16. 「대기환경보전법」 제23조에 따른 대기오염물질 배출시설설치의 허가나 신고

제14조(건축신고)

① 제11조에 해당하는 허가 대상 건축물이라 하더라도 다음 각 호의 어느 하나에 해당하는 경우에는 미리 특별자치시장·특별자치도지사 또는 시장·군수·구청장에게 국토교통부령으로 정하는 바에 따라 신고를 하면 건축허가를 받은 것으로 본다.

   1. 바닥면적의 합계가 85제곱미터 이내의 증축·개축 또는 재축. 다만, 3층 이상 건축물인 경우에는 증축·개축 또는 재축하려는 부분의 바닥면적의 합계가 건축물 연면적의 10분의 1 이내인 경우로 한정한다.

   2. 「국토의 계획 및 이용에 관한 법률」에 따른 관리지역, 농림지역 또는 자연환경보전지역에서 연면적이 200제곱미터 미만이고 3층 미만인 건축물의 건축. 다만, 다음 각 목의 어느 하나에 해당하는 구역에서의 건축은 제외한다.

      가. 지구단위계획구역

      나. 방재지구 등 재해취약지역으로서 대통령령으로 정하는 구역

② 제1항에 따른 건축신고에 관하여는 제11조 제5항을 준용한다.

제79조(위반 건축물 등에 대한 조치 등)

① 허가권자는 대지나 건축물이 이 법 또는 이 법에 따른 명령이나 처분에 위반되면

이 법에 따른 허가 또는 승인을 취소하거나 그 건축물의 건축주·공사시공자·현장관리인·소유자·관리자 또는 점유자(이하 "건축주등"이라 한다)에게 공사의 중지를 명하거나 상당한 기간을 정하여 그 건축물의 철거·개축·증축·수선·용도변경·사용금지·사용제한, 그 밖에 필요한 조치를 명할 수 있다.

제80조(이행강제금)
① 허가권자는 제79조 제1항에 따라 시정명령을 받은 후 시정기간 내에 시정명령을 이행하지 아니한 건축주등에 대하여는 그 시정명령의 이행에 필요한 상당한 이행기한을 정하여 그 기한까지 시정명령을 이행하지 아니하면 다음 각 호의 이행강제금을 부과한다.
  1. 건축물이 제55조와 제56조에 따른 건폐율이나 용적률을 초과하여 건축된 경우 또는 허가를 받지 아니하거나 신고를 하지 아니하고 건축된 경우에는 「지방세법」에 따라 해당 건축물에 적용되는 1제곱미터의 시가표준액의 100분의 50에 해당하는 금액에 위반면적을 곱한 금액 이하의 범위에서 위반 내용에 따라 대통령령으로 정하는 비율을 곱한 금액

제111조(벌칙)
다음 각 호의 어느 하나에 해당하는 자는 5천만원 이하의 벌금에 처한다.
1. 제14조, 제16조(변경신고 사항만 해당한다), 제20조 제3항, 제21조 제1항, 제22조 제1항 또는 제83조 제1항에 따른 신고 또는 신청을 하지 아니하거나 거짓으로 신고하거나 신청한 자

■ 국토의 계획 및 이용에 관한 법률

제36조(용도지역의 지정)
① 국토교통부장관, 시·도지사 또는 대도시 시장은 다음 각 호의 어느 하나에 해당하는 용도지역의 지정 또는 변경을 도시·군관리계획으로 결정한다.
  2. 관리지역: 다음 각 목의 어느 하나로 구분하여 지정한다.
    가. 보전관리지역: 자연환경 보호, 산림 보호, 수질오염 방지, 녹지공간 확보 및 생태계 보전 등을 위하여 보전이 필요하나, 주변 용도지역과의 관계 등을 고려할 때 자연환경보전지역으로 지정하여 관리하기가 곤란한 지역

제56조(개발행위의 허가)
① 다음 각 호의 어느 하나에 해당하는 행위로서 대통령령으로 정하는 행위(이하 "개발행위"라 한다)를 하려는 자는 특별시장·광역시장·특별자치시장·특별자치도지사·시장 또는 군수의 허가(이하 "개발행위허가"라 한다)를 받아야 한다. 다만, 도시·군계획사업에 의한 행위는 그러하지 아니하다.

1. 건축물의 건축 또는 공작물의 설치
2. 토지의 형질 변경(경작을 위한 경우로서 대통령령으로 정하는 토지의 형질 변경은 제외한다)
3. 토석의 채취
4. 토지 분할(건축물이 있는 대지의 분할은 제외한다)
5. 녹지지역·관리지역 또는 자연환경보전지역에 물건을 1개월 이상 쌓아놓는 행위

■ 산지관리법
제14조(산지전용허가)
① 산지전용을 하려는 자는 그 용도를 정하여 대통령령으로 정하는 산지의 종류 및 면적 등의 구분에 따라 산림청장 등의 허가를 받아야 하며, 허가받은 사항을 변경하려는 경우에도 같다. 다만, 농림축산식품부령으로 정하는 사항으로서 경미한 사항을 변경하려는 경우에는 산림청장 등에게 신고로 갈음할 수 있다.

■ 하수도법
제34조(개인하수처리시설의 설치)
① 오수를 배출하는 건물·시설 등(이하 "건물등"이라 한다)을 설치하는 자는 단독 또는 공동으로 개인하수처리시설을 설치하여야 한다.
② 제1항에 따라 개인하수처리시설을 설치하거나 그 시설의 규모·처리방법 등 대통령령으로 정하는 중요한 사항을 변경하려는 자는 환경부령으로 정하는 바에 따라 미리 특별자치시장·특별자치도지사·시장·군수·구청장에게 신고하여야 한다.

■ 교육환경 보호에 관한 법률
제8조(교육환경보호구역의 설정 등)
① 교육감은 학교경계 또는 학교설립예정지 경계(이하 "학교경계등"이라 한다)로부터 직선거리 200미터의 범위 안의 지역을 다음 각 호의 구분에 따라 교육환경보호구역으로 설정·고시하여야 한다.
1. 절대보호구역: 학교출입문으로부터 직선거리로 50미터까지인 지역(학교설립예정지의 경우 학교경계로부터 직선거리 50미터까지인 지역)
2. 상대보호구역: 학교경계등으로부터 직선거리로 200미터까지인 지역 중 절대보호구역을 제외한 지역

제9조(교육환경보호구역에서의 금지행위 등)
누구든지 학생의 보건·위생, 안전, 학습과 교육환경 보호를 위하여 교육환경보호구역에서는 다음 각 호의 어느 하나에 해당하는 행위 및 시설을 하여서는 아니된다.
1. 「대기환경보전법」 제16조제1항에 따른 배출허용기준을 초과하여 대기오염물질을 배출하는 시설
2. 「물환경보전법」 제32조제1항에 따른 배출허용기준을 초과하여 수질오염물질을 배출하는 시설과 제48조에 따른 폐수종말처리시설
3. 「가축분뇨의 관리 및 이용에 관한 법률」 제11조에 따른 배출시설, 제12조에 따른 처리시설 및 제24조에 따른 공공처리시설
4. 「하수도법」 제2조제11호에 따른 분뇨처리시설
5. 「악취방지법」 제7조에 따른 배출허용기준을 초과하여 악취를 배출하는 시설
6. 「소음·진동관리법」 제7조 및 제21조에 따른 배출허용기준을 초과하여 소음·진동을 배출하는 시설
7. 「가축전염병 예방법」 제11조제1항·제20조제1항에 따른 가축 사체, 제23조제1항에 따른 오염물건 및 제33조제1항에 따른 수입금지 물건의 소각·매몰지
8. 「장사 등에 관한 법률」 제2조 제8호에 따른 화장시설 및 제9호에 따른 봉안시설
9. 「동물보호법」 제2조 제6호에 따른 동물화장시설 중 규모, 용도 및 학습과 학교보건위생에 대한 영향 등을 고려하여 대통령령으로 정하는 시설

■ 교육환경 보호에 관한 법률 시행령
제22조(보호구역에서의 금지행위 등)
① 법 제9조 제9호에서 "대통령령으로 정하는 시설"이란 다음 각 호의 어느 하나에 해당하는 시설을 말한다.
  1. 연면적 200㎡ 이상의 동물화장시설
  2. 동물보호법 제33조에 따른 동물장묘업 등록을 받지 아니한 자가 설치하는 동물화장시설

■ 동물보호법
제2조(정의)
이 법에서 사용하는 용어의 뜻은 다음과 같다.
1. "동물"이란 고통을 느낄 수 있는 신경체계가 발달한 척추동물로서 다음 각 목의 어느 하나에 해당하는 동물을 말한다.
  가. 포유류

나. 조류
다. 파충류・양서류・어류 중 농림축산식품부장관이 관계 중앙행정기관의 장과의 협의를 거쳐 대통령령으로 정하는 동물
6. "동물화장시설"이란 동물의 사체를 화장하기 위한 화장로 시설을 말한다.

제32조(영업의 종류 및 시설기준 등)

① 농림축산식품부령으로 정하는 개・고양이・토끼 등 가정에서 반려(伴侶)의 목적으로 기르는 동물과 관련된 다음 각 호의 영업을 하려는 자는 농림축산식품부령으로 정하는 기준에 맞는 시설과 인력을 갖추어야 한다.
  1. 동물장묘업(動物葬墓業)
  2. 동물판매업
  3. 동물수입업

제33조(영업의 등록)

① 제32조 제1항 각 호의 규정에 따른 영업을 하려는 자는 농림축산식품부령으로 정하는 바에 따라 시장・군수・구청장에게 등록하여야 한다.

■ 동물보호법 시행규칙

제35조(영업의 범위 및 시설기준)

① 법 제32조 제1항에서 "농림축산식품부령으로 정하는 개・고양이・토끼 등 동물"이란 가정에서 반려(伴侶)의 목적으로 사육하는 개・고양이・토끼・페럿・기니피그・햄스터를 말한다.

② 법 제32조 제1항에 따른 동물 관련 영업별 시설 및 인력 기준은 별표 9와 같다.

제37조(동물장묘업 등의 등록)

① 법 제33조 제1항에 따라 동물장묘업, 동물판매업, 동물수입업, 동물전시업, 동물위탁관리업, 동물미용업 또는 동물운송업의 등록을 하려는 자는 별지 제15호 서식(생략)의 영업 등록 신청서(전자문서로 된 신청서를 포함한다)에 다음 각 호의 서류(전자문서를 포함한다)를 첨부하여 관할 시장・군수・구청장에게 제출하여야 한다.
  1. 인력 현황
  2. 영업장의 시설 내역 및 배치도
  3. 사업계획서
  4. 별표 9의 시설기준을 갖추었음을 증명하는 서류가 있는 경우에는 그 서류
  5. 동물사체에 대한 처리 후 잔재에 대한 처리계획서(동물화장시설 또는 동물건조장시설을 설치하는 경우에만 해당한다)

6. 폐업 시 동물의 처리계획서(동물전시업의 경우에만 해당한다)

[별표 9]
동물 관련 영업별 시설 및 인력 기준(제35조 제2항 관련)

2. 동물장묘업의 시설기준

다. 동물화장시설의 화장로는 다음의 조건을 갖추어야 한다.
  1) 화장로의 작업내용을 확인할 수 있는 폐쇄회로 녹화장치를 설치하여야 한다.
  (중략)
  4) 동물화장시설은 「대기환경보전법」 제16조에 따른 배출허용기준 등 환경 관계법령에 따른 기준에 적합하여야 한다.

■ 대기환경보전법
제2조(정의)
이 법에서 사용하는 용어의 뜻은 다음과 같다.
11. "대기오염물질배출시설"이란 대기오염물질을 대기에 배출하는 시설물, 기계, 기구, 그 밖의 물체로서 환경부령으로 정하는 것을 말한다.

제16조(배출허용기준)
① 대기오염물질배출시설(이하 "배출시설"이라 한다)에서 나오는 대기오염물질(이하 "오염물질"이라 한다)의 배출허용기준은 환경부령으로 정한다.

제23조(배출시설의 설치 허가 및 신고)
① 배출시설을 설치하려는 자는 대통령령으로 정하는 바에 따라 시·도지사의 허가를 받거나 시·도지사에게 신고하여야 한다.
⑤ 제1항에 따른 허가의 기준은 다음 각 호와 같다.
  1. 배출시설에서 배출되는 오염물질을 제16조에 따른 배출허용기준 이하로 처리할 수 있을 것
  2. 다른 법률에 따른 배출시설 설치제한에 관한 규정을 위반하지 아니할 것

■ 대기환경보전법 시행규칙
제5조(대기오염물질배출시설)
법 제2조 제11호에 따른 대기오염물질배출시설(이하 "배출시설"이라 한다)은 별표 3과 같다.

[별표 3] 대기오염물질 배출시설(제5조 관련)
2. 2015년 1월 1일부터 적용되는 대기오염배출시설
나. 배출시설의 분류

배출시설	대상 배출시설
24) 화장로시설	「장사 등에 관한 법률」에 따른 화장시설

제15조(배출허용기준) 법 제16조 제1항에 따른 대기오염물질의 배출허용기준은 별표 8과 같다.

[별표 8]

대기오염물질의 배출허용기준

2. 2015년 1월 1일부터 적용되는 배출허용기준
　가. 가스형태의 물질
　　1) 일반적인 배출허용기준

대기오염 물질	배출시설	배출허용기준 (ppm)
일산화탄소 (ppm)	1) 폐수·폐기물·폐가스 소각처리시설(소각보일러를 포함한다, 이하 같다) 　나) 소각용량 시간당 2톤 미만인 시설	200 이하
	4) 화장로시설 　나) 2010년 1월 1일 이후에 설치한 시설	80 이하
염화수소 (ppm)	4) 폐수·폐기물·폐가스 소각처리시설 　나) 소각용량 시간당 2톤 미만인 시설	20 이하
	9) 화장로시설	20 이하
황산화물 (ppm)	10) 폐수·폐기물·폐가스 소각처리시설 　나) 소각용량 시간당 200킬로그램 미만인 시설	50 이하
	14) 화장로시설 　나) 2010년 1월 1일 이후에 설치한 시설	30 이하
질소산화물 (ppm)	3) 폐수·폐기물·폐가스 소각처리시설 　나) 소각용량 시간당 2톤 미만인 시설	90 이하
	11) 화장로시설 　나) 2010년 1월 1일 이후에 설치한 시설	70 이하

■ 장사 등에 관한 법률
제2조(정의)

이 법에서 사용하는 용어의 뜻은 다음과 같다.
8. "화장시설"이란 시신이나 유골을 화장하기 위한 화장로 시설(대통령령으로 정하는 부대시설을 포함한다)을 말한다.
9. "봉안시설"이란 유골을 안치(매장은 제외한다)하는 다음 각 목의 시설을 말한다.
  가. 분묘의 형태로 된 봉안묘
  나. 「건축법」 제2조제1항제2호의 건축물인 봉안당
  다. 탑의 형태로 된 봉안탑
  라. 벽과 담의 형태로 된 봉안담

■ 폐기물관리법
제2조(정의)
이 법에서 사용하는 용어의 뜻은 다음과 같다.
1. "폐기물"이란 쓰레기, 연소재, 오니, 폐유, 폐산, 폐알칼리 및 동물의 사체 등으로서 사람의 생활이나 사업활동에 필요하지 아니하게 된 물질을 말한다.

■ 법원조직법 부칙<제4765호, 1994. 7. 27.>
제2조(행정사건에 관한 경과조치) 1998년 3월 1일 당시 행정법원이 설치되지 않은 지역에 있어서의 행정법원의 권한에 속하는 사건은 행정법원이 설치될 때까지 해당 지방법원 본원 및 춘천지방법원 강릉지원이 관할한다. 끝.

■ 주민등록법 [법률 제8422호, 2007.5.11., 전부개정]

제1조 (목적) 이 법은 시(특별시·광역시는 제외한다. 이하 같다)·군 또는 구(자치구를 말한다. 이하 같다)의 주민을 등록하게 함으로써 주민의 거주관계 등 인구의 동태(動態)를 항상 명확하게 파악하여 주민생활의 편익을 증진시키고 행정사무를 적정하게 처리하도록 하는 것을 목적으로 한다.

제7조 (주민등록표 등의 작성) ①시장·군수 또는 구청장은 주민등록사항을 기록하기 위하여 전산정보처리조직(이하 "전산조직"이라 한다)으로 개인별 및 세대별 주민등록표(이하 "주민등록표"라 한다)와 세대별 주민등록표 색인부를 작성하고 기록·관리·보존하여야 한다.

② 개인별 주민등록표는 개인에 관한 기록을 종합적으로 기록·관리하며 세대별(世帶別) 주민등록표는 그 세대에 관한 기록을 통합하여 기록·관리한다.

③ 시장·군수 또는 구청장은 주민에게 개인별로 고유한 등록번호(이하 "주민등록번호"라 한다)를 부여하여야 한다.

④ 주민등록표와 세대별 주민등록표 색인부의 서식 및 기록·관리·보존방법 등에 필요한 사항과 주민등록번호를 부여하는 방법은 대통령령으로 정한다.

제14조 (호적신고 등에 따른 주민등록표의 정리) ①이 법에 따른 신고사항과 「호적법」에 따른 신고사항이 같으면 「호적법」에 따른 신고로써 이 법에 따른 신고를 갈음한다.

②주민등록지의 시장·군수 또는 구청장은 제1항에 따라 이 법에 따른 신고에 갈음되는 「호적법」에 따른 신고를 받으면 주민등록표에 등재하거나 등록사항을 정정 또는 말소하여야 한다.

③신고대상자의 본적지와 주민등록지가 다를 경우에 본적지의 시장·구청장 또는 읍·면장이 「호적법」에 따른 신고를 받아 호적부의 기재사항을 변경하면 지체 없이 그 신고사항을 주민등록지의 시장·군수 또는 구청장에게 통보하여야 하며, 그 통보를 받은 주민등록지의 시장·군수 또는 구청장은 이에 따라 관계 사항을 주민등록표에 등재하거나 등록사항을 정정 또는 말소하여야 한다.

④제1항에 따라 「호적법」에 따른 신고로써 이 법에 따른 신고에 갈음되는 신고사항은 대통령령으로 정한다.

■ 주민등록법 시행령 [대통령령 제20615호, 2008.2.22., 전부개정]

제7조 (주민등록번호) ① 시장·군수 또는 구청장은 법 제7조 제3항에 따라 주민등록번호를 부여하려면 반드시 등록기준지를 확인하여야 한다.

② 시장·군수 또는 구청장이 법 제7조 제3항에 따라 주민등록번호를 부여할 때

에는 별지 제6호서식에 따른 주민등록번호 부여대장에 이를 기록하여야 한다.
③ 법 제7조 제3항에 따른 주민등록번호의 부여는 전산조직을 이용하여 처리할 수 있다.
④ 주민등록번호의 부여에 필요한 사항은 행정자치부장관이 정한다.

제8조 (주민등록번호의 정정) ① 주민등록이 되어 있는 거주지의 시장·군수 또는 구청장(이하 "주민등록지의 시장·군수 또는 구청장"이라 한다)은 다음 각 호의 어느 하나에 해당하는 사유가 발생하면 주민등록번호를 부여한 시장·군수 또는 구청장(이하 "번호부여지의 시장·군수 또는 구청장"이라 한다)에게 별지 제7호서식에 따라 주민등록번호의 정정을 요구하여야 한다.
　　1. 법 제14조에 따라 주민등록사항을 정정한 결과 주민등록번호를 정정하여야 하는 경우
　　2. 주민으로부터 주민등록번호 오류의 정정신청을 받은 경우
　　3. 주민등록번호에 오류가 있음을 발견한 경우
② 번호부여지의 시장·군수 또는 구청장은 제1항에 따른 주민등록번호 정정의 요구를 받으면 지체 없이 이를 정정하여야 하고, 그 정정사항을 주민등록지의 시장·군수 또는 구청장에게 별지 제8호서식에 따라 알려야 한다. 다만, 주민등록번호에 오류가 있음을 발견하지 못하였거나 주민등록번호 부여사실을 확인하지 못하면 그 반송사유를 주민등록지의 시장·군수 또는 구청장에게 별지 제8호서식에 따라 알려야 한다.
③ 제2항 본문에 따른 통보를 받은 주민등록지의 시장·군수 또는 구청장은 정정통보서에 따라 개인별 및 세대별 주민등록표(이하 "주민등록표"라 한다)를 정정하여야 하며, 제2항 단서에 따라 반송통보서를 받으면 주민등록번호를 직접 새로 부여하여 주민등록표를 정정할 수 있다.
④ 주민등록지의 시장·군수 또는 구청장은 제3항에 따라 주민등록번호가 정정된 사람이 주민등록증을 이미 발급받은 사람이면 종전의 주민등록증을 회수한 후 주민등록증을 재발급하여야 한다.

■ 주민등록법 시행규칙(2008. 2. 22. 행정자치부령 제425호로 전부개정된 것)
제2조 (주민등록번호의 작성) 「주민등록법」(이하 "법"이라 한다) 제7조 제3항에 따른 주민등록번호는 생년월일·성별·지역 등을 표시할 수 있는 13자리의 숫자로 작성한다.

참고자료 2 - 달력

【2018년 달력】

```
         1월                          2월                           3월
일 월 화 수 목 금 토          일 월 화 수 목 금 토         일 월 화 수 목 금 토
   1  2  3  4  5  6                         1  2  3                       1  2  3
 7  8  9 10 11 12 13           4  5  6  7  8  9 10         4  5  6  7  8  9 10
14 15 16 17 18 19 20          11 12 13 14 15 16 17        11 12 13 14 15 16 17
21 22 23 24 25 26 27          18 19 20 21 22 23 24        18 19 20 21 22 23 24
28 29 30 31                   25 26 27 28                 25 26 27 28 29 30 31

         4월                          5월                           6월
일 월 화 수 목 금 토          일 월 화 수 목 금 토         일 월 화 수 목 금 토
 1  2  3  4  5  6  7                  1  2  3  4  5                          1  2
 8  9 10 11 12 13 14           6  7  8  9 10 11 12         3  4  5  6  7  8  9
15 16 17 18 19 20 21          13 14 15 16 17 18 19        10 11 12 13 14 15 16
22 23 24 25 26 27 28          20 21 22 23 24 25 26        17 18 19 20 21 22 23
29 30                         27 28 29 30 31              24 25 26 27 28 29 30

         7월                          8월                           9월
일 월 화 수 목 금 토          일 월 화 수 목 금 토         일 월 화 수 목 금 토
 1  2  3  4  5  6  7                         1  2  3  4                          1
 8  9 10 11 12 13 14           5  6  7  8  9 10 11         2  3  4  5  6  7  8
15 16 17 18 19 20 21          12 13 14 15 16 17 18         9 10 11 12 13 14 15
22 23 24 25 26 27 28          19 20 21 22 23 24 25        16 17 18 19 20 21 22
29 30 31                      26 27 28 29 30 31           23 24 25 26 27 28 29
                                                          30
```

] 표시된 날은 평일 중 공휴일임.

확 인 : 법학전문대학원협의회

2018년도 제3차 법전협 모의시험 문제

2018년도 제3차 변호사시험 모의시험 – 논술형(기록형)

시험과목	공 법(기록형)

응시자 준수사항

1. 시험 시작 전 문제지의 봉인을 손상하는 경우, 봉인을 손상하지 않더라도 문제지를 들추는 행위 등으로 문제 내용을 미리 보는 경우 모두 부정행위로 간주되어 그 답안은 영점 처리 됩니다.

2. 답안은 흑색 또는 청색 필기구(사인펜이나 연필 사용 금지) 중 한 가지 필기구만을 사용하여 답안 작성 난(흰색 부분) 안에 기재하여야 합니다.

3. 답안지에 성명과 수험 번호를 기재하지 않아 인적 사항이 확인되지 않는 경우에는 영점 처리 등 불이익을 받게 됩니다. 특히 답안지를 바꾸어 다시 작성하는 경우, 성명 등의 기재를 빠뜨리지 않도록 유의하여야 합니다.

4. 답안지에는 문제 내용을 기재할 필요가 없으며, 답안 내용 이외의 사항을 기재하거나 밑줄 기타 어떠한 표시도 하여서는 안 됩니다. 답안을 정정할 경우에는 두 줄로 긋고 다시 기재하여야 하며, 수정액 등은 사용할 수 없습니다.

5. 시험 종료 시각에 임박하여 답안지를 교체 요구한 경우라도 시험시간 종료 후 즉시 새로 작성한 답안지를 회수합니다.

6. 시험 종료 후에는 답안지 작성을 일절 할 수 없으며, 이에 위반하여 시험시간이 종료되었음에도 불구하고 **시험관리관의 답안지 제출 지시에 불응한 채 계속 답안을 작성하거나 답안지를 늦게 제출할 경우 그 답안은 영점 처리** 됩니다.

7. 답안은 답안지 쪽수 번호 순으로 기재하여야 하고, **배부받은 답안지는 백지 답안이라도 모두 제출**하여야 하며, **답안지를 제출하지 아니한 경우 그 시험시간 및 나머지 시험시간의 시험에 응시할 수 없습니다.**

8. 지정된 시간까지 지정된 시험실에 입실하지 아니하거나 시험관리관의 승인을 얻지 아니하고 시험시간 중에 그 시험실에서 퇴실한 경우 그 시험시간 및 나머지 시험시간의 시험에 응시할 수 없습니다.

9. 시험시간이 종료되기 전에는 어떠한 경우에도 문제지를 시험장 밖으로 가지고 갈 수 없고, 시험 종료 후 가지고 갈 수 있습니다.

법학전문대학원협의회
KOREAN ASSOCIATION OF LAW SCHOOLS

목 차

I. **문제** ··· 2

II. **작성요령 및 주의사항** ·· 3

III. **양식** ··· 4

IV. **기록내용** ··· 7

    법률상담일지 I ·· 8
    내부회의록 ·· 9
    관보 ·· 11
    법률상담일지 II ·· 12
    내부회의록 ·· 13
    공소장 ··· 15
    판결문 ··· 17
    관보 ·· 19
    법률상담일지 III ·· 20
    내부회의록 ·· 22
    ㈜KSL이동통신사 공시지원금 안내 ·· 24
    과징금감면신청서 ·· 25
    심의 · 의결서 ·· 26
    수령확인서 ·· 28
    행정심판재결서 ··· 29
    송달보고서 ·· 31
    심의 · 의결서 ·· 32
    수령확인서 ·· 33

V. **참고 자료**
    1. 관련법령(발췌) ··· 35
    2. 달력 ·· 49

【문 제】

법무법인 법전의 담당변호사 최승소의 입장에서 아래의 문서를 작성하시오.

1. 의뢰인 김갑수를 위하여 법령의 위헌심판을 구하는 헌법소원심판청구서 중 첨부된 양식의 상자(☐) 부분을 작성하시오. 다만, 적법요건에 관한 주장은 자기관련성, 직접성 요건만 기재할 것. (40점)

2. 의뢰인 정세무를 위하여 법무법인 법전의 내부 검토보고서 중 첨부된 양식의 상자(☐) 부분을 작성하시오. (10점)

3. 의뢰인 ㈜KSL이동통신사를 위하여 취소소송의 소장을 첨부된 양식에 따라 아래 사항을 준수하여 작성하시오. (50점)
   가. 첨부된 소장 양식의 ①부터 ⑥까지의 부분에 들어갈 내용만 기재할 것
   나. 소장 양식의 '3. 처분의 위법성' 부분(⑤에 해당)에서는 기존 판례 및 학설의 입장에 비추어 설득력 있는 주장을 중심으로 작성하되, **근거법령의 위헌·위법성에 관하여는 기재하지 말 것**
   다. 소장의 작성일(⑥에 해당, 제출일과 동일함)은 다툴 수 있는 처분 **모두에 대하여 허용되는 제소기간 내 최종일**을 기재할 것

【작성요령 및 주의사항】

1. 첨부된 양식의 상자(☐)에 들어갈 내용만 작성할 것.

2. 기록에 첨부된 각종 서류는 적법하게 작성된 것으로 간주하고, 서류 등에 필요한 서명과 날인, 또는 무인과 간인 등은 모두 갖추어진 것으로 볼 것.

3. 법률상담일지의 사실관계 및 기록에 첨부된 자료들을 기초로 하고, 그것이 사실임을 전제로 할 것.

4. 첨부된 관련 법령과 다른 내용의 현행 법령은 고려하지 말 것.

5. '이동통신단말장치 유통구조 개선에 관한 법률'은 '단말기유통법'으로 약칭할 수 있음.

6. 기록 중 일부 생략된 것이 있을 수 있고, 오기나 탈자가 있을 수 있음.

7. 기록 중 "(생략)"으로 표시된 부분은 모두 적법하게 기재된 것으로 볼 것.

8. 헌법소원심판청구서, 소장의 작성은 경어(敬語)로 할 것.

【헌법소원심판청구서 양식】

헌법소원심판청구서

청 구 인 김갑수

청 구 취 지

①

침 해 된 권 리

침 해 의 원 인

청 구 이 유

1. 사건개요

2. 적법요건에 관한 주장

②

3. 심판대상의 위헌성

③

4. 결론(생략)

첨 부 서 류
1. 소송위임장
1. 담당변호사지정서

제출일(생략)

청구인 대리인 (생략)

헌법재판소 귀중

【검토보고서 양식】

검토보고서

To: 김변론 변호사(형사팀장)

From: 최승소 변호사

Date: 2018. . .

matter: 정세무(KSL이동통신)

Re: 노역장유치기간의 하한을 설정한 개정 형법조항을 법 시행 후 처음 공소가 제기되는 사건부터 적용하는 부칙조항의 위헌성 검토

검토대상: 노역장유치기간의 하한설정으로 인한 유치기간 연장과 형벌불소급 원칙의 적용 여부

【소장 양식】

소 장

원　　고　　케이에스엘(KSL) 이동통신 주식회사
　　　　　　소송대리인 법무법인 법전
　　　　　　(생략)

피　　고　　[①]

[②]

청 구 취 지

[③]

청 구 이 유

1. 처분의 경위 등(생략)
2. 소의 적법성

[④]

3. 처분의 위법성

[⑤]

4. 결론(생략)

입 증 방 법(생략)

첨 부 서 류(생략)

[⑥ 　　20 . . .]

원고 소송대리인 (생략)

서울행정법원 귀중

기록내용 시작

수임번호 2018-101	**법률상담일지 I**		2018. 8. 23.
의뢰인	김갑수	의뢰인 전화	02)333-4444
의뢰인 주소	서울 종로구 평창로 25	의뢰인 팩스	

상 담 내 용

1. 의뢰인은 사용하던 휴대폰을 분실하여 이동통신사업자인 ㈜KSL이동통신사(이하, 'KSL이동통신'이라 함)의 대리점인 '팡팡통신'에서 새 휴대폰 구입과 함께 이동통신서비스 이용계약을 체결하려고 하였다.

2. 의뢰인은 회사 업무상 전화사용이 잦은 관계로 최고요금제인 '월 10만 원 요금제'를 선택하려고 하니 휴대폰 가격지원을 최대한 많이 해 달라고 하였으나, 위 대리점 직원은 최근 '이동통신단말장치 유통구조 개선에 관한 법률'이 제정·시행되어 정부가 고시하는 상한금액을 넘어 지원금을 주는 것이 금지된다고 하면서 출시된 지 15개월이 지난 구형모델을 선택하지 않는 한 고시된 상한금액인 30만원까지만 지원을 해 줄 수 있다고 하였다.

3. 의뢰인은 과거 '월 10만 원 요금제'를 사용하면서 KSL이동통신으로부터 휴대폰 가격할인을 비롯하여 이용요금 할인, 무료숙박권 등 각종 혜택을 받아 왔는데, 일률적으로 정부가 고시하는 지원금 외에 어떠한 추가적인 혜택도 받지 못하게 되어 자신과 같이 월 사용량이 많은 소비자들에게 불리하게 되었다고 생각한다.

4. 이에 의뢰인은 이동통신사나 그 대리점으로 하여금 정부가 정하는 상한을 초과하는 각종 명목의 지원금 지급을 금지하는 단말기유통법상의 '지원금 상한제'를 다투려고 한다.

법무법인 법전(담당변호사 최승소)
전화 02-5555-1588, 팩스 02-5555-1587, 이메일 sschoi@bub.com
서울 서초구 서초로 20 법전빌딩 10층

법무법인 법전 내부회의록

일 시: 2018. 8. 27. 14:00 ~ 15:00
장 소: 법무법인 법전 회의실
참석자: 홍유능 변호사(공법팀장), 최승소 변호사

홍 변호사: 단말기유통법상 지원금 상한제에 관해 논의해 보시지요. 먼저 의뢰인의 주장은 무엇인가요.

최 변호사: 예. 의뢰인은 그 동안 이동통신서비스 이용계약을 체결할 때 휴대폰 구입에 대한 지원금, 전화 또는 정보 사용량이나 요금제에 따른 요금할인, 그 밖에 이동통신사가 이용계약 체결 시 또는 부정기적으로 이용자들에게 제공하는 여러 혜택들을 받아 왔다고 합니다. 그런데 2017. 12. 14. 단말기유통법이 제정되어 방송통신위원회가 결정·고시하는 상한액을 초과하여 지원금을 지급하는 것이 금지됨으로써 종전보다 비싼 가격으로 단말기를 구매할 수밖에 없다고 합니다.

홍 변호사: 이동통신사가 단말기 가격의 할인이나 가입비 보조 등을 하는 것은, 원래 이동통신사가 초기에 막대한 돈을 투자하여 깔아놓은 통신망을 통해 통신서비스를 제공하고 그 이용요금으로 투자금의 회수와 함께 수익을 창출하는 구조이다 보니, 가입자 수를 최대한 늘리기 위함이 아닌가요.

최 변호사: 팀장님 말씀이 맞습니다. 그런데 이동통신사 간의 경쟁이 치열해져 단말기 지원금을 경쟁적으로 과다하게 지급한 결과, 그 부담이 결국 일반 소비자에게 전가되는 부작용이 있어서 이번에 단말기유통법을 제정하여 지원금 상한제를 도입하게 된 것입니다. 지원금은 대부분 이동통신서비스 이용계약의 체결과 연계하여 이루어지고 그 지급경로도 매우 불투명하고 복잡한 까닭에, 이용자들의 정보접근능력이나 단말기의 구입 시기 또는 장소에 따라 지원금이 차별적으로 지원되어 이용자들 간의 형평성 문제가 발생하기도 했습니다. 통신사들 간의 경쟁을 통해 서비스의 질이 높아지고 이용요금이 낮아지면 소비자들에게 이익이 되겠지만, 지원금을 늘이는 것으로 경쟁을 하다 보면 당연히 그 부담

- 9 -

을 소비자에게 전가하는 등의 문제가 발생할 것이니 건전한 경쟁구조의 형성과 이로 인한 소비자들의 피해를 방지하기 위해 제정한 법률이 단말기유통법이고, 그 핵심적인 내용이 바로 지원금 상한제로 보입니다.

홍 변호사: 설명을 들으니 이해가 되는군요. 결국 지원금 상한제로 인해 이용자들은 어떤 사업자와 계약을 체결하든 동일한 조건으로 계약을 할 수밖에 없고, 그만큼 혜택도 축소되어 과거보다는 불리한 상황이 되겠군요. 어쨌든 의뢰인의 요구에 따라 지원금 상한제의 근거인 단말기유통법 조항을 다투어야 할 텐데, 주로 무엇이 쟁점이 되겠는지요.

최 변호사: 우선, 지원금 상한제는 이동통신사업자나 그 대리점을 대상으로 지원금을 규제하고 있을 뿐이고, 이용자를 직접적 규제대상으로 하고 있지는 않습니다. 여기서 단지 이용자에 불과한 의뢰인이 지원금 상한제를 다툴 지위에 있는지가 문제됩니다. 그리고 정작 지원금 상한액에 관한 구체적 기준 및 한도는 방송통신위원회가 정하도록 되어 있음에도 위임의 근거인 법률조항을 다투는 것이 허용되는지도 논증할 필요가 있다고 생각합니다.

홍 변호사: 좋은 의견입니다. 본안에서는 무엇을 다툴 생각인가요.

최 변호사: 일단 단말기유통법의 내용 중 지원금의 기준과 한도를 방송통신위원회가 정하여 고시하도록 위임한 조항과 이동통신사업자 등이 이용자와 계약을 체결할 경우 일정한 한도를 초과하여 지원금을 주지 못하도록 하는 조항만 다툴 생각입니다.

홍 변호사: 이 사건과 관련하여, 시장구조가 과점이고 경쟁이 치열한 것은 자동차시장 등도 마찬가지일 텐데, 유독 단말기시장만 겨냥하여 경쟁을 제한하는 것이 정당한가 하는 등의 문제도 제기할 필요가 있지 않을까요.

최 변호사: 일리가 있는 지적입니다. 다만, 그 부분은 이동통신사업의 특수성이 반영된 결과로 볼 여지도 있기 때문에, 이번 청구서에서는 그와 같은 평등원칙 위반의 점은 다투지 않고 유보하려고 합니다.

홍 변호사: 알겠습니다. 그것에 대해서는 의견대로 처리하시고, 의뢰인뿐 아니라 일반국민들의 생활에 미치는 영향이나 관심이 큰 사건인 만큼 그 밖의 쟁점들에 대해서도 면밀히 검토해서 잘 대응해 주시기 바랍니다. 이상으로 회의를 마치겠습니다. 끝.

제18357호　　　　　관　　보　　　　2017. 12. 29.(화요일)

공　　고

● 방송통신위원회 공고 제2017-95호

이동통신단말장치 지원금 상한액

「이동통신단말장치 유통구조 개선에 관한 법률」제4조제1항 및 「이동통신단말장치 지원금 상한액에 관한 규정」제2조제2항에 따라 구체적인 지원금 상한액을 결정하여 다음과 같이 공고합니다.

2017년 12월 29일

방송통신위원회 위원장

「이동통신단말장치 지원금 상한액에 관한 규정」제2조에 따른 지원금 상한액은 30만원으로 한다.

수임번호 2018-102	법률상담일지 II		2018. 8. 29.
의뢰인	정세무	의뢰인 전화	02)777-8888
의뢰인 주소	서울 관악구 신림로 200	의뢰인 팩스	

상 담 내 용

1. 의뢰인은 ㈜KSL이동통신사의 경리담당 이사로 '2017. 7. 5. 및 2018. 1. 11.경 부가가치세 확정신고를 함에 있어 합계 200억 원 상당의 거짓으로 기재한 매입처별세금계산서합계표를 제출하였다'는 범죄사실로 2018. 5. 24. 공소가 제기되었다.

2. 이에 의뢰인은 우리 법무법인 형사팀에 위 형사사건 대리를 의뢰하였고, 현재 항소심 계속 중이다.

3. 위 형사사건의 1심 법원은 2018. 7. 16. 의뢰인의 범죄사실에 대하여 '징역 1년 6월(3년간 징역형의 집행유예) 및 벌금 20억 원에 처하고, 벌금을 납입하지 아니하는 경우 400만 원을 1일로 환산한 기간 노역장에 유치한다'는 내용의 판결을 선고하였고(서울서부지방법원 2018고합200), 의뢰인이 항소하여 현재 항소심에 계속중이다(서울고등법원 2018노400).

4. 의뢰인이 세금계산서합계표를 제출할 당시에는 형법에서 노역장유치기간의 장기만을 규정하고 있었을 뿐 따로 유치기간의 하한이 없었는데, 공소가 제기되기 전인 2018. 5. 18. 개정된 형법 제70조 제2항에서 5억 원 이상 50억 원 미만의 벌금형을 선고하는 경우 500일 이상의 노역장유치기간을 정하도록 하고, 그 부칙 제2조 제1항에서 위 개정조항을 시행일 이후 최초로 공소가 제기되는 사건부터 적용하도록 함으로써 의뢰인에 대한 노역장유치기간이 대폭 늘어나게 되었다.

5. 이에 형사팀에서 위 부칙조항의 위헌성을 검토해 달라고 요청하였다.

법무법인 법전(담당변호사 최승소)
전화 02-5555-1588, 팩스 02-5555-1587, 이메일 sschoi@bub.com
서울 서초구 서초로 20 법전빌딩 10층

법무법인 법전 내부회의록

일 시: 2018. 8. 31. 14:00 ~ 15:00
장 소: 법무법인 법전 회의실
참석자: 홍유능 변호사(공법팀장), 최승소 변호사

홍 변호사: 형사팀에서 의뢰한 내용이 무엇인가요.

최 변호사: 2018. 5. 18. 형법 제70조 제2항이 신설되기 전에는 법관이 벌금형을 선고할 때 형법 제69조 제2항에 따라 1일 이상 3년 이하의 기간 범위에서 노역장유치를 선고하면 되었습니다. 따라서 법관은 벌금의 액수와 범죄자의 책임 정도에 따라 재량으로 1일 환형금액을 정하여 노역장유치를 벌금형의 주문과 함께 선고하였습니다. 그런데 형법이 개정되어 제70조 제2항이 신설되면서 벌금이 1억 원 이상 5억 원 미만의 경우 300일, 5억 원 이상 50억 원 미만의 경우 500일, 50억 원 이상의 경우 1,000일 이상의 유치기간을 정하도록 벌금액에 따른 유치기간의 하한이 설정되었습니다.

홍 변호사: 그럼 그와 같이 유치기간의 하한을 정함으로써 개별사건의 판결에서 노역장유치기간이 종전보다 더 길어질 수 있어 신체의 자유를 과잉으로 제한한다는 점을 다투는 것인지요.

최 변호사: 그 문제도 다투어야 하겠지만, 형사팀에서 검토를 요청한 것은 신설된 제70조 제2항을 개정법 시행 후 최초로 공소가 제기되는 사건부터 적용하도록 한 것이 위헌인가 하는 점입니다. 고액의 벌금형을 선고하면서 미납시 그에 상응하는 일정기간 동안을 노역장에 유치하도록 강제하는 것의 위헌성을 다투는 것보다는 헌법에서 죄형법정주의와 형벌불소급원칙을 명시적으로 선언하고 있으므로 이를 다투는 것이 더 효과적이라는 생각인 것 같습니다.

홍 변호사: 소송전략상 그럴 수 있겠습니다. 그럼 어떤 쟁점을 중심으로 검토할 예정인가요.

최 변호사: 노역장유치가 형벌 또는 형벌과 유사한 성격을 갖는지가 검토되어야 할 것 같습니다. 형벌불소급원칙이 적용되기 위해서는 당연히 해당 법률조항이 범죄 구성요건과 그에 대한 형벌을 규정한 것이어야 하기 때문입니다.

홍 변호사: 노역장유치의 법적 성격을 형벌로 보아야 한다는 이야기인가요.

최 변호사: 그 부분에 대해서는 견해의 대립이 있습니다. 또한 그것을 형벌로 보지 않는 입장이라 할지라도, 형벌불소급원칙이 노역장유치의 기간 연장에 대하여 적용될 수 있는지는 또 다른 논란거리가 될 것 같습니다.

홍 변호사: 헌법재판소가 형벌과 보안처분을 구별하면서도 보안처분이라 하더라도 사안에 따라 어떤 경우에는 형벌불소급원칙이 적용된다고 하고, 어떤 경우에는 안 된다고 하는 이유가 바로 거기에 있겠군요.

최 변호사: 그렇습니다.

홍 변호사: 흥미로운 쟁점이군요. 형벌불소급원칙이 적용되는 형벌의 개념과 그 범위에 대해서는 학설의 대립이 있으니만큼 대립되는 견해를 잘 정리해 검토하시기 바랍니다.

최 변호사: 대립되는 견해를 최대한 중립적인 입장에서 정리하여 형사팀에서 소송수행에 참고할 수 있도록 준비하겠습니다.

홍 변호사: 이상으로 회의를 마치겠습니다. 끝.

서울서부지방검찰청

2018. 5. 24.

사건번호   2018년 형제678호
수 신 자   서울서부지방법원
제   목   **공소장**

    검사 강소라는 아래와 같이 공소를 제기합니다.

Ⅰ. 피고인 관련사항
    피 고 인   정세무 (67100101-1234567), 51세
                직업 회사원
                주거 서울시 관악구 신림로 200
                등록기준지 서울 영등포구 여의도동 1-1234
    죄   명   특정범죄가중처벌등에관한법률위반(허위세금계산서교부등)
    적용법조   특정범죄 가중처벌 등에 관한 법률 제8조의2 제1항 제1호, 제2항, 조세범 처벌법 제10조 제3항 제3호
    구속여부   불구속

Ⅱ. 공소사실
    피고인은 ㈜KSL이동통신사의 경리담당 이사로 누구든지 영리를 목적으로 재화 또는 용역을 공급받지 아니하고 부가가치세법에 따른 매입처별세금계산서합계표를 거짓으로 기재하여 정부에 제출하는 행위를 하여서는 아니됨에도, 매입업체로부터 이동통신단말장치(단말기)를 매입하는 것처럼 가장하여 매입처별세금계산서합계표를 거짓으로 기재하여 제출하기로 마음먹고,
    2017. 7. 5. 및 2018. 1. 11.경 서울시 강남구 학동로 425에 있는 강남세무서에 2017년 1기분 및 2017년 2기분 부가가치세 확정신고를 함에 있어, 사실은 ㈜오성전자로부터 재화나 용역을 공급받은 사실이 없음에도 불구하고, 2017년 1기에 ㈜오성전자로부터 세금계산서 3장, 공급가액 합계 10,000,000,000원, 2017년 2기에

- 15 -

㈜오성전자로부터 세금계산서 3장, 공급가액 합계 10,000,000,000원 상당의 재화나 용역을 공급받은 것처럼 거짓으로 기재한 매입처별세금계산서합계표를 제출하여 특정범죄가중처벌등에관한법률(허위세금계산서교부등)을 위반하였다.

III. 첨부서류

(이하 생략)

검사 강 소 라 ㊞

서울서부지방법원
제 13 형사부
판 결

사　　　건	2018고합200 특정범죄가중처벌등에관한법률위반
	(허위세금계산서교부등)
피　고　인	정세무 (6710010-1234567), 회사원
	주거　서울 관악구 신림로 200
	등록기준지　서울 영등포구 여의도동 1-1234
검　　　사	강소라
변　호　인	법무법인 법전
	담당변호사 김변호
판 결 선 고	2018. 7. 16.

주 문

피고인을 징역 1년 6월 및 벌금 20억 원에 처한다.
피고인이 위 벌금을 납입하지 아니하는 경우 4,000,000원을 1일로 환산한 기간 피고인을 노역장에 유치하되, 단수금액은 1일로 한다.
다만, 이 판결 확정일로부터 피고인에 3년간 위 징역형의 집행을 유예한다.
피고인에게 위 각 벌금에 상당한 금액의 가납을 각 명한다.

이 유

범죄사실

피고인은 서울 강남구 학동로 1에 있는 ㈜KSL이동통신사의 경리담당 이사이다. 누구든지 영리를 목적으로 재화 또는 용역을 공급받지 아니하고 부가가치세법에 따른 매입처별세금계산서합계표를 거짓으로 기재하여 정부에 제출하는 행위를 하여서는 아니됨에도, 매입업체로부터 이동통신단말장치(단말기)를 매입하는 것처럼 가장하여 매입처별세금계산서합계표를 거짓으로 기재하여 제출하기로 마음먹고,

2017. 7. 5. 및 2018. 1. 11.경 서울시 강남구 학동로 425에 있는 강남세무서에 2017년 1기분 및 2017년 2기분 부가가치세 확정신고를 함에 있어, 사실은 ㈜오성전자로부터 재화나 용역을 공급받은 사실이 없음에도 불구하고, 2017년 1기에 ㈜오성전자로부터 세금계산서 3장, 공급가액 합계 10,000,000,000원, 2017년 2기에 ㈜오성전자로부터 세금계산서 3장, 공급가액 합계 10,000,000,000원 상당의 재화나 용역을 공급받은 것처럼 거짓으로 기재한 매입처별세금계산서합계표를 제출하였다.

증거의 요지 (생략)

법령의 적용

1. 범죄사실에 대한 해당법조

    특정범죄 가중처벌 등에 관한 법률 제8조의2 제1항 제1호, 제2항, 조세범 처벌법 제10조 제3항 제3호(포괄하여, 징역형과 벌금형을 필요적으로 병과)

1. 작량감경

    형법 제53조, 제55조 제1항 제3호, 제6호(아래 양형이유 중 유리한 정상 참작)

1. 노역장유치

    형법 제70조 제1항, 제2항, 제69조 제2항

1. 집행유예

    형법 제62조 제1항(아래 양형이유 중 유리한 정상 거듭 참작)

1. 가납명령

    형사소송법 제334조 제1항

양형의 이유 (생략)

2. 선고형의 결정

피고인의 이 사건 범행은 국가의 정당한 조세징수권 행사에 장애를 초래하고 조세정의를 훼손하는 것으로 허위매입처별세금계산서합계표 기재 금액이 거액이어서 죄질이 가볍지 아니하나, 피고인이 이 사건 범행을 모두 자백하고 깊이 반성하고 있는 점, 피고인이 실제로 얻은 이득액이 비교적 경미한 점, 피고인에게 동종 범죄 전력이 없으며, 집행유예 이상의 전과가 없는 점 등 이 사건에 나타난 제반 양형 조건과 형법 제51조 각호에 정한 사항을 모두 참작하여 주문과 같이 피고인에게 징역형과 벌금형을 병합하여 선고하되, 징역형에 대하여는 그 집행을 유예한다.

재판장 (생략)

제19289호 　　관　보　　2018. 5. 18.(금요일)

국회에서 의결된 형법 일부개정법률을 이에 공포한다.
　　　대　통　령　　문　재　인 (인)
2018년 5월 18일
　　　국　무　총　리　　이　낙　연
　　　국　무　위　원
　　　법무부장관　　박　상　기

● 법률 제13719호
형법 일부개정법률

형법 일부를 다음과 같이 개정한다.
제70조 제목 외의 부분을 제1항으로 하고, 같은 조에 제2항을 다음과 같이 신설한다.
　② 선고하는 벌금이 1억원 이상 5억원 미만인 경우에는 300일 이상, 5억원 이상 50억원 미만인 경우에는 500일 이상, 50억원 이상인 경우에는 1,000일 이상의 유치기간을 정하여야 한다.
제79조 제목 외의 부분을 제1항으로 하고, 같은 조에 제2항을 다음과 같이 신설한다.
　② 시효는 형이 확정된 후 그 형의 집행을 받지 아니한 자가 형의 집행을 면할 목적으로 국외에 있는 기간 동안은 진행되지 아니한다.
부칙
제1조(시행일) 이 법은 공포한 날부터 시행한다.
제2조(적용례 및 경과조치) ① 제70조제2항의 개정규정은 이 법 시행 후 최초로 공소가 제기되는 경우부터 적용한다.

◇ 개정이유

「형법」상 노역장유치 제도는 벌금을 납부하지 않는 경우 1일 이상 3년 이하 기간 동안 노역장에 유치하여 작업에 복무하도록 규정하고 있을 뿐 노역장유치 기간에 대해서는 법관의 재량에 의하여 구체적 사안에 따라 정하도록 하고 있으나, 고액 벌금형의 경우 피고인이 벌금을 납입하지 않더라도 일부 재판의 경우에는 단기간 동안 노역장에 유치되는 것만으로 벌금액 전액을 면제받게 되는 사례가 발생하고 있어 이에 대한 개선 필요성이 증가하고 있는바, 이에 일정 액수 이상의 벌금형을 선고할 경우에는 노역장 유치의 최소 기간을 직접 법률에 규정하여 고액 벌금형을 단기의 노역장 유치로 무력화하지 못하도록 하는 한편, 형이 확정된 이후에 형의 시효가 진행하는 동안 국외에서 형의 집행을 피하여 결과적으로 죄에 합당한 처벌이 이루어지지 아니하는 경우가 발생하고 있는바, 형의 집행을 면할 목적으로 국외에 체류하는 동안에는 시효가 진행되지 아니하도록 하려는 것임.

◇ 주요내용

가. 벌금형에 대한 노역장 유치 선고 시 선고하는 벌금액이 1억원 이상 5억원 미만인 경우에는 300일 이상의 유치기간을, 5억원 이상 50억원 미만인 경우에는 500일 이상의 유치기간을, 50억원 이상인 경우에는 1,000일 이상의 유치기간을 정하도록 함(제70조제2항 신설).
나. 형이 확정된 후 그 형의 집행을 받지 아니한 자가 형의 집행을 면할 목적으로 국외에 있는 기간 동안은 형의 시효가 진행되지 않도록 함(제79조제2항 신설).

〈법제처 제공〉

수임번호 2018-103	법률상담일지 III		2018. 9. 3.
의뢰인	㈜ KSL이동통신사 (정세무 이사)	의뢰인 전화	02) 555-4321
의뢰인 주소	서울 강남구 학동로 1	의뢰인 팩스	-

상 담 내 용

1. KSL이동통신은 단말기유통법에 정한 이동통신사업자로, 이동전화서비스를 제공하는 회사이다. KSL이동통신은 단말기유통법 제4조 제3항에 따라 단말기별 지원금을 공시하였는데, 2017.12월 출시된 최신 기종인 '제이폰X'에 대하여는 법령이 정한 최고액인 30만원으로 지원금을 정하여 공시하였다.

2. 이동통신사업자들의 지원금 지급경쟁이 심화되자 방송통신위원회는 2018년 1월 1일부터 한 달 간 암행조사를 실시하였다. 암행조사 결과, (1) KSL이동통신의 '대리점' 100개소에서 '제이폰X' 단말기 가입자에게 평균 55만원의 지원금을 지급하여 공시지원금 상한액 30만원을 평균 25만원 초과하는 과다지원금을 지급한 사실 및 (2) KSL이동통신의 '판매점' 150개소에서 '제이폰X' 단말기 가입자에게 평균 45만원의 지원금을 지원하여 공시지원금의 15%의 범위를 초과하는 추가지원금을 지급한 사실을 적발하였다. 방송통신위원회는 위의 두 가지 적발사실 중에서 위의 (2)에 해당하는 판매점의 법위반행위에 대하여는 KSL이동통신이 이를 지시하거나 판매점에 대한 상당한 주의·감독을 하였는지 여부가 명확하지 않다고 판단하였으나, 위의 (1)에 해당하는 대리점의 법위반행위에 대하여는 대리점의 법위반행위가 KSL이동통신의 지시에 따른 것으로 판단하였다. 이에 방송통신위원회는 위의 (1)의 행위가 단말기유통법 제4조제2항 및 제4항 위반이라는 이유로 KSL이동통신에게 금 8억 원의 과징금을 부과하는 결정을 하였다.

3. KSL이동통신은 공시지원금 30만원을 초과하여 지원금을 과다하게 지급할 것을 대리점에 지시한 사실이 없고, 공시지원금을 초과하는 지원금이 지급

된 것은 대리점들이 영업을 위하여 스스로 결정하여 한 것이므로, KSL이동통신에게는 잘못이 없다고 주장하면서, 위 과징금 부과결정에 대하여 행정심판을 청구하였다.

4. 관할 행정심판위원회에서 위 행정심판사건을 심리하는 과정에서, KSL이동통신이 공시지원금을 초과하여 지원금을 과다하게 지급할 것을 대리점들에 지시하거나 직접 가입자에게 지급한 사실이 없음이 밝혀졌다. 그러자 방송통신위원회는 KSL이동통신의 '판매점' 150개소에서 '제이폰X' 단말기 가입자에게 평균 45만원의 지원금을 지원하여 공시지원금의 15%의 범위를 초과하는 추가지원금을 지급한 사실(위의 적발사실 (2)에 해당)을 주장하면서, 이를 근거로 KSL이동통신이 단말기유통법 제4조제5항을 위반하였다는 주장을 행정심판 심리과정에서 새로이 제시하였다. 관할 행정심판위원회는 그 주장을 받아들여 KSL이동통신의 행정심판청구를 기각하는 재결을 하였다.

5. 한편, KSL이동통신은 방송통신위원회의 암행조사 이후, 대리점들의 공시지원금을 초과하는 지원금 지급행위와 판매점들의 추가지원금 과다지급행위에 대한 증거를 방송통신위원회에 제공하는 등의 방법으로 증거조사에 협조하였다. KSL이동통신은 단말기유통법 제15조의2 및 관련법령에 따라 방송통신위원회에 과징금 감면신청을 하였으나 방송통신위원회는 이에 대하여 기각결정을 하였다.

6. KSL이동통신은 과징금을 납부할만한 잘못을 한 적이 없고 방송통신위원회의 조사에 협조하였음에도 과징금부과결정과 감면신청에 대한 기각결정을 받은 것은 부당하다고 생각하여 이에 대하여 다투어주기를 희망한다.

법무법인 법전(담당변호사 최승소)
전화 02-5555-1588, 팩스 02-5555-1587, 이메일 sschoi@bub.com
서울 서초구 서초로 20 법전빌딩 10층

법무법인 법전 내부회의록

일   시: 2018. 9. 5. 14:00 ~ 15:00
장   소: 법무법인 법전 회의실
참석자: 홍유능 변호사(공법팀장), 최승소 변호사

홍 변호사: 다음으로 행정소송사건에 대하여 논의해볼까요? 의뢰인의 주장의 요지는 무엇인가요?

최 변호사: 대리점의 법위반행위에 대하여는, 의뢰인 회사는 공시지원금을 초과하는 지원금의 지급을 대리점에 지시하거나 가입자에게 지급한 사실이 없고, 과다지원금 지급은 대리점들이 스스로 결정하여 한 것이라고 합니다. 다음으로, 판매점의 법위반행위에 대하여는, 의뢰인 회사는 평소에 판매점들에게 단말기유통법을 준수하도록 독려하고 정기적으로 점검을 하고 있었는데, 그럼에도 불구하고 판매점들이 의뢰인 회사 몰래 공시지원금의 15%를 초과하는 추가지원금을 지급한 것이라고 합니다.

홍 변호사: 대리점들과 판매점들의 법위반행위는 어떠한 경위로 밝혀진 것인가요?

최 변호사: 방송통신위원회의 암행조사를 통하여 적발되었다고 합니다. 방송통신위원회는 암행조사를 통하여 대리점과 판매점의 법위반행위를 모두 적발하였는데, 그 중에서 대리점의 법위반행위에 대하여만 과징금부과 결정을 하였다가 행정심판 심리과정에서 판매점의 법위반행위를 추가로 주장한 것입니다.

홍 변호사: 의뢰인 회사는 대리점과 판매점의 법위반행위에 대한 증거조사에 협조하였다고 하던데, 그렇다면 과징금을 감면받을 수 있지 않나요?

최 변호사: 예. 암행조사로 적발된 후 의뢰인 회사는 관련사실을 모두 진술하고 관련 자료를 제출하는 등 증거조사에 적극 협조하였다고 합니다. 방송통신위원회는 암행조사를 하였음에도 대리점과 판매점의 법위반행위의 입증에 필요한 증거를 충분히 확보하지는 못한 상태였는데, 의뢰인 회사의 협조로 대리점과 판매점의 법위반행위를 입증할 수 있는 증거를 확보하게 되었다고 합니다.

홍 변호사: 그렇다면, 감면요건에 해당하는 것으로 보이는데요. 이러한 사례가 처음은 아니었을 것 같은데, 혹시 종전의 사례를 조사해 보았나요?

최 변호사: 예, 종전의 심결례를 조사해보니 방송통신위원회는 그동안 이동통신사가 대리점과 판매점의 자료를 모두 제공하는 방법으로 증거조사에 협조한 사안에서는 이동통신사의 법위반사실 인정 여부에 관계없이 감면결정을 해왔는데, 유독 이번에만 감면신청을 기각하는 결정을 한 것입니다.

홍 변호사: 그렇군요. 감면기각결정이 위법하다는 점을 주장하면서, 감면신청을 기각한 결정을 과징금부과처분과 별도로 취소소송으로 다툴 수 있는지, 그리고 과징금부과결정을 다투면서 감면기각결정의 취소를 함께 청구할 필요가 있는지도 함께 검토하기 바랍니다. 혹시 암행조사 과정은 법적으로 문제가 없었나요?

최 변호사: 방송통신위원회 공무원들이 일반 소비자로 위장하고 대리점과 판매점을 방문하여 법위반사실을 적발하였다고 합니다. 법위반사실 적발 후에는 대리점과 판매점에서 장부와 서류 등의 자료를 조사하였는데, 의뢰인 회사에서 알아본 결과, 대리점이나 판매점의 근무자들에게 신분증을 보여주거나 하지는 않았다고 하고, 증거인멸의 우려가 있다는 이유로 자료조사를 할 때 근무자들이 옆에 있지 못하도록 하였다고 합니다.

홍 변호사: 과징금 금액에 대한 의견 등 의뢰인 회사의 다른 주장은 없었나요?

최 변호사: 과징금 부과대상이라고 인정한다고 하더라도, 과징금이 과다하다는 입장입니다. 과징금 산정에 있어 다른 부분은 이의가 없지만, 의뢰인 회사는 대리점과 판매점의 법위반행위를 몰랐기 때문에 과실에 의한 법위반이라는 점을 참작해주지 않은 것은 억울하다는 입장입니다. 이러한 주장도 소장에 반영하겠습니다.

홍 변호사: 좋은 생각입니다. 쟁점이 많네요. 오늘 논의된 내용을 중심으로 소장을 작성하기 바랍니다. 이상으로 회의를 마치겠습니다. 끝.

㈜ KSL이동통신사 공시지원금 안내

공시일 2017.12.31.

제이폰_X_256G [JPHONE_X_256G]	제이폰_X_64G [JPHONE_X_64G]

○ 출고가 1,557,600원
○ 총 지원금 345,000원
  - 공시지원금 300,000원
  - 추가지원금 45,000원
○ 판매가 1,212,600원
	○ 출고가 1,427,600원
	○ 총 지원금 345,000원
	  - 공시지원금 300,000원
	  - 추가지원금 45,000원
	○ 판매가 1,082,600원

제이폰_8+_256G [JPHONE_8+_256G]	제이폰_8_128G [JPHONE_8_128G]

○ 출고가 1,127,600원
○ 총 지원금 345,000원
  - 공시지원금 300,000원
  - 추가지원금 45,000원
○ 판매가 782,600원
	○ 출고가 927,600원
	○ 총 지원금 345,000원
	  - 공시지원금 300,000원
	  - 추가지원금 45,000원
	○ 판매가 582,600원

(이하 생략)

[별지 서식]

지원금 과다지급행위 자진신고자 등에 대한 과징금 감면신청서				
신청인	사업자명	㈜KSL이동통신사	사업자 등록번호	(생략)
	대표자 성명	이영남		
	주소	서울 강남구 학동로 1		
	연락처	전화번호 (생략)	휴대폰	(생략)
		팩스번호 (생략)	이메일	(생략)
	실제 신고하는 자에 관한 사항	성명 정세무	직위	이사
		전화번호 (생략)	이메일	(생략)
지원금 과다지급 행위의 개요	대상 기종	제이폰X		
	지원행위의 내용·금액	대리점에서 지원금 55만원 지급, 판매점에서 지원금 45만원 지급		
	참여자	강남대리점 등 대리점 100개소, 강남역판매점 등 판매점 150개소		
	지원기간	2018.1.1.-1.31.		
증거자료 목록	(생략)			
지원행위 중단여부	중단하였음. 관련증거 별첨(생략)			
분리 심리·의결 신청 여부	법위반행위에 대한 과징금부과에 관한 사건과 분리하여 심리·의결할 것을 신청합니다.			

 상기 본인은 **귀 위원회의 심의가 끝날 때까지 조사에 성실하게 협조할 것을 서약**하며, 『이동통신단말장치유통구조개선에 관한 법률』제15조의2와 같은 법 시행령 제12조 및 『지원금 과다지원행위 자진신고자 등에 대한 과징금 등 감면제도 운영고시』제7조에 의거 본 신청서를 제출합니다.

2018년 3월 5일
신 청 인 : ㈜KSL이동통신사 (인)

접수일시 : 2018.3.5. 14:00
접수순위 : 1번
위와 같이 접수함

방송통신위원회 위원장 이힘찬 (인)

방송통신위원회
심의·의결

안건번호　　제2018 - 123호
안 건 명　　(주)KSL이동통신사의 단말기 유통법 위반행위에 대한 과징금부과에 관한 건
피 심 인　　(주)KSL이동통신사
의결연월일　　2018. 3. 26.

주 문

피심인은 과징금을 다음과 같이 납부하여야 한다.
　가. 금액: 800,000,000원
　나. 납부기한: 과징금 납부명령을 통지받은 날부터 20일 이내
　다. 납부장소: 한국은행 국고수납 대리점

이 유

Ⅰ. 기초사실: (생략)

Ⅱ. 사실조사 결과
　1. 조사대상
　　○ 조사대상 기간(2018.1.1.-1.31.) 중 불법행위 조사를 통해 피심인의 대리점 100개소를 대상으로 조사 실시
　2. 행위사실
　　(지원금 과다지급) 조사대상 기간 중 조사대상 대리점에서 피심인이 가입을 위해 모집한 50,000건의 판매자료를 분석한 결과, 피심인이 공시지원금 30만원을 평균 25만원 초과하여 지원금을 과다 지급한 것으로 확인하였음

Ⅲ. 위법성 판단
　　(지원금 과다지급) 피심인이 고시된 지원금의 상한 및 공시된 지원 금액을 초과하여 일부 이용자에게 지원금을 과다 지급한 행위는 단말기유통법 제4조 제2항 및 제4항을 위반한 것으로 판단됨

Ⅳ. 과징금 부과

피심인은 단말기유통법 위반행위에 대하여 같은 법 제15조와 같은 법 시행령 제11조 제1항 및 제2항에 따라 소정의 과징금을 과징금 납부명령을 통지받은 날부터 20일 이내에 납부하여야 한다.

1. 기준금액: (생략)

2. 필수적 가중: (생략)

3. 추가적 가중·감경: **해당사항 없음**

4. 과징금의 결정: **피심인의 최종 과징금은 8억 원이다.**

Ⅴ. 이의제기 방법 및 기간

피심인은 위 처분에 불복이 있는 경우 행정심판법 제23조부터 제27조에 따라 동 처분을 받은 날부터 90일 이내에 방송통신위원회에 행정심판을 청구하거나, 행정소송법 제18조 및 제20조에 따라 동 처분을 받은 날부터 90일 이내에 행정법원에 행정소송을 제기할 수 있다.

2018. 3. 26.

방송통신위원회 위원장 이힘찬 (인)
위원 김알찬 (인)
위원 박조찬 (인)
위원 정오찬 (인)
위원 최만찬 (인)

수령확인서

서류의 명칭	방송통신위원회 심의의결서(안건번호 제2018 - 123호)
수령인의 성명	㈜ KSL이동통신사 이사 정세무 (서명)
수령인의 주소 또는 영업소	서울 강남구 학동로 1
교부 장소	서울 강남구 학동로 1
교부 연월일	2018. 3. 27.
서류의 주요 내용	방송통신위원회 심의의결서(안건번호 제2018 - 123호)

2018년 3월 28일

방송통신위원회 행정주사보 이주무 (서명)

비고: 이 수령확인서는 「행정절차법」 제14조제2항 및 같은 법 시행규칙 제5조에 따른 것임

방송통신위원회 행정심판위원회
재 결 서

① 사 건	2018행심123 　(생략) 심판청구사건		
청 구 인	② 이 름	㈜KSL이동통신사	
	③ 주 소	(생략)	
선정대표자·관리인·대리인	④ 이 름		
	⑤ 주 소		
⑥ 피청구인	(생략)	⑦ 참 가 인	
⑧ 주　　문	청구인의 청구를 기각한다.		
⑨ 청구 취지	(생략)		
⑩ 이　　유	별지에 적은 내용과 같음		
⑪ 근거 법조문	「행정심판법」 제46조		

위 사건에 대하여 주문과 같이 재결합니다.

2018. 6. 28.

방송통신위원회 행정심판위원회 (인)

[별지]

이 유

1. 사건개요: (생략)

2. 청구인 주장
   ○ 청구인이 공시지원금을 초과하는 지원금의 지급을 대리점에 지시하거나 가입자에게 이를 지급한 사실 없음

3. 피청구인 주장
   ○ 청구인이 공시지원금을 초과하는 지원금을 지급할 것을 대리점에 지시하여 가입자에게 과다한 지원금을 지급하였음(단말기유통법 제4조제2항 및 제4항 위반)
   ○ 청구인의 판매점에서 공시지원금의 100분의 15의 범위를 초과하여 지원금을 추가로 지급하였음(단말기유통법 제4조제5항 위반)

4. 관계법령
   ○ 단말기유통법 제4조제2항 및 제4항
   ○ 단말기유통법 제4조제5항

5. 인정사실
   ○ 청구인이 공시지원금을 초과하는 지원금을 지급할 것을 대리점에 지시하여 가입자에게 과다한 지원금을 지급한 사실은 인정되지 않는다.
   ○ 청구인의 판매점에서 공시지원금의 100분의 15의 범위를 초과하여 지원금을 추가로 지급한 사실은 인정된다.

6. 이 사건 처분의 위법·부당 여부
   ○ 청구인의 판매점에서 공시지원금의 100분의 15를 초과하는 지원금을 지급한 것은 단말기유통법 제4조제5항에 위반됨
   ○ 이 사건 처분은 위법·부당하지 않음

7. 결론
   ○ 청구인의 청구를 기각한다. 끝.

우편송달보고서

증서 2018년   제4857호   2018년 7월 2일 발송

송달서류 행정심판재결서   발송자 방송통신위원회 행정심판위원회
송달받을 자   주식회사 KSL이동통신사 귀하
서울 강남구 학동로 1

영수인	정세무 (서명)

영수인 서명날인 불능

①	송달받을 자 본인(직원)에게 교부하였다.

2	송달받을 자가 부재 중이므로 사리를 잘 아는 다음 사람에게 교부하였다.
	사무원
	피용자
	동거자

3	다음 사람이 정당한 사유 없이 송달받기를 거부하므로, 그 장소에 서류를 두었다.
	송달받을 자
	사무원
	피용자
	동거자

송달연월일 2018. 7. 4. 14시 30분
송달장소   서울 강남구 학동로 1
위와 같이 송달하였다.

                              2018. 7. 6.
                           우체국 집배원   김택송 ㊞

방송통신위원회
심의 · 의결

안건번호 제2018 - 234호
안 건 명 ㈜KSL이동통신사의 단말기유통법 위반행위에 대한 과징금부과에 대한 감면신청에 관한 건
피 심 인 ㈜KSL이동통신사
의결연월일 2018. 6. 29.

주 문

피심인의 감면신청을 기각한다.

이 유

「지원금 과다지원행위 자진신고자 등에 대한 과징금 등 감면제도 운영고시」 제2조 제2호에서 정한 '조사협조자'에 해당하여야만 과징금 감면대상이 될 수 있다. 그런데, 피심인은 방송통신위원회의 조사에 의하여 법위반사실이 적발되었고, 대리점과 판매점의 법위반사실에 대한 조사에만 협조하였을 뿐 자신의 법위반사실을 인정하지 않고 있으므로 동 고시 제2조 제2호에 정한 '조사협조자'에 해당한다고 볼 수 없다.

2018. 6. 29.

방송통신위원회 위원장 이힘찬 (인)
위원 김알찬 (인)
위원 박조찬 (인)
위원 정오찬 (인)
위원 최만찬 (인)

수령확인서	
서류의 명칭	방송통신위원회 심의의결서(안건번호 제2018 - 234호)
수령인의 성명	㈜ KSL이동통신사 이사 정세무 (서명)
수령인의 주소 또는 영업소	서울 강남구 학동로 1
교부 장소	서울 강남구 학동로 1
교부 연월일	2018. 7. 5.
서류의 주요 내용	방송통신위원회 심의의결서(안건번호 제2018 - 234호)

2018년   7월   6일
방송통신위원회 행정주사보 이주무 (서명)

비고: 이 수령확인서는 「행정절차법」 제14조제2항 및 같은 법 시행규칙 제5조에 따른 것임

기록이면표지

이동통신단말장치 유통구조 개선에 관한 법률

(법률 제12679호, 2017.12.14. 제정) (2017.12.14. 시행)

제1조(목적) 이 법은 이동통신단말장치의 공정하고 투명한 유통 질서를 확립하여 이동통신 산업의 건전한 발전과 이용자의 권익을 보호함으로써 공공복리의 증진에 이바지함을 목적으로 한다.

제2조(정의) 이 법에서 사용하는 용어의 뜻은 다음과 같다.
1. "이동통신서비스"란 「전파법」에 따라 할당받은 주파수를 사용하는 기간통신역무를 말한다.
2. "이동통신사업자"란 이동통신서비스를 제공하는 전기통신사업자를 말한다.
3. "이용자"란 이동통신서비스를 제공받기 위하여 이동통신사업자와 이동통신서비스의 이용에 관한 계약을 체결한 자를 말한다.
4. "이동통신단말장치"란 이용자가 이동통신서비스를 이용하기 위하여 필요한 단말장치를 말한다.
6. "대리점"이란 이동통신사업자와의 협정에 따라 이동통신사업자와 이용자 간의 계약 체결(체결된 계약 내용을 변경하는 것을 포함한다) 등을 대리 또는 위탁받아 처리하는 자를 말한다.
7. "판매점"이란 대리점과의 협정에 따라 이동통신사업자와 이용자 간의 계약 체결(체결된 계약 내용을 변경하는 것을 포함한다) 등을 복대리 또는 재위탁받아 처리하는 자를 말한다.
8. "출고가"란 이동통신단말장치 제조업자, 이동통신사업자 또는 이동통신사업자와 대통령령으로 정한 특수한 관계가 있는 자(이하 "특수관계인"이라 한다) 등이 대리점에 이동통신단말장치를 공급하는 가격을 말한다.
9. "지원금"이란 이동통신단말장치 구매가격 할인, 현금 지급, 가입비 보조 등 이동통신단말장치의 구입비용을 지원하기 위하여 이용자에게 제공된 일체의 경제적 이익을 말한다.

제3조(지원금의 차별 지급 금지) ① 이동통신사업자, 대리점 또는 판매점은 다음 각 호의 어느 하나에 해당하는 사유로 부당하게 차별적인 지원금을 지급하여서는 아니 된다.
1. 번호이동, 신규가입, 기기변경 등 가입 유형
2. 이동통신서비스 요금제

3. 이용자의 거주 지역, 나이 또는 신체적 조건

② 제1항에 따른 부당하게 차별적인 지원금 지급의 유형 및 기준에 필요한 사항은 대통령령으로 정한다.

제4조(지원금의 과다 지급 제한 및 공시) ① 방송통신위원회는 이동통신단말장치 구매 지원 상한액에 대한 기준 및 한도를 정하여 고시한다.

② 이동통신사업자는 제1항에 따라 방송통신위원회가 정하여 고시하는 상한액을 초과하여 지원금을 지급하여서는 아니 된다. 다만, 출시된 지 15개월이 경과한 이동통신단말장치는 제외한다.

③ 이동통신사업자는 이동통신단말장치별 출고가, 지원금액, 출고가에서 지원금액을 차감한 판매가 등 지원금 지급 내용 및 지급 요건에 대하여 이용자가 알기 쉬운 방식으로 공시하여야 한다.

④ 이동통신사업자는 제3항에 따라 공시한 내용과 다르게 지원금을 지급하여서는 아니 된다.

⑤ 대리점 또는 판매점은 제3항에 따라 이동통신사업자가 공시한 지원금의 100분의 15의 범위에서 이용자에게 지원금을 추가로 지급할 수 있다.

⑥ 대리점 또는 판매점은 제3항에 따라 이동통신사업자가 공시한 내용과 제5항에 따른 추가 지원금을 이용자가 쉽게 인식할 수 있도록 영업장 등에 게시하여야 한다.

⑦ 방송통신위원회는 제3항 및 제6항에 따른 공시 및 게시 방법, 내용, 주기 등에 관한 기준을 정하여 고시한다.

제5조(지원금과 연계한 개별계약 체결 제한) ① 이동통신사업자, 대리점 또는 판매점은 이용자와의 이동통신서비스 이용계약에 있어 이용약관과 별도로 지원금을 지급하는 조건으로 특정 요금제, 부가서비스 등의 일정기간 사용 의무를 부과하고 이를 위반 시 위약금을 부과하는 등 서비스 가입, 이용 또는 해지를 거부·배제하거나 그 행사를 제한하는 내용의 개별계약을 체결하여서는 아니 된다.

② 제1항을 위반하여 이동통신사업자, 대리점 또는 판매점이 이용자와 체결한 개별계약은 그 효력이 없다.

제6조(지원금을 받지 아니한 이용자에 대한 혜택 제공) ① 이동통신사업자는 이동통신서비스 가입 시 이용자 차별 해소와 이용자의 합리적 선택을 지원하기 위하여 이동통신사업자에게 지원금을 받지 아니하고 이동통신서비스에 가입하려는 이용자(이동통신단말장치를 구입하지 아니하고 서비스만 가입하려는 이용자를 포함한다)에 대하여 지원금에 상응하는 수준의 요금할인 등 혜택을 제공하여야 한다.

② 제1항에 따른 혜택의 제공을 위한 이용약관의 변경에 관하여는 「전기통신사업법」 제28조를 준용한다.
③ 과학기술정보통신부장관은 제1항에 따른 지원금에 상응하는 수준의 요금할인 등 혜택 제공의 기준을 정하여 고시한다.

제13조(사실조사 등) ① 방송통신위원회는 신고나 인지에 의하여 제3조제1항, 제4조제2항부터 제6항까지, 제5조제1항, 제7조제2항·제3항, 제8조제3항·제4항 또는 제9조제2항·제3항을 위반한 행위가 있다고 인정하면 소속 공무원에게 이를 확인하기 위하여 필요한 조사를 하게 할 수 있다.
② 방송통신위원회는 제1항에 따른 조사를 위하여 필요하면 소속 공무원에게 이동통신사업자(특수관계인을 포함한다), 대리점, 판매점 또는 이동통신단말장치 제조업자의 사무소·사업장에 출입하여 장부, 서류, 그 밖의 자료나 물건을 조사하게 할 수 있다.
③ 방송통신위원회는 제1항에 따라 조사를 하려면 조사일 7일 전까지 조사 기간·이유·내용 등에 대한 조사계획을 해당 사업자에게 알려야 한다. 다만, 긴급한 경우나 사전에 통지하면 증거인멸 등으로 조사 목적을 달성할 수 없다고 인정하는 경우에는 그러하지 아니하다.
④ 제2항에 따라 해당 사업자의 사무소·사업장에 출입하여 조사하는 사람은 그 권한을 표시하는 증표를 지니고 이를 관계인에게 보여 주어야 하며, 조사를 할 때에는 해당 사무소나 사업장의 관계인을 참여시켜야 한다.
⑤ 제2항에 따라 조사를 하는 소속 공무원은 해당 사업자에 대하여 필요한 자료나 물건의 제출을 명할 수 있고, 제출된 자료나 물건을 폐기·은닉·교체하는 등 증거인멸을 할 우려가 있는 경우에는 그 자료나 물건을 일시 보관할 수 있다.
⑥ (생략)

제15조(과징금) ① 방송통신위원회는 이동통신사업자(특수관계인을 포함한다) 또는 이동통신단말장치 제조업자가 제3조제1항, 제4조제2항·제4항, 제5조제1항, 제7조제2항·제3항, 제8조제4항 또는 제9조제2항·제3항을 위반한 경우에는 해당 이동통신사업자(특수관계인을 포함한다) 또는 이동통신단말장치 제조업자에게 대통령령으로 정하는 매출액의 100분의 3 이하에 해당하는 금액을 과징금으로 부과할 수 있다.
② 방송통신위원회는 이동통신사업자의 대리점 또는 판매점이 제3조제1항, 제4조제5항·제6항, 제5조제1항 또는 제7조제2항·제3항을 위반한 경우에는 그 이동통

신사업자에 대하여 제1항에 따른 과징금을 부과할 수 있다. 다만, 이동통신사업자가 그 위반행위를 막기 위하여 상당한 주의와 감독을 게을리하지 아니한 경우에는 그러하지 아니하다.

③ 방송통신위원회는 제1항에 따른 과징금을 부과하는 경우에는 다음 각 호의 사항을 고려하여 산정하되, 구체적인 산정 기준과 절차는 대통령령으로 정한다.
1. 위반행위의 내용 및 정도
2. 위반행위의 기간 및 횟수
3. 위반행위의 고의·과실 여부
4. 위반행위로 취득한 이익의 규모
5. 위반행위와 관련된 매출액

제15조의2(자진신고자 등에 대한 감면 등) ① 다음 각 호의 어느 하나에 해당하는 자에 대하여는 제15조(과징금)의 규정에 의한 과징금을 감경 또는 면제할 수 있다.
1. 법 제4조 위반사실을 자진신고한 자
2. 법 제4조 위반사실에 대한 증거제공 등의 방법으로 조사에 협조한 자
② (생략)
③제1항의 규정에 의하여 감경 또는 면제되는 자의 범위와 감경 또는 면제의 기준·정도 등에 관한 세부사항은 대통령령으로 정한다.

부   칙 〈법률 제12679호, 2017. 12 .14.〉

제1조(시행일) 이 법은 공포일로부터 시행한다.
제2조(유효기간) 제4조제1항·제2항과 제12조제2항은 이 법 시행일부터 3년간 효력을 가진다.

이동통신단말장치 유통구조 개선에 관한 법률 시행령

[시행 2017.12.21.] [대통령령 제25619호]

제1조(목적) 이 영은 「이동통신단말장치 유통구조 개선에 관한 법률」에서 위임된 사항과 그 시행에 필요한 사항을 규정함을 목적으로 한다.

제9조(과징금의 산정 방법) ① 법 제15조제1항 본문에서 "대통령령으로 정하는 매출액"이란 다음 각 호의 구분에 따른 매출액을 말한다. 다만, 해당 사업연도 초일 현재 사업을 시작한 지 3년이 되지 아니한 경우에는 그 사업 시작 후 직전 사업연도 말일까지의 매출액을 연평균 매출액으로 환산한 금액을 말하며, 해당 사업연도에 사업을 시작한 경우에는 사업을 시작한 날부터 위반행위를 한 날까지의 매출액을 연매출액으로 환산한 금액을 말한다.

1. 이동통신사업자(특수관계인을 포함한다)의 경우: 위반행위와 관련된 전기통신역무의 직전 3개 사업연도의 연평균 매출액
2. (생략)

제10조(과징금 부과기준 등) 법 제15조제1항 및 제2항에 따라 과징금을 부과하는 위반행위의 종류별 과징금 부과 상한액 및 산정기준은 별표 2와 같다.

제11조(과징금의 부과 및 납부) ① 방송통신위원회가 법 제15조에 따라 과징금을 부과하려는 경우에는 그 위반행위의 종류와 해당 과징금액, 이의제기방법 및 이의제기기간 등을 명시하여 이를 납부할 것을 서면으로 알려야 한다.

② 제1항에 따른 통지를 받은 자는 통지를 받은 날부터 20일 이내에 과징금을 방송통신위원회가 지정하는 수납기관에 납부하여야 한다. 다만, 천재지변이나 그 밖의 부득이한 사유로 그 기간 내에 과징금을 낼 수 없는 경우에는 그 사유가 없어진 날부터 7일 이내에 납부하여야 한다.

제12조(자진신고자 등에 대한 감경 또는 면제의 기준 등) ①법 제15조의2제3항에 따른 과징금의 감경 또는 면제에 대한 기준은 다음 각 호와 같다.

1. 방송통신위원회가 조사를 시작하기 전에 자진신고한 자로서 다음 각 목의 모두에 해당하는 경우에는 과징금을 면제한다.
   가. 지원금 과다지원행위임을 입증하는데 필요한 증거를 단독으로 제공한 최초의 자일 것.
   나. 방송통신위원회가 지원금 과다지원행위에 대한 정보를 입수하지 못하였거나 지원금 과다지원행위임을 입증하는데 필요한 증거를 충분히 확보하

지 못한 상태에서 자진신고하였을 것
    다. 지원금 과다지원행위와 관련된 사실을 모두 진술하고, 관련 자료를 제출하는 등 조사가 끝날 때까지 성실하게 협조하였을 것
    라. 그 지원금 과다지원행위를 중단하였을 것
2. 방송통신위원회가 조사를 시작한 후에 조사에 협조한 자로서 다음 각 목의 모두에 해당하는 경우에는 과징금을 면제한다.
    가. 방송통신위원회가 지원금 과다지원행위에 대한 정보를 입수하지 못하였거나 지원금 과다지원행위임을 입증하는데 필요한 증거를 충분히 확보하지 못한 상태에서 조사에 협조하였을 것
    나. 제1호가목, 다목 및 라목에 해당할 것
3. 방송통신위원회가 조사를 시작하기 전에 자진신고하거나 방송통신위원회가 조사를 시작한 후에 조사에 협조한 자로서 다음 각 목의 모두에 해당하는 경우에는 과징금의 100분의 50을 감경한다.
    가. 지원금 과다지원행위임을 입증하는데 필요한 증거를 단독으로 제공한 자일 것.
    나. 제1호다목 및 라목에 해당할 것

② 신고자 등에 대한 구체적인 감면정도, 감면제도의 세부운영절차, 증거제출방법 등에 관한 사항은 방송통신위원회가 정하여 고시한다.

③ 방송통신위원회는 자진신고자나 조사에 협조한 자의 신청이 있으면 해당 사건을 분리 심리하거나 분리 의결할 수 있다.

[별표2]

위반행위의 종류별 과징금 부과 상한액 및 산정기준(제10조 관련)

1. 위반행위의 종류별 과징금 부과 상한액
  가. 법 제3조제1항, 제4조제2항·제4항·제5항 또는 제9조제3항을 위반한 행위: 제9조제1항제1호에 따른 매출액의 100분의 2에 해당하는 금액

2. 과징금의 산정절차 및 산정기준
  가. 과징금 산정단계
    과징금은 법 제15조제3항 각 호의 사항과 이에 영향을 미치는 위반행위의 주도(主導) 여부, 관련 통신시장에 미치는 영향 등을 고려하여 기준금액에 필수적 가중 및 추가적 가중·감경을 거쳐 과징금을 산정한다.
  나. 과징금 산정단계에 따른 산정방식 및 고려 사유
    1) 기준금액 산정
      (생략)
    2) 필수적 가중
      (생략)
    3) 추가적 가중·감경
      필수적 가중을 거친 금액에 법 제15조제3항 각 호의 사항에 영향을 미치는 위반행위의 주도 여부, 위반행위의 고의·과실 여부, 위반행위에 대한 조사의 협조 여부, 위반행위에 대한 조사 중 위반행위의 지속 및 확대 여부, 위반행위로 인한 시장점유율 또는 가입자 수의 변화 등 위반행위가 통신시장에 미치는 영향 등을 고려하여 필수적 가중을 거친 금액의 50퍼센트 범위에서 가중 또는 감경한 금액을 합산한다.

3. 세부 기준
  기준금액, 필수적 가중, 추가적 가중·감경의 각 단계별 세부 고려 사유와 가중·감경 비율에 대한 세부 기준은 방송통신위원회가 정하여 고시한다.

이동통신단말장치 지원금 상한액에 관한 규정
(방송통신위원회 고시 제2017-90호)

제1조 (목적) 이 고시는 「이동통신단말장치 유통구조 개선에 관한 법률」(이하 "법"이라 한다) 제4조제1항에 따른 지원금 상한액에 대한 기준 및 한도를 정함을 목적으로 한다.

제2조 (상한액의 기준 및 한도) ① 이동통신사업자가 지급하는 지원금의 상한액은 25만원부터 35만원까지의 범위 내에서 방송통신위원회가 정한다.

② 방송통신위원회는 제1항의 범위 내에서 통신시장의 경쟁상황 등을 고려하여 구체적인 지원금의 상한액을 결정하여 관보 등을 통해 공고한다.

③ 출시된 지 15개월이 경과한 이동통신단말장치는 제1항 및 제2항의 규정을 적용하지 않는다.

제3조 (지원금 상한액의 조정) ① 방송통신위원회는 제2조제2항의 규정에 따른 상한액을 6개월마다 조정할 수 있다.

② 방송통신위원회가 통신시장의 급격한 환경변화 등으로 인하여 상한액의 조정이 긴급하게 필요하다고 인정하는 경우에는 제1항의 기간을 단축할 수 있다.

제4조 (유효기간) 이 고시는 법 시행일부터 3년간 효력을 가진다.

이동통신단말장치 유통구조 개선에 관한 법률 위반에 대한 과징금 부과 세부기준

(방송통신위원회 고시 제2017-91호)

제1조(목적) 이 고시는 「이동통신단말장치 유통구조 개선에 관한 법률」(이하 "법"이라 한다) 제15조제3항, 동법 시행령(이하 "영"이라 한다) 제10조 및 별표 2에 따른 과징금 부과에 필요한 세부기준을 정함을 목적으로 한다.

제2조(과징금 산정 절차 및 기준) 과징금은 법 제15조제3항 각 호에서 정한 참작 사유와 이에 영향을 미치는 위반행위의 주도여부, 관련 통신시장에 미치는 영향 등을 고려하여 기준금액에 필수적 가중, 추가적 가중·감경을 거쳐 산정한다.

제3조(과징금 부과상한액) ①매출액 산정이 가능한 경우로서, 법 제3조제1항, 제4조제2항·제4항·제5항 또는 제9조제3항을 위반한 행위는 영 제9조제1항제1호에 따른 매출액에 100분의 2를 곱한 금액을 각 과징금 부과상한액으로 한다.

제4조(기준금액 산정) (생략)

제5조(위반기간의 산정) (생략)

제7조(필수적 가중) (생략)

제8조(추가적 가중·감경) 제7조에 따라 필수적 가중을 거친 금액에 법 제15조제3항 각 호의 사항에 영향을 미치는 위반행위의 주도여부, 위반행위의 고의·과실 여부, 위반행위에 대한 조사의 협조여부, 위반행위에 대한 조사 중 위반행위의 지속 및 확대 여부, 위반행위로 인한 시장점유율 또는 가입자 수 변화 등 위반행위가 통신시장에 미치는 영향 및 파급효과 등을 고려하여 필수적 가중을 거친 금액의 50% 범위 내에서 별표 4에 따른 금액을 가중·감경할 수 있다.

[별표 4]

추가적 가중·감경 금액(제8조 관련)

Ⅰ. 일반원칙

 추가적 가중·감경 금액은 위반 사업자에게 다음 Ⅱ 및 Ⅲ에서 정한 가중 또는 감경사유가 인정되는 경우에 각각의 가중비율의 합에서 각각의 감경비율의 합을 공제하여 산정된 비율을 필수적 가중을 거친 금액에 곱하여 산정된 금액으로 한다. 다만, 가중·감경의 결과 가감되는 금액은 필수적 가중을 거친 금액의 50% 범위 내이어야 한다.

Ⅱ. 가중사유 및 비율: (생략)

Ⅲ. 감경 사유 및 비율

 1. 생략
 2. 위반 행위가 과실에 의한 경우 100분의 30 이내
 3.-7. 생략

지원금 과다지원행위 자진신고자 등에 대한 과징금 등 감면제도 운영고시

(방송통신위원회 고시 제2017-92호)

제1조(목적) 이 고시는 이동통신단말장치 유통구조 개선에 관한 법률(이하 "법"이라 한다) 제15조의2(자진신고자 등에 대한 감면)에 따라 법 제4조 위반행위(이하 "지원금과다지원행위"라 한다)와 관련된 자진신고자 또는 조사협조자(이하 "자진신고자 등"이라 한다)에 대한 감면 제도의 세부 처리절차 등을 규정하고, 이와 관련된 범위 내에서 과징금 감면기준을 정함을 목적으로 한다.

제2조(용어의 정의) 이 고시에서 사용하는 용어의 정의는 다음과 같다.

1. "자진신고자"라 함은 ... (중략) ... 사업자를 말한다.

2. "조사협조자"라 함은 지원금 과다지원행위에 참여한 사업자로서 당해 행위에 대한 위원회의 조사 개시 이후에 당해 행위를 입증하는데 필요한 증거를 위원회에 제공하는 사업자를 말한다.

제7조(감면 신청) ① 법 제15조의2 및 시행령 제12조에 의하여 과징금의 감면조치를 받고자 하는 자는 다음 각 호의 사항이 포함된 감면신청서(별지 제1호 서식, 이하 "신청서"라 한다.)를 방송통신위원회에 방문하거나 전자우편 또는 팩스를 통하여 제출할 수 있다.

(각호 생략)

제10조(감면신청의 접수 등) ① 제7조의 규정에 의하여 신청서 등을 제출받은 조사공무원 등은 즉시 신청서 부본에 접수 일시와 접수 순위를 기재하고 서명·날인한 후 신청인에게 교부하여야 한다.

제12조(자진신고자·조사협조자 지위 결정) ① 방송통신위원회는 감면에 관한 사항을 심의·의결한다.

④ 위원회는 시행령 제12조 각 호의 자진신고자·조사협조자 등의 지위 결정을 의결한 경우, 이에 대한 의결서를 작성하여 신청인에게 교부하여야 하며, 동 의결서에는 다음 사항이 기재되어야 한다.

1. 신청인의 명칭, 대표자 이름, 주소

2. 지원금 과다지원행위 사건 명칭

3. 신청인이 시행령 제12조제1항 각 호의 자진신고자·조사협조자 등에 해당한다는 취지의 내용 및 자진신고 감면 인정 순위(감면을 인정하지 않는 경우, 감면신청이 시행령 제12조의 요건에 해당하지 않는다는 취지의 내용 및 그 이유)

제16조(고발여부) 방송통신위원회는 이 고시에 의해 자진신고자·조사협조자 지위를 부여받은 사업자에 대해서는 검찰에 고발하지 아니한다.

형법 [법률 제13719호, 2018.5.18., 일부개정]

제69조(벌금과 과료) ①벌금과 과료는 판결확정일로부터 30일내에 납입하여야 한다. 단, 벌금을 선고할 때에는 동시에 그 금액을 완납할 때까지 노역장에 유치할 것을 명할 수 있다.

②벌금을 납입하지 아니한 자는 1일 이상 3년 이하, 과료를 납입하지 아니한 자는 1일 이상 30일 미만의 기간 노역장에 유치하여 작업에 복무하게 한다.

제70조(노역장유치) ①벌금 또는 과료를 선고할 때에는 납입하지 아니하는 경우의 유치기간을 정하여 동시에 선고하여야 한다.

② 선고하는 벌금이 1억원 이상 5억원 미만인 경우에는 300일 이상, 5억원 이상 50억원 미만인 경우에는 500일 이상, 50억원 이상인 경우에는 1,000일 이상의 유치기간을 정하여야 한다. 〈신설 2018.5.18.〉

부칙 〈법률 제13719호, 2018. 5. 18.〉

제1조(시행일) 이 법은 공포한 날부터 시행한다.

제2조(적용례 및 경과조치) ① 제70조제2항의 개정규정은 이 법 시행 후 최초로 공소가 제기되는 경우부터 적용한다.

특정범죄 가중처벌 등에 관한 법률

제8조의2(세금계산서 교부의무 위반 등의 가중처벌) ① 영리를 목적으로 「조세범처벌법」 제10조제3항 및 제4항 전단의 죄를 범한 사람은 다음 각 호의 구분에 따라 가중처벌한다.

1. 세금계산서 및 계산서에 기재된 공급가액이나 매출처별세금계산서합계표·매입처별세금계산서합계표에 기재된 공급가액 또는 매출·매입금액의 합계액(이하 이 조에서 "공급가액등의 합계액"이라 한다)이 50억원 이상인 경우에는 3년 이상의 유기징역에 처한다.

2. (생략)

② 제1항의 경우에는 공급가액등의 합계액에 부가가치세의 세율을 적용하여 계산한 세액의 2배 이상 5배 이하의 벌금을 병과한다.

조세범 처벌법

제10조(세금계산서의 발급의무 위반 등)

③ 재화 또는 용역을 공급하지 아니하거나 공급받지 아니하고 다음 각 호의 어느 하나에 해당하는 행위를 한 자는 3년 이하의 징역 또는 그 세금계산서 및 계산서에 기재된 공급가액이나 매출처별세금계산서합계표, 매입처별세금계산서합계표에 기재된 공급가액 또는 매출처별계산서합계표, 매입처별계산서합계표에 기재된 매출·매입금액에 부가가치세의 세율을 적용하여 계산한 세액의 3배 이하에 상당하는 벌금에 처한다.

3. 「부가가치세법」에 따른 매출·매입처별 세금계산서합계표를 거짓으로 기재하여 정부에 제출한 행위

참고자료 2 - 달력

【2017년 12월 ~ 2018년 10월 달력】

2017년 12월

일	월	화	수	목	금	토
					1	2
3	4	5	6	7	8	9
10	11	12	13	14	15	16
17	18	19	20	21	22	23
24	25	26	27	28	29	30
31						

(실제 12월 달력: 1,2 토요일부터 시작)

2017년 12월

일	월	화	수	목	금	토
					1	2
3	4	5	6	7	8	9
10	11	12	13	14	15	16
17	18	19	20	21	22	23
24	[25]	26	27	28	29	30
31						

2018년 1월

일	월	화	수	목	금	토
	[1]	2	3	4	5	6
7	8	9	10	11	12	13
14	15	16	17	18	19	20
21	22	23	24	25	26	27
28	29	30	31			

2018년 2월

일	월	화	수	목	금	토
				1	2	3
4	5	6	7	8	9	10
11	12	13	14	[15]	[16]	[17]
18	19	20	21	22	23	24
25	26	27	28			

2018년 3월

일	월	화	수	목	금	토
				[1]	2	3
4	5	6	7	8	9	10
11	12	13	14	15	16	17
18	19	20	21	22	23	24
25	26	27	28	29	30	31

2018년 4월

일	월	화	수	목	금	토
1	2	3	4	5	6	7
8	9	10	11	12	13	14
15	16	17	18	19	20	21
22	23	24	25	26	27	28
29	30					

2018년 5월

일	월	화	수	목	금	토
		[1]	2	3	4	[5]
6	7	8	9	10	11	12
13	14	15	16	17	18	19
20	21	[22]	23	24	25	26
27	28	29	30	31		

2018년 6월

일	월	화	수	목	금	토
					1	2
3	4	5	[6]	7	8	9
10	11	12	[13]	14	15	16
17	18	19	20	21	22	23
24	25	26	27	28	29	30

2018년 7월

일	월	화	수	목	금	토
1	2	3	4	5	6	7
8	9	10	11	12	13	14
15	16	17	18	19	20	21
22	23	24	25	26	27	28
29	30	31				

2018년 8월

일	월	화	수	목	금	토
			1	2	3	4
5	6	7	8	9	10	11
12	13	14	[15]	16	17	18
19	20	21	22	23	24	25
26	27	28	29	30	31	

2018년 9월

일	월	화	수	목	금	토
						1
2	3	4	5	6	7	8
9	10	11	12	13	14	15
16	17	18	19	20	21	22
23	[24]	[25]	[26]	27	28	29
30						

2018년 10월

일	월	화	수	목	금	토
	1	2	[3]	4	5	6
7	8	[9]	10	11	12	13
14	15	16	17	18	19	20
21	22	23	24	25	26	27
28	29	30	31			

□ 표시된 날은 평일 중 공휴일임.

확 인 : 법학전문대학원협의회

2019년도 제1차
법전협
모의시험
문제

2019년도 제1차 변호사시험 모의시험 – 논술형(기록형)

시험과목	공 법(기록형)

응시자 준수사항

1. 시험 시작 전 문제지의 봉인을 손상하는 경우, 봉인을 손상하지 않더라도 문제지를 들추는 행위 등으로 문제 내용을 미리 보는 경우 모두 부정행위로 간주되어 그 답안은 영점 처리 됩니다.

2. 답안은 흑색 또는 청색 필기구(사인펜이나 연필 사용 금지) 중 한 가지 필기구만을 사용하여 답안 작성 난(흰색 부분) 안에 기재하여야 합니다.

3. 답안지에 성명과 수험 번호를 기재하지 않아 인적 사항이 확인되지 않는 경우에는 영점 처리 등 불이익을 받게 됩니다. 특히 답안지를 바꾸어 다시 작성하는 경우, 성명 등의 기재를 빠뜨리지 않도록 유의하여야 합니다.

4. 답안지에는 문제 내용을 기재할 필요가 없으며, 답안 내용 이외의 사항을 기재하거나 밑줄 기타 어떠한 표시도 하여서는 안 됩니다. 답안을 정정할 경우에는 두 줄로 긋고 다시 기재하여야 하며, 수정액 등은 사용할 수 없습니다.

5. 시험 종료 시각에 임박하여 답안지를 교체 요구한 경우라도 시험시간 종료 후 즉시 새로 작성한 답안지를 회수합니다.

6. 시험 종료 후에는 답안지 작성을 일절 할 수 없으며, 이에 위반하여 시험시간이 종료되었음에도 불구하고 **시험관리관의 답안지 제출 지시에 불응한 채 계속 답안을 작성하거나 답안지를 늦게 제출할 경우 그 답안은 영점 처리** 됩니다.

7. 답안은 답안지 쪽수 번호 순으로 기재하여야 하고, **배부받은 답안지는 백지 답안이라도 모두 제출**하여야 하며, **답안지를 제출하지 아니한 경우 그 시험시간 및 나머지 시험시간의 시험에 응시할 수 없습니다.**

8. 지정된 시간까지 지정된 시험실에 입실하지 아니하거나 시험관리관의 승인을 얻지 아니하고 시험시간 중에 그 시험실에서 퇴실한 경우 그 시험시간 및 나머지 시험시간의 시험에 응시할 수 없습니다.

9. 시험시간이 종료되기 전에는 어떠한 경우에도 문제지를 시험장 밖으로 가지고 갈 수 없고, 시험 종료 후 가지고 갈 수 있습니다.

법학전문대학원협의회
KOREAN ASSOCIATION OF LAW SCHOOLS

목 차

I. 문제 ··· 1

II. 작성요령 및 주의사항 ·· 2

III. 양식 ··· 3

IV. 기록내용 ··· 7
    법률상담일지 I ··· 7
    법무법인 선명 회의록 I ·· 8
    위임장 (헌법소원) ·· 10
    담당변호사 지정서 (헌법소원) ··· 11
    국내불온도서 차단대책지시 (국방부) ·· 12
    불온도서 목록 ··· 13
    국내불온도서 차단대책지시 (육군본부) ·· 14
    불온도서 목록 ··· 15
    언론보도 ·· 16
    진술조서 (김소신) ··· 17
    탄원서 ··· 20
    중앙징계심사위원회 징계의결기록 ·· 21
    징계의결서 ·· 23
    징계처분장 ·· 24
    항고심사 의결기록 ··· 26
    우편송달보고서 (항고심사 의결기록) ··· 28
    통고서 ··· 29
    육군본부 전역심사위원회 의결서 ··· 30
    전역처분서 ·· 31
    소청심사 의결서 ··· 33
    우편송달보고서 (소청심사 의결서) ··· 34
    법률상담일지 II ··· 35
    법무법인 선명 회의록 II ··· 36
    소송위임장 (행정소송 등) ··· 38
    담당변호사 지정서 (행정소송 등) ·· 39

V. 참고 자료 ·· 41
    1. 관련법령(발췌) ·· 41
    2. 달력 ·· 50

【문 제】

법무법인 선명의 담당변호사 이정의의 입장에서 아래의 문서를 작성하시오.

1. 의뢰인 김소신을 위하여 「군인의 지위 및 복무에 관한 기본법」 제32조를 대상으로 다음의 점을 반영하여 헌법소원심판청구서를 작성하시오. (35점)
   가. 이 사건 청구의 적법성에서 당사자능력, 청구기간, 필수적 변호사대리 부분은 작성하지 말 것.
   나. 헌법소원심판 대상법령의 연혁은 작성하지 말 것.

2. 의뢰인 김소신을 위하여 징계처분 및 전역처분에 대한 취소소송 소장을 다음의 점을 반영하여 작성하시오. (50점)
   가. 소의 적법성에서 원고적격, 협의의 소익, 관할은 작성하지 말 것.
   나. 취소소송 소장의 청구일은 두 가지 처분 모두에 대하여 불복이 가능한 법령상 최종일을 기재할 것.
   다. 관할법원은 행정소송법 제9조 제2항에 의한 관할법원을 작성할 것.
   라. 처분 근거법령의 위헌·위법여부는 주장하지 말 것.

3. 문제 2.에 따른 취소소송에서, 의뢰인 김소신을 위하여 다음의 점을 반영하여 전역처분의 근거가 되는 군인사법 제37조 제1항에 대한 위헌법률심판제청신청서를 작성하시오. (15점)
   가. 위헌법률심판제청신청 대상법령의 연혁은 작성하지 말 것.
   나. 문제 2. 에 따라 제기된 행정소송의 사건번호는 2019구단100이라고 가정할 것.

【작성요령 및 주의사항】

1. 첨부된 양식의 상자(⬚)에 들어갈 내용만 작성할 것.

2. 기록에 첨부된 각종 서류는 적법하게 작성된 것으로 간주하고, 서류 등에 필요한 서명과 날인, 또는 무인과 간인 등은 모두 갖추어진 것으로 볼 것.

3. 법률상담일지의 사실관계 및 기록에 첨부된 자료들을 기초로 하고, 그것이 사실임을 전제로 할 것.

4. 참고법령은 가상의 것으로 이에 근거하여 작성하며, 이와 다른 내용의 현행 법령은 고려하지 말 것.

5. 「군인의 지위 및 복무에 관한 기본법」은 '군인복무기본법'으로 약칭할 수 있음

6. 기록 중 일부 생략된 것이 있을 수 있고, 오기나 탈자가 있을 수 있음.

7. 기록 중 "(생략)"으로 표시된 부분은 모두 적법하게 기재된 것으로 볼 것.

8. 헌법소원심판청구서, 소장, 위헌법률심판제청신청서는 경어(敬語)로 작성할 것.

【헌법소원심판청구서 양식】

헌법소원심판청구서

청 구 인 김소신
　　　　　대리인 (생략)

청 구 취 지

①

침 해 된 권 리 (생략)

침 해 의 원 인 (생략)

청 구 이 유

1. 사건개요 (생략)

2. 이 사건 청구의 적법성

②

3. 위헌이라고 해석되는 이유

③

4. 결론(생략)

첨 부 서 류 (생략)

○○○○.○○.○○ (생략)

　　　　　　　　　　　　　　　청구인 대리인 (생략)

헌법재판소 귀중

[소장 양식]

소　　장

원　고　(생략)
피　고　　　①

　　　②

청　구　취　지

　　　③

청　구　이　유

1. 처분의 경위 등 (생략)
2. 소의 적법성
　　　④
3. 처분의 위법성
　　　⑤
4. 결론(생략)

입　증　방　법 (생략)
첨　부　서　류 (생략)

　　　⑥　　.　.　.

원고 소송대리인 (생략)

　⑦　귀중

【위헌법률심판제청신청서 양식】

위헌법률심판제청신청서

사　건　　①

신 청 인　(생략)

신　청　취　지

②

신　청　이　유

1. 사건개요 (생략)

2. 재판의 전제성 (생략)

3. 심판대상의 위헌성

　가. 군인사법 제37조 제1항 본문의 위헌성 (생략)

　나. 군인사법 제37조 제1항 단서의 위헌성

③

4. 결론 (생략)

첨　부　서　류 (생략)

○○○○.○○.○○ (생략)

신청인 대리인 (생략)

　○○○○ 귀중 (생략)

기록내용 시작

수임번호 2018-101	**법률상담일지 I**		2018. 10. 12.
의뢰인	김소신	의뢰인 전화	010-4365-5669
의뢰인 주소	충남 계룡시 계룡대로 239, 102동 104호 (계룡동, 군인아파트)	의뢰인 이메일	kss@abc.net

상 담 내 용

1. 의뢰인은 2018. 10. 12. 현재 육군소령으로 육군본부 법무실 소속의 군법무관이다.

2. 국방부장관은 2018. 8. 16. 한반도자주통일협회에서 군 장병들에 대한 반미의식화 사업을 강화하기 위하여 10종의 '교양도서 보내기 운동'을 추진한다는 정보를 보고받았다.

3. 이에 국방부장관은 「군인의 지위 및 복무에 관한 기본법」 제32조에 근거하여 2018. 8. 22. 각 군 참모총장과 직할 부대장에게 10종의 도서가 부대 내에 반입되지 않도록 조치하라는 '군내 불온서적 차단대책 강구 지시'를 하달하였고, 육군참모총장은 2018. 8. 24. 같은 내용의 지시를 예하부대 지휘관들에게 하달하였다.

4. 의뢰인은 불온도서의 소지·취득 등을 금지하는 「군인의 지위 및 복무에 관한 기본법」 제32조가 위헌적이라고 생각하여 동 규정을 대상으로 헌법소원을 제기하고자 한다.

법무법인 선명(변호사 이정의)
서울 종로구 재동 80 법조타운 4층
전화 02-706-3901, 팩스 02-706-3905

법무법인 선명 회의록 I

일   시: 2018. 10. 13. 14:00 ~ 15:00
장   소: 법무법인 선명 회의실
참석자: 박균형 변호사(공법팀장), 이정의 변호사

박 변호사: 어제 들어온 헌법소원심판청구사건에 대해서 설명을 해주기 바랍니다.

이 변호사: 예. 의뢰인은 육군본부 법무실 소속의 군법무관입니다. 의뢰인은 최근에 이루어진 국방부장관 및 육군참모총장의 '군내 불온서적 차단대책 강구 지시'가 시대착오적이라고 생각하였다고 합니다. 위 지시의 근거로 보이는 「군인의 지위 및 복무에 관한 기본법」 제32조가 위헌이라고 생각하여 헌법소원심판청구를 의뢰하게 되었다고 합니다.

박 변호사: 헌법소원심판청구의 대상을 잘 선정하는 것이 중요할 것 같군요. 첫째, 국방부장관 및 육군참모총장의 '군내 불온서적 차단대책 강구 지시'가 있고, 둘째, 위 지시들의 근거가 된 「군인의 지위 및 복무에 관한 기본법」 제32조가 있는데요. 이 중에서 어느 것을 대상으로 헌법소원심판청구를 제기하려고 하나요.

이 변호사: 국방부장관의 '군내 불온서적 차단대책 강구 지시'는 그 직접적인 상대방이 각 군의 참모총장이고, 육군참모총장의 지시는 그 직접적인 상대방이 육군 예하부대의 장이어서 의뢰인을 비롯한 일반 장병은 이 사건 지시의 직접 상대방은 아닙니다. 따라서 국방부장관 및 육군참모총장의 지시는 의뢰인에 대한 직접적인 공권력 행사라고 보기 힘들 것 같습니다. 따라서 「군인의 지위 및 복무에 관한 기본법」 제32조를 대상으로 헌법소원을 제기하려고 합니다.

박 변호사: 저도 같은 생각입니다. 그렇게 하지요. 다음으로 「군인의 지위 및 복무에 관한 기본법」 제32조의 위헌성에 대해서 이야기해 보도록 합시다. 이의 위헌성에 관해서 기존에 관련판례가 혹시 있나요.

이 변호사: 「군인의 지위 및 복무에 관한 기본법」 제32조와 같은 내용을 담고 있는 당시 「군인복무규율」(대통령령) 제16조의 2에 대해서 2010년에 헌법재판소에서 합헌으로 판단한 바가 있었습니다만, 반대의견에서 위헌이라

는 견해도 제시된 바 있습니다.

박 변호사: 그렇군요. 지난번에는 대통령령이 문제되었고, 이번에는 법률이 문제되는 경우이군요. 「군인의 지위 및 복무에 관한 기본법」 제32조에서는 불온도서를 취득하여서는 아니 된다고 규정하고 있는데, 불온도서의 범위나 선정절차에 관한 규정이 있나요.

이 변호사: 아니요. 불온도서의 범위를 정하는 기준이나 지정권자 및 객관적 사전심사절차를 규정하는 내용은 찾지 못했습니다. 이번에 나온 국방부장관과 육군참모총장의 군내 불온서적 차단대책 강구 지시처럼 그때그때 불온도서의 목록이 제시될 수 있는 것도 이러한 연유에 기인한 것이 아닌가 싶습니다.

박 변호사: 그렇군요. 이번에 불온도서 목록에 제시된 도서들이 어떤 것들인지도 한 번 파악해서 참고하는 것도 문제제기에 도움이 될 것 같습니다. 헌법재판소에서 「군인복무규율」에 대해서 합헌으로 판단을 내린지 8년 정도가 지났고, 헌법재판소가 입장을 변경할 수도 있다고 보이므로 「군인의 지위 및 복무에 관한 기본법」 제32조의 위헌성을 적극적으로 주장해볼 필요가 있을 것 같군요. 동 규정에서 위헌성이 있는 부분을 잘 특정하여 청구취지를 작성하기 바랍니다.

이 변호사: 예. 잘 알겠습니다.

박 변호사: 그럼 이번 사건을 잘 부탁합니다. 이상으로 회의를 마치겠습니다. 끝.

<div align="center"># 위 임 장</div>	
사 건	헌법소원심판청구
당 사 자	김소신
위 사건에 관하여 다음 표시 수임인을 대리인으로 선임하고, 다음 표시 권한을 수여한다.	

		변호사 확인
수 임 인	법무법인 선명	(인)
수 권 사 항	헌법소원심판청구서 작성 등 헌법소송수행에 관한 일체의 권한을 위임하는 바입니다.	
2018. 10. 12. 위 임 인 김소신 (인)		소속변호사회(인)
		서울지방변호사회 (인)

담당변호사 지정서

사 건	헌법소원심판청구
청구인	김소신

위 사건에 관하여 당 법인은 청구인의 대리인으로서 변호사법 제50조 제1항에 의하여 그 업무를 담당할 변호사를 다음과 같이 지정합니다.

담당 변호사	변호사 이정의

2018. 10. 12.

법무법인 선명
서울 종로구 재동 80 법조타운 4층
전화 02-706-3901, 팩스 02-706-3905
대표변호사 김대의 (인)

헌법재판소 귀중

국방부

수 신   수신자 참조
(경 유)
제 목   군내 불온서적 차단대책 강구 지시

1. 관련규정
「군인의 지위 및 복무에 관한 기본법」 제32조(불온표현물 소지·전파 등의 금지) 군인은 불온 유인물·도서·도화, 그 밖의 표현물을 제작·복사·소지·운반·전파 또는 취득하여서는 아니 되며, 이를 취득한 때에는 즉시 상관 또는 수사기관 등에 신고하여야 한다.

2. 부대 내에 불온서적 무단반입시 장병 정신전력 저해요소가 될 수 있어 아래와 같이 차단대책을 지시하니 각급부대장은 지휘관심 및 지도/감독을 강화하기 바랍니다.
   가. 장병정신교육
      1) 불온서적 목록(붙임참조)
      2) 불온서적 취득 즉시 지휘계통 보고 및 지원기무부대에 신고 등
   나. 불온서적 반입여부 일제 점검(사무실, 격오지, 독신자 숙소 포함)
      1) 보안의 날 행사 또는 내무검사 등 부대별 지정·시행
   다. 개인별 부대 반입 통제(연중 지속)
      1) 휴가 및 외출·박 복귀자 반입물품 확인
      2) 우편물 반입시 간부 입회 하 본인개봉/확인 등

붙임: 불온서적 목록 1부. 끝

국방부장관   직인

수신자: 육군참모총장(보안과장), 해군참모총장(군사보안과장), 공군참모총장(군사보안과장)

군정군무서기관 이병헌   보안정책과장 송강호   전발보안부장 강성연
협조자
시행   보안정책과-1234 (2018. 8. 22.) 접수 보안과-1004
우 04383 서울시 용산구 이태원로 24
전화번호 (02) 728-2000   팩스번호 (02) 728-2001

불온서적 목록

구분	도서명
북한찬양	김정은 정권의 대남정책 북한학 특강 북한학의 새로운 시각 북즈선의 형성과 중국 통일을 위한 북한학
반미	미국의 대북 핵정책의 전환 중국과 미국: 외교의 길 한반도와 미국 대한민국의 역사 FTA정책의 방향

육군본부

수 신 수신자 참조

(경 유)

제 목 군내 불온서적 차단대책 강구 지시

　1. 관련근거
국방부장관 국내 불온서적 차단대책 지시 [보안정책과-1234 (2018. 8. 22)]

　2. 위 관련근거에 의거 각급 부대는 불온서적 무단반입시 장병 정신전력 저해요소가 될 수 있어 아래와 같이 차단대책을 지시하니 각급부대장은 지휘관심 및 지도/감독을 강화하기 바랍니다.
　가. 관련규정
「군인의 지위 및 복무에 관한 기본법」 제32조(불온표현물 소지·전파 등의 금지)
　군인은 불온 유인물·도서·도화, 그 밖의 표현물을 제작·복사·소지·운반·전파 또는 취득하여서는 아니 되며, 이를 취득한 때에는 즉시 상관 또는 수사기관 등에 신고하여야 한다.
　나. 장병정신교육
　　1) 불온서적 목록(붙임참조)
　　2) 불온서적 취득 즉시 지휘계통 보고 및 지원기무부대에 신고 등
　다. 불온서적 반입여부 일제 점검(사무실, 격오지, 독신자 숙소 포함)
　　1) 보안의 날 행사 또는 내무검사 등 부대별 지정·시행
　라. 개인별 부대 반입 통제(연중 지속)
　　1) 휴가 및 외출·박 복귀자 반입물품 확인
　　2) 우편물 반입시 간부 입회 하 본인개봉/확인 등

붙임: 불온서적 목록 1부. 끝

육군참모총장 [직인]

수신자: 가, 나, 다, 라, 전군단, 전사단, 전여단, 전군지사, 전학교 기관

문서보안장교 중령 강동원　　　보안과장 대령 권상우　　　정보처장 준장 김선아
협조자
시행　보안과-2345 (2018. 8. 24) 접수 법무계획과-2456
우 32827 충남 계룡시 계룡대로 450 사서함 501-5호
전화번호 (042) 528-2000　　　　팩스번호 (042) 528-2001

불온서적 목록

구분	도서명
북한찬양	김정은 정권의 대남정책 북한학 특강 북한학의 새로운 시각 북조선의 형성과 중국 통일을 위한 북한학
반미	미국의 대북 핵정책의 전환 중국과 미국: 외교의 길 한반도와 미국 대한민국의 역사 FTA정책의 방향

언론보도 (한반도일보 2018년 11월 3일자)

국방부 법무관 '불온서적' 차단대책 강구 지시에 대해 헌법소원 제기

최근 한 현역 육군본부 소속 법무관이 '군내 불온서적 차단대책 강구 지시'와 관련하여 헌법재판소에 헌법소원심판을 청구하여 화제이다.

국방부장관은 2018. 8. 22. 「군인의 지위 및 복무에 관한 기본법」 제32조에 근거하여 각 군 참모총장과 직할 부대장에게 10종의 도서가 부대 내에 반입되지 않도록 조치하라는 '군내 불온서적 차단대책 강구 지시'를 하달하였고, 육군참모총장은 2018. 8. 24. 같은 내용의 지시를 예하부대 지휘관들에게 하달하였다.

그런데 여기에 포함된 서적 중에는 대학의 북한학 강의시간에 널리 사용되고 있는 '북한학 특강', '통일을 위한 북한학' 등과 최근 각종 학술단체, 언론기관 등으로부터 우수·추천도서로 선정되어 권장도서 목록에 포함되어 있는 '대한민국의 역사', '중국과 미국: 외교의 길' 등이 있다. 이들 도서들은 국가예산의 지원을 통하여 공공도서관에 비치되어 있어 일반시민은 누구나 열람이 가능하도록 되어 있기도 하다.

위 사건을 대리한 이정의 변호사(법무법인 선명)는 위 헌법소원심판청구서의 접수 직후에 이루어진 기자회견에서 위와 같은 국방부장관 및 육군참모총장의 행위는 군인들이 양서를 읽을 수 있는 기회를 차단하는 시대착오적인 행위라는 점을 밝히면서 이의 위헌성을 강력하게 주장할 계획이라는 점을 밝혔다.

8년 전에 유사한 사안에서 헌법재판소에서 합헌결정을 내린 바 있어서 이번에 헌법재판소에서 다른 결론을 내릴지 주목이 된다.

이진실 기자 jinsillee@hanbandoilbo.net

진술조서

성 명	김소신	주민등록번호	800204-*******
소 속	육군본부		
계급/군번	소령/11-20125		
주 소	충남 계룡시 계룡대로 239, 102동 104호(계룡동, 군인아파트)		
연락처	휴대전화: 010-4365-5669		

위 사람은 「군내 불온서적 차단대책 강구 지시」(2018. 8. 22.) 관련 헌법소원 제기 사건 조사단에서 조사관 전원(5인) 앞에서 임의로 아래와 같이 진술하다.

1. 저는 한국대학교 북한학과를 졸업하고 군법무관 시험 합격후 2011. 4. 1. 중위로 임관하여 육군본부 법무실 교육장교, 법무실 송무배상장교 등으로 근무를 하였습니다.

2. 저는 「군내 불온서적 차단대책 강구 지시」(2018. 8. 22.) 관련 헌법소원 제기에 관하여 사실규명을 위한 조사를 받고 있습니다. 이에 대해 물으신다면 사실대로 대답하겠습니다.

이 때 진술의 취지를 명확히 하기 위하여 아래와 같이 문답을 행하다.

문 피조사자는 '군내 불온서적 차단대책 강구 지시'와 관련하여 헌법소원을 제기한 적이 있습니까?

답 예, 있습니다. 2018년 10월 22일에 대리인을 통해서 헌법소원을 제기하였습니다.

문 위와 같은 지시가 있음을 처음 알게 된 것은 언제인가요?

답 2018년 8월 24일 근무시간 중에 육군참모총장 명의의 공문을 통해 위와 같은 지시가 이루어진 것을 알았습니다.

문 「군인의 지위 및 복무에 관한 기본법」 제32조와 관련하여 헌법소원을 제기하게 된 동기는 무엇인가요?

답 위 공문에 첨부된 불온도서 목록을 봤더니 '북한학 특강'과 같이 제가 대학

시절 북한학 수업시간에 교재로 활용되었던 책이 포함된 것을 발견하였습니다. 그래서 불온도서 지정의 근거가 무엇인지가 궁금해서 공문을 보았더니 「군인의 지위 및 복무에 관한 기본법」 제32조였습니다. "불온"이란 용어와 관련해서는 과거 불온통신의 개념을 공공의 안녕질서 또는 미풍양속을 해하는 내용의 전기통신으로 규정하던 전기통신사업법 조항에 대해 헌재에서 위헌결정이 난 적이 있다고 알고 있습니다. 그래서 8월 초에 국방부 인권과에 전화하여 불온도서 지정과정에서 국방부 인권과가 어떤 역할을 한 바가 있는지 확인하였더니 아무런 역할을 한 것이 없다는 것을 알게 되었습니다. 대학에서 강의교재로 사용되는 교재마저도 불온도서라는 명목으로 반입 등을 금지하는 것은 시대착오적이라고 생각하고 이에 어떻게 대응할 것인지를 고민하다가 헌법소원을 제기하는 것이 가장 적절한 수단이라고 생각하게 되었습니다.

문 헌법소원을 제기하는 행동을 하기 전에 「군인의 지위 및 복무에 관한 기본법」에 따른 의견건의절차나 고충처리절차를 거칠 생각은 해보지 않았나요?

답 8월 초에 국방부 인권과와의 통화에서 위 지시와 관련하여 국방부 인권과에서 어떠한 조치도 취하지 않았고 그럴 계획도 없다는 말을 듣고서, 의견건의절차나 고충처리절차를 거치는 것이 무의미하다고 생각하였습니다.

문 의견건의절차나 고충처리절차를 거치지 않고 바로 헌법소원을 제기한 것이 부적절한 행동이라고 생각하지는 않나요?

답 앞서 설명 드렸듯이 국방부 인권과와 통화를 하고 난 후에 헌법소원을 제기하는 것이 이번 문제를 해결하는 유일한 해결책이라고 생각하였습니다.

문 헌법소원이 제기된 사실이 언론에 보도될 것이라는 것을 알고 있었나요?

답 몰랐습니다. 언론의 보도를 접한 직후에 사건을 대리하고 있는 이정의 변호사에게 전화를 걸어 어떻게 된 것인지 물어보았습니다. 이 변호사는 헌법소원청구서를 접수하러 갔을 때 많은 언론사에서 취재를 와서 인터뷰에 응할 수밖에 없었다고 합니다.

문 그 이야기를 듣고 변호사에게 향후 언론보도가 되지 않도록 만류하지 않았나요?

|답| 이미 언론 보도가 된 것이라 만류한다고 달라질 것이 없다고 생각했습니다.
|문| 헌법소원 제기 전후로 언론과 직접 접촉한 사실은 없습니까?
|답| 없습니다.
|문| 지금이라도 헌법소원 청구를 취하할 생각은 없나요?
|답| 없습니다.
|문| 마지막으로 하고 싶은 말이 있으면 말하시오.
|답| 군에 있어보니까 군법무관처럼 사회에서 기대가 많고 보람 있는 직업도 없다는 생각을 하게 되었습니다. 제가 사랑하는 군이 헌법소원 제기로 일시적으로 어려울지 모르지만 결국에는 이번 일이 군에 도움이 될 것이라고 생각합니다.

위의 조서를 진술자에게 열람하게 하였던바 자기가 진술한 대로 틀림없으며, 오기나 증감, 변경할 것이 전혀 없다고 말하므로 간인한 후, 서명날(무)인 하게 하다.

2018. 12. 17.

진술인 김소신 (무인생략)

헌법소원 관련조사단
위원장 조인성 (날인생략)
위원 소지섭 (날인생략)
위원 전도연 (날인생략)
위원 박해일 (날인생략)
위원 장나라 (날인생략)

탄 원 서

존경하는 위원장님 그리고 위원님

저는 김소신 법무관과 군법무관임용시험 동기로서 상당한 교분을 가지고 지냈을 뿐 아니라 2018년에도 육군본부에서 함께 근무했습니다.

평소 김소신 법무관은 조직 내에서 누구보다도 성실하게 일을 해왔고, 또 여러모로 군내부의 문제점을 개선하려는 아이디어를 제시하는 등 선진적인 국방개혁의 비전을 가지고 있었습니다.

그런 와중에 불온도서 사건으로 인한 김소신 법무관에 대한 징계는 억울하고 안타깝기 그지없습니다. 저도 불온도서에 관한 지시내용은 알고 있었고, 많은 법무관들이 문제의식을 공유하고 있었습니다. 대학의 교과서로도 쓰이거나 우수도서로 선정되는 책들도 그 목록에 상당히 포함되어 있었고, 그러한 도서 선정에 대해서는 아무런 설명도 없었습니다. 이에 당시 많은 법무관들은 열린 게시판에 '불온도서 지정의 위헌성'에 대해 지적했습니다. 저를 비롯한 모든 법무관들의 생각은 그러했기에 오히려 김소신 법무관이 불온도서에 대해 헌법소원을 낸 것이 무척 반가웠습니다. 하지만 이러한 노력은 결국 허사로 돌아갔고 오히려 현실에서는 김소신 법무관에 대한 징계절차가 이루어지고 있습니다.

물론 김소신 법무관의 행동이 군대 내부의 시각에 입각하여 전적으로 올바르다고 생각하지 않는 사람도 있을 수는 있겠습니다만, 그렇게 생각하더라도 법에 저촉되어 위법한 행위를 하였는지 여부는 엄밀히 구별되어야 하는 것이 아니겠습니까.

부디 김소신 법무관의 진심을 헤아리시어 군대 안의 인권과 정의를 바로잡을 수 있는 현명한 판단을 해주시길 간청합니다.

2019. 3. 4.

군법무관 류공감 (날인 생략)

육군본부

징계번호 제2019-101-005호   2019. 3. 15.

징계의결기록

징계건명: 복종의무위반, 사전건의의무위반, 대외발표절차준수의무위반

징계심의대상 성명: 소령 김소신

수신: 징계권자

직위	계급	성명	서명
위원장	소장	김윤진	(생략)
위원	준장	김하늘	(생략)
위원	준장	정준호	(생략)
위원	준장	조승우	(생략)
위원	준장	문근영	(생략)
위원	준장	손예진	(생략)
위원	대령	장근석	(생략)

본인은 위 사건을 심의함에 있어 어떠한 부당한 개입도 없이 제반법규, 본인의 양심 및 건전한 양식에 따라 엄정히 처리하였음을 서약하며 위와 같이 서명합니다.

간사 대령 정우성 (서명생략)
간사 소령 엄지원 (서명생략)
간사 소령 송승헌 (서명생략)
서기 5급   전지현 (서명생략)

중앙징계심사위원회

1. 징계위원회 의결내용

계급	군번	성명	병과	징계종류	비고
소령	11-20125	김소신	법무	정직 3월	

2. 징계권자의 조치
(1) 조치 확인
(2) 사유
(3) 일자 2019년 3월 18일

육군참모총장 대장 장동건 (직인생략)

3. 승인권자의 조치
(1) 조치 승인
(2) 일자 2019년 3월 18일

국방부장관   직인

징계의결서

개회일자: 2019. 3. 15.

개회장소: 중앙징계심사위원회 대회의실

1. 항고인의 표시

소속	계급	군번	성명	비고
육군 인사사령부	소령	11-20125	김소신	

2. 비행건명: **복종의무위반, 사전건의의무위반, 대외발표절차준수의무위반**

3. 비행사실: (생략)

4. 피징계인 출석 여부: 김소신은 당일 출석하여 진술함.

5. 피징계인의 진술: (생략)

6. 증거의 요지: (생략)

7. 정상참작의 경우 그 인정 요지: 피징계인은 국무총리 이상의 표창을 받은 해당사항은 없고, 법조인 50명의 탄원서가 있음.

8. 의결방법: 징계위원 전원이 출석한 상태에서 피징계인의 진술과 간사의 의견을 듣고 평의 후, 무기명 투표로 의결함

9. 의결내용 및 결론: (생략)

육 군 본 부

징 장 제2019-3 호

2019. 3. 18.

징 계 처 분 장

소 속 : 인사사령부(위탁교육준비)
계 급 : 소령   김 소 신
군 번 : 11-20125
병 과 : 법무

위 사람을 **정직 3월**에 처함.

1. 징계건명: 복종의무위반, 사전의견건의의무위반, 대외발표절차준수의무위반

2. 징계대상사실

가. 법령상 복종의무를 위반하여 국방부장관 및 육군참모총장의 '군내 불온서적 차단대책 강구 지시'에 반하는 헌법소원을 제기하였음.

나. 법령상 사전건의의무를 위반하여 의견건의 또는 고충처리절차를 거치지 않고 위 헌법소원을 제기하였음.

다. 법령상 대외발표절차준수의무를 위반하여 징계대상자의 대리인이 언론을 접촉하여 위 헌법소원 제기사실이 보도되도록 하였음.

3. 처분이유: 「군인사법」 제56조, 「군인의 지위 및 복무에 관한 기본법」

- 24 -

제16조, 제25조, 제39조, 제40조의 규정에 의하여 징계사유 인정됨.

육 군 참 모 총 장   대 장   (날인생략)

본 처분이 타당하지 아니하다고 생각하는 경우에는 처분의 통지를 받은 날로부터 30일 이내에 군인사법 제60조에 따라 항고심사권자에게 항고할 수 있습니다.

국방부

국방부 징항위 제2019-3호 2019. 4. 16.

항고심사의결기록

비행건명: 복종의무위반 등

항고인 성명: 김소신

수   신: 항고심사권자

직위	계급	성명	서명
위원장	공중장	윤은혜	(생략)
위원	육소장	최지우	(생략)
위원	육소장	설경구	(생략)
위원	해소장	권상우	(생략)
위원	육준장	류승룡	(생략)
위원	육준장	배두나	(생략)
위원	육준장	임수정	(생략)

본인은 위 사건을 심의함에 있어 어떠한 부당한 개입도 없이 제반법규, 본인의 양심 및 건전한 양식에 따라 엄정히 처리하였음을 서약하며 위와 같이 서명합니다.

간사   대령 최민식 (서명생략)
간사   소령 한예슬 (서명생략)

국방부 군인징계 항고심사위원회

1. 항고심사위원회의 의결내용

계급	군번	성명	원심 징계처분의 종류	결정	비고
소령	11-20125	김소신	정직 3월	항고기각	

2. 징계권자의 조치
(1) 조치 확인
(2) 사유
(3) 일자   2019년 4월 17일

국방부장관   직인

우편송달보고서

증서 2019년   제5000호   2019년 4월 16일 발송

송달서류 항고심사의결기록   발송자 항고심사위원회

송달받을 자   김소신 귀하

충남 계룡시 계룡대로 239 군인아파트 102동 104호

영수인		김소신 (서명)
영수인 서명날인 불능		
① 1.		송달받을 자 본인(직원)에게 교부하였다.
2	송달받을 자가 부재 중이므로 사리를 잘 아는 다음 사람에게 교부하였다.	
	사무원	
	피용자	
	동거자	
3	다음 사람이 정당한 사유 없이 송달받기를 거부하므로, 그 장소에 서류를 두었다.	
	송달받을 자	
	사무원	
	피용자	
	동거자	
송달연월일		2019. 4. 19. 14시 30분
송달장소		충남 계룡시 계룡대로 239, 102동 104호 (계룡동, 군인아파트)

위와 같이 송달하였다.

2019. 4. 19.

우체국 집배원   김택송 ㊞

통 고 서

2019년 4월 22일

수 신: 소령 김소신 귀하

1. 귀하는 군인사법 제37조 및 동법 시행령 제49조, 시행규칙 제65조에 의거 육군본부 전역심사 위원회에 회부되었음을 통고합니다.
   가. 심사일시: 2019년 4월 29일 오전 10시
   나. 심사장소: 육군 인사사령부 회의실 (육군본부 제2분청 2층)

2. 귀하께서는 계속복무를 희망하는 경우 전역심사위원회에 직접 출석하여 부적합 사실관계에 대한 변명을 할 수 있으며, 증인 및 증거물을 제시할 수 있습니다. 단, 출석을 원하는 자가 직접 출석할 수 없는 사유가 있을 때에는 서면으로 또는 대리인을 출석하게 하여 변명할 수 있습니다.

3. 귀하께서는 출석 희망여부에 관하여 아래 양식에 의거 2019년 4월 27일까지 육군본부 전역심사위원회에 통보하기 바랍니다.

육 군 참 모 총 장 (날인 생략)

확 인 서

○ 통고서 접수 일시: 2019. 4. 24. (접수시간: 14:00)

○ 심사대상자의 계속복무 희망여부 (해당란에 ○ 표기)

희망	불희망
○	

○ 심사대상자의 출석 희망여부 (해당란에 ○ 표기)

참석	불참석
○	

○ 통고서 수령자: 계급 소령   군번 *11-20125*   성명 *김소신*

육군본부 전역심사위원회 의결서

의결번호 제2019-02-003호

전역심사대상

소속	계급	군번	성명	부적합조사사유
육군본부	소령	11-20125	김소신	군인사법 시행규칙

전역심사위원

구분	계급	성명	서명
위원장	소장	김윤진	(생략)
위원	준장	이상수	(생략)
위원	대령	정현	(생략)
위원	대령	김고은	(생략)
위원	중령	설경구	(생략)
간사	소령	조보아	(생략)

의결내용

2019. 4. 29. 육군 인사사령부 회의실에서 개최된 "장교" 현역복무부적합여부를 판단하는 전역심사위원회에서 아래와 같이 의결함.

심의결과	소령 김소신	현역복무 부적합하므로 전역을 결정함.

육군본부 전역심사위원회

국 방 부

수 신: 김소신 소령
제 목: 전역처분

1. 귀하의 「군인의 지위 및 복무에 관한 기본법」 위반행위에 대하여 전역처분 심사위원회의 심의결과 아래와 같이 처분합니다.

인적사항	김소신 (소령, 군법무관)
처분내용	전역처분
처분근거 및 사유	- 군인사법 제37조 제1항, 군인사법 시행령 제49조 제1항 제4호, 군인사법 시행규칙 제56조 제1항 제4호 - 첨부된 징계처분장의 처분사유로 인해 현역복무에 적합하지 않음

2. 이 처분에 불복할 때에는 군인사법 제50조에 따라 전역처분 사유설명서를 받은 날부터 30일 이내에 소청심사위원회에 심사를 청구할 수 있습니다.

첨부: 1. 인사명령(장교) 제45호
      2. 징계처분장(생략)

국방부장관 [직인]

시행: 2019. 4. 30.
우 04383 서울시 용산구 이태원로 24
전화번호 (02) 728-2000   팩스번호 (02) 728-2001

인사명령(장교) 제45호

1. 전역

전역증 번호	소속	계급	군번	성명	병과	임관일	전공상 구분	부대 관리	혈액형	주민 등록 번호	특기
19-378	육군인사사령부	소령	11-20125	김소신	법무	2011-04-01	생략	생략	A형	생략	생략
19-379	제24사단	소위	17-20001	박현신	보병	2018-03-01	생략	생략	B형	생략	생략

명. 예비역편입(군인사법 제37조 제1항) (이상 2명)

전역일자: 2019. 5. 23.

| 19-380 | 제17사단 | 소령 | 00-10392 | 조유찬 | 보병 | 2000-03-1 | 생략 | 생략 | B형 | 생략 | 생략 |

명. 예비역편입(군인사법 제35조 제1항) (이상 1명)

전역일자: 2019. 5. 16.

(이하 생략)

소청심사 의결서

소청인성명	김소신
소청접수일	2019. 5. 7.
심사일자	2019. 5. 20.
심사장소	중앙군인사소청심사위원회 1층 회의실
전역, 제적, 휴직 또는 행정처분사유	- 군인사법 제37조 제1항, 군인사법 시행령 제49조 제1항 제4호, 군인사법 시행규칙 제56조 제1항 제4호 - 중징계를 받았고, 이로 인해 현역복무에 적합하지 않으므로 전역처분을 함
소청사유	징계사유 부존재로 전역처분 사유도 부존재함.
심사의결사항	소청을 기각함

2019년 5월 20일

중앙 군인사소청심사위원회

위원장 이새론 (서명생략)
위 원 황강래 (서명생략)
위 원 양수창 (서명생략)
위 원 하조영 (서명생략)
위 원 김소영 (서명생략)
위 원 이재윤 (서명생략)
위 원 성명주 (서명생략)

우편송달보고서

증서 2019년 제153호   2019년 5월 20일 발송

송달서류 소청심사 의결서　　발송자 소청심사위원회
송달받을 자　김소신 귀하
충남 계룡시 계룡대로 239 군인아파트 102동 104호

영수인	김소신 (서명)

영수인 서명날인 불능

①	송달받을 자 본인(직원)에게 교부하였다.	
2	송달받을 자가 부재 중이므로 사리를 잘 아는 다음 사람에게 교부하였다.	
	사무원	
	피용자	
	동거자	
3	다음 사람이 정당한 사유 없이 송달받기를 거부하므로, 그 장소에 서류를 두었다.	
	송달받을 자	
	사무원	
	피용자	
	동거자	

송달연월일	2019. 5. 23. 16시 30분
송달장소	계룡시 계룡대로 239, 102동 104호 (계룡동, 군인아파트)

위와 같이 송달하였다.

2019. 5. 23.

우체국 집배원　　김우편　㊞

수임번호 2019-24	**법률상담일지 II**	2019. 5. 27.
의뢰인	김소신	의뢰인 전화	010-4365-5669
의뢰인 주소	충남 계룡시 계룡대로 239 군인아파트 102동 104호	의뢰인 이메일	kss@abc.net

상 담 내 용

1. 의뢰인을 대리하여 본 법무법인은 2018. 10. 22. 군내불온서적 차단대책 강구 지시와 관련하여 헌법소원을 제기하였다.

2. 위 헌법소원에 대해서 언론에서 많은 관심을 갖고 본 사건의 담당변호사인 이정의 변호사와 인터뷰를 하였고, 이에 따라 본 사건이 언론에 널리 알려지게 되었다.

3. 의뢰인은 지휘계통을 통한 건의 절차를 거치지 않고 이 사건 지시에 대한 헌법소원을 제기하여 군 기강을 문란케 하였다는 등의 사유로 2019. 3. 18. 정직 3월의 징계처분을 받았고 이는 2019. 3. 21. 의뢰인에게 송달되었다. 국방부장관은 의뢰인에 대하여 현역복무부적합자 조사를 거쳐 2019. 4. 30. '본인의 의사에 따르지 아니한 전역'을 명하는 처분을 하였고 이는 2019. 5. 2. 의뢰인에게 송달되었다.

4. 의뢰인은 위 정직 3월 징계처분에 대해서는 항고심사위원회의 심사를, 전역처분에 대해서는 소청심사위원회의 심사를 거쳤으나 모두 기각되었다.

5. 의뢰인은 헌법소원을 제기한 것만을 가지고 정직 3월 처분 및 전역처분을 받게 되어서 억울하다고 하면서 이 두 가지 처분에 대해서 취소소송을 제기해줄 것을 요청하고 있다.

6. 한편, 의뢰인은 취소소송 진행 중에 군인사법상 전역처분의 근거가 된 규정에 대해 위헌법률제청신청도 해 줄 것도 바라고 있다.

법무법인 선명(변호사 이정의)
서울 종로구 재동 80 법조타운 4층
전화 02-706-3901, 팩스 02-706-3905

법무법인 선명 회의록 II

일　시: 2019. 5. 28. 14:00 ~ 15:00
장　소: 법무법인 선명 회의실
참석자: 박균형 변호사(공법팀장), 이정의 변호사

박 변호사: 지난번 헌법소원을 의뢰하였던 의뢰인이 이번에는 행정소송의 제기를 의뢰하였군요. 어떤 취지인가요.

이 변호사: 의뢰인이 헌법소원을 제기한 것이 군인으로서 상관에 대한 복종의무 등을 위반하였다는 이유로 정직 3월 처분을 받았습니다. 또한 현역복무에 적합하지 않다는 취지에서 전역을 명하는 전역처분도 받았습니다. 이 두 가지 모두에 대해서 취소소송을 제기하고 싶다는 취지입니다.

박 변호사: 국방부 측에서 의뢰인에게 정직 3월 처분뿐만 아니라 전역처분까지 한 이유는 무엇인가요.

이 변호사: 의뢰인에게 파면이나 해임처분까지 할 경우에는 나중에 지나치게 과도한 처분이라고 보아서 취소가 될 가능성을 생각하여 정직 3월의 처분을 하되, 더 이상 군에서 근무하기는 부적합한 자라고 보아 전역처분을 한 것으로 보입니다.

이 변호사: 의뢰인에게 정직 3월의 처분을 한 근거는 무엇인가요.

박 변호사: 크게 세 가지입니다. 첫째, 국방부장관 및 육군참모총장의 지시에 대해 실질적으로 불복하여 헌법소원을 제기한 것이 복종의무를 위반하였다는 것입니다. 둘째, 의견건의 또는 고충처리절차를 거치지 않고 헌법소원을 제기한 것이 법령상 사전건의의무를 위반하였다는 것입니다. 셋째, 의뢰인의 대리인이 언론을 접촉한 행위가 대외발표시 국방부장관의 허가를 받아야 하는 절차준수의무를 위반하였다는 것입니다.

이 변호사: 위 세 가지 사유에 대해서 다투어볼 만한 점이 있나요?

이 변호사: 예. 세 가지 사유 각각에 대해서 상세히 다투어볼 만한 점들이 있는 것으로 보입니다. 그리고 그 외에도 징계위원회의 구성상에도 문제가 있습니다. 해당기관에 군법무관이 있을 경우에는 군법무관을 간사로

임명하도록 하고 있는데 군법무관이 아닌 송승헌을 간사로 임명하였다고 합니다.

박 변호사: 좋습니다. 다음으로 전역처분을 살펴보도록 합시다. 전역처분의 근거는 무엇인가요?

이 변호사: 전역처분서를 보면 징계사유를 현역복무부적합 세부내용으로 그대로 인용하고 있습니다. 따라서 징계처분사유의 위법성이 인정되면 전역처분의 위법성도 인정될 것으로 보입니다. 또한 전역심사위원회의 위원은 일정계급 이상의 장교로 구성하도록 되어 있는데, 이에 해당하지 않는 장교가 포함되어 있는 것도 문제로 보입니다.

박 변호사: 그런데 사실 어떤 사유가 현역복무부적합 사유인지는 군인사법 제37조만 살펴보아서는 파악할 수가 없네요. 이러한 부분에 대해서도 문제를 제기해보는 것은 어떨까요?

이 변호사: 예, 말씀하신 내용 관련해서는 취소소송을 제기하면서 그 소송계속 중에 법원에 위헌법률심판제청신청을 하는 방법을 활용할 수 있어 보입니다.

박 변호사: 예, 그런데 그렇다면 위 군인사법 조항과 관련해서 제기할 다른 쟁점도 있을까요?

이 변호사: 아니요. 방금 말씀하신 부분이 가장 중요하고 큰 문제인 것 같습니다.

박 변호사: 그럼 위 논점을 잘 부각하여 작성해주시기 바랍니다. 이상으로 회의를 마치겠습니다. 끝.

소 송 위 임 장

사 건	정직처분 등 취소의 소
원 고	김소신
피 고	(생략)

위 사건에 관하여 다음 표시 수임인을 소송대리인으로 선임하고, 다음 표시 권한을 수여한다.

수 임 인	법무법인 선명	변호사 확인 (인)
수 권 사 항	1. 일체의 소송행위 1. 반소의 제기 및 응소, 상소의 제기, 동 취하 1. 소의 취하, 화해, 청구의 포기 및 인락, 참가에 의한 탈퇴 1. 복대리인의 선임 1. 목적물의 수령 1. 공탁물의 납부, 공탁물 및 이자의 반환청구와 수령 1. 담보권의 행사 최고 신청, 담보 취소신청, 동 신청에 대한 동의, 담보 취소결정 정본의 수령, 동 취소 결정에 대한 항고권 포기 1. 강제집행신청, 대체집행신청, 가처분, 가압류 등 보전처분과 관련한 모든 소송행위 1. 인지환급금의 수령에 관한 행위, 소송비용액확정결정신청 등 1. 등록사항별 증명서, 주민등록증·초본, 기타 첨부서류 발급에 관한 행위 1. 위헌법률심판제청신청에 관한 행위	

2019. 5. 27.

위 임 인 김소신 (인)

소속변호사회(인)

서울지방변호사회 (인)

담당변호사 지정서

사건	정직처분 등 취소의 소
원고	김소신
피고	(생략)

위 사건에 관하여 당 법인은 원고의 소송대리인으로서 변호사법 제50조 제1항에 의하여 그 업무를 담당할 변호사를 다음과 같이 지정합니다.

담당 변호사	변호사 이정의

2019. 5. 27.

법무법인 선명
서울 종로구 재동 80 법조타운 4층
전화 02-706-3901, 팩스 02-706-3905
대표변호사 김대의 (인)

○○○○ 귀중

기록이면표지

참고자료 1 - 관련법령

「군인의 지위 및 복무에 관한 기본법」

제10조(군인의 기본권과 제한) ① 군인은 대한민국 국민으로서 일반 국민과 동일하게 헌법상 보장된 권리를 가진다.
② 제1항에 따른 권리는 법률에서 정한 군인의 의무에 따라 군사적 직무의 필요성 범위에서 제한될 수 있다.

제16조(대외발표 및 활동) 군인이 국방 및 군사에 관한 사항을 군 외부에 발표하거나, 군을 대표하여 또는 군인의 신분으로 대외활동을 하고자 할 때에는 국방부장관의 허가를 받아야 한다. 다만, 순수한 학술·문화·체육 등의 분야에서 개인적으로 대외활동을 하는 경우로서 직무수행에 지장이 없는 경우에는 그러하지 아니하다.

제25조(명령 복종의 의무) 군인은 직무를 수행할 때 상관의 직무상 명령에 복종하여야 한다.

제32조(불온표현물 소지·전파 등의 금지) 군인은 불온 유인물·도서·도화, 그 밖의 표현물을 제작·복사·소지·운반·전파 또는 취득하여서는 아니 되며, 이를 취득한 때에는 즉시 상관 또는 수사기관 등에 신고하여야 한다.

제39조(의견 건의) ① 군인은 군과 관련된 제도의 개선 등 군에 유익한 의견이나 복무와 관련된 정당한 의견이 있는 경우에는 지휘계통에 따라 단독으로 상관에게 건의할 수 있다.
② 군인은 제1항에 따른 의견 건의를 이유로 불이익한 처분이나 대우를 받지 아니한다.
③ 제1항에 따른 건의를 접수한 상관은 그 내용을 검토한 후 검토 결과를 14일 이내에 건의한 당사자에게 서면이나 구술 등의 방법으로 통보하여야 한다.

제40조(고충 처리) ① 군인은 근무여건·인사관리 및 신상문제 등에 관하여 군인고충심사위원회에 고충의 심사를 청구할 수 있다.
② 군인은 제1항에 따른 고충심사 청구를 이유로 불이익한 처분이나 대우를 받지 아니한다.
③ 제1항에 따라 청구된 고충을 심사하기 위하여 국방부, 각 군 본부 및 장관급 장교가 지휘하는 부대에 군인고충심사위원회를 둔다.
④ 청구인은 심사 결과에 이의가 있는 경우에는 다음 각 호에 따른 위원회에 재심(再審)을 청구할 수 있다.
1. 장교·준사관·부사관:「군인사법」제51조에 따른 중앙 군인사소청심사위원회
2. 병: 차상급 장관급 장교 지휘 부대에 설치된 군인고충심사위원회
⑤ 군인고충심사위원회의 구성·운영과 심사절차에 필요한 사항은 대통령령으로 정한다.

「군인사법」

제35조(본인의 의사에 따른 전역) ① 제7조에 따른 의무복무기간을 마친 장기복무자는 전역을 원하면 현역에서 전역할 수 있다. 다만, 전시·사변 등의 국가비상시에는 예외로 한다.
②, ③ 생략

제37조(본인의 의사에 따르지 아니한 전역 및 제적) ① 현역 복무에 적합하지 아니한 사람은 각군 전역심사위원회의 심의를 거쳐 현역에서 전역시킬 수 있다. 현역 복무에 적합하지 아니한 사람의 기준은 대통령령으로 정한다.

제50조(위법·부당한 전역 및 제적 등에 대한 소청) 군인은 위법·부당한 전역, 제적 및 휴직 등 그 의사에 반한 불리한 처분(징계처분 및 징계부가금 부과처분은 제외한다)에 불복하는 경우에는 그 처분이 있음을 안 날부터 30일 이내에 이에 대한 심사를 소청(訴請)할 수 있다.

제51조(인사소청심사위원회) ① 제50조에 따른 소청을 심사하기 위하여 다음 각 호의 구분에 따라 중앙 군인사소청심사위원회와 군인사소청심사위원회를 둔다.
1. 장교, 준사관의 소청 심사: 국방부에 두는 중앙 군인사소청심사위원회
2. 부사관의 소청 심사: 각군 본부에 두는 군인사소청심사위원회
3. 병의 소청 심사: 장성급 장교 지휘 부대에 두는 군인사소청심사위원회
② 중앙 군인사소청심사위원회 및 군인사소청심사위원회(이하 "소청심사위원회"라 한다)는 다음 각 호의 어느 하나에 해당하는 사람으로서 군사행정에 관한 식견이 풍부한 5명 이상 9명 이하의 위원으로 구성한다. 이 경우 군인사소청심사위원회 위원 중 1명 이상은 부사관으로 한다.
1. 법관, 검사 또는 변호사로 5년 이상 근무한 사람
2. 영관급 이상의 군인. 다만, 군인사소청심사위원회는 부사관 이상의 군인으로 한다.
3. 군법무관으로 5년 이상 근무한 사람
4. 군사행정과 관련된 분야에서 4급 이상 공무원으로 근무한 사람
③ 소청심사위원회의 구성, 운영, 심사, 판정 방법 및 소청제기 절차 등에 필요한 사항은 대통령령으로 정한다.

제51조의2(행정소송과의 관계) 전역 또는 제적과 징계 및 휴직, 그 밖에 본인의 의사에 반한 불리한 처분에 관한 행정소송은 소청심사위원회나 제60조의2에 따른 항고심사위원회의 심사·결정을 거치지 아니하면 제기할 수 없다.

제56조(징계 사유) 제58조에 따른 징계권자는 군인이 다음 각 호의 어느 하나에 해당하는 경우에는 제58조의2에 따른 징계위원회에 징계의결을 요구하고, 그 징계의결의 결과에 따라 징계처분을 하여야 한다.
1. 이 법 또는 이 법에 따른 명령을 위반한 경우
2. 품위를 손상하는 행위를 한 경우
3. 직무상의 의무를 위반하거나 직무를 게을리한 경우

제59조(징계의 절차 등) ① 징계처분등은 징계위원회의 심의를 거쳐 한다.

② 징계위원회는 징계처분등의 심의 대상자에게 서면이나 구술로 충분한 진술 기회를 주어야 한다.
③ 징계위원회는 징계권자가 징계의결 또는 징계부가금 부과 의결(이하 "징계의결등"이라 한다)을 요구한 날부터 30일 이내에 심의·의결하여야 한다. 다만, 부득이한 사유가 있을 때에는 징계위원회의 결정으로 30일의 범위에서 그 기간을 연장할 수 있다.
④ 징계권자는 제3항에 따라 징계위원회로부터 징계의결등의 결과를 송부받은 때에는 그 날부터 15일 이내에 징계처분등을 하여야 한다. 다만, 제59조의2제3항에 따라 병의 인권보호를 담당하는 군법무관으로부터 영창처분 적법성에 관한 의견을 통보받은 때에는 그 날부터 15일 이내에 징계처분등을 하여야 한다.
⑤ 징계권자는 징계위원회의 의결 결과가 가볍다고 인정되면 징계처분등을 하기 전에 법무장교가 배치된 징계권자의 차상급(次上級) 부대 또는 기관에 설치된 징계위원회(국방부에 설치된 징계위원회의 의결에 대하여는 그 징계위원회)에 심사 또는 재심사를 청구할 수 있다. 이 경우 징계권자는 심사 또는 재심사의 의결 결과에 따라 징계처분등을 한다.

제60조(항고) ① 징계처분등을 받은 사람은 인권담당 군법무관의 도움을 받아 그 처분을 통지받은 날부터 30일 이내에 장성급 장교가 지휘하는 징계권자의 차상급 부대 또는 기관의 장에게 항고할 수 있다. 다만, 국방부장관이 징계권자이거나 장성급 장교가 지휘하는 징계권자의 차상급 부대 또는 기관이 없는 경우에는 국방부장관에게 항고할 수 있다.
② 제1항 본문에도 불구하고 중징계를 받은 장교 및 준사관은 국방부장관에게 항고할 수 있고, 중징계를 받은 부사관은 소속 참모총장에게 항고할 수 있다.

제60조의2(항고심사위원회) ① 징계처분등에 대한 항고를 심사하기 위하여 장성급 장교가 지휘하는 징계권자의 차상급 부대 또는 기관에 항고심사위원회를 둔다. 다만, 국방부장관이 징계권자인 경우와 제60조 제2항에 따라 국방부장관에게 항고한 경우에 이를 심사하기 위한 항고심사위원회는 국방부에 둔다.
② 항고심사위원회는 장교 5명 이상 9명 이내의 위원으로 구성한다. 이 경우 위원

중 1명은 군법무관이나 법률에 소양(素養)이 있는 장교로 하여야 한다.
③ 항고심사위원회의 항고심사에 관하여는 제59조 제2항을 준용한다.

「군인사법 시행령」

제49조(현역 복무에 적합하지 아니한 사람의 전역) ① 법 제37조 제1항에서 "현역 복무에 적합하지 아니한 사람"이란 다음 각 호의 어느 하나에 해당하는 사람을 말한다.
1. 심신장애로 인하여 현역으로 복무하는 것이 적합하지 아니한 사람
2. 법 제32조에 따라 같은 계급에서 두 번 진급 낙천된 장교. 다만, 소위의 경우에는 한 번 진급 낙천된 사람
3. 병력(兵力)을 줄이거나 복원(復員)할 때에 병력을 조정하기 위하여 전역시킬 필요가 있다고 인정된 사람
4. 그 밖에 국방부령으로 정하는 기준에 해당하여 현역 복무에 적합하지 아니한 사람
② 현역 복무에 적합하지 아니한 사람의 심사, 그 밖에 필요한 사항은 국방부령으로 정한다.

제50조(전역심사위원회) ① 장교 및 준사관의 전역과 법 제37조 제3항에 따른 신체장애인의 계속 복무 여부를 심사하기 위하여 각군 본부(해병대는 해병대 사령부)에 본부전역심사위원회(해병대는 해병대사령부전역심사위원회를 말한다. 이하 같다)를 둔다.
② 부사관의 전역을 심사하게 하기 위하여 부사관에 대한 전역권이 위임된 부대에 부사관 전역심사위원회를 둔다.

제51조(전역심사위원회 구성 등) ① 전역심사위원회는 3명 이상 7명 이하의 위원으로 구성하며, 위원은 그 전역심사위원회가 설치된 부대의 장이 임명한다.
② 전역심사위원회 위원은 심사 대상자보다 선임인 장교와 준사관 및 부사관 중

에서 임명하되, 본부전역심사위원회 위원은 대령급 이상의 장교로 임명한다.
③ 전역심사위원회 위원장은 위원 중 가장 선임인 사람으로 한다.
④ 전역심사위원회의 사무를 처리하기 위하여 전역심사위원회에 간사 1명을 둘 수 있다.

「군인징계령」

제6조(징계위원회의 운영) ① 위원장은 위원회를 소집하고 위원회의 사무를 총괄한다.
② 위원장이 부득이한 사유로 직무를 수행할 수 없는 경우에는 차상위(次上位) 서열자인 장교가 그 직무를 대행한다.
③ 위원장은 징계위원회에 징계등 사건이 징계의결 또는 징계부가금 부과 의결(이하 "징계의결등"이라 한다) 요구된 경우에는 개최일시 및 장소를 정하여 위원에게 통지하여야 한다.
④ 징계위원회의 사무를 처리하기 위하여 간사를 둔다.
⑤ 간사는 징계위원회가 설치된 부대 또는 기관에 소속된 군인 중에서 위원장이 임명하되, 그 부대 또는 기관에 소속한 군법무관이 있는 경우에는 군법무관 중에서 임명하여야 한다.

「군인사법 시행규칙」

제56조(현역 복무 부적합자 기준) ① 영 제49조 제1항 제4호에 규정된 사람은 다음 각 호의 어느 하나에 해당하는 사람으로 한다.
1. 능력 부족으로 해당 계급에 해당하는 직무를 수행할 수 없는 사람
2. 성격상의 결함으로 현역에 복무할 수 없다고 인정되는 사람
3. 직무수행에 성의가 없거나 직무수행을 포기하는 사람
4. 그 밖에 군 발전에 방해가 되는 능력 또는 도덕적 결함이 있는 사람

제57조(현역 복무 부적합자로 조사받을 사유) 참모총장이 지정하는 장성급 장교인

지휘관은 제59조에 따른 현역 복무 부적합자 조사위원회로 하여금 다음 각 호의 어느 하나에 해당하는 사람이 제56조에 규정된 현역 복무 부적합자 기준에 해당하는지를 조사하게 하여야 한다.
1. 군사법원에서 유죄판결을 받은 사람(약식명령 청구에 따라 유죄판결을 받은 사람은 제외한다)으로서 제적되지 아니한 사람
2. 중징계 처분을 받았거나 2회 이상의 경징계 처분을 받은 사람

제65조(통지) 조사위원회 또는 전역심사위원회는 회의 개최 10일 전까지 해당 위원회의 회의 일시, 장소 및 구체적인 조사 또는 심사 사유를 조사 또는 심사 대상자에게 알려야 한다.

「각급 법원의 설치와 관할구역에 관한 법률」

제1조(목적) 이 법은 「법원조직법」 제3조 제3항에 따라 각급 법원의 설치와 관할구역을 정함을 목적으로 한다.

제4조(관할구역) 각급 법원의 관할구역은 다음 각 호의 구분에 따라 정한다. 다만, 지방법원 또는 그 지원의 관할구역에 시·군법원을 둔 경우 「법원조직법」 제34조 제1항 제1호 및 제2호의 사건에 관하여는 지방법원 또는 그 지원의 관할구역에서 해당 시·군법원의 관할구역을 제외한다.
1. 각 고등법원·지방법원과 그 지원의 관할구역: 별표 3
2.-3. (생략)
4. 행정법원의 관할구역: 별표 6
5.-6. (생략)
7. 행정사건을 심판하는 춘천지방법원 및 춘천지방법원 강릉지원의 관할구역: 별표 9
8. (생략)

[별표 3]

고등법원·지방법원과 그 지원의 관할구역

고등법원	지방법원	지원	관 할 구 역
서울	서울중앙		서울특별시 종로구·중구·강남구·서초구·관악구·동작구
	서울동부		서울특별시 성동구·광진구·강동구·송파구
	서울남부		서울특별시 영등포구·강서구·양천구·구로구·금천구
	서울북부		서울특별시 동대문구·중랑구·성북구·도봉구·강북구·노원구
	서울서부		서울특별시 서대문구·마포구·은평구·용산구
	의정부		의정부시·동두천시·양주시·연천군·포천시, 강원도 철원군. 다만, 소년보호사건은 앞의 시·군 외에 고양시·파주시·남양주시·구리시·가평군
		고 양	고양시·파주시
		남양주	남양주시·구리시·가평군
	인 천		인천광역시
		부 천	부천시·김포시
	춘 천		춘천시·화천군·양구군·인제군·홍천군. 다만, 소년보호사건은 철원군을 제외한 강원도
		강 릉	강릉시·동해시·삼척시
		원 주	원주시·횡성군
		속 초	속초시·양양군·고성군
		영 월	태백시·영월군·정선군·평창군
대 전	대 전		대전광역시·세종특별자치시·금산군
		홍 성	보령시·홍성군·예산군·서천군
		공 주	공주시·청양군
		논 산	논산시·계룡시·부여군
		서 산	서산시·당진시·태안군
		천 안	천안시·아산시

	청 주	청주시·진천군·보은군·괴산군·증평군. 다만, 소년보호사건은 충청북도
	충 주	충주시·음성군
	제 천	제천시·단양군
	영 동	영동군·옥천군

[별표 6]

행정법원의 관할구역

고 등 법 원	행 정 법 원	관 할 구 역
서 울	서 울	서울특별시

[별표 9]

행정사건을 심판하는 춘천지방법원 및 춘천지방법원 강릉지원의 관할구역

명 칭	관 할 구 역
춘천지방법원	춘천지방법원의 관할구역 중 강릉시·동해시·삼척시·속초시·양양군·고성군을 제외한 지역
춘천지방법원 강릉지원	강릉시·동해시·삼척시·속초시·양양군·고성군

참고자료 2 - 달력

【2018년 8월 ~ 2019년 7월 달력】

2018년 8월						
일	월	화	수	목	금	토
			1	2	3	4
5	6	7	8	9	10	11
12	13	14	[15]	16	17	18
19	20	21	22	23	24	25
26	27	28	29	30	31	

2018년 9월						
일	월	화	수	목	금	토
						1
2	3	4	5	6	7	8
9	10	11	12	13	14	15
16	17	18	19	20	21	22
23	[24]	[25]	[26]	27	28	29
30						

2018년 10월						
일	월	화	수	목	금	토
	1	2	[3]	4	5	6
7	8	[9]	10	11	12	13
14	15	16	17	18	19	20
21	22	23	24	25	26	27
28	29	30	31			

2018년 11월						
일	월	화	수	목	금	토
				1	2	3
4	5	6	7	8	9	10
11	12	13	14	15	16	17
18	19	20	21	22	23	24
25	26	27	28	29	30	

2018년 12월						
일	월	화	수	목	금	토
						1
2	3	4	5	6	7	8
9	10	11	12	13	14	15
16	17	18	19	20	21	22
23	24	[25]	26	27	28	29
30	31					

2019년 1월						
일	월	화	수	목	금	토
		[1]	2	3	4	5
6	7	8	9	10	11	12
13	14	15	16	17	18	19
20	21	22	23	24	25	26
27	28	29	30	31		

2019년 2월						
일	월	화	수	목	금	토
					1	2
3	[4]	[5]	[6]	7	8	9
10	11	12	13	14	15	16
17	18	19	20	21	22	23
24	25	26	27	28		

2019년 3월						
일	월	화	수	목	금	토
					[1]	2
3	4	5	6	7	8	9
10	11	12	13	14	15	16
17	18	19	20	21	22	23
24	25	26	27	28	29	30
31						

2019년 4월						
일	월	화	수	목	금	토
	1	2	3	4	5	6
7	8	9	10	11	12	13
14	15	16	17	18	19	20
21	22	23	24	25	26	27
28	29	30				

2019년 5월						
일	월	화	수	목	금	토
			1	2	3	4
5	[6]	7	8	9	10	11
12	13	14	15	16	17	18
19	20	21	22	23	24	25
26	27	28	29	30	31	

2019년 6월						
일	월	화	수	목	금	토
						1
2	3	4	5	[6]	7	8
9	10	11	12	13	14	15
16	17	18	19	20	21	22
23	24	25	26	27	28	29
30						

2019년 7월						
일	월	화	수	목	금	토
	1	2	3	4	5	6
7	8	9	10	11	12	13
14	15	16	17	18	19	20
21	22	23	24	25	26	27
28	29	30	31			

□ 표시된 날은 평일 중 공휴일임.

2019년도 제2차
법전협
모의시험
문제

2019년도 제2차 변호사시험 모의시험 – 논술형(기록형)

| 시험과목 | 공 법(기록형) |

응시자 준수 사항

1. 시험 시작 전 문제지의 봉인을 손상하는 경우, 봉인을 손상하지 않더라도 문제지를 들추는 행위 등으로 문제 내용을 미리 보는 경우 모두 부정행위로 간주되어 그 답안은 영점 처리됩니다.

2. 답안은 흑색 또는 청색 필기구(사인펜이나 연필 사용 금지) 중 한 가지 필기구만을 사용하여 답안 작성 난(흰색 부분) 안에 기재하여야 합니다.

3. 답안지에 성명과 수험번호를 기재하지 않아 인적 사항이 확인되지 않는 경우에는 영점 처리 등 불이익을 받게 됩니다. 특히 답안지를 바꾸어 다시 작성하는 경우, 성명 등의 기재를 빠뜨리지 않도록 유의하여야 합니다.

4. 답안지에는 문제 내용을 기재할 필요가 없으며, 답안 내용 이외의 사항을 기재하거나 밑줄 기타 어떠한 표시도 하여서는 안 됩니다. 답안을 정정할 경우에는 두 줄로 긋고 다시 기재하여야 하며, 수정액 등은 사용할 수 없습니다.

5. 시험 종료 시각에 임박하여 답안지를 교체 요구한 경우라도 시험시간 종료 후 즉시 새로 작성한 답안지를 회수합니다.

6. 시험 종료 후에는 답안지 작성을 일절 할 수 없으며, 이에 위반하여 시험시간이 종료되었음에도 불구하고 **시험관리관의 답안지 제출 지시에 불응한 채 계속 답안을 작성하거나 답안지를 늦게 제출할 경우 그 답안은 영점 처리**됩니다.

7. 답안은 답안지 쪽수 번호 순으로 기재하여야 하고, **배부받은 답안지는 백지 답안이라도 모두 제출**하여야 하며, **답안지를 제출하지 아니한 경우 그 시험시간 및 나머지 시험시간의 시험에 응시할 수 없습니다.**

8. 지정된 시간까지 지정된 시험실에 입실하지 아니하거나 시험관리관의 승인을 얻지 아니하고 시험시간 중에 그 시험실에서 퇴실한 경우 그 시험시간 및 나머지 시험시간의 시험에 응시할 수 없습니다.

9. 시험시간이 종료되기 전에는 어떠한 경우에도 문제지를 시험장 밖으로 가지고 갈 수 없고, 시험 종료 후 가지고 갈 수 있습니다.

법학전문대학원협의회
KOREAN ASSOCIATION OF LAW SCHOOLS

목 차

I. 문제 1

II. 작성요령 및 주의사항 2

III. 양식 3

IV. 기록내용 5
　　상담일지 6
　　회의록 9
　　소송위임장 14
　　담당변호사지정서 15
　　등기사항전부증명서 16
　　기능성 표시·광고 심의결과 통보서 18
　　다나아 홍삼달임액 광고 19
　　인터넷 홈페이지 이용후기 20
　　명 폴리코사놀A 광고 21
　　불기소결정서 22
　　건강기능식품에 관한 법률 위반 행정처분 사전통지 ... 23
　　의견제출서 25
　　건강기능식품에 관한 법률 위반업소 행정처분 알림 .. 26
　　우편송달보고서 28
　　서울특별시행정심판위원회 재결서 29
　　우편송달보고서 30
　　사실확인서 31

V. 참고자료
　　1. 관련법령(발췌) 33
　　2. 달력 41

【문　제】

1. 의뢰인 주식회사 조아판매를 위하여 법무법인 법조의 담당변호사 입장에서 취소소송의 소장을 아래 사항을 준수하여 작성하시오. **(50점)**

    가. 첨부된 소장 양식의 ①부터 ⑤까지의 부분에 들어갈 내용만 기재할 것.

    나. 소장 양식의 'Ⅲ. 처분의 위법성' 부분(④에 해당)에서는 **절차상 위법성 및 근거법령의 위헌·위법성에 관하여는 기재하지 말 것.**

    다. 소장의 작성일(⑤에 해당)은 취소소송에 대해서 법령상 허용되는 최종일을 기재할 것.

2. 의뢰인 주식회사 조아판매를 위하여 첨부된 내부검토보고서 양식의 ①부터 ③까지의 부분에 들어갈 내용을 기재할 것. **(50점)**

【작성요령 및 주의사항】

1. 기록에 나타난 사실관계만을 기초로 하고, 그것이 사실임을 전제로 할 것.

2. 기록 내의 각종 서류에 부가되는 첨부서류는 구비된 것으로 보고, 필요한 서명, 날인, 무인, 간인, 정정인, 직인 등은 모두 적법하게 갖추어진 것으로 볼 것.

3. 송달이나 접수, 통지, 결재가 필요한 서류는 모두 적법한 절차를 거친 것으로 볼 것.

4. "(생략)"으로 표시된 부분은 모두 기재된 것으로 볼 것.

5. 참고자료의 관련법령은 모두 이 사건에 적용되는 법령으로 보고, 개정 시기는 고려하지 말 것. 「건강기능식품에 관한 법률」은 '건강기능식품법'으로 약칭해도 무방함.

6. 소장의 서술어는 경어를 사용하고, 검토보고서는 평서문으로 작성할 것.

【소장 양식】

소　장

원　　고　(생략)

피　　고　　［　①　］

영업정지처분취소청구

청 구 취 지

［　②　］

청 구 원 인

Ⅰ. 처분의 경위 등(생략)
Ⅱ. 소의 적법성

［　③　］

Ⅲ. 처분의 위법성

［　④　］

Ⅳ. 결론(생략)

입 증 방 법(생략)
첨 부 서 류(생략)

⑤ ○○○○. ○. ○○.

원고 소송대리인(생략)

서울행정법원 귀중

【검토보고서 양식】

검토보고서

건강기능식품 기능성 광고의 사전심의절차를 규정한 「건강기능식품에 관한 법률」 관련 조항에 대하여 위헌제청신청을 할 것인지 여부를 검토한 결과를 다음과 같이 보고합니다.

2018. 2. 4. 담당변호사 박승소

- 다음 -

I. 제한되는 기본권

①

II. 위헌 여부

②

III. 결론

③

법무법인 법조
대표전화 02-417-1234, 팩스 02-417-1239
http://www.bj.com, E-mail: bj@bj.com
05856 서울 송파구 법원로 101 (문정동, 법조빌딩 7층)

기록내용 시작

수임번호 2018-1	상 담 일 지		2018. 1. 2.
의뢰인	조아판매 (대표 나건강)	의뢰인 전화	(02) 456-7890
의뢰인 주 소	서울 강동구 올림픽로70길 11(천호동, 신화빌딩)	의뢰인 E-mail	abc@Joasell.com

상 담 내 용

1. 의뢰인 주식회사 조아판매는 다단계판매원을 통하여 건강기능식품 등을 판매하는 회사이다.

2. 가. 의뢰인은 식품의약품안전처장으로부터 건강기능식품의 기능성표시·광고심의업무를 위탁받은 사단법인 한국건강기능식품협회 기능성표시·광고심의위원회에 원고가 판매하는 '다나아 홍삼달임액' 광고에 대하여 심의를 받은 결과, 2017. 3. 2. "과학적으로 증명되지 않은 상태에서 홍삼제품이 특정집단(어린이, 학생 등)의 기억력 개선에 도움을 줄 수 있다는 내용의 광고는 허용되지 아니하므로 『기억력 개선』이라는 표현을 삭제할 것"이라는 내용으로 수정적합 판정을 받았다.

나. 의뢰인은 2017. 3. 9. 『기억력 개선』이라는 표현을 삭제하는 대신 "귀한 우리 자식들이 체력적으로 지쳐서 공부했던 것도 깜빡깜빡할 때- 수험생 건강, 홍삼으로 챙기세요."라는 문구를 추가하는 내용의 광고 초안을 작성하여 이를 기능성표시·광고심의위원회에 통보하였다.

다. 의뢰인은 2017. 3. 29. 위와 같이 통보한 초안을 그대로 사용하여 평화일보에 다나아 홍삼달임액 광고를 게시하였다.

3. 의뢰인의 인터넷 홈페이지(http://www.Joasell.com)에는 의뢰인이 판매하는 상품의 이용후기를 게시할 수 있는데, 의뢰인의 다단계판매원들이 2017. 4. 1.부터 2017. 4. 7.까지 '다조아 천연 비타민'의 이용후기란에 "합성 비타민은 과다하게 섭취하면 독성을 띨 가능성이 있다고 하더라고요.", "합성 비타민C 주원료는 석유찌꺼기 콜타르라는 말이 있어요.", "합성 비타민을 복용한 젊은 여성들의 사망 위험이 약 1.07배나 높았다던데... 그래서 저는 이번에 천연 비타민으로 바꿨어요."라는 글을 게시하였다.

4. 의뢰인은 2017. 4. 11. 대중일보에 '주식회사 명성케미칼'에서 제조한 '명 폴리코사놀A'에 대한 광고를 게시하였는데, 그 광고에는 '明 명성제약'이라

는 로고가 오른 쪽 위에 있고, "명성제약의 명 폴리코사놀A는 높은 혈중 콜레스테롤 개선에 도움이 된다."는 내용이 포함되어 있다.

5. 서울특별시 강동구청장은 2017. 7. 28. 의뢰인에게, 다음과 같은 내용의 행정처분 사전통지를 하였다.

   예정된 처분: 영업정지 3개월

   위반내용 및 위반법규: ①심의받은 내용과 다른 내용의 광고(평화일보 광고) ☞ 건강기능식품에 관한 법률 제18조 제1항 제6호, ②소비자를 기만하거나 오인·혼동시킬 우려가 있는 광고(인터넷 홈페이지에 게시된 다조아 천연 비타민 이용후기) ☞ 같은 법 제18조 제1항 제3호, ③질병의 예방 및 치료에 효능·효과가 있거나 의약품으로 오인·혼동할 우려가 있는 내용의 광고(대중일보 광고) ☞ 같은 법 제18조 제1항 제1호

6. 의뢰인은 2017. 8. 10. 사전통지에 대하여 다음과 같은 내용의 의견서를 제출하였다. ①시험 준비를 위해 체력적으로 힘든 수험생들에게 도움이 된다는 내용이 심의 내용에 반한다고 보기 어렵다. ②다단계판매원들이 자신들의 판매실적을 올리려고 개인적으로 글을 게시하였을 뿐인데, 회사가 책임을 져야 한다니 부당하다. ③폴리코사놀이 혈중 콜레스테롤 개선에 도움이 된다는 것은 과학적으로 증명된 사실이다.

7. 강동구청장은 2017. 8. 18. 의뢰인에게 2017. 7. 28.자 사전통지에 예고된 대로 3개월간(2017. 8. 28. ~ 2017. 11. 27.)의 영업정지처분을 하였고, 이에 대하여 의뢰인은 2017. 8. 25. 서울특별시행정심판위원회에 행정심판을 청구하였다.

8. 강동구청장은 행정심판 과정에서 "설령, 대중일보 광고 중 '폴리코사놀이 혈중 콜레스테롤 개선에 도움이 된다는 부분'이 과학적으로 증명된 사실이라고 하더라도, 의뢰인은 명 폴리코사놀A의 판매처를 '명성제약'으로 허위 기재하여 건강기능식품에 관한 법률 제18조 제1항 제2호(사실과 다른 광고)를 위반하였다. 따라서 이 사건 처분은 결과적으로 적법하다."고 주장하였다.

9. 서울특별시행정심판위원회는 2017. 10. 19. 의뢰인의 심판청구를 기각하였다. 평생 사업을 하면서 처음으로 법위반에 따른 제재를 받은 의뢰인의 대표이사 나건강은 충격을 받고 사업을 포기할 생각으로 더 이상 다투지 않았으나, 최근 심기일전하여 사업을 재개하였다.

10. 의뢰인의 희망사항

의뢰인은 이 사건 영업정지처분에 대하여 매우 억울하게 생각하고 있다. 또한 영업정지처분 때문에 소비자들도 의뢰인 회사를 믿지 못하고 있고, 의뢰인이 제품에 대한 홍보, 광고를 하려고 해도 이전 전력 때문에 가중된 처분을 받을까봐 두려워 제대로 된 홍보활동을 하지 못하고 있다. 따라서 위 처분이 취소되어 소비자들에 대한 신뢰를 회복하고, 앞으로 법적인 부담이 없이 안정적으로 사업을 영위할 수 있기를 희망한다.

2018. 1. 2. 담당변호사 박승소

법무법인 법조
대표전화 02-417-1234, 팩스 02-417-1239
http://www.bj.com, E-mail: bj@bj.com
05856 서울 송파구 법원로 101 (문정동, 법조빌딩 7층)

회 의 록

일시: 2018. 1. 4. 17:00~18:00
장소: 101호 회의실, 참석자: 김수석 변호사(송무팀장), 박승소 변호사

김 변호사: 박 변호사님, 의뢰인 주식회사 조아판매 사건에 대하여 논의해 봅시다. 의뢰인의 희망하는 바는 무엇인가요?

박 변호사: 의뢰인에 대한 3개월의 영업정지처분이 취소되는 것입니다.

김 변호사: 3개월의 영업정지 기간은 언제부터인가요? 기간이 진행하지 않았다거나 진행 중이라면 빨리 집행정지를 신청해야 합니다.

박 변호사: 이 사건의 가장 큰 문제는 3개월의 영업정지 기간이 이미 도과했다는 점입니다. 의뢰인이 행정심판청구를 하면서 법률지식 부족으로 집행정지신청을 하지 않았기 때문입니다. 하지만 의뢰인의 대표이사인 나건강은 "영업정지처분 취소를 통해 회사의 명예 및 소비자들에 대한 신뢰를 회복하고 안정적으로 건강기능식품을 판매하고 싶다."고 합니다.

김 변호사: 이미 영업정지 기간이 도과하여 효력이 상실된 상태에서 그 처분을 다툴 법률상 이익이 있을 것인지 우려됩니다.

박 변호사: 네, 법률상 이익을 인정할 수 있는 논리를 정리해 보겠습니다.

김 변호사: 2017. 3. 29.자 평화일보 다나아 홍삼달임액 광고가 심의받은 내용과 다른 내용의 광고라고 할 수 있는가요? 특히, 의뢰인은 식품의약품안전처 고시인 '건강기능식품 표시 및 광고심의기준' 제5조 제2항에 의하여 광고 문안을 삭제, 수정하여 이를 심의기관에 통보하였는데, 만약 심의기관이 통보받은 광고가 '심의한 결과와 다른 내용의 광고'라고 판단하였다면, 같은 조 제3항에 따라 다시 심의를 받도록 했을 것인데, 심의기관은 그러한 조치를 취하지 않았지요?

박 변호사: 예, 심의기관인 한국건강기능식품협회 기능성표시·광고심의위원회는 아무런 조치를 취하지 않았다고 합니다.

김 변호사: 다단계판매원들이 올린 이용후기는 어떠한가요? 어떻게 해서 이 부분이 문제된 것인가요?

박 변호사: 합성비타민 제조업체에서 위 이용후기를 문제 삼아 의뢰인의 대표이사를 형사고발하였는데, 그 때 이용후기 작성자들이 의뢰인 회사의 다단계판매원들이라는 사실이 밝혀졌습니다. 고발인은 위 이용후기 작성에 의뢰인이 관여되었다고 주장하였는데, 식품의약품안전처의 특별사법경찰관은 고발인의 주장에 관하여 자세히 조사하지 않고 사건을 기소의견으로 검찰에 송치하였고, 검찰도 추가조사를 하지 않은 채 경미한 사안이라는 이유로 기소유예 처분을 하였습니다. 강동구청장은 위와 같은 수사결과를 토대로 이 사건 처분을 한 것으로 보입니다.

김 변호사: 예 잘 알겠습니다. 이용후기의 내용만 놓고 보면, 건강기능식품에 관한 법률 시행규칙 제21조, [별표 5] 제3항 라.목의 '해당 제품의 제조방법·품질·영양소·원재료·성분 또는 효과와 직접 관련이 적은 내용을 강조함으로써 다른 업소의 제품을 간접적으로 다르게 인식되게 하는 광고'에 해당하는 것 같은데 어떤가요?

박 변호사: 예, 김 변호사님 말씀이 맞습니다. 하지만 의뢰인의 대표이사인 나건강과 회사 임직원들은 다단계판매원들에게 이용후기 작성을 지시하지 않았고 판매원들로부터 이용후기 작성에 관한 사전·사후보고를 받지도 않았습니다. 판매원들도 그러한 취지의 사실확인서를 작성해 주었습니다. 의뢰인이 관여하지도 않은 이용후기 작성을 판매업자가 한 광고라고 볼 수 있을지 의문입니다.

김 변호사: 2017. 4. 11.자 대중일보 광고는 어떤가요?

박 변호사: 원래 명 폴리코사놀A는 '명성제약'에서 판매하던 제품인데, 계열사 간 업무 조정에 따라 2017년 초부터 '명성케미칼'에서 판매하게 되었습니다. 의뢰인은 이를 제대로 확인하지 못하고 예전 광고 문구를 그대로 사용하는 바람에 결과적으로 판매원을 잘못 표시하게 되었습니다. 그래서 의뢰인은 이 부분을 특히 억울해 하고 있습니다.

김 변호사: 그렇다고 하더라도, 판매처를 명성제약으로 잘못 기재한 것은 사실 아닌가요? 이 부분에 다른 문제는 없나요? 행정심판 과정에서 무슨 일이 있었나요?

박 변호사: 의뢰인은 행정심판을 청구하면서 폴리코사놀이 콜레스테롤 개선에 도움을 준다는 사실을 증명할 수 있는 객관적 근거자료를 제출하였습니다. 강동구청장은 위와 같은 자료가 제출되니까 그 때서야 비로소 판매처 허위기재를 문제 삼아 건강기능식품에 관한 법률 제18조 제1항 제2호가 적용될 수도 있다는 주장을 하였습니다.

김 변호사: 건강기능식품에 관한 법률 시행규칙 제21조는 어떠한 행위가 법 제18조 제1항에 위반되는지 상당히 구체적으로 규정하고 있는 것 같은데 한 번 살펴봐 주세요.

박 변호사: 예, 알겠습니다.

김 변호사: 지금까지의 논의사항을 정리해 봅시다. 강동구청장은 건강기능식품에 관한 법률 제18조 제1항 제1호(명 폴리코사놀A), 제3호(다조아 천연 비타민), 제6호(다나아 홍삼달임액) 위반을 이유로 영업정지처분을 하였는데, 위 처분사유가 모두 인정되지 않는다는 것이지요? 그리고 명 폴리코사놀A와 관련하여서는 강동구청장이 행정심판 과정에서 비로소 건강기능식품에 관한 법률 제18조 제1항 제2호 위반을 처분사유로 주장한 것도 문제가 될 수 있겠네요.

박 변호사: 예, 그렇습니다.

김 변호사: 위 세 가지의 처분사유가 모두 존재한다고 하더라도, 건강기능식품에 관한 법률 시행규칙 제31조, [별표 9]에 비추어 볼 때, 3개월이라는 영업정지 기간은 위 별표의 제재기준에 반하는 것 아닌가요? 구청 등에서 위 별표의 제재기준을 따르지 않는 경우가 있는가요?

박 변호사: 제가 알아본 결과, 특별한 사정이 없는 한 거의 따르기 때문에 사실상 관행으로 굳어졌다고 합니다. 시행규칙의 [별표 9] 규정이 대외적으로 국민이나 법원을 구속하는 효력이 있는지 여부도 함께 검토되어야 할 것 같습니다.

김 변호사: 예, 그러시죠. 그런데 이 사건은 헌법 관련 쟁점도 문제가 될 수 있는 것 같습니다. '평화일브 다나아 홍삼달임액 광고'에 대한 처분의 근거가 된 법률조항에 대해 위헌법률심판제청신청을 할 것인지 여부를 검토하여 보고해 주시기 바랍니다.

박 변호사: 예, 알겠습니다. 혹시 참고가 될 만한 말씀을 해 주실 수 있습니까?

김 변호사: 이 사건에서는 상업광고가 문제되어서 여러 가지 어려운 점이 있을 것 같군요. 상업광고도 표현의 자유에 의해 보호받나요? 표현의 자유는 정치적 표현을 보호하기 위한 기본권 아닌가요?

박 변호사: 알아보겠습니다. 다른 기본권 제한도 있는지 알아보겠습니다. 기본권 경합도 필요하면 다루겠습니다.

김 변호사: 제한되는 기본권에 이어 위헌 여부에 대해서도 잘 살펴보아 주십시오. 사전검열금지원칙 위배도 쟁점이 되나요? 상업광고 문제라 검열금지가 적용되는지도 문제되겠네요.
적용된다 하더라도, 평화일보 광고에 대한 처분의 근거가 된 법률조항과 이와 관련된 건강기능식품에 관한 법률 제16조 제1항 등이 검열에 해당하는 것으로 볼 수 있는지를 검토해 주십시오.
특히, 한국건강기능식품협회는 건강기능식품에 관한 법률 제16조 제2항에 따라 식품의약품안전처장으로부터 위탁받아 광고를 심의하는 것이기는 하지만, 민간기관이지 않나요? 그렇다면 한국건강기능식품협회가 실시하는 사전 심의를 검열이라고 보기는 어려운 것 아닌가 하는 점을 중점적으로 검토하여 주시기 바랍니다.
이 부분은 저도 잘 모르겠는데, 검열에 해당하면 예외 없이 위헌으로 되는지요? 검열에 해당하더라도 특별한 정당화 사유가 있으면 위헌이 아닌 것으로 보아야 하는 것 아닌가요?

박 변호사: 잘 알겠습니다. 판례들을 잘 검토하여 보고하겠습니다.

김 변호사: 그 외에도 위헌 여부에 관한 쟁점을 폭 넓게 검토하여 제청신청을 할지에 관한 의견을 내 주시기 바랍니다. 듣기로는 상업광고에 대해서는 과잉금지원칙의 적용에 관해서도 특칙이 있다고 들었는데, 잘 살펴보아 주십시오.

박 변호사: 예, 알겠습니다. 혹시 평등권 침해 여부에 대해 말씀 주실 것이 있습니까?

김 변호사: 도서에 대해서는 사전 심사를 거쳐 출판을 하도록 하는 법령이 없는 것 같은데, 건강기능식품이라 하여 사전 심사를 거쳐 광고를 하도록

- 12 -

하는 것을 평등권 문제로 다투어 볼 여지는 없을까요?

박 변호사: 한 번 생각해 보겠습니다.

김 변호사: 오늘 논의된 내용을 기초로 취소소송 소장을 작성해주시고, 검토보고서도 작성해주시기 바랍니다. 이상입니다.

사 건	영업정지처분취소청구
원 고	㈜조아판매
피 고	생략

소 송 위 임 장

위 사건에 관하여 다음 표시 수임인을 소송대리인으로 선임하고, 다음 표시 권한을 수여한다.

수 임 인	법무법인 법조	변호사 확인 (인)
수 권 사 항	1. 일체의 소송행위 1. 반소의 제기 및 응소, 상소의 제기, 동 취하 1. 소의 취하, 화해, 청구의 포기 및 인락, 참가에 의한 탈퇴 1. 복대리인의 선임 1. 목적물의 수령 1. 공탁물의 납부, 공탁물 및 이자의 반환청구와 수령 1. 담보권의 행사 최고 신청, 담보 취소신청, 동 신청에 대한 동의, 담보 취소결정 정본의 수령, 동 취소 결정에 대한 항고권 포기 1. 강제집행신청, 대체집행신청, 가처분, 가압류 등 보전처분과 관련한 모든 소송행위 1. 인지환급금의 수령에 관한 행위, 소송비용액확정결정신청 등 1. 등록사항별 증명서, 주민등록등·초본, 기타 첨부서류 발급에 관한 행위	
2018. 1. 2. 위 임 인 서울 강동구 올림픽로70길 11 ㈜조아판매 (대표이사 나건강) (인)		소속변호사회(인) (경유증표) 서울지방변호사회 (인)

담 당 변 호 사 지 정 서

사건	영업정지처분취소청구
원고	㈜조아판매
피고	생략

위 사건에 관하여 당 법인은 원고의 소송대리인으로서 변호사법 제50조 제1항에 의하여 그 업무를 담당할 변호사를 다음과 같이 지정합니다.

담당 변호사	변호사 박승소

2018. 1. 2.

법무법인 법조
서울 송파구 법원로 101(문정동, 법조빌딩 7층)
전화 02-417-1234, 팩스 02-417-1239
대표변호사   이법조 (인)

서울행정법원 귀중

등기번호	(생략)		등기사항전부증명서(현재 유효사항)		
등록번호	(생략)				

상 호	주식회사 조아판매	일자 생략	변경
		일자 생략	등기
본 점	서울 강동구 올림픽로70길 11(천호동, 신화빌딩)	일자 생략	변경
		일자 생략	등기
공고방법	이 회사의 공고는 회사 인터넷홈페이지(http://www.Joasell.com)에 게재한다. 단, 전산장애 또는 그 밖의 부득이한 사유로 회사 인터넷 홈페이지에 공고할 수 없을 경우에는 서울시 내에서 발행되는 일간 매일경제 신문에 게재한다.	일자 생략	변경
		일자 생략	등기

1주의 금액	금 5,000원	일자 생략	변경
		일자 생략	등기

발행할 주식의 총수	70,000주	일자 생략	변경
		일자 생략	등기

발생주식의 총수와 그 종류 및 각각의 수	자본금의 액	변경연월일
		등기연월일
발행주식의 총수 30,000주 보통주식 30,000주	금 150,000,000	생략
		생략

목 적

1. 건강기능식품 판매업
2. 다단계판매업

(이하 생략)

임원에 관한 사항

대표이사 나건강 590504-1******
　　(이하 생략)

사내이사 김일해 690805-1******
　　(이하 생략)

감   사 한영식 630412-1******
　　(이하 생략)

이   사 나진주 850613-2******
　　(이하 생략)

지점에 관한 사항

서울 금천구 가산동
2014년 12월 1일 설치   2014년 12월 7일 등기

회사성립연월일	2001년 6월 10일

등기기록의 개설 사유 및 연월일
상업등기처리규칙 부칙 제2조 제1항의 규정에 의하여 구등기용지로부터 이기 2016년 1월 3일 등기

---이 하 여 백---

수수료 1,000원 영수함
관할등기소: 서울중앙지방법원 상업등기소 / 발행등기소: 서울중앙지방법원 상업등기소

이 증명서는 등기기록의 내용과 틀림 없음을 증명합니다. [다만 신청이 없는 사항의 기재를 생략하였습니다.]

서기 2018년 1월 2일

서울중앙지방법원 상업등기소 등기관 최고봉 [서울중앙지방법원 상업등기소등기관]

---

* 실선으로 그어진 부분은 말소(변경, 경정)된 등기사항입니다.

4010915313667289567922482064 1 1000 1   발행일 2018/01/02

기능성표시·광고 심의결과 통보서

회 사 명	㈜조아판매	대 표 자	나건강
제 품 명	다나아 홍삼달임액	심 의 번 호	
표시·광고매체	신문	심의필여부	심의필 (인)
심의결과	수 정 적 합		
시정사항	○ 과학적으로 증명되지 않은 상태에서 홍삼제품이 특정집단(어린이, 학생 등)의 기억력 개선에 도움을 줄 수 있다는 내용의 광고는 허용되지 아니하므로, 『기억력 개선』이라는 표현을 삭제할 것.		
시정사유	○ 건강기능식품법 시행규칙 제21조 등		

※ 근거법령 : 건강기능식품에 관한 법률 제16조에서 규정한 건강기능식품 표시 및 광고심의기준
※ 유의사항 1) 심의결과가 '수정적합'인 경우 심의필 날인없이 임의로 광고할 수 없음. 시정사항을 수정통보하지 않은 광고물을 광고하는 경우, 허위·과대광고로 처벌받을 수 있음.
  2) 본 결과통보서는 제출된 자료에 근거하여 심의하였으므로 임의로 해석하여 표시·광고할 수 없음
  3) 부적합시 삭제 또는 수정되어야 할 대표적인 문안만을 지적
  4) [표시광고의공정화에관한법률]에 의거, 환불/교환 가능여부 및 환불/교환 기준을 명시
  5) 심의필 마크 사용시 광고심의 홈페이지(http://www.adhfood.or.kr) 알림마당 공지사항 10번 참조

2017. 03. 02.
(사)한국건강기능식품협회 기능성표시·광고심의위원회   직인

《다나아 홍삼달임액 광고》

■ 심의 신청할 당시의 최초 광고

아무런 이유 없이 자꾸 피곤하십니까?

다나아 홍삼달임액을 추천합니다.

양질의 6년근 고려홍삼을 엄마의 마음으로 정성껏 달였습니다.

<u>수능을 앞 둔 수험생의 기억력 개선에도 도움이 됩니다.</u>

30년 전통의 믿을 수 있는 다나아 홍삼!

70ml 30포, 60포, 90포 특별 할인가 적용!!!

☞ ㈜조아판매, (02)456-7890, abc@Joasell.com

■ 2017. 3. 9. 기능성표시·광고심의위원회에 통보하고 2017. 3. 29. 평화일보에 게시한 광고

아무런 이유 없이 자꾸 피곤하십니까?

다나아 홍삼달임액을 추천합니다.

양질의 6년근 고려홍삼을 엄마의 마음으로 정성껏 달였습니다.

<u>귀한 우리 자식들이 체력적으로 지쳐서 공부했던 것도 깜빡깜빡할 때 - 수험생 건강, 홍삼으로 챙기세요!</u>

30년 전통의 믿을 수 있는 다나아 홍삼!!

70ml 30포, 60포, 90포 특별 할인가 적용!!!

☞ ㈜조아판매, (02)456-7890, abc@Joasell.com

《인터넷 홈페이지 이용후기》

다조아 천연 비타민

▷ 제품 상세정보

제조원	㈜ 다조아제약	가격	1,200mg 70정 ☞ 35,000원
상품종류	멀티비타민, 비타민C, D		70정 박스 × 3 ☞ 85,000원 (특별할인 혜택)
특징	천연원료 사용		

▷ 이용후기

일 시	내 용
2017.04.01. 17:24	합성 비타민은 과다하게 섭취하면 독성을 띨 가능성이 있다고 하더라구요!!!
2017.04.04. 16:12	합성 비타민C 주원료는 석유찌꺼기 콜타르라는 말이 있어요!!!
2017.04.07. 18:07	합성 비타민을 복용한 젊은 여성들의 사망위험이 약 1.07배나 높았다던데... 그래서 저는 이번에 천연 비타민으로 바꿨어요~~^^
	(이하 생략)

《명 폴리코사놀A 광고》

■ 2017. 4. 11. 대중일보 광고

明 **명성제약**

콜레스테롤 수치가 고민되십니까?

100년 전통의 명성제약의 명 폴리코사놀A가 해결해드립니다.

쿠바산 사탕수수 잎과 줄기 표면에 있는 왁스에서 추출한 천연 혼합물!

폴리코사놀은 좋은 콜레스테롤인 HDL 콜레스테롤 수치를 올리고 나쁜 콜레스테롤인 LDL 콜레스테롤 수치를 낮춥니다.

지금 주문하세요!!! ☞ ㈜조아판매, (02)456-7890, abc@Joasell.com

서울동부지방검찰청

2017. 7. 7.

사건번호   2017형제32345호
제   목   불기소결정서
검사 현정의는 아래와 같이 불기소처분을 한다.

Ⅰ. 피의자   나건강

Ⅱ. 죄 명   「건강기능식품에 관한 법률」위반

Ⅲ. 주 문
      피의자에 대한 기소를 유예한다.

Ⅳ. 피의사실과 불기소 이유
심의받은 내용과 다른 내용의 광고(2017. 3. 29. 평화일보 광고), 소비자를 기만하거나 오인·혼동시킬 우려가 있는 광고(2017. 4. 1. ~ 4. 7. 인터넷 홈페이지의 다조아 천연 비타민 이용후기), 질병의 예방 및 치료에 효능·효과가 있거나 의약품으로 오인·혼동할 우려가 있는 내용의 광고를 각 게시하여 건강기능식품에 관한 법률 위반(2017. 4. 11. 대중일보 광고)
○ 피의사실은 인정됨
○ 법 위반의 정도가 비교적 경미한 점, 피의자는 아무런 범죄 전력이 없고, 자신의 잘못을 반성하고 있는 점 등을 참작한다.
○ 피의자에 대한 기소를 유예한다.

강동구

수 신 ㈜조아판매 대표이사 나건강 귀하
(경 유)
제 목 건강기능식품에 관한 법률 위반 행정처분 사전통지

　　1. 식품의약품안전처 건강기능정책과-4844호(2017.6.26.) 관련입니다.

　　2. 위 호와 관련하여 귀하가 게시한 3건의 광고 내용에 대하여, 건강기능식품에 관한 법률 제18조(허위·과대·비방의 표시광고 금지) 위반사실이 확인되어 행정처분에 앞서 행정절차법 21조 규정에 의거 붙임과 같이 사전통지하오니,

　　3. **2017. 8. 11.까지 의견을 제출**하여 주시기 바라며, 기한내 별다른 의견이 없을 시에는 붙임 처분사전통지서와 같이 행정처분됨을 알려드립니다.

위반내용	위반법규	예정된 처분	의견제출 기한
심의받은 내용과 다른 내용의 광고(2017. 3. 29. 평화일보 광고)	건강기능식품에 관한 법률 제18조 제1항 제6호	영업정지 3개월	2017. 8. 11.
소비자를 기만하거나 오인·혼동시킬 우려가 있는 광고(2017. 4. 1. ~ 4. 7. http://www.Joasell.com 다조아 천연 비타민 이용후기)	건강기능식품에 관한 법률 제18조 제1항 제3호		
질병의 예방 및 치료에 효능·효과가 있거나 의약품으로 오인·혼동할 우려가 있는 내용의 광고(2017. 4. 11. 대중일보 광고)	건강기능식품에 관한 법률 제18조 제1항 제1호		

　　붙임: 1. 처분사전통지서 1부.

강동구청장 　[직인]

주무관 김주무　　식품안전담당주사 윤주사　　보건위생과장 7/28 길과장　　구청장 결재안함
협조자
시행　　보건위생과-2345 (2017. 7. 28.)　　접수
우 134-700 서울특별시 강동구 성내로 45(성내동)
전화 (02) 3245-2000　　　/전송 (02) 3245-3000　　　/ http://www.gangdong.go.kr 공개

처 분 사 전 통 지 서

문서번호 : (생략)
시 행 일 : 2017년 7월 28일
수　　신 : (생략)

　행정절차법 제21조 제1항의 규정에 의하여 우리 기관이 하고자 하는 처분의 내용을 통지하오니 의견을 제출하여 주시기 바랍니다.

1. 예정된 처분의 제목			영업정지
2. 당사자	성 명 (명칭)	허가자	㈜조아판매 (대표자: 나건강)
		행위자	
	주 소	주소(도로명)	서울 강동구 올림픽로70길 11(천호동, 신화빌딩)
		주소(지번)	서울 강동구 천호동 123-1
		소재지(도로명)	
		소재지(지번)	
3. 처분의 원인이 되는 사 실			1. 심의받은 내용과 다른 내용의 광고(다나아홍삼달임액) 2. 소비자를 기만하거나 오인·혼동시킬 우려가 있는 광고(다조아 천연비타민) 3. 질병의 예방 및 치료에 효능·효과가 있거나 의약품으로 오인·혼동할 우려가 있는 광고(명폴리코사놀A가 콜레스테롤 개선에 도움이 된다는 부분)
4. 처분하고자 하는 내　용			영업정지 3개월
5. 법 적 근 거			건강기능식품에 관한 법률 제32조
6. 의 견 제 출		기관명	서울특별시 강동구
		부서명	보건소 보건위생과
		주 소	서울특별시 강동구 성내로 45(성내동)
		전자우편	***77@korea.kr　팩 스　02)3425-3000
		전화번호	02)3425-2000　기 한　2017년 8월 11일

강 동 구 청 장 [직인]

의 견 제 출 서

1. 예정된 처분의 제목		영업정지 (보건위생과-2345호)
2. 당사자	성 명 (명칭)	주식회사 조아판매
	주 소	서울 강동구 올림픽로70길 11(천호동, 신화빌딩)

3. 의 견

당사는 다나아 홍삼달임액 등 건강기능식품의 건강기능식품법 위반으로 인한 영업정지 처분과 관련하여 아래와 같이 의견을 제출합니다.

- 아 래 -

1. 법 위반 사항

구 분	소명 내용
심의받은 내용과 다른 내용의 광고	시험 준비를 위해 체력적으로 힘든 수험생들에게 도움이 된다는 내용이 심의내용에 반한다고 보기 어렵습니다.
소비자 기만 또는 오인, 혼동	다단계판매원들이 자신들의 판매실적을 올리려고 개인적으로 글을 올렸을 뿐인데, 회사가 책임을 져야 한다니 부당합니다.
질병의 예방 및 치료에 효능, 효과 및 의약품 오인 우려	폴리코사놀이 혈중 콜레스테롤 개선에 도움이 된다는 것은 과학적으로 증명된 사실입니다.

4. 기 타

행정절차법 제27조 제1항 (제31조 제3항) 의 규정에 의하여 위와 같이 의견을 제출합니다.

2017년 8월 10일

의견제출인 주소 : 서울 강동구 올림픽로70길 11(천호동, 신화빌딩)
성   명 : ㈜조아판매 (대표이사 나건강) (인)

강동구청장 귀하

비 고	1. 기재란이 부족한 경우에는 별지를 사용할 수 있습니다. 2. 증거자료 등을 첨부할 수 있습니다. 3. 의견 제출과 관련하여 문서를 받으신 경우에는 문서번호와 일자를 제1호에 함께 기재하여 주시기 바랍니다.

강동구

수 신 ㈜조아판매 대표이사 나건강 귀하(참조: 대외협력팀)
(경 유)
제 목 건강기능식품에 관한 법률 위반업소 행정처분 알림

    1. 보건위생과-2345호(2017.7.28.) 관련입니다.

    2. 위 호와 관련하여 귀하의 건강기능식품에 관한 법률 위반사항에 대하여 아래와 같이 행정처분하니 처분내용 및 지시사항을 이행하시기 바랍니다.

    3. 행정처분에 이의가 있을 경우, 처분이 있음을 안 날로부터 90일 이내, 행정처분이 있는 날부터 180일 이내에 서울특별시행정심판위원회에 행정심판을 청구하거나, 처분이 있음을 안 날로부터 90일 이내, 처분이 있는 날로부터 1년 이내에 행정소송을 제기할 수 있음을 알려드립니다.

위반내용	위반법규	처분내용	비고
심의받은 내용과 다른 내용의 광고(2017. 3. 29. 평화일보 광고)	건강기능식품에 관한 법률 제18조 제1항 제6호	영업정지 3개월	
소비자를 기만하거나 오인·혼동시킬 우려가 있는 광고(2017. 4. 1. ~ 4. 7. http://www.Joasell.com 다조아 천연 비타민 이용후기)	건강기능식품에 관한 법률 제18조 제1항 제3호		
질병의 예방 및 치료에 효능·효과가 있거나 의약품으로 오인·혼동할 우려가 있는 내용의 광고(2017. 4. 11. 대중일보 광고)	건강기능식품에 관한 법률 제18조 제1항 제1호		

붙임: 행정처분명령서 1부. 끝.

강동구청장 [직인]

★ 주무관 김진사   식품안전담당주사 한성길   보건위생과장 전결 8/18 代박보건
협조자
시행 보건위생과-2678 (2017. 8. 18.)   접수
우 134-700 서울특별시 강동구 성내로 45(성내동)
전화 (02) 3245-2000   /전송 (02) 3245-3000   / http://www.gangdong.go.kr / 공개

행 정 처 분 명 령 서

인허가번호 : 20070120827

업 소 명	㈜조아판매		
영업의 종류	건강기능식품일반판매업		
대 표 자	나건강	주민등록번호	590504-1******
법 인 명	㈜조아판매	법 인 번 호	(생략)
소재지(도로명)	서울특별시 강동구 올림픽로70길 11(천호동, 신화빌딩)		
소재지(지번)	서울특별시 강동구 천호동 123-1		
위 반 사 항	처 분 기 준	1. 법 제16조제1항에 따라 심의를 받지 아니하거나 심의받은 내용과 다른 내용의 표시·광고를 한 때 2. 소비자를 기만하거나 오인·혼동시킬 우려가 있는 표시·광고를 한 때 3. 질병의 예방 및 치료에 효능·효과가 있거나 의약품으로 오인·혼동할 우려가 있는 내용의 표시·광고를 한 때	
	위 반 내 용	1. 2017. 3. 29. 평화일보 다나아 홍삼달임액 광고 2. 2017. 4. 1. ~ 4. 7. 인터넷 홈페이지의 다조아 천연 비타인 광고 3. 2017. 4. 11. 대중일보 명 폴리코사놀A 광고	
처 분 내 용	영업정지 3개월		
영업정지기간	2017년 8월 28일부터 2017년 11월 27일까지		
지 시 사 항	○ 영업정지기간중 영업하지 마시기 바랍니다. ○ 1년내 같은 위반행위로 적발시 2차위반으로 가중처분됨을 유념하시기 바랍니다.		

1. 귀하의 영업소에 대하여 건강기능식품에 관한 법률 제32조의 규정에 의해 위와 같이 행정처분합니다.
2. 위 지시사항을 준수하시기 바랍니다.

2017년 8월 18일

강 동 구 청 장 [직인]

우편송달보고서

증서 2017-제3456호   2017년 8월 18일   발송

송달서류	건강기능식품에 관한 법률 위반업소 행정처분 알림 1부
발송자	강동구청장
송달받을 자	주식회사 조아판매 귀하 서울 강동구 올림픽로70길 11(천호동, 신화빌딩)

영수인	나건강 (서명)

영수인 서명날인 불능

① 1.	송달받을 자 본인(직원)에게 교부하였다.	
2	송달받을 자가 부재 중이므로 사리를 잘 아는 다음 사람에게 교부하였다.	
	사무원	
	피용자	
	동거자	
3	다음 사람이 정당한 사유 없이 송달받기를 거부하므로, 그 장소에 서류를 두었다.	
	송달받을 자	
	사무원	
	피용자	
	동거자	

송달연월일   2017. 8. 21. 17시 20분

송달장소   서울 강동구 올림픽로70길 11(천호동, 신화빌딩)

위와 같이 송달하였다.
                              2017. 8. 21.
                              우체국 집배원   김택송

서울특별시행정심판위원회
재결서

사 건	2017서행심5678 영업정지처분 취소청구		
청구인	이름	㈜조아판매	
	주소	서을 강동구 올림픽로70길 11(천호동, 신화빌딩)	
피청구인	(생략)	참가인	
주 문	청구인의 심판청구를 기각한다.		
청구취지	(생략)		
이 유	(생략)		
근거 법조문	행정심판법 제46조		

위 사건에 대하여 주문과 같이 재결합니다.

2017. 10. 19.

서울특별시행정심판위원회 [직인]

우편송달보고서

증서 2017-제4857호   2017년 10월 19일   발송

송달서류	서울특별시행정심판위원회 재결서정본 1부
발송자	서울특별시행정심판위원회
송달받을 자	주식회사 조아판매 귀하 서울 강동구 올림픽로70길 11(천호동, 신화빌딩)
영수인	나건강 (서명)
영수인 서명날인 불능	

①.	송달받을 자 본인(직원)에게 교부하였다.
2	송달받을 자가 부재 중이므로 사리를 잘 아는 다음 사람에게 교부하였다.
	사무원
	피용자
	동거자
3	다음 사람이 정당한 사유 없이 송달받기를 거부하므로, 그 장소에 서류를 두었다.
	송달받을 자
	사무원
	피용자
	동거자

송달연월일	2017. 10. 23. 14시 30분
송달장소	서울 강동구 올림픽로70길 11(천호동, 신화빌딩)

위와 같이 송달하였다.

2017. 10. 23.

우체국 집배원   김택송

사실확인서

확인자: 김방문(1979. 11. 3.생)
이판매(1983. 12. 5.생)
박수당(1988. 4. 12.생)

1. 상기 3인은 ㈜조아판매에서 2017. 1. 1.부터 2017. 12. 31.까지 1년간 다단계판매원으로 근무하였습니다.

2. 상기 3인은 2017. 4. 1.부터 2017. 4. 7.까지 조아판매의 인터넷 홈페이지(http://www.Joasell.com)의 '다조아 천연 비타민' '이용후기'란에 "합성 비타민은 과다하게 섭취하면 독성을 띨 가능성이 있다고 하더라고요.", "합성 비타민C 주원료는 석유찌꺼기 콜타르라는 말이 있어요.", "합성 비타민을 복용한 젊은 여성들의 사망위험이 약 1.07배나 높았다던데... 그래서 저는 이번에 천연 비타민으로 바꿨어요."라는 글을 게시하였습니다.

3. 위와 같은 글을 게시한 것은 상기 3인의 판매실적을 올려 수당을 많이 받기 위한 개인적인 목적 때문입니다.

4. ㈜조아판매의 대표이사를 비롯한 임직원들은 상기 3인에게 위와 같은 글을 올리라고 지시한 바가 없습니다. 또한 상기 3인은 위와 같은 글을 올리기 전이나 올린 다음에 대표이사나 임직원에게 그 사실을 보고한 바도 없습니다.

5. 위와 같은 사실은 모두 진실임을 서약하며, 만약 증인으로 출석이 필요한 때에는 법정에 출석하여 선서 후 증언을 하도록 하겠습니다.

2018. 1. 3.

김방문 (인)
이판매 (인)
박수당 (인)

기록이면표지

참고자료 1. – 관련법령(발췌)

■ 건강기능식품에 관한 법률

제16조【기능성 표시·광고의 심의】 ① 건강기능식품의 기능성에 대한 표시·광고를 하려는 자는 식품의약품안전처장이 정한 건강기능식품 표시·광고 심의의 기준, 방법 및 절차에 따라 심의를 받아야 한다.
② 식품의약품안전처장은 제1항에 따른 건강기능식품의 기능성에 대한 표시·광고 심의에 관한 업무를 「소비자기본법」 제29조에 따라 등록한 소비자단체 또는 제28조에 따라 설립된 단체에 위탁할 수 있다.
③ 제2항에 따른 기능성에 대한 표시·광고 심의 업무를 위탁받은 자(이하 이 조에서 "심의기관"이라 한다)는 건강기능식품의 기능성 표시·광고 심의위원회를 설치·운영하여야 한다.
④ 제3항에 따른 심의위원회의 위원은 다음 각 호의 사람 중에서 식품의약품안전처장의 승인을 받아 심의기관의 장이 위촉한다. 이 경우 산업계에 소속된 사람은 3분의 1 미만으로 하여야 한다.
1. 건강기능식품 및 광고에 관한 학식과 경험이 풍부한 사람
2. 건강기능식품 관련 단체의 장이 추천한 사람
3. 시민단체(「비영리민간단체지원법」 제2조에 따른 비영리민간단체를 말한다)의 장이 추천한 사람
4. 건강기능식품 관련 학회 또는 대학의 장이 추천한 사람
⑤ 제3항에 따른 심의위원회 위원의 수, 임기, 그 밖에 운영 등에 필요한 사항은 총리령으로 정한다.

제16조의2【광고심의 이의신청】 ① 제16조제1항에 따른 심의결과에 대하여 이의가 있는 자는 심의결과를 통지받은 날부터 1개월 이내에 식품의약품안전처장에게 이의를 제기할 수 있다.
② 식품의약품안전처장은 제1항에 따른 이의신청을 받았을 때에는 제27조제1항에 따른 건강기능식품심의위원회에 자문하여 이를 심사하고 그 결과를 신청인에게 알려야 한다.
③ 제1항과 제2항에 따른 이의신청의 방법, 절차 및 운영 등에 관하여 필요한 사

항은 식품의약품안전처장이 정한다.

제18조【허위·과대·비방의 표시·광고 금지】① 누구든지 건강기능식품의 명칭, 원재료, 제조방법, 영양소, 성분, 사용방법, 품질 및 건강기능식품이력추적관리 등에 관하여 다음 각 호에 해당하는 허위·과대·비방의 표시·광고를 하여서는 아니 된다.
1. 질병의 예방 및 치료에 효능·효과가 있거나 의약품으로 오인·혼동할 우려가 있는 내용의 표시·광고
2. 사실과 다르거나 과장된 표시·광고
3. 소비자를 기만하거나 오인·혼동시킬 우려가 있는 표시·광고
4. 의약품의 용도로만 사용되는 명칭(한약의 처방명을 포함한다)의 표시·광고
5. 다른 업체 또는 그 업체의 제품을 비방하는 표시·광고
6. 제16조제1항에 따라 심의를 받지 아니하거나 심의받은 내용과 다른 내용의 표시·광고

② 제1항에 따른 허위·과대·비방의 표시·광고의 범위 등에 관하여 필요한 사항은 총리령으로 정한다.

제32조【영업허가취소 등】① 식품의약품안전처장 또는 특별자치시장·특별자치도지사·시장·군수·구청장은 영업자가 다음 각 호의 어느 하나에 해당하는 경우에는 대통령령으로 정하는 바에 따라 영업허가를 취소하거나, 6개월 이내의 기간을 정하여 그 영업의 전부 또는 일부의 정지를 명하거나, 영업소의 폐쇄(제6조에 따라 신고한 영업만 해당한다. 이하 이 조에서 같다)를 명할 수 있다. 다만, 제9호의2의 경우에는 그 영업허가를 취소하여야 한다.
1. 제4조제1항, 제5조제1항 후단, 같은 조 제2항, 제6조제3항, 제7조제1항 전단, 제10조제1항 각 호(제1호와 제5호는 제외한다), 제11조제3항 또는 제17조의2제2항을 위반한 경우
2. 제12조제1항을 위반한 경우
3. 제18조제1항을 위반한 경우
4. 제21조제1항 및 제3항을 위반한 경우
4의 2. 제21조의2제1항을 위반한 경우
5. 제22조를 위반한 경우
6. 제22조의2제1항 단서를 위반한 경우

7. 제23조, 제24조제1항·제2항, 제25조 또는 제26조에 따른 판매 등의 금지나 유사표시 등의 금지를 위반한 경우
8. 제29조, 제30조제1항·제3항, 제31조제1항 또는 제33조제1항에 따른 명령을 위반한 경우
9. 영업정지 명령을 위반하여 계속 영업을 하는 경우
9의 2. 피성년후견인이 되거나 파산선고를 받은 경우
10. 영업자가 정당한 사유 없이 계속하여 6개월 이상 휴업하는 경우
11. 제5조제1항에 따라 허가를 받은 자가 「부가가치세법」 제8조에 따라 관할 세무서장에게 폐업신고를 하거나 관할 세무서장이 사업자등록을 말소한 경우

② 제1항에 따른 행정처분의 세부적인 기준은 위반행위의 종류와 위반 정도 등을 고려하여 총리령으로 정한다.

제43조 【벌칙】 ① 다음 각 호의 어느 하나에 해당하는 자는 10년 이하의 징역 또는 1억원 이하의 벌금에 처한다. 이 경우 징역과 벌금을 병과(倂科)할 수 있다.
1. (생략)
2. 제18조제1항제1호를 위반한 자

제44조 【벌칙】 다음 각 호의 어느 하나에 해당하는 자는 5년 이하의 징역 또는 5천만원 이하의 벌금에 처한다. 이 경우 징역과 벌금을 병과할 수 있다.
1. – 3의 2. (생략)
4. 제18조제1항제2호부터 제6호까지를 위반하여 허위·과대·비방의 표시·광고를 한 자

▣ 건강기능식품에 관한 법률 시행규칙(총리령)

제20조의5 【기능성 표시·광고심의위원회 구성·운영】 ① 법 제16조제3항에 따른 건강기능식품의 기능성 표시·광고심의위원회(이하 "표시·광고심의위원회"라 한다)는 위원장 1명과 부위원장 1명을 포함한 25명 이내의 위원으로 구성한다.
② 위원장 및 부위원장은 위원 중에서 호선한다.
③ 위원의 임기는 1년으로 하되, 두 차례만 연임할 수 있으며, 보궐위원의 임기는 전임자 임기의 남은 기간으로 한다.
④ 위원장은 표시·광고심의위원회를 대표하고, 표시·광고심의위원회의 업무를 총괄하며, 부위원장은 위원장이 부득이한 사유로 직무를 수행할 수 없을 때에 위원장의 직무를 대행한다.
⑤ 위원장은 표시·광고심의위원회의 회의를 소집하고 그 의장이 된다.
⑥ 표시·광고심의위원회의 회의는 재적위원 7명 이상의 출석으로 개의하고, 출석위원 3분의 2 이상의 찬성으로 의결한다.
⑦ 표시·광고심의위원회의 사무를 처리하기 위하여 표시·광고심의위원회에 법 제16조제2항에 따른 기능성 표시·광고심의에 관한 업무를 위탁받은 자(이하 "심의기관"이라 한다)의 임직원 중에서 위원장이 지명하는 1명을 간사로 둔다.
⑧ 제1항부터 제7항까지에서 규정한 사항 외에 표시·광고심의위원회의 운영에 관하여 필요한 사항은 표시·광고심의위원회의 의결을 거쳐 위원장이 정한다.

제20조의7 【표시·광고심의위원회 위원의 해촉】 식품의약품안전처장은 표시·광고심의위원회의 위원이 다음 각 호의 어느 하나에 해당하는 경우에는 해당 위원을 해촉할 수 있다.
1. 심신장애로 인하여 직무를 수행할 수 없게 된 경우
2. 직무와 관련된 비위사실이 있는 경우
3. 직무태만, 품위손상이나 그 밖의 사유로 인하여 위원으로 적합하지 아니하다고 인정되는 경우
4. 제20조의6제1항 각 호의 어느 하나에 해당하는 데에도 불구하고 회피하지 아니한 경우
5. 위원 스스로 직무를 수행하는 것이 곤란하다고 의사를 밝힌 경우

제21조 【허위·과대·비방의 표시·광고의 범위】 법 제18조제2항에 따른 허위·과대·비방의 표시·광고의 범위는 별표 5와 같다.

제31조【행정처분의 기준 등】 ① 법 제29조 내지 법 제33조의 규정에 의한 행정처분의 기준은 별표 9와 같다.

[별표 5] 허위・과대・비방의 표시・광고의 범위(제21조 관련)
1. 질병의 예방 및 치료에 효능·효과가 있거나 의약품으로 오인·혼동할 우려가 있는 내용의 표시·광고에 해당하는 경우
   가. 질병 또는 질병군의 발생을 사전에 방지한다는 내용의 표시·광고
   나. 질병 또는 질병군에 효과가 있다는 내용의 표시·광고. 다만, 질병이 아닌 인체의 구조 및 기능에 대한 보건용도의 유용한 효과는 해당되지 아니한다.
   다. 질병의 특징적인 징후 또는 증상에 대하여 효과가 있다는 내용의 표시·광고
   라. 질병 및 그 징후 또는 증상과 관련한 제품명, 학술자료, 사진 등(이하 이 목에서 "질병정보"라 한다)을 활용하여 질병과의 연관성을 암시하는 표시·광고. 다만, 다음의 어느 하나에 해당하는 표시·광고는 제외한다.
      1) 질병의 발생 위험을 감소시키는데 도움이 된다는 내용의 표시·광고
      2) 질병정보를 제품의 기능성 표시·광고와 명확하게 구분하고, "동 질병정보는 제품과 직접적인 관련이 없습니다" 등의 표현을 병기한 표시·광고
   마. 의약품에 포함된다는 내용의 표시·광고
   바. 의약품을 대체할 수 있다는 내용의 표시·광고
   사. 의약품의 효능 또는 질병 치료의 효과를 증가시킨다는 내용의 표시·광고
3. 소비자를 기만하거나 오인·혼동시킬 우려가 있는 표시·광고에 해당하는 경우
   라. 해당 제품의 제조방법·품질·영양소·원재료·성분 또는 효과와 직접 관련이 적은 내용을 강조함으로써 다른 업소의 제품을 간접적으로 다르게 인식되게 하는 광고

[별표 9] 행정처분기준(제31조 관련)
Ⅰ. 일반기준
  1. 2 이상의 위반행위가 적발된 경우로서
     가. 그 위반행위가 영업정지에만 해당하거나, 한 품목 또는 품목류(건강기능식품의 기준 및 규격중 동일한 기준 및 규격을 적용받아 제조·가공되는 모든 품목을 말한다. 이하 같다)에 대하여 품목 또는 품목류제조정지에만 해당하는 때에는 가장 중한 정지처분기간에 나머지 각각의 정지처분기간의 2분의 1을 더하여 처분한다.
     9. 다음 각목의 1에 해당되어 영업정지 또는 품목·품목류제조정지에 해당하는 경우에는 정지처분기간의 2분의 1 이하의 범위내에서, 영업허가취소 또는 영

업장폐쇄에 해당하는 경우에는 영업정지 3월 이상의 범위내에서 각각 경감할 수 있다.
마. 건강기능식품판매업의 위반사항중 그 위반의 정도가 경미하거나 고의성이 없는 사소한 부주의로 인한 것인 때
바. 해당 위반사항에 대하여 검사로부터 기소유예의 처분을 받거나 법원으로부터 선고유예의 판결을 받은 때

Ⅱ. 개별기준

위 반 사 항	근거법령	행 정 처 분 기 준		
		1차 위반	2차 위반	3차 위반
10. 법 제18조제1항 위반	법 제32조			
가. 질병의 예방 및 치료에 효능·효과가 있거나 의약품으로 오인·혼동할 우려가 있는 내용의 표시·광고를 한 경우		\<판매업\> 영업정지 1개월	\<판매업\> 영업정지 2개월	\<판매업\> 영업소 폐쇄
나. 사실과 다르거나 과장된 표시·광고를 한 경우		\<판매업\> 영업정지 1개월	\<판매업\> 영업정지 2개월	\<판매업\> 영업소 폐쇄
다. 소비자를 기만하거나 오인·혼동시킬 우려가 있는 표시·광고를 한 경우		\<판매업\> 영업정지 1개월	\<판매업\> 영업정지 2개월	\<판매업\> 영업소 폐쇄
마. 법 제16조제1항에 따라 심의를 받지 않거나 심의받은 내용과 다른 내용의 표시·광고를 한 경우. 다만, 같은 위반사항으로 가목부터 라목까지의 어느 하나에 해당하는 규정에 따라 처분받은 경우를 제외한다.		\<판매업\> 영업정지 1개월	\<판매업\> 영업정지 2개월	\<판매업\> 영업정지 3개월

◼ 건강기능식품 표시 및 광고심의기준(식품의약품안전처 고시)

제1조【목적】 이 규정은 「건강기능식품에 관한 법률」 제16조와 제16조의2의 규정에 따라 건강기능식품의 기능성 표시·광고에 대한 심의를 함에 있어 그 기준과 방법 및 절차 등을 규정함을 목적으로 한다.

제3조【심의기준】 건강기능식품의 기능성 표시·광고의 심의기준은 다음 각 호와 같다.
1. 국민의 건강증진 및 소비자보호에 관한 국가의 건강기능식품정책에 부합하여야 한다.
2. 인체의 구조 및 기능에 대하여 생리학적 작용 등과 같은 보건용도에 유용한 효과에 대한 표현이어야 한다.
3. 객관적이고 과학적인 근거자료에 의해 표현되어야 한다.(이하 생략)

제4조【심의신청】 건강기능식품의 기능성 표시·광고에 대하여 심의를 받고자 하는 자(이하 "신청인"이라 한다)는 별지 제1호서식의 기능성 표시·광고심의신청서에 다음 각 호의 서류를 첨부하여 법 제16조제2항의 규정에 따라 식품의약품안전처장으로부터 건강기능식품의 기능성 표시·광고심의에 관한 업무를 위탁받은 단체(이하 "심의기관"이라 한다)에 제출하여야 한다.
1. 기능성 표시·광고내용(이하 생략)

제5조【심의 및 결과통보 등】 ① 제4조의 규정에 따라 건강기능식품의 기능성 표시·광고심의를 신청받은 심의기관은 신청받은 날부터 10일 이내(공휴일은 제외한다)에 제9조의 규정에 따른 건강기능식품의 기능성 표시·광고심의위원회(이하 "심의위원회"라 한다)의 심의를 거쳐 그 결과를 신청인에게 문서로 통지하여야 한다. 다만, 부득이한 사유로 그 기간 내에 처리할 수 없는 경우에는 신청인에게 심의 지연 사유와 처리 예정 기한을 문서로서 통보하여야 한다.
② 제1항의 규정에 따라 심의받은 내용 중 일부를 삭제하거나 심의받은 내용에 변화를 주지 아니하는 정도로 단순히 수정하는 경우 또는 심의받은 내용은 변경하지 아니하고 광고매체나 광고제작사 등을 변경하는 경우에는 따로 심의를 받지 아니할 수 있다. 이 경우 심의받은 내용을 수정한 신청인은 표시·광고전에 수정한 내용을 심의기관에 통보하여야 한다.

③ 제2항 후단의 규정에 따라 수정한 내용을 통보받은 심의기관은 수정한 내용이 처음 심의한 결과와 다른 내용의 표시·광고로 인정될 경우에는 제4조의 규정에 따라 다시 심의를 받도록 하여야 한다.
④ 심의기관은 제1항의 규정에 따른 심의결과 및 제6조의 규정에 따른 재심의 결과를 신청인의 영업소 관할 영업허가 또는 신고기관에 통보하여야 한다.

제6조【재심의】① 신청인은 제5조의 규정에 따른 심의결과에 대하여 이의가 있는 경우에는 심의결과를 통지 받은 날부터 1개월 이내에 심의기관에 재심의를 요청할 수 있다.
② 제1항의 규정에 따라 재심의를 요청받은 심의기관은 제3조에 규정된 심의기준에 따라 심의위원회 심의를 거쳐 그 결과를 신청 받은 날부터 10일 이내에 재심의 신청인에게 문서로 통지하여야 한다.

제6조의2【재심의 권고】① 제5조제4항의 규정에 따라 심의 또는 재심의 결과를 통보받은 영업허가 또는 신고기관은 제3조의 규정에 따른 심의기준에 맞지 아니하다고 판단되는 경우에는 그 내용을 식품의약품안전처장에게 보고하여야 한다.
② 식품의약품안전처장은 제1항의 규정에 따라 그 내용을 보고받은 경우에는 심의기관에 재심의를 권고할 수 있다. 이 경우 재심의를 권고받은 심의기관은 특별한 사유가 없는 한 이에 따라야 한다.

제7조【이의신청 등】① 제5조 또는 제6조에 따른 심의 및 재심의 결과에 대하여 이의가 있는 자는 심의결과를 통지받은 날부터 1개월 이내에 별지 제3호서식의 이의신청서에 다음 각 호의 자료를 첨부하여 식품의약품안전처장에게 이의를 신청할 수 있다.(이하 생략)

제9조【심의위원회】제4조의 규정에 따른 심의기관은 기능성 표시·광고 심의를 효율적으로 수행하기 위하여 심의기관에 건강기능식품의 기능성 표시·광고심의위원회를 설치·운영하여야 한다.

【2017년 3월 ~ 2018년 1월 달력】

2017년 3월

일	월	화	수	목	금	토
			1	2	3	4
5	6	7	8	9	10	11
12	13	14	15	16	17	18
19	20	21	22	23	24	25
26	27	28	29	30	31	

2017년 4월

일	월	화	수	목	금	토
						1
2	3	4	5	6	7	8
9	10	11	12	13	14	15
16	17	18	19	20	21	22
23	24	25	26	27	28	29
30						

2017년 5월

일	월	화	수	목	금	토
	1	2	3	4	5	6
7	8	9	10	11	12	13
14	15	16	17	18	19	20
21	22	23	24	25	26	27
28	29	30	31			

2017년 6월

일	월	화	수	목	금	토
				1	2	3
4	5	6	7	8	9	10
11	12	13	14	15	16	17
18	19	20	21	22	23	24
25	26	27	28	29	30	

2017년 7월

일	월	화	수	목	금	토
						1
2	3	4	5	6	7	8
9	10	11	12	13	14	15
16	17	18	19	20	21	22
23	24	25	26	27	28	29
30	31					

2017년 8월

일	월	화	수	목	금	토
		1	2	3	4	5
6	7	8	9	10	11	12
13	14	15	16	17	18	19
20	21	22	23	24	25	26
27	28	29	30	31		

2017년 9월

일	월	화	수	목	금	토
					1	2
3	4	5	6	7	8	9
10	11	12	13	14	15	16
17	18	19	20	21	22	23
24	25	26	27	28	29	30

2017년 10월

일	월	화	수	목	금	토
1	2	3	4	5	6	7
8	9	10	11	12	13	14
15	16	17	18	19	20	21
22	23	24	25	26	27	28
29	30	31				

2017년 11월

일	월	화	수	목	금	토
			1	2	3	4
5	6	7	8	9	10	11
12	13	14	15	16	17	18
19	20	21	22	23	24	25
26	27	28	29	30		

2017년 12월

일	월	화	수	목	금	토
					1	2
3	4	5	6	7	8	9
10	11	12	13	14	15	16
17	18	19	20	21	22	23
24	25	26	27	28	29	30
31						

2018년 1월

일	월	화	수	목	금	토
	1	2	3	4	5	6
7	8	9	10	11	12	13
14	15	16	17	18	19	20
21	22	23	24	25	26	27
28	29	30	31			

□ 표시된 날은 평일 중 공휴일임.

2019년도 제3차 법전협 모의시험 문제

2019년도 제3차 변호사시험 모의시험 – 논술형(기록형)

| 시험과목 | 공 법(기록형) |

응시자 준수사항

1. 시험 시작 전 문제지의 봉인을 손상하는 경우, 봉인을 손상하지 않더라도 문제지를 들추는 행위 등으로 문제 내용을 미리 보는 경우 모두 부정행위로 간주되어 그 답안은 영점 처리 됩니다.

2. 답안은 흑색 또는 청색 필기구(사인펜이나 연필 사용 금지) 중 한 가지 필기구만을 사용하여 답안 작성 난(흰색 부분) 안에 기재하여야 합니다.

3. 답안지에 성명과 수험 번호를 기재하지 않아 인적 사항이 확인되지 않는 경우에는 영점 처리 등 불이익을 받게 됩니다. 특히 답안지를 바꾸어 다시 작성하는 경우, 성명 등의 기재를 빠뜨리지 않도록 유의하여야 합니다.

4. 답안지에는 문제 내용을 기재할 필요가 없으며, 답안 내용 이외의 사항을 기재하거나 밑줄 기타 어떠한 표시도 하여서는 안 됩니다. 답안을 정정할 경우에는 두 줄로 긋고 다시 기재하여야 하며, 수정액 등은 사용할 수 없습니다.

5. 시험 종료 시각에 임박하여 답안지를 교체 요구한 경우라도 시험시간 종료 후 즉시 새로 작성한 답안지를 회수합니다.

6. 시험 종료 후에는 답안지 작성을 일절 할 수 없으며, 이에 위반하여 시험시간이 종료되었음에도 불구하고 **시험관리관의 답안지 제출 지시에 불응한 채 계속 답안을 작성하거나 답안지를 늦게 제출할 경우 그 답안은 영점 처리** 됩니다.

7. 답안은 답안지 쪽수 번호 순으로 기재하여야 하고, **배부받은 답안지는 백지 답안이라도 모두 제출**하여야 하며, **답안지를 제출하지 아니한 경우 그 시험시간 및 나머지 시험시간의 시험에 응시할 수 없습니다.**

8. 지정된 시간까지 지정된 시험실에 입실하지 아니하거나 시험관리관의 승인을 얻지 아니하고 시험시간 중에 그 시험실에서 퇴실한 경우 그 시험시간 및 나머지 시험시간의 시험에 응시할 수 없습니다.

9. 시험시간이 종료되기 전에는 어떠한 경우에도 문제지를 시험장 밖으로 가지고 갈 수 없고, 시험 종료 후 가지고 갈 수 있습니다.

법학전문대학원협의회
KOREAN ASSOCIATION OF LAW SCHOOLS

목 차

I. **문제** ··· 2

II. **작성요령과 주의사항** ··· 3

III. **서면 양식** ·· 4

IV. **기록내용**
　　법률상담일지 I ·· 7
　　내부회의록 I ··· 9
　　법인등기부등본 ··· 12
　　공문(한국대학교 특별감사 결과 통보) ··· 14
　　공문(특별감사결과에 따른 시정요구 및 학교폐쇄 계고) ·········· 17
　　공문(특별감사결과에 따른 시정요구 및 학교폐쇄 재계고) ······ 18
　　공문(한국대학교 폐쇄 및 학교법인 대한학원 해산 명령 통보) 19
　　우편송달보고서 ··· 21
　　보도자료 ··· 22
　　사실확인서 ··· 23
　　법률상담일지 II ··· 26
　　내부회의록 II ··· 28

V. **참고 자료**
　　1. 관련법령(발췌) ··· 34
　　2. 달력 ·· 41

【문 제】

법무법인 전승의 담당변호사 김진의 입장에서 아래의 문서를 작성하시오.

1. 의뢰인 박현미와 박현수를 위하여 한국대학교에 대한 학교폐쇄명령, 학교법인 대한학원에 대한 법인해산명령의 취소를 구하는 소장을 작성하되,

   가. ③에는 원고적격, 제소기간만을, ⑤에는 제소기간의 마지막 날을 기재하고,

   나. '이 사건 처분의 위법성' 부분(④에 해당)에서는 **근거법령의 위헌·위법성에 관하여는 기재하지 마시오**. (50점)

2. 위 취소소송에서 학교폐쇄명령의 근거 법령조항에 대한 위헌법률심판제청신청서의 ☐ 부분을 작성하시오. (50점)

【작성요령과 주의사항】

1. 첨부된 양식의 ☐ 에 들어갈 내용만 작성할 것.

2. 기록에 첨부된 각종 서류는 적법하게 작성된 것으로 간주하고, 서류 등에 필요한 서명과 날인, 무인과 간인 등은 모두 갖추어진 것으로 볼 것.

3. 기록에 첨부된 관련법령(일부 조문은 가상의 것으로 현행 법령과 차이가 있을 수 있음)은 이 사건의 모든 절차와 과정, 소장, 위헌법률심판제청신청서, 헌법소원심판청구서의 작성 및 제출 시 모두 시행되는 것으로 보고, 첨부된 관련법령과 다른 내용의 현행법령은 고려하지 말 것.

4. 법률상담일지의 사실관계와 기록에 첨부된 자료들을 기초로 하고, 그것이 사실임을 전제로 할 것.

5. 기록 중 일부 생략된 것이 있을 수 있고, 오기(誤記)나 탈자(脫字)가 있을 수 있음.

6. 서면의 작성은 경어(敬語)로 할 것.

【소장 양식】

소 장

원 고 1. 박현미
2. 박현수
(주소 생략)
원고들 소송대리인 법무법인 전승
담당변호사 김진

피 고 교육부장관

①

청 구 취 지

②

청 구 이 유

1. 이 사건 처분의 경위(생략)
2. 이 사건 소의 적법성

③

3. 이 사건 처분의 위법성

④

4. 결론(생략)

입 증 방 법(생략)
첨 부 서 류(생략)

⑤

원고들 소송대리인 법무법인 전승
담당변호사 김진 (인)

서울행정법원 귀중

【위헌법률심판제청신청서 양식】

위헌법률심판제청신청서

사 건   2019구합0000
원 고   1. 박현미   2. 박현수
피 고   교육부장관

위 사건에 관하여 원고들은 아래와 같이 위헌법률심판제청을 신청합니다.

신 청 취 지

①

신 청 이 유

Ⅰ. 사건의 개요(생략)

Ⅱ. 재판의 전제성에 관한 검토

②

Ⅲ. 위헌이라고 해석되는 이유

③
1. 심판대상조항의 내용과 쟁점의 제기
2. 심판대상조항의 위헌성

Ⅳ. 결론(생략)

2019. 3. 27.

원고들 소송대리인 법무법인 전승
담당변호사 김진

서울행정법원 귀중

기록내용 시작

수임번호 2019-52	법률상담일지 I		2019. 1. 18.
의뢰인	박현미, 박현수	의뢰인 전화	053) 333-1588
의뢰인 주소	대구 수성구 동대구로 584	의뢰인 팩스	

상 담 내 용

1. 학교법인 대한학원(이하 '대한학원'이라 한다)은 경북 영덕군에 있는 한국대학교를 설립하여 운영하고 있는 학교법인이고, 의뢰인 박현미는 대한학원의 이사장, 의뢰인 박현수는 대한학원의 이사였던 사람이다.

2. 교육부장관은 2018. 6. 27.부터 2018. 7. 15.까지 대한학원 및 한국대학교에 대한 특별감사를 실시한 결과, ① 학사관리 부적정(자격미달자에 대한 학점 및 학위 부여), ② 교비자금 등의 유용 및 횡령, 부당집행(설립자 겸 전 총장인 박기부의 교비 횡령 내지 부당집행), ③ 2012년 및 2017년 감사처분 미이행(학사관리 부적정, 교직원 인사 부적정 등의 위법사항이 지속적으로 반복) 등 대한학원 및 한국대학교의 운영 전반에 걸친 위법사항을 확인하였다는 이유로,

    2018. 8. 1. 대한학원에게 2018. 9. 30.까지 재학생 및 졸업생 등에 대한 성적 및 학위 취소(행정상 조치)를 하고, 유용 및 횡령 등 교비를 회수하여 법인회계 및 교비회계에 세입조치(재정상 조치)를 하며, 미이행된 2012년 및 2017년 감사처분을 이행하라는 내용의 특별감사결과처분을 통보하였다(이하 '이 사건 시정명령'이라 한다).

3. 대한학원은 2018. 9. 1. 교육부장관에게 이의신청을 하였으나, 교육부장관은 이의신청을 기각한 후 2018. 9. 6. 대한학원에게 2018. 10. 1.까지 이 사건 시정명령을 통해 요구된 사항(이하 '이 사건 시정요구사항'이라 한다)을 이행할 것을 명하면서, 위 기간까지 이를 이행하지 않을 경우 한국대학교에 대한 폐쇄명령 등의 절차를 진행할 것이라고 계고하였다.

4. 교육부장관은 대한학원이 법정 수업시간 미달 학생에 대한 성적 및 학위 취소 등의 조치를 이행할 의지를 보이지 않았을 뿐만 아니라 이 사건 시정요구사항의 대부분을 이행하지 아니하였다는 이유로 2018. 10. 5. 대한학원

에게 2018. 10. 25.까지 이 사건 시정요구사항을 이행할 것을 명하면서, 위 기간까지 이를 이행하지 않을 경우 한국대학교에 대한 폐쇄명령 등의 절차를 진행할 것이라고 재차 계고하였다.

5. 대한학원은 2018. 10. 25. 교육부장관에게 이 사건 시정요구사항 중 이행이 가능한 사항들은 모두 이행하였다는 내용의 조치결과보고서를 제출하였으나, 교육부장관은 그 무렵 총 4일간 성화대학에 대한 현지조사를 실시한 후 대한학원이 여전히 이 사건 시정요구사항 중 대부분을 이행하지 않았을 뿐만 아니라 한국대학교의 정상적인 학사운영이 불가능하다고 판단한 다음, 2018. 12. 17. 고등교육법 제62조, 사립학교법 제47조에 근거하여 한국대학교에 대한 학교폐쇄 및 대한학원에 대한 법인해산명령(이하 '이 사건 처분'이라 한다)을 하였다.

6. 대한학원은 이사회를 개최하여 원고들을 청산인으로 선임하는 결의를 하였으나, 대구지방법원 영덕지원은 2019. 1. 2. 원고들을 대한학원의 청산인 지위에서 해임하고, 변호사 손인우를 대한학원의 청산인으로 선임하는 결정을 하였다.

7. 의뢰인들의 희망사항

의뢰인들은 대한학원의 이사장 및 이사였던 사람들로서, 한국대학교 및 대한학원의 운영을 계속하기 위해 의뢰인들을 원고로 하여 이 사건 처분의 취소를 구하는 소를 제기하여 줄 것을 희망한다.

법무법인 전승(담당변호사 김진)
전화 053-335-2341, 팩스 053-335-2342, 이메일 jinkim@vic.com
대구광역시 수성구 동대구로 226 빅토리빌딩 6층

법무법인 전승 내부회의록 I

일 시: 2019. 1. 21. 14:00 ~ 15:00
장 소: 법무법인 전승 회의실
참석자: 오성실 변호사(행정법팀장), 김진 변호사

오 변호사: 지금부터 수임번호 2019-52호 의뢰인 박현미, 박현수 관련 한국대학교에 대한 학교폐쇄명령 및 대한학원(이하 '대한학원' 이라 합니다)에 대한 법인해산명령 사건에 관하여 논의해 보실까요. 어떠한 사건인가요?

김 변호사: 의뢰인들이 이사장 및 이사로 있던 대한학원과 그 운영의 한국대학교에 대하여 교육부장관이 특별감사를 통해 위법사항을 발견했다면서 대한학원에 대하여 일방적으로 시정명령을 하고서, 이를 이행하지 않았다는 이유로 한국대학교에 대한 학교폐쇄 및 대한학원에 대한 법인해산 명령(이하 '이 사건 처분' 이라 합니다)을 한 사건으로서, 그에 대한 취소소송을 법원에 제기하고자 합니다.

오 변호사: 교육부장관이 이 사건 처분을 한 사유가 무엇인가요.

김 변호사: 학교폐쇄명령의 사유는 한국대학교의 총장이나 설립자·경영자가 고의나 중대한 과실로 고등교육법을 위반하였고, 또한 교육부장관이 발령한 시정명령을 여러 번 이행하지 아니하여 한국대학교의 정상적인 학사운영이 불가능하다는 것이고, 법인해산명령의 사유는 한국대학교의 폐쇄에 따라 위 학교의 운영만을 목적으로 하는 대한학원의 목적 달성이 불가능하게 되었다는 것입니다.

오 변호사: 이 사건 처분과 관련해서 다투어 볼 만한 점이 있나요?

김 변호사: 먼저 이 사건 처분이 그 처분사유가 실제 존재하지 아니하여 고등교육법 제62조와 사립학교법 제47조가 정한 학교폐쇄명령 및 법인해산명령의 요건을 충족하지 못한 것으로 보입니다. 설령 교육부장관이 주장하는 처분사유가 모두 인정된다고 하더라도 이 사건 처분에는 재량권의 일탈·남용이 존재한다고 생각됩니다.

오 변호사: 각 사유에 관하여 검토가 필요하겠군요. 먼저 이 사건 처분이 그 처분사유가 존재하지 않아 학교폐쇄 및 법인해산 명령의 요건을 충족하지 못하였다는 것은 구체적으로 무엇인가요.

김 변호사: 의뢰인들의 진술에 따르면, 우선 교육부장관이 대한학원에 대하여 한 시정명령의 사유 중 부적정한 학사관리 및 교비 등 횡령행위가 실제로 이루어진 사실이 없다고 합니다. 그렇다면 이를 이유로 한 위 시정명령은 위법하다고 할 것이고, 대한학원이 이러한 위법한 시정명령에 따르지 아니하였다고 하더라도 이를 학교폐쇄의 사유로 삼을 수는 없다고 볼 여지가 큽니다.
　또한 대한학원은 위와 같은 부당한 부분을 제외한 나머지 시정명령을 모두 이행하였을 뿐만 아니라, 현재 한국대학교의 정상적인 학사운영이 불가능한 상황도 아니라고 합니다.
　이에 대하여는 의뢰인들이 제출한 자료를 면밀히 검토하여 소장에서 그 사유를 구체적으로 기술할 예정입니다.

오 변호사: 다음 사유를 볼까요. 위 처분사유가 인정된다고 하더라도 이 사건 처분이 재량권을 일탈·남용하여 위법하다는 근거는 무엇인가요.

김 변호사: 비록 이 사건 처분이 달성하려는 공익목적이 사립학교 교육의 공공성 확보를 통한 국민의 권리보호인 점을 고려하더라도, 이 사건 처분은 학교법인에 대하여 내려지는 가장 무거운 제재수단이므로 그 정당성 여부는 엄격하게 해석하여야 할 것입니다.
　그럼에도 교육부장관은 비슷한 시정명령을 받은 다른 학교들과는 달리 유독 한국대학교와 대한학원에 대해서만, 그것도 가장 무거운 제재수단인 이 사건 처분을 한 것입니다. 이는 의뢰인들이 제출한 자료에도 명확히 나타납니다.

오 변호사: 그 밖에 이 사건 처분에 절차적인 문제는 없던가요.

김 변호사: 중대한 절차적 하자도 엿보입니다. 관련 법령 및 의뢰인들이 제출한 자료를 자세히 검토하여 소장에 절차적 하자 주장도 아울러 개진하도록 하겠습니다.

오 변호사: 그 외 이 사건과 관련해 다른 특별한 사항이 있나요.

김 변호사: 원래는 대한학원이 원고가 되어 이 사건 처분에 대한 취소소송을 제기하여야 할 것인데, 이 사건 처분 이후 법원의 결정에 따라 선임된 대한학원의 청산인이 대한학원 명의로 소를 제기하는 것에 소극적인 태도를 보이고 있다고 합니다. 따라서 의뢰인들은 자신들을 원고로 하여 소를 제기해줄 것을 희망하고 있습니다.

오 변호사: 의뢰인들은 이 사건 처분의 직접 상대방은 아니지 않나요? 이를 염두에 두고 의뢰인들을 원고로 하여 취소소송을 제기할 수 있는지를 검토해보도록 하시죠. 오늘 논의한 사항들을 잘 검토해서 소장을 작성하시기 바랍니다. 이상으로 회의를 마치겠습니다. 끝.

등기사항전부증명서(말소사항포함) [제출용]

등기번호	000008	
등록번호	205331-0001234	해산

명 칭	학교법인 대한학원	1996.08.12 변경
		1996.08.13 등기
주사무소	경북 영덕군 강구면 나비산1길 14	1997.04.02 이전
		1997.05.07 등기

목 적

이 법인은 대한민국의 교육이념에 입각하여 한국학에 기초한 인문학 중심의 연구와 대학 교육을 실시함을 목적으로 한다.
1. 부동산 임대업   <1999.04.07. 경정   . .   등기>
2. 농장경영   <1999.04.07. 경정   . .   등기>
3. 한국대학교   <1998.05.01. 변경 1998.05.21 등기>
4. 사회복지사업   <2002.01.14. 추가 2002.01.25 등기>

임원에 관한 사항

~~이사장 박현미~~ 570803-2****** 대구광역시 수성구 동대구로 584
    2017 년 07 월 15 일 취임   2016 년 09 월 28 일 등기
    2018 년 12 월 21 일 말소   2019 년 01 월 17 일 등기

~~이사 강우석~~ 570318-1******
    2017 년 12 월 10 일 취임   2017 년 12 월 17 일 등기
    2018 년 12 월 21 일 말소   2019 년 01 월 17 일 등기

감사 김영건 520812-1******
    2017 년 12 월 10 일 취임   2017 년 12 월 17 일 등기

~~이사 박현수~~ 511215-1******
    2018 년 05 월 17 일 취임   2018 년 06 월 10 일 등기
    2018 년 12 월 21 일 말소   2019 년 01 월 17 일 등기

~~이사 어순화~~ 801123-2******
    2018 년 05 월 17 일 취임   2018 년 06 월 10 일 등기
    2018 년 12 월 21 일 말소   2019 년 01 월 17 일 등기

청산인 손인우 670126-1****** 서울특별시 종로구 사직로8길 4, 111동 1607호(사직동, 광화문풍림스 페이스본)
    2019 년 01 월 12 일 취임   2019 년 01 월 17 일 등기

기 타 사 항

1. 설립허가연월일
   1990년 12월 27일
1. 자산의 총액
   금 5,858,400,000원
1. 해산명령
   2018년 12월 21일 교육부장관의 학교폐쇄 및 학교법인 해산
   　　　　　　2019년 01월 17일　등기

법인성립 연월일	1991년 01월 21일

등기기록의 개설 사유 및 연월일
민법법인 및 특수법인등기 처리규칙 부칙 제2조 1항의 규정에 의하여 구등기로부터 이기 　　　　　　　　　　　　　　　　　　　　　　2001년 05월 10일　등기

수수료 1,200원 영수함　　　--- 이 하 여 백 ---
　관할등기소 : 대구지방법원 영덕지원 등기계 / 발행등기소 : 법원행정처 등기정보중앙관리소

이 증명서는 등기기록의 내용과 틀림없음을 증명합니다. [다만, 신청이 없는 지점(분사무소)·지배인(대리인)에 관한 사항의 기재를 생략하였습니다]
　　　　　　　서기 2019년 01월 18일
　　　　　법원행정처 등기정보중앙관리소　　전산운영책임관

함께 하는 공정사회 더 큰 희망 대한민국

교 육 부

수신자 학교법인 대한학원 이사장
(경유)
제목   한국대학교(학교법인 대한학원) 특별감사 결과 통보

---

　　　1. 「교육부 행정감사규칙」에 의거 2018. 6. 27. ~ 7. 15.까지 귀 법인과 귀 법인이 설치·경영하는 한국대학교에 대하여 실시한 특별감사결과를 붙임과 같이 알려드리며,

　　　2. 감사결과 지적사항에 대한 우리부 처분사항에 대하여 이의가 있을 경우 「교육부 행정감사 규칙」 제20즈의 규정에 의거 이 처분요구를 받은 날로부터 1월 이내에 이의신청을 할 수 있음을 알려드립니다.

　　　3. 아울러, 감사결과 처분 요구사항은 귀 직 책임하에 조치한 후 그 결과를 2018. 9. 30.까지 우리부로 제출하여 주시고, 감사처분 요구사항이 위 지정된 기한까지 이행되지 않는 경우에는 행정제재 대상에 포함될 수 있으니 이행에 착오 없으시기 바랍니다.

붙임: 감사결과 처분서 각 1부(별도 송부). 끝.

교 육 부 장 관 [교육부장관인]

★ 주무관　　양무관　　　행정사무관　　김관용　　　사학감사팀장　　현한철
　 협조자
　 시행　　　사학감사팀-2790 (2018. 8. 1.)　　접수
　 우 30119　세종특별자치시 갈매로 408, 14동 정부세종청사　/ www.mest.go.kr
　　　　　　교육부 사학감사팀
　 전화 044)203-6151　/　전송 044)203-6154

학교법인 대한학원 및 한국대학교
특별감사 결과 처분서

2018. 8.

교 육 부

감사결과 처분서(자세한 내용 생략)

[주요 지적사항 및 처분사항]

1. 학사관리 부적정 ☞ 출석미달자 학점 및 학위 취소
   - 원거리 거주 등으로 정상수업 참여 불가능 학생 대상 법정 수업시간보다 최대 24시간, 최소 3시간을 미달하여 수업 실시
   - 특히 법정 수업시간 미달 실시로 총 수업시수의 4분의 1 이상 수업결손이 불가피하여 학점부여가 불가능한데도, 수년간 총 7,851명의 학생에게 성적을 부여

2. 교비 등 횡령, 부당집행(72억 원) ☞ 회수, 고발
   - 설립자 겸 전 총장 박기부 횡령액: 65억 원
   - 기타 부당집행액(내역 생략) : 합계 7억 원

3. 2012년 및 2017년 감사 처분 미이행 ☞ 미이행 사항 이행 촉구
   - (생략)

함께 하는 공정사회 더 큰 희망 대한민국

교 육 부

수신자   학교법인 대한학원 이사장
(경유)
제목   특별감사결과에 따른 시정요구 및 학교폐쇄 계고

---

      1. 관련 : 사학감사팀-2790(2018. 8. 1.)

      2. 위 관련 호에 따라 우리 부에서 귀 법인 및 귀 법인이 설치·경영하는 한국대학교에 대하여 실시한 특별감사('18. 6. 27.~'18. 7. 15.) 결과, 지적된 사항에 대하여 2018. 10. 1.까지 시정을 요구하오니, 사립학교법 등 관계법령에 따라 적법하게 시정·회수·보전 등의 조치를 이행해주시기 바라며, 그 결과를 우리 부(대학과)로 보고하여 주시기 바랍니다.

      3. 아울러, 만약 동 기간까지 시정요구사항을 이행하지 않을 경우 고등교육법 제62조에 따른 학교폐쇄 조치 등의 절차를 진행할 것임을 알려드리오니 유념하시기 바랍니다. 끝.

교 육 부 장 관 [교육부장관인]

★ 주무관   **정주무**   행정사무관   **곽사무**   대학과장   **황과장**
협조자
시행   대학과-6476 (2018. 9. 6.)   접수
우 30119   세종특별자치시 갈매로 408, 14동 정부세종청사   / www.mest.go.kr
         교육부 대학지원실 산학협력과 대학과
전화   044)203-6141   /   전송   044)203-6144

함께 하는 공정사회 더 큰 희망 대한민국

교 육 부

수신자 학교법인 대한학원 이사장
(경유)
제목   특별감사결과에 따른 시정요구 및 학교폐쇄 재계고

---

1. 관련 : 사학감사팀-2790(2018. 8. 1.), 대학과-6476(2018. 9. 6.)
2. 위 관련에 따라 우리 부가 귀 법인 및 귀 법인이 설치·경영하는 한국대학교에 대하여 실시한 특별감사('18. 6. 27.~'18. 7. 15.) 결과 지적된 사항에 대하여 2018. 10. 1.까지 시정요구하면서 같은 기간 내에 이를 이행하지 않을 경우 학교폐쇄 등의 조치를 계고하였으나,
3. 현재까지 위 시정요구사항에 대해 타당한 이유 없이 대부분 이행하지 않고 있습니다.
4. 이에, 기 시정 요구한 사항에 대해 다시 한 번 시정 요구하니 2018. 10. 25.까지 이행하시고 같은 날까지 그 결과를 보고해주시기 바라며, 같은 기간 내에 이행하지 않을 경우 부득이 관련 법에 따라 학교폐쇄, 법인 해산명령 등의 절차를 진행할 예정임을 알려드리니 업무추진에 착오 없으시기 바랍니다. 끝.

교 육 부 장 관 [교육부장관인]

★ 주무관   **정주무**   행정사무관   **곽사무**   대학과장   **황과장**
  협조자
  시행   대학과-7343 (2018. 10. 5.)   접수
  우 30119 세종특별자치시 갈매로 408, 14동 정부세종청사 / www.mest.go.kr
            교육부 대학지원실 산학협력과 대학과
  전화 044)203-6141   /   전송 044)203-6144

함께 하는 공정사회 더 큰 희망 대한민국

교 육 부

수신자   학교법인 대한학원 이사장
(경유)
제목   한국대학교 폐쇄 및 학교법인 대한학원 해산 명령 통보

----

   1. 관련 : 대학과-7343(2018. 10. 5), 대학과-6476(2018. 9. 6.)
   2. 우리 부에서는 학교법인 대한학원 및 한국대학교에 대하여 특별감사 결과 지적된 사항에 대하여 시정요구하였고, 이를 이행하지 않을 경우 학교폐쇄 명령 및 법인해산 명령 등의 절차를 진행할 예정임을 두 차례 계고하였음에도, 현재까지 시정요구사항을 대부분 이행하지 않는 등 정상적인 학사운영이 불가능하고, 학교법인의 목적달성이 불가능함에 따라 고등교육법 제62조 및 사립학교법 제47조에 따라 한국대학교 폐쇄 명령 및 학교법인 대한학원 해산 명령을 붙임과 같이 합니다.

붙임: 학교폐쇄 및 학교법인 해산 명령서 1부.

교 육 부 장 관 [교육부장관인]

★ 주무관   정주무   행정사무관   곽사무   대학과장   황과장
  협조자
  시행   대학과-9765 (2018. 12. 17.)   접수
  우 30119 세종특별자치시 갈매로 408, 14동 정부세종청사   / www.mest.go.kr
           교육부 대학지원실 산학협력과 대학과
  전화 044)203-6141   /   전송 044)203-6144

학교 폐쇄 및 학교법인 해산 명령서

학교법인 대한학원 이사장

학교법인 대한학원 및 귀 법인에서 설치·경영하고 있는 한국대학교에 대하여 고등교육법 제62조 및 사립학교법 제47조에 따라 다음과 같이 학교폐쇄 및 학교법인 해산을 명함.

2018. 12. 17.

교 육 부 장 관

1. 학교폐쇄 및 학교법인 해산명령 사항
 가. 대상
  ○ 학교 : 한국대학교(설립일 : 1997. 1. 31., 개교일 : 1997. 3. 1.)
  ○ 법인 : 학교법인 대한학원(설립일 : 1996. 8. 5.)
 나. 소재지
  ○ 한국대학교 : 경북 영덕군 강구면 나비산1길 14
  ○ 대한학원   : 경북 영덕군 강구면 나비산1길 14
 다. **명령 사유** : 정상적 학사운영 불가능(고등교육법 제62조), 목적 달성의 불가능
         (사립학교법 제47조)
 라. **잔여재산 처분** : 청산인이 사립학교법 제35조, 민법 제87조 및 제95조에 따라
          처분
 마. **처분내용** : 한국대학교 폐쇄명령 및 학교법인 대한학원 해산명령
 바. **학교폐쇄일** : 2019. 2. 28.

2. 폐쇄 및 해산 명령 조건
  (이하 생략)

우편송달보고서

증서 2018년 제548호　　　2018년 12월 17일　　발송

1. 송달서류　학교폐쇄 및 법인해산 명령서
　　　　　　(대학과-9765, 2018. 12. 17.)

　　　　　　　　　　　　　　　　　　　발송자　교육부장관

송달받을 자　학교법인 대한학원 이사장 박현미 귀하
　　　　　　　경북 영덕군 강구면 나비산1길 14

영수인	
영수인 서명날인 불능	
1.	송달받을 자 본인에게 교부하였다.
②	송달받을 자가 부재 중이므로 사리를 잘 아는 다음 사람에게 교부하였다.
	사무원　김민국 (서명)
	피용자
	동거자
3	다음 사람이 정당한 사유 없이 송달받기를 거부하므로, 그 장소에 서류를 두었다.
	송달받을 자
	사무원
	피용자
	동거자
송달연월일	2018. 12. 20. 15시 30분
송달장소	경북 영덕군 강구면 나비산1길 14 (대한학원 사무처)

위와 같이 송달하였다.
　　　　　　　　　　　2018. 12. 20.
　　　　　　　　　　　우체국 집배원　김택송

★ 즉시 보도하여 주시기 바랍니다.

보도자료 2018. 12. 18.(화)	함께하는 공정사회 더 큰 희망 대한민국 교 육 부 Ministry of Education, Science and Technology

〈자료문의〉 ☎ 044-203-6151, 사학감사팀장 현한철, 사무관 김관용
　　　　　 ☎ 044-203-6141, 대 학 과 장 황과장, 사무관 곽사무

한국대학교 등 특별감사 후 시정명령 이행 결과에 따른 대학별 행정제재 부과

□ 교육부(장관 이문교)는 한국대학교 등 학사관리와 학교 재정운영 등에서 부실 우려 등이 제기된 5개의 대학에 대하여 2018. 6.부터 2018. 8.까지 특별감사를 실시하여 밝혀진 위법사항에 대한 시정명령을 한 다음, 그 이행 결과에 따라 한국대학교에 대하여 학교폐쇄명령을 내리는 등 행정제재를 취하였다고 밝혔다.

□ 5개 대학에 대한 행정제제 내역은 다음과 같다.

대상 대학	제제 사 유	행정제재
한국대학교	□학사관리 부적정 □교비자금 등의 유용 및 횡령 등 □특별감사에 따른 시정명령사항 중 일부 미이행 　72억 미보전	■학교폐쇄
부여영상대학	□학사관리 부적정 □교비자금 등의 유용 및 횡령 등 □특별감사에 따른 시정명령사항 중 일부 미이행 　70억 미보전	■2년간 총 300명 모집정지(매년 150명) ■모집정지 기간 동안 정원동결
영암정보대학	□학사관리 부적정 □특별감사에 따른 시정명령사항 중 일부 미이행 　25억 미보전	■모집정지 (입학정원 2%)
서주대	□학사관리 부적정 □특별감사에 따른 시정명령사항 중 일부 미이행	■정원동결
서산보건대	□학사관리 부적정, 입학정원 초과모집 □특별감사에 따른 시정명령사항 중 일부 미이행	■'20년도 학생 모집정원 5% 감축

사 실 확 인 서

이름: 김 민 국
주민등록번호 및 주소: (생략)

진술인은 **학교법인 대한학원 사무처 직원 겸 한국대학교 행정실 직원**으로 재직하면서 아래와 같이 직접 보고 들은 사실을 한 치의 거짓 없이 진술하고자 합니다.

1. 교육부는 특별감사를 실시한 후 2018. 8.경 ① 학사관리 부적정(자격미달자에 대한 학점 및 학위 부여), ② 교비자금 등의 유용 및 횡령, 부당집행(설립자 겸 전 총장인 박기부의 교비 횡령 내지 부당집행), ③ 2012년 및 2017년 감사처분 미이행(학사관리 부적정, 교직원 인사 부적정 등의 위법사항이 지속적으로 반복) 등 대한학원 및 한국대학교의 운영 전반에 걸친 위법사항이 확인되었다는 이유로 시정명령을 하였습니다.

2. 그러나 시정명령의 사유는 사실과 다릅니다.

 가. 먼저 학사관리 부적정 사유의 경우, 다수의 학생들이 학점 부여를 위한 법정 수업시간을 채우지 못한 것으로 확인되었다고는 하나, 지방에 소재하고 있고 상당수 재학생들이 직장에 다니면서 학업을 병행하는 우리 학교의 특성상 주말에 보강수업을 함으로써 부족한 법정 수업시간을 보충해왔습니다. 이는 다른 대다수의 지방 소재 소규모 대학들에서도 실제로 부득이하게 이루어지는 학사운영방식입니다.

 그런데, 특별감사 담당 공무원은 처음부터 학교 측에 적대적인 태도를 보이면서 학교 측이 제시한 주말 보강수업 관련 자료를 제대로 살펴보지도 않은 채 일방적으로 상당수 학생들이 법정 수업시간을 채우지 못했다고 판단하였습니다. 지금 생각해보면 교육부에서 처음부터 학교폐쇄를 목표로 감사를 벌인 것이 아닌가 싶습니다.

 나. 다음으로 교비자금의 횡령 등 사유의 경우, 설립자 겸 전 총장인 박기부는 교

비 65억 원을 횡령한 사실이 없다고 일관되게 주장하였을 뿐만 아니라, 교육부의 형사고발에 따른 수사 도중에 박기부가 사망함으로써 횡령행위 성립 여부에 대한 아무런 법적 판단이 이루어진 바 없습니다. 그럼에도 불구하고 교육부에서 박기부가 교비를 횡령한 것으로 속단하여 교비 환수 등의 시정명령을 한 것은 표적감사를 의심케 합니다(그 외의 부당집행 등 7억 원 부분 등은 모두 시정명령에 따른 환수조치를 마쳤습니다).

다. 따라서 이 사건 시정명령은 그 요건이 되는 사유가 부존재하므로 위법합니다. 그러므로 대한학원이 이러한 위법한 시정명령에 따르지 않은 것은 정당한 사유가 있다고 볼 것입니다.

라. 나아가 대한학원은 위와 같은 부당한 부분을 제외한 시정명령(미이행된 2012년 및 2017년의 감사처분 이행 포함)을 모두 성실히 이행하였습니다.

3. 뿐만 아니라, 현재 한국대학교의 재정 상황, 교수진 및 학교시설 등 제반 인적, 물적 여건 등에 비추어 정상적인 학사운영이 불가능하다고 볼 별다른 근거도 없습니다. 그럼에도 교육부장관이 단순히 위와 같은 부당한 시정명령 부분을 이행하지 않았다는 이유만으로 한국대학교의 정상적인 학사운영이 불가능하다고 판단한 것은 잘못된 것입니다.

4. 한편, 교육부장관의 재계고를 받은 후인 2018. 12. 10.경 대한학원 이사장인 박현미가 진술인과 함께 위 시정명령이 부당함을 설명하고자 교육부 대학과 사무실을 방문하였는데, 그 자리에서 대학과장 황과장 및 행정사무관 곽사무와 언쟁이 있었습니다.

황과장 등은 그 과정에서 기분이 상했는지 갑자기 그 자리에서 곧바로 학교폐쇄를 위한 청문절차를 진행하겠다고 일방적으로 고지하였습니다. 이에 박현미는 시정명령의 효력에 다툼이 있는 데다, 워낙 사안이 중대하여 법률전문가의 조력이 필요하므로 이에 응할 수 없다고 말하고 위 사무실을 나와 버렸습니다.

이후 박현미는 교육부로부터 청문기일 통지서가 오기를 기다리고 있었는데, 느닷없이 곧바로 교육부장관 명의의 이 사건 처분서를 받게 되었습니다. 이 사건 처분서는 진술인이 수령하였고, 사안의 중대성을 고려해 이 사건 처분서를 받은 사실을 박현수를 비롯한 이사들에게도 곧바로 전화로 알렸습니다.

5. 박현미는 이 사건 처분 직후 진술인과 함께 황과장을 찾아가 그 경위를 따졌는데,

황과장이 "지난번 사무실에 방문했을 때 청문을 실시하려고 하였는데, 당신들이 불응하지 않았느냐. 그러니 행정절차법상 청문을 하지 않을 예외사유에 해당하여 곧바로 이 사건 처분을 한 것이므로 아무런 문제가 없다."라고 답변하는 것을 듣고 어이가 없었습니다.

6. 한국대학교는 개교 후 30여 년간 한국학에 기초한 인문학 중심의 연구와 대학교육을 실시해오면서 다수의 졸업생을 배출해오는 등 고등교육 발전에 기여해왔고, 낙후지역인 경북 영덕군에 위치하고 있어 이 지역 경제에 상당한 기여를 해왔습니다. 현재도 무려 2,762명의 재학생, 117명의 교직원이 재학 또는 재직 중입니다. 따라서 한국대학교 폐교 및 법인해산 명령으로 인해 아무런 잘못도 없는 이들이 수업을 받을 권리와 생활의 터전인 직장을 잃게 되는 등 심각한 불이익을 받게 되고, 지역 주민들에게도 상당한 경제적 악영향을 미칠 것이 불을 보듯 뻔합니다.

또한 부적정한 학사관리는 해당 교수 등에 대한 인사상의 불이익 부과 또는 행정제재인 학생정원 감축, 학과 폐지 등의 방법을 통해 충분히 시정 내지 재발방지가 가능하다고 할 것입니다. 아울러 한국대학교는 설립자인 박기부의 횡령 행위 및 횡령 교비의 환수 여부와 무관하게 상당한 물적 시설·설비와 재정적 여건을 갖추고 있어 지금도 정상적인 학사운영이 가능합니다. 그럼에도 굳이 이렇게 인간에 대한 사형과도 같은 학교폐교 및 법인해산 명령이라는 극단적인 처분을 하는 것은 너무 가혹하다고 생각됩니다.

이상의 진술은 모두 사실임을 확인하며, 진술인은 필요하다면 언제든지 법정에 출석하여 위와 같은 사실을 증언할 의사가 있습니다.

진술인 김 민 국 (인)

수임번호 2019-52	법률상담일지 II		2019. 3. 27.
의뢰인	박현미, 박현수	의뢰인 전화	053) 333-1588
의뢰인 주소	대구 수성구 동대구로 584	의뢰인 팩스	

상 담 내 용

1. 의뢰인들은 한국대학교에 대한 학교폐쇄명령 및 대한학원에 대한 법인해산명령의 각 취소를 구하는 행정소송 중에 학교폐쇄명령의 근거 법령조항이 의뢰인들의 기본권 등을 침해하여 헌법에 위반되기 때문에 그에 근거한 학교폐쇄명령 역시 위헌·위법하다고 주장한다.

2. 의뢰인들은 학교폐쇄명령이 학교의 존립을 더 이상 불가능하게 하는 조치로서 해당 학교를 설립·운영하는 학교법인은 물론이고 학교의 구성원인 학생, 교직원, 졸업생 그리고 대학의 경우 학문공동체의 존속 및 활동과 지역공동체의 경제적 기반을 통째로 흔드는 매우 엄중하고 가혹한 제재수단이라 주장한다.

3. 학교폐쇄명령과 같은 엄중한 법적 책임을 묻기 위해서는 행정청의 처분 과정에서 그 처분이 가지는 법적 효과나 의미를 충분히 고려할 수 있도록 그에 상응하는 정도의 절차나 조직의 보장이 필요하다고 할 것인데, 교육부장관이 스스로 내린 명령에 대하여 학교 또는 학교법인이 해당 명령을 온전하게 그대로 따르지 않았다는 이유만으로 교육부장관에게 독단적으로 학교폐쇄명령을 할 수 있도록 하는 것은 기본권 보장에 필요한 최소한의 절차보장이나 조직구성이 이루어지지 않은 것이다.

4. 이에 의뢰인들은 학교폐쇄명령의 근거 법령조항에 대하여 위헌법률심판제청신청을 하고자 한다.

법무법인 전승(담당변호사 김진)
전화 053-335-2341, 팩스 053-335-2342, 이메일 jinkim@vic.com
대구광역시 수성구 동대구로 226 빅토리빌딩 6층

법무법인 전승 내부회의록 Ⅱ

일   시: 2019. 3. 28. 14:00 ~ 15:00
장   소: 법무법인 전승 회의실
참석자: 이선 변호사(헌법팀장), 김진 변호사

이 변호사: 먼저 교육부장관의 학교폐쇄명령 및 법인해산명령에 대한 취소소송과 관련하여 대한학원 임원인 의뢰인들의 추가적인 요청과 관련하여 논의해 봅시다. 의뢰인들의 주장을 간단히 정리해 주시지요.

김 변호사: 대한학원과 한국대학교는 한국학 고유의 학문방법론을 계승·발전하여 미래 한국의 인재를 육성한다는 설립자 고 박기부 선생의 숭고한 뜻과 한국학에 기초한 인문학 중심의 연구·교육이라고 하는 한국대학교의 설립목적을 실현하기 위해 교수, 학생, 그리고 법인의 모든 구성원들이 열악한 교육환경 속에서도 최선을 다하고 있다고 합니다.

그런데 교육부의 한국대학교 및 대한학원에 대한 특별감사를 통해 발견된 일부 학사관리상·재정상의 문제와 이를 시정하기 위한 교육부장관의 시정명령을 그대로 이행하지 않았다는 이유로 학교법인의 유일한 존재근거인 한국대학교를 폐쇄하도록 명령하는 것은, 사립학교의 공공성 확보라는 공익목적을 고려하더라도 지나치게 과중한 것으로 사립학교와 학교법인의 기본권 등을 과잉으로 제한하여 헌법에 위반된다는 것입니다.

이 변호사: 일반적으로 학교법인을 운영하는 과정에서 사립학교법 등 교육관련 법령이 정하는 준수사항을 어기는 일이 크고 작게 있을 수 있고, 그 때문에 해당 관련법령에서 사안의 내용과 책임의 경중에 따라 그에 상응하는 제재수단을 마련하고 있습니다. 그런데도 일부 교육관계법령에 위반되는 사항이나 위반사항을 시정하기 위한 시정명령 등 교육관련 법령에 근거한 교육부장관의 구체적 처분을 여러 번 이행하지 않았다는 사유로 사립학교 그것도 대학의 폐쇄를 명하는 것은 특별한 사정이 없는 한 지나치게 과도한 제재로 보이는군요.

먼저 폐쇄명령의 근거가 된 대한학원 및 한국대학교의 위법행위와 학교폐쇄명령의 법적 근거인 고등교육법 조항의 내용을 간단히 설명해 주시지요.

김 변호사: 교육부의 한국대학교에 대한 집중감사를 통해 드러난 대한학원과 한국대학교의 비리 및 위법사항의 내용, 그리고 의뢰인들이 온전하게 이행하지 않았다고 하는 교육부장관의 시정명령에 대해서는 현재 우리 법무법인에서 수행하고 있는 행정소송의 여러 서면들을 통해 파악하실 수 있습니다.

한국대학교에 대한 학교폐쇄명령의 법적 근거는 고등교육법 제62조 제1항인데, 위 조항에서는 학교의 장이나 설립자·경영자의 위법행위를 '고의나 중대한 과실로 이 법 또는 이 법에 따른 명령을 위반한 경우'와 '이 법 또는 그 밖의 교육관계법령에 따른 교육과학기술부장관의 명령을 여러 번 위반한 경우' 등 두 가지 사유로 나누고, 이로 인해 더 이상 '정상적인 학사운영이 불가능한 경우'라고 판단되면 교육부장관이 학교폐쇄를 명할 수 있도록 하고 있습니다.

요약하면 교육부장관은 해당 학교의 총장이나 교장, 학교법인의 설립자나 이사 등 경영자가 '고등교육법 및 같은 법 시행령을 위반사실' 또는 '고등교육법을 비롯한 교육관계법령에 따른 교육부장관의 명령을 여러 번 위반한 사실'이 있고, 이에 더하여 그와 같은 행위로 인해 더 이상 '정상적인 학사운영이 불가능'하다고 판단하면 그에 대한 시정이나 변경 등의 조치, 위반행위의 취소나 모집정원감축 등 다른 제재조치를 거치지 않고 바로 학교폐쇄명령을 내릴 수 있습니다.

이 변호사: 해당 고등교육법 조항의 문구만 보더라도 학교폐쇄명령이란 제재의 효과에 비해 그 사유나 기준이 지나치게 불명확하고 애매하게 규정되어 있는 것으로 보입니다.

일단 정상적인 학사운영이 불가능한 경우가 어떤 경우를 말하는지 그 사유와 기준이 불명확하군요. 학사운영에서 학사의 개념이 어떤 업무의 영역을 말하는지, 대학재정의 균형성이나 충실도, 채무비율 등 재산상황, 학생의 모집이나 선발, 교육과정, 교육내용의 충실도 등 대학의 여러 업무영역 중 구체적으로 어떤 부문에서 이와 같은 정상적이지 못한 상황이 발생하여야 하는지, 위법행위가 어느 정도의 내용이나 비중에 이르러야 정상적인 학사운영이 불가능한 상황에 해당하는지 등에 대한 아무런 해석기준이나 판단기준을 고등교육법 조항을 통해서는 발견하기 어렵습니다.

또한 고등교육법이나 관련교육법령의 어떤 조항을, 몇 회 정도 위반하여야 정상적인 운영이 불가능한 정도에 이르는지에 대한 최소한의 판단기준도 제시되지 않은 것으로 보입니다.

김 변호사: 그렇습니다. 학교법인의 존립목적은 오로지 사립학교의 설치·운영에 있는데, 위와 같은 사유가 있다는 것을 이유로 교육부장관의 독자적이고 재량적인 판단으로 학교폐쇄명령을 할 수 있게 하는 것은 지나치다고 보입니다. 그리고 학교폐쇄명령의 사유로서 고등교육법령이나 교육관계법령, 이에 근거한 교육부장관의 구체적인 명령이 특정되어 있지도 않은 탓에, 불법이나 책임의 정도가 경미한 위법사항이라도 여러 번 반복되거나 하나의 위반행위나 일련의 연속적인 처분에 따른 반복적인 시정명령을 이행하지 않는 경우까지도 교육부장관의 재량판단에 따라 정상적인 학사운영이 어렵다면 학교폐쇄명령에까지 이를 수 있다고 하겠습니다.

이 사건 한국대학교에 대한 학교폐쇄명령 역시 과거의 감사결과에 대한 반복적인 시정명령과 불이행, 반복된 종합감사를 통한 과거 감사결과에 대한 재지적과 이에 이은 시정명령에 기초한 것이라고 볼 수 있으므로 이와 같은 우려가 그대로 나타난 전형적인 사례라고 볼 수 있겠습니다.

또한 정상적인 학사운영이 불가능하다는 판단 역시 학교법인과 사립학교에 대하여 일반적·포괄적인 감사권한과 처분권한을 가지는 교육부장관의 독자적인 재량판단에 맡겨져 있다는 점에서 절차적인 위헌성도 아울러 지적할 수 있을 것 같습니다. 교육부장관이 특정학교를 지목하여 이를 폐쇄하고자 한다면, 해당 학교법인이나 사립대학의 자력으로는 그 이행이 매우 어렵거나 현실적으로 불가능한 명령을 내리면서, 그 불이행을 사유로 폐쇄명령을 하는 극단적인 상황을 상정할 수 있을 것입니다.

한국대학교의 경우 수도권에서 상당히 거리가 멀고, 교통이 불편한 경상북도 영덕군에 위치하여 학생의 모집이나 교수의 충원에 불리한 조건을 가지고 있을 뿐 아니라 한국학중심의 인문학연구의 소규모 대학이라 일률적·획일적으로 요구되는 고등교육법 등 교육관계법령이나 이에 근거한 교육부장관의 구체적인 처분 또는 명령을 그대로 준수하고 이행하는 것이 학교운영의 모든 영역에서 사실상 불가능한 것이 현실입니다.

이 변호사: 그렇겠군요. 폐쇄명령조항으로 인해 제한되는 학교법인 또는 사립학교의 기본권은 무엇인가요?

김 변호사: 우선 사립대학인 한국대학교를 설치·운영하는 주체는 학교법인 대한학원입니다. 따라서 대한학원이 운영하는 한국대학교를 폐쇄하는 경우 대한학원은 설립자의 교육이념이나 정관에서 정하는 목적을 달성하는 것이 불가능하기 때문에 사립학교의 운영이 불가능하게 되는 기본권 제한을 받게 됩니다.

이 변호사: 사립학교 운영을 보장하는 기본권이 따로 있나요?

김 변호사: 명시적인 기본권조항은 우리 헌법에 없는 것 같고, 예전에 변호사시험 공부를 할 때 헌법재판소 판례를 통해 사학의 자유라는 기본권이 인정된 바 있다는 이야기를 들은 적이 있는 것 같습니다. 이번 기회에 헌법재판소 판례와 관련 논문을 검토해 보겠습니다.

이 변호사: 그러시지요. 대학이 폐쇄되면 학생들의 교육을 받을 권리, 대학의 자치, 교수 등 연구자들의 연구의 자유 등 기본권도 함께 제한될 것 같네요.

김 변호사: 그렇습니다. 말씀하신 기본권에 대한 제한도 함께 검토해 보겠습니다.

이 변호사: 그리고 조금 전에 말씀하셨던 것과 같이 학교폐쇄명령의 사유로서 구체적인 명령 등의 발령권자와 그 불이행으로 인해 정상적인 학사운영의 불가능성 여부에 대한 판단권자가 교육부장관으로 동일하고, 이를 사유로 고등교육기관인 사립대학을 폐쇄하는 무거운 제재조치를 하면서도 중립적인 제3자나 교육 또는 법률영역에 대한 전문가의 조력 없이 교육부장관의 독자적인 판단과 재량만으로 폐쇄명령을 할 수 있다는 점도 중요한 위헌성의 논거가 될 수 있을 것 같습니다.

- 31 -

국민들에게 다양한 교육의 기회를 제공하고 국가중심의 관치교육으로부터 교육의 중립성과 학문의 다양성을 보장하는 사립학교의 헌법적 기능에 비추어 볼 때, 특별한 사정이 없는 한 사립학교의 존속을 보장하는 것이 여러 모로 바람직하고, 또한 국민의 기본권을 보장하는 헌법정신에도 부합하는 해석이 아닐까요. 이를 위해서는 교육이나 법적인 관점에서 교육부장관을 대신하거나 보완하는 중립적이고 전문적인 위원회 등 심의의결기관을 통한 절차보완이 필요하지 않을까 하는 생각이 듭니다. 예를 들어 대학평가 등의 업무를 수행하는 자율적인 협의기구인 한국대학교육협의회에 학교폐쇄명령 여부에 대한 사전적인 심의나 최종적인 결정을 하도록 위임하는 것도 하나의 방편이 되지 않을까 생각됩니다.

김 변호사: 변호사님의 의견이 큰 도움이 될 것 같습니다. 의견을 잘 반영해서 위헌법률심판제청신청서를 작성하도록 하겠습니다.

이 변호사: 수고하셨습니다. 이상으로 회의를 마치겠습니다.

기록이면표지

참고자료 1 – 관련 법령(발췌)

■ **고등교육법**[법률 제16330호, 2017. 12. 29. 일부개정]

제1조(목적) 이 법은 「교육기본법」 제9조에 따라 고등교육에 관한 사항을 정함을 목적으로 한다.

제2조(학교의 종류) 고등교육을 실시하기 위하여 다음 각 호의 학교를 둔다.
  1. 대학
  2. 산업대학
  3. 교육대학
  4. 전문대학
  5. ‑ 7. (생략)

제3조(국립·공립·사립 학교의 구분) 제2조 각 호의 학교(이하 "학교"라 한다)는 국가가 설립·경영하거나 국가가 국립대학 법인으로 설립하는 국립학교, 지방자치단체가 설립·경영하는 공립학교(설립주체에 따라 시립학교·도립학교로 구분할 수 있다), 학교법인이 설립·경영하는 사립학교로 구분한다.

제4조(학교의 설립 등) ① 학교를 설립하려는 자는 시설·설비 등 대통령령으로 정하는 설립기준을 갖추어야 한다.
  ② 국가 외의 자가 학교를 설립하려는 경우에는 교육부장관의 인가를 받아야 한다.
  ③ 공립학교나 사립학교의 설립자·경영자가 학교를 폐지하거나 대통령령으로 정하는 중요 사항을 변경하려는 경우에는 교육부장관의 인가를 받아야 한다.

제5조(지도·감독) ① 학교는 교육부장관의 지도(指導)·감독을 받는다.
  ② 교육부장관은 학교를 지도·감독하기 위하여 필요하면 대통령령으로 정하는 바에 따라 학교의 장에게 관련 자료를 제출하도록 요구할 수 있다.

제7조(교육재정) ① 국가와 지방자치단체는 학교가 그 목적을 달성하는 데에 필요한 재원(財源)을 지원하거나 보조할 수 있다.
  ② 학교는 교육부령으로 정하는 바에 따라 예산과 결산을 공개하여야 한다.

제10조(학교협의체) ① 대학·산업대학·교육대학·전문대학 및 원격대학 등은

고등교육의 발전을 위하여 각 학교의 대표자로 구성하는 협의체(協議體)를 운영할 수 있다.
② 제1항에 따른 협의체의 조직과 운영에 관하여는 따로 법률로 정한다.

제11조의2(평가 등) ① 학교는 교육부령으로 정하는 바에 따라 해당 기관의 교육과 연구, 조직과 운영, 시설과 설비 등에 관한 사항을 스스로 점검하고 평가하여 그 결과를 공시하여야 한다.
② 교육부장관으로부터 인정받은 기관(이하 이 조에서 "인정기관"이라 한다)은 학교의 신청에 따라 학교운영의 전반과 교육과정(학부·학과·전공을 포함한다)의 운영을 평가하거나 인증할 수 있다.
③ 교육부장관은 관련 평가전문기관, 제10조에 따른 학교협의체, 학술진흥을 위한 기관이나 단체 등을 인정기관으로 지정할 수 있다.
④ 정부가 대학에 행정적 또는 재정적 지원을 하려는 경우에는 제2항에 따른 평가 또는 인증 결과를 활용할 수 있다.
⑤ 제2항의 평가 또는 인증, 제3항의 인정기관의 지정과 제4항의 평가 또는 인증 결과의 활용에 필요한 사항은 대통령령으로 정한다.

제60조(시정 또는 변경 명령) ① 교육부장관은 학교가 시설, 설비, 수업, 학사, 그 밖의 사항에 관하여 교육 관계 법령 또는 이에 따른 명령이나 학칙을 위반하면 기간을 정하여 학교의 설립자·경영자 또는 학교의 장에게 그 시정이나 변경을 명할 수 있다.
② 교육부장관은 제1항에 따른 시정 또는 변경 명령을 받은 자가 정당한 사유 없이 지정된 기간에 이를 이행하지 아니하면 대통령령으로 정하는 바에 따라 그 위반행위를 취소 또는 정지하거나 그 학교의 학생정원 감축, 학과 폐지 또는 학생 모집정지 등의 조치를 할 수 있다.

제62조(학교 등의 폐쇄) ① 교육부장관은 학교가 다음 각 호의 어느 하나에 해당하여 정상적인 학사운영이 불가능한 경우에는 해당 학교의 학교법인에 대하여 학교의 폐쇄를 명할 수 있다.
 1. 학교의 장이나 설립자·경영자가 고의나 중대한 과실로 이 법 또는 이 법에 따른 명령을 위반한 경우
 2. 학교의 장이나 설립자·경영자가 이 법 또는 그 밖의 교육 관계 법령에 따른 교육과학기술부장관의 명령을 여러 번 위반한 경우
 3. 휴가기간을 제외하고 계속하여 3개월 이상 수업을 하지 아니한 경우
② 교육부장관은 제4조 제2항에 따른 학교설립인가나 제24조에 따른 분교설치

인가를 받지 아니하고 학교의 명칭을 사용하거나 학생을 모집하여 시설을 사실상 학교의 형태로 운영하는 자에게는 그 시설의 폐쇄를 명할 수 있다.

제63조(청문) 교육부장관은 제62조에 따라 학교나 시설 등의 폐쇄를 명하려면 청문을 하여야 한다.

제63조의2(행정제재심의위원회의 심의) 교육부장관은 제60조에 따라 학생 모집정지 등의 행정처분을 하거나, 제62조에 따라 학교나 시설 등의 폐쇄를 명하려면 행정제재심의위원회의 심의를 거쳐야 한다.

■ 고등교육법 시행령
제71조의2(행정처분의 기준) 법 제60조 제2항에 따른 학생정원 감축 등 행정처분의 세부기준은 별표 4와 같다.

■ 고등교육법 시행령 [별표 4]
학생정원 감축 등 행정처분의 세부기준(제71조의2 관련)

1. 일반기준
   가. 교육부장관은 위반행위를 적발한 경우에는 법 제60조 제1항에 따라 그 시정이나 변경을 명한 후 시정 또는 변경 명령을 받은 자가 이에 따르지 않는 경우에 이 기준에 따른 행정처분을 한다.
   나. 내지 마. (생략)
   바. 개별기준에서 행정처분기준을 정하지 아니한 경우에는 개별기준에서 정한 유사위반행위의 행정처분기준에 따르되, 유사위반행위가 없는 경우에는 그 위반행위의 내용, 경중 및 위반횟수 등을 고려하여 학생정원 감축, 학과 폐지, 학생모집정지 또는 학생정원 동결의 행정처분을 한다.

2. 개별기준(생략)

■ **사립학교법**[법률 제16354호, 2018. 1. 15. 일부개정]

제1조(목적) 이 법은 사립학교의 특수성에 비추어 그 자주성을 확보하고 공공성을 앙양함으로써 사립학교의 건전한 발달을 도모함을 목적으로 한다.

제2조(정의) 이 법에서 사용하는 용어의 뜻은 다음과 같다.
 1. "사립학교"란 학교법인, 공공단체 외의 법인 또는 그 밖의 사인(私人)이 설치하는 「유아교육법」 제2조제2호, 「초·중등교육법」 제2조 및 「고등교육법」 제2조에 따른 학교를 말한다.
 2. "학교법인"이란 사립학교만을 설치·경영할 목적으로 이 법에 따라 설립되는 법인을 말한다.
 3. - 4. (생략)

제4조(관할청) ①다음 각 호의 어느 하나에 해당하는 자는 그 주소지를 관할하는 특별시·광역시·특별자치시·도 및 특별자치도(이하 "시·도"라 한다) 교육감의 지도·감독을 받는다.
 1. 사립의 초등학교·중학교·고등학교·고등기술학교·공민학교·고등공민학교·특수학교·유치원 및 이들에 준하는 각종학교
 2. 제1호에 규정한 사립학교를 설치·경영하는 학교법인 또는 사립학교경영자
 ② 생략
 ③ 다음 각호의 1에 해당하는 자는 교육부장관의 지도·감독을 받는다.
 1. 사립의 대학·산업대학·사이버대학·전문대학·기술대학 및 이들에 준하는 각종학교(이하 "大學敎育機關"이라 한다)
 2. 제1호에 규정한 사립학교를 설치·경영하는 학교법인
 3. 제1호에 규정한 사립학교와 기타의 사립학교를 아울러 설치·경영하는 학교법인

제5조(자산) ①학교법인은 그 설치·경영하는 사립학교에 필요한 시설·설비와 당해 학교의 경영에 필요한 재산을 갖추어야 한다.
②제1항에 규정한 사립학교에 필요한 시설·설비와 재산에 관한 기준은 대통령령으로 정한다.

제20조의2(임원취임의 승인취소) ①임원이 다음 각호의 1에 해당하는 행위를 하였을 때에는 관할청은 그 취임승인을 취소할 수 있다.
1. 이 법, 「초·중등교육법」 또는 「고등교육법」의 규정을 위반하거나 이에 의한

명령을 이행하지 아니한 때
2. 임원간의 분쟁·회계부정 및 현저한 부당등으로 인하여 당해 학교운영에 중대한 장애를 야기한 때
3. 학사행정에 관하여 당해 학교의 장의 권한을 침해하였을 때
6. 관할청의 학교의 장에 대한 징계요구에 불응한 때
②제1항의 규정에 의한 취임승인의 취소는 관할청이 당해 학교법인에게 그 사유를 들어 시정을 요구한 날로부터 15일이 경과하여도 이에 응하지 아니한 경우에 한한다. 다만, 시정을 요구하여도 시정할 수 없는 것이 명백하거나 회계부정, 횡령, 뇌물수수 등 비리의 정도가 중대한 경우에는 시정요구 없이 임원취임의 승인을 취소할 수 있으며, 그 세부적 기준은 대통령령으로 정한다.

제43조(지원) ① 국가 또는 지방자치단체는 교육의 진흥상 필요하다고 인정할 때에는 사립학교교육의 지원을 위하여 대통령령 또는 당해 지방자치단체의 조례가 정하는 바에 의하여 보조를 신청한 학교법인 또는 사학지원단체에 대하여 보조금을 교부하거나 기타의 지원을 할 수 있다.
② 관할청은 제1항 또는 제35조 제5항에 따라 지원을 받은 학교법인 또는 사학지원단체에 대하여 다음 각호에 규정하는 권한을 가진다.
 1. 지원에 관하여 필요한 경우에는 당해 학교법인 또는 사학지원단체로부터 그 업무 또는 회계의 상황에 관한 보고를 받는 일
 2. 당해 학교법인 또는 사학지원단체의 예산이 지원의 목적에 비추어 부적당하다고 인정할 때에는 그 예산에 대하여 필요한 변경조치를 권고하는 일

제47조 (해산명령) ① 교육부장관은 학교법인에 다음 각 호의 1에 해당하는 사유가 있다고 인정할 때에는 당해 학교법인에 대하여 해산을 명할 수 있다.
 1. 설립허가조건에 위반한 때
 2. 목적의 달성이 불가능한 때
② 제1항의 규정에 의한 학교법인의 해산명령은 다른 방법으로는 감독의 목적을 달성할 수 없을 때 또는 관할청이 시정 지시한 후 6월이 경과하여도 이에 응하지 아니한 때에 한하여야 한다.

제47조의2(청문) 교육부장관은 제47조의 규정에 의하여 학교법인의 해산을 명하고자 하는 경우에는 청문을 실시하여야 한다.

제54조의2(해임요구) ①관할청은 각급학교의 장이 다음 각 호의 어느 하나에 해당할 때에는 임용권자에게 해당 학교의 장의 해임을 요구할 수 있다. 이 경우

해임을 요구받은 임용권자는 특별한 사유가 없으면 이에 따라야 한다.
1. 제58조제1항 각호의 1에 해당할 때
2. 학생의 입학(編入學을 포함한다)·수업 및 졸업에 관한 당해 학교의 장의 권한에 속하는 사항으로서 교육관계법률 또는 그 법률에 의한 명령에 위반할 때
3. 이 법 또는 이 법에 의한 명령 또는 다른 교육관계법령에 위반하였을 때
4. 학교에 속하는 회계의 집행에 관하여 부정 또는 현저히 부당한 일을 행하였을 때
②제1항의 규정에 의한 해임의 요구는 관할청이 당해 학교법인 또는 사립학교 경영자에게 그 사유를 밝혀 시정을 요구한 날로부터 15일이 경과하여도 이에 응하지 아니한 경우에 한한다

제61조(징계의 사유 및 종류) ①사립학교의 교원이 다음 각호의 1에 해당하는 때에는 당해 교원의 임용권자는 징계의결의 요구를 하여야 하고, 징계의결의 결과에 따라 징계처분을 하여야 한다.
1. 이 법과 기타 교육관계법령에 위반하여 교원의 본분에 배치되는 행위를 한 때
2. 직무상의 의무에 위반하거나 직무를 태만히 한 때
3. 직무의 내외를 불문하고 교원으로서의 품위를 손상하는 행위를 한 때
②징계는 파면·해임·정직·감봉·견책으로 한다.
③정직은 1월 이상 3월 이하의 기간으로 하고, 정직처분을 받은 자는 그 기간중 신분은 보유하나 직무에 종사하지 못하며 보수의 3분의 2를 감한다.
④감봉은 1월 이상 3월 이하의 기간, 보수의 3분의 1을 감한다.
⑤견책은 전과에 대하여 훈계하고 회개하게 한다.

■ 한국대학교육협의회법

제1조(목적) 이 법은 한국대학교육협의회를 설립·육성하여 대학 운영의 자주성과 공공성을 높이고 대학 간의 협조를 통하여 대학교육의 건전한 발전을 도모함을 목적으로 한다.

제3조(기능) ① 협의회는 다음 각 호의 기능을 가진다.
 1. 대학의 교육제도와 그 운영에 관한 연구개발
 2. 대학의 학생선발제도에 관한 연구개발
 3. 대학의 재정지원책 및 그 조성방안
 4. 대학의 교육과정 및 교수방법의 연구개발과 보급
 5. 대학의 평가
 6. 대학 교직원의 연수
 7. 교육부장관이 위탁하는 사업의 수행
 8. 그 밖에 대학 간의 협동에 관한 업무의 시행
 ② 협의회는 대학교육의 중요 사항에 관하여 교육부장관의 자문에 응하거나, 교육부장관에게 건의할 수 있다.

제16조(결정사항의 준수의무) 회원은 협의회의 총회나 이사회에서 결정된 사항을 준수하여야 한다.

제17조(업무위탁) ① 교육부장관은 대통령령으로 정하는 바에 따라 대학의 행정 및 학사운영에 관한 소관 업무의 일부를 협의회에 위탁하여 처리하게 할 수 있다.
 ② 제1항에 따라 업무를 위탁할 때에는 그 업무 수행에 필요한 경비를 지급하여야 한다.

참고자료 2 - 달력

```
2018년 8월
일 월 화 수 목 금 토
          1  2  3  4
 5  6  7  8  9 10 11
12 13 14 [15] 16 17 18
19 20 21 22 23 24 25
26 27 28 29 30 31

2018년 9월
일 월 화 수 목 금 토
                   1
 2  3  4  5  6  7  8
 9 10 11 12 13 14 15
16 17 18 19 20 21 22
23 [24][25][26] 27 28 29
30

2018년 10월
일 월 화 수 목 금 토
    1  2 [3]  4  5  6
 7  8 [9] 10 11 12 13
14 15 16 17 18 19 20
21 22 23 24 25 26 27
28 29 30 31

2018년 11월
일 월 화 수 목 금 토
             1  2  3
 4  5  6  7  8  9 10
11 12 13 14 15 16 17
18 19 20 21 22 23 24
25 26 27 28 29 30

2018년 12월
일 월 화 수 목 금 토
                   1
 2  3  4  5  6  7  8
 9 10 11 12 13 14 15
16 17 18 19 20 21 22
23 24 [25] 26 27 28 29
30 31

2019년 1월
일 월 화 수 목 금 토
   [1]  2  3  4  5
 6  7  8  9 10 11 12
13 14 15 16 17 18 19
20 21 22 23 24 25 26
27 28 29 30 31

2019년 2월
일 월 화 수 목 금 토
                1  2
 3 [4][5][6] 7  8  9
10 11 12 13 14 15 16
17 18 19 20 21 22 23
24 25 26 27 28

2019년 3월
일 월 화 수 목 금 토
               [1] 2
 3  4  5  6  7  8  9
10 11 12 13 14 15 16
17 18 19 20 21 22 23
24 25 26 27 28 29 30
31

2019년 4월
일 월 화 수 목 금 토
    1  2  3  4  5  6
 7  8  9 10 11 12 13
14 15 16 17 18 19 20
21 22 23 24 25 26 27
28 29 30

2019년 5월
일 월 화 수 목 금 토
          1  2  3  4
 5 [6] 7  8  9 10 11
12 13 14 15 16 17 18
19 20 21 22 23 24 25
26 27 28 29 30 31

2019년 6월
일 월 화 수 목 금 토
                   1
 2  3  4  5 [6] 7  8
 9 10 11 12 13 14 15
16 17 18 19 20 21 22
23 24 25 26 27 28 29
30

2019년 7월
일 월 화 수 목 금 토
    1  2  3  4  5  6
 7  8  9 10 11 12 13
14 15 16 17 18 19 20
21 22 23 24 25 26 27
28 29 30 31
```

□ 표시된 날은 평일 중 공휴일임.

공법
기록형

2020년도 **제1차**
법전협 모의시험
문제

2020년도 제1차 변호사시험 모의시험 - 논술형(기록형)

시험과목	공 법(기록형)

응시자 준수사항

1. 시험 시작 전 문제지의 봉인을 손상하는 경우, 봉인을 손상하지 않더라도 문제지를 들추는 행위 등으로 문제 내용을 미리 보는 경우 모두 부정행위로 간주되어 그 답안은 영점 처리 됩니다.

2. 답안은 흑색 또는 청색 필기구(사인펜이나 연필 사용 금지) 중 한 가지 필기구만을 사용하여 답안 작성 난(흰색 부분) 안에 기재하여야 합니다.

3. 답안지에 성명과 수험 번호를 기재하지 않아 인적 사항이 확인되지 않는 경우에는 영점 처리 등 불이익을 받게 됩니다. 특히 답안지를 바꾸어 다시 작성하는 경우, 성명 등의 기재를 빠뜨리지 않도록 유의하여야 합니다.

4. 답안지에는 문제 내용을 기재할 필요가 없으며, 답안 내용 이외의 사항을 기재하거나 밑줄 기타 어떠한 표시도 하여서는 안 됩니다. 답안을 정정할 경우에는 두 줄로 긋고 다시 기재하여야 하며, 수정액 등은 사용할 수 없습니다.

5. 시험 종료 시각에 임박하여 답안지를 교체 요구한 경우라도 시험시간 종료 후 즉시 새로 작성한 답안지를 회수합니다.

6. 시험 종료 후에는 답안지 작성을 일절 할 수 없으며, 이에 위반하여 시험시간이 종료되었음에도 불구하고 **시험관리관의 답안지 제출 지시에 불응한 채 계속 답안을 작성하거나 답안지를 늦게 제출할 경우 그 답안은 영점 처리** 됩니다.

7. 답안은 답안지 쪽수 번호 순으로 기재하여야 하고, **배부받은 답안지는 백지 답안이라도 모두 제출**하여야 하며, **답안지를 제출하지 아니한 경우 그 시험시간 및 나머지 시험시간의 시험에 응시할 수 없습니다.**

8. 지정된 시간까지 지정된 시험실에 입실하지 아니하거나 시험관리관의 승인을 얻지 아니하고 시험시간 중에 그 시험실에서 퇴실한 경우 그 시험시간 및 나머지 시험시간의 시험에 응시할 수 없습니다.

9. 시험시간이 종료되기 전에는 어떠한 경우에도 문제지를 시험장 밖으로 가지고 갈 수 없고, 시험 종료 후 가지고 갈 수 있습니다.

법학전문대학원협의회
THE ASSOCIATION OF KOREAN LAW SCHOOLS

목 차

I. 문제 ·· 2

II. 작성요령 및 주의사항 ·· 3

III. 양식 ·· 4

IV. 기록내용 ··· 6
  법률상담일지 ·· 7
  내부회의록 ·· 9
  수용대상 부동산 목록 ·· 11
  시행자 지정 고시 ·· 12
  시행자 지정 신청서 ·· 14
  사업계획서(발췌) ·· 16
  실시계획 승인 고시 ·· 18
  재결서 ·· 20
  우편송달보고서 ·· 22
  내부회의록 2 ··· 23

V. 참고 자료
 1. 관련법령(발췌) ··· 26
 2. 달력 ·· 37

【문   제】

법무법인 공익의 담당변호사 나승소의 입장에서 아래의 문서를 작성하시오.

1. 의뢰인 허성태를 위하여 항고소송의 소장 중 첨부된 양식의 상자( ) 부분을 작성하시오. (50점)

   가. 첨부된 소장 양식의 ①부터 ⑦까지의 부분에 들어갈 내용만 기재할 것

   나. 청구취지는 별지(기록 11면)를 활용하여 작성하되 별지 첨부는 생략할 것

   다. '2. 소의 적법성' 부분(④에 해당)에서는 **원고적격 및 제소기간에 관한 내용만 기재할 것**

   라. '3. 처분의 위법(무효)' 부분(⑤에 해당)에서는 **근거법령의 위헌·위법성에 관하여는 기재하지 말 것**

   마. 소장의 작성일(⑥에 해당, 제출일과 동일함)은 **수용재결의 취소를 구할 수 있는 제소기간 내 최종일을 기재할 것**

2. 의뢰인 허성태를 위하여 법령의 위헌심판을 구하는 헌법소원심판청구서 중 첨부된 양식의 상자( ) 부분을 작성하시오. (50점)

   가. 첨부된 헌법소원심판청구서 양식의 ①부터 ④까지의 부분에 들어갈 내용만 기재할 것

   나. '3. 적법요건에 관한 주장' 부분(②에 해당)에서는 **재판의 전제성과 청구기간 준수에 관한 내용만 기재할 것**

   다. 헌법소원심판청구소의 작성일(④에 해당, 제출일과 동일함)은 **적법한 청구기간 내의 일자를 기재할 것**

【작성요령 및 주의사항】

1. 기록에 첨부된 각종 서류는 적법하게 작성된 것으로 간주하고, 서류 등에 필요한 서명과 날인, 또는 무인과 간인 등은 모두 갖추어진 것으로 볼 것.

2. 법률상담일지의 사실관계 및 기록에 첨부된 자료들을 기초로 하고, 그것이 사실임을 전제로 할 것.

3. 첨부된 관련 법령과 다른 내용의 현행 법령은 고려하지 말 것.

4. '지역균형개발 및 지방중소기업 육성에 관한 법률'은 '지역개발법'으로, '공익사업을 위한 토지 등의 취득 및 보상에 관한 법률'은 '토지보상법'으로 약칭할 수 있음.

5. 기록 중 일부 생략된 것이 있을 수 있고, 오기나 탈자가 있을 수 있음.

6. 기록 중 "(생략)"으로 표시된 부분은 모두 적법하게 기재된 것으로 볼 것.

7. 헌법소원심판청구서, 소장의 작성은 경어(敬語)로 할 것.

【양식】

소 장

원 고 허성태
　　　　소송대리인 법무법인 공익
　　　　(생략)

피 고 　① 　

　② 　

청 구 취 지

　③ 　

청 구 이 유

1. 처분의 경위 등(생략)
2. 소의 적법성

　④ 　

3. 처분의 위법(무효)

　⑤ 　

4. 결론(생략)

입 증 방 법(생략)
첨 부 서 류(생략)

⑥ 20 . . .

원고 소송대리인 (생략)

　⑦ 　 귀중

헌법소원심판청구서

청 구 인   허성태
       (이하 생략)

청구취지

| ① |

당해사건
(생략)

위헌이라고 판단되는 법률조항
(생략)

청구이유

Ⅰ. 사건의 개요(생략)

Ⅱ. 적법요건의 구비 여부

| ② |

Ⅲ. 심판대상조항의 위헌성

| ③ |

Ⅳ. 결론(생략)

첨 부 서 류
(생략)

④ 20 . . .

청구인 대리인 (생략)

헌법재판소 귀중

기록내용 시작

수임번호 2020-11	**법률상담일지**	2020. 3. 2.
의뢰인	허성태	의뢰인 전화	055)333-4444
의뢰인 주소	경남 남해군 하선면 신동리 7	의뢰인 팩스	

상 담 내 용

1. 의뢰인은 경남 남해군 하선면 신동리에서 양어장 및 펜션을 운영하면서 펜션에서 거주하는 주민이다. 그런데 2018. 10. 26. ㈜ 보물섬이라는 서울에 있는 개발회사가 남해·하동 개발촉진지구에 포함된 신동리 일대에 대규모의 회원제 골프장 및 고급 콘도시설을 설치하는 내용의 남해 보물섬클럽 조성사업 시행자로 지정되고, 2019. 5. 28. 남해군수로부터 같은 내용의 실시계획을 승인받았다.

2. ㈜ 보물섬은 사업시행자로 지정되기 전부터 고급 골프장 및 콘도 사업으로 지역 일자리를 창출하겠다며 신동리 일대 부동산을 소유한 주민들과 외지인들을 설득하고 다녔다. 소유자들 중 일부는 그 설득에 넘어가 ㈜ 보물섬에 부동산 소유권을 넘겼고, 일부는 사업시행 동의서를 ㈜ 보물섬에 써 주었다고 들었다. 그러나 의뢰인을 포함한 지역주민 25명은 위 사업에 반대하였다.

3. ㈜ 보물섬은 의뢰인 등과의 매수협상이 실패로 돌아가자 경상남도지방토지수용위원회에 수용재결을 신청하였고, 토지수용위원회는 2019. 12. 20. 양어장 및 펜션 부지와 건물 등 의뢰인 소유 부동산을 2,338,953,360원에 수용하는 내용의 수용재결을 하였다. 의뢰인을 포함하여 사업에 반대한 주민 25명에 대한 보상금 총액은 18,850,432,960원에 달한다. ㈜ 보물섬이 보상금을 공탁하여 부동산의 소유권은 보물섬에 넘어간 상태이나, 의뢰인은 계속하여 부동산 인도를 거부하고 있는 중이다.

4. ㈜ 보물섬은 위 사업 시행으로 지역경제의 활성화에 기여한다고 하지만 믿음이 가지 않는다. 300명 정도의 일자리가 직·간접적으로 창출된다고 하지만, 그 정도의 일자리를 위해 지역 주민들이 재산을 강제로 수용당할 가치가 있다고 보지 않는다. 골프장 및 콘도 이용객들이 근처의 식당 등 서비스 업체를 이

용하게 됨으로써, 지역인구가 증가하고 경제가 활성화될 것이라고 하지만, 골프장 이용객들이 콘도를 두고 근처에 다른 숙소를 잡을 것 같지도 않고, 클럽하우스나 티하우스를 두고 근처 식당으로 식사하러 나올 것 같지도 않다. 오히려 위 사업으로 의뢰인과 같은 사람들이 일터와 주거지를 잃고 다른 곳으로 이주해야 하는 상황에 처해버렸다.

5. 의뢰인은 위 부동산에서 양식장과 펜션을 운영하면서 신동리 마을을 지키고 싶다. 이를 위해 행정소송으로 수용재결을 다투고 싶다. 남해군수가 ㈜ 보물섬을 사업시행자로 지정하고 실시계획을 승인한 시점으로부터 시간이 상당히 지났으나, 이 부분도 소송으로 다투어 보물섬클럽 조성사업 시행을 없던 것으로 돌리고 싶다.

법무법인 공익(담당변호사 나승소)
전화 055-263-1234, 팩스 055-264-1234, 이메일 ssNa@gongic.com
창원시 성산구 창이대로 689번길 공익빌딩 3층

법무법인 공익 내부회의록 1.

일   시: 2020. 3. 6. 14:00 ~ 15:00
장   소: 법무법인 공익 회의실
참석자: 박 변호사(공법팀장), 나승소 변호사

박 변호사: 나 변호사님, 의뢰인 허성태 씨 사건에 대해 논의해 봅시다. 기본적인 내용은 법률상담일지를 통해 확인했습니다만, 의뢰인이 다투고자 하는 처분이 무엇인가요.

나 변호사: 남해군수가 2018. 10. 26. ㈜ 보물섬을 남해·하동 개발촉진지구 개발사업(남해 보물섬클럽 조성사업)의 시행자로 지정하고, 같은 날 공보에 그 내용을 고시하였습니다. 남해군수는 그 다음 단계로 2019. 5. 28. ㈜ 보물섬이 작성한 위 사업 실시계획을 승인하고, 같은 날 공보에 그 내용을 고시하였습니다. 위 실시계획 승인으로 ㈜ 보물섬에 수용권이 인정됨에 따라, 경상남도지방토지수용위원회가 2019. 12. 20. 의뢰인의 부동산(별지로 정리하였습니다)을 수용하는 내용의 수용재결을 하였습니다. 의뢰인은 위 세 처분 모두를 소송으로 다투기를 원하고 있습니다.

박 변호사: 수용보상금 증액을 요구하는 취지는 아닌 것이군요.

나 변호사: 예. 그렇습니다. 제소기간이 도과한 두 처분에 대하여는 무효확인을 구하고, 수용재결에 대하여는 취소를 구하는 방식을 취하면 될 것 같습니다. 그런데 수용재결에 고유한 하자를 발견하지는 못하였습니다.

박 변호사: 그렇군요. 다른 두 처분에 대하여는 어떤 주장을 제기할 생각인가요.

나 변호사: 우선 사업시행자 지정에 앞서 ㈜ 보물섬이 제출한 지정 신청서를 보다가 근거법령상 토지 소유 요건에 문제가 있는 것을 발견하였습니다. ㈜ 보물섬은 사업시행에 동의한 토지소유자들의 토지도 회사 소유 토지에 포함시켰는데, 사업시행에 동의한 토지소유자들 토지 소유권이 이전된 시점은 사업시행자 지정 고시 이후였습니다.

박 변호사: 실시계획 승인은 어떤가요.

나 변호사: 「국토의 계획 및 이용에 관한 법률」에 따른 도시계획시설사업에 관한 실시계획 인가 처분이 "해당 사업을 구체화하여 현실적으로 실현하기

위한 형성행위로서 이에 따라 토지수용권 등이 구체적으로 발생"하게 되므로, 행정청이 실시계획인가처분을 하기 위해서는 그 실시계획으로 구체화된 "사업의 내용과 방법에 대하여 인가처분에 관련된 자들의 이익을 공익과 사익 간에서는 물론, 공익 상호 간 및 사익 상호 간에도 정당하게 비교·교량하여야 하며, 그 비교·교량은 비례의 원칙에 적합"하도록 하여야 한다는 판례가 있습니다(대법원 2018. 7. 24. 선고 2016두48416 판결). 이 사건 실시계획 승인도 성격이 동일하므로 위 판례를 원용하여 다툴 수 있을 것으로 생각됩니다.

박 변호사: 결국 수용을 정당화할 만한 공공필요성이 있는지가 문제되겠군요.

나 변호사: 그렇습니다. 관광휴양지 조성사업은 어디까지나 사업 운영자의 영리적 활동을 우선적 목적으로 하고 부수적으로 그 활동을 통해 공익적 성과를 얻고자 하는 것입니다. 그런데 회원제골프장 및 고급리조트 사업은 넓은 면적의 부지에 많은 설치비용을 들여 조성됨에도 불구하고 평균고용인원은 적고, 골프경기 특성상 하루에 이용가능한 인원의 제한이 있는데다, 골프장과 리조트에서 모든 소비행위가 이루어지는 자족적 영업형태를 보이고 있어 지역상권에서 소비행위를 하는 경우가 매우 드물다는 문제가 있습니다. 보물섬클럽 사업도 위와 같은 성격이 전형적으로 드러나는 사업이라는 점을 부각하여 주장할 계획입니다.

박 변호사: 그런데 위와 같은 위법성 주장이 받아들여진다고 하더라도 법원이 이를 들어 처분이 무효라고 인정해 줄지 걱정이군요.

나 변호사: 사업시행자 지정 처분에 대한 무효확인청구가 인용된다 하더라도 현재는 토지 소유 요건이 충족된 상태입니다. 남해군수가 다시 ㈜보물섬을 사업시행자로 지정한다면 이를 막을 방법이 없습니다. 반면에, 법원에서 실시계획 승인의 위법사유가 무효에 이를 정도의 사유가 아니라 판단하더라도, 공공필요성에 대한 남해군수의 판단에 잘못이 있다는 결론을 내려준다면 위 사업을 저지할 수 있을 것입니다. 법원이 그 위법성을 인정한 마당에 남해군수가 다시 동일한 처분을 하지는 못할 것이기 때문입니다. 다만 소장에서는 공공필요성에 대한 남해군수의 판단에 하자가 있다는 점을 중점적으로 다투고 위 하자가 처분을 무효로 돌릴 정도의 하자라는 점은 간단하게만 주장하고 넘어가고자 합니다.

박 변호사: 좋은 생각입니다. 제소기간 등 소송요건도 신경 써서 소장을 작성해 주시기 바랍니다. 이상으로 회의를 마치겠습니다. 수고하셨습니다. 끝.

[별지] **부동산 목록**

1. 경남 남해군 하선면 신동리 1 양어장 2,387㎡
2. 같은 리 1-1 대 2,610㎡
3. 같은 리 7 대 2,382㎡
4. 같은 리 11 창고용지 1,276㎡
5. 같은 리 1 제가동호

    파이프조 스레이트지붕 단층 육상어류 축양장

    2,220.40㎡
6. 같은 리 1 제나동호

    철근콘크리트조 스레이트지붕 단층 관리사 및 기계실

    1층 68.32㎡

    2층 68.32㎡
7. 같은 리 1 제다동호

    조적조 슬래브지붕 단층 관리사 98.58㎡
8. 같은 리 7, 11

    철근콘크리트조 (철근)콘크리트지붕 단층 숙박시설

    소매점, 일반음식점, 관광농원(관리사)

    1,139.68㎡
9. 같은 리 11

    철근콘크리트조 슬래브지붕 단층

    냉동창고

    198.00㎡

    부속건물 블록조적조 슬래브지붕 단층 기계실

    20.52㎡. 끝.

남해군 고시 제2018 - 86호

개발촉진지구 개발사업(남해 보물섬클럽 조성사업) 시행자 지정 고시

남해·하동 개발촉진지구 개발사업 "남해 보물섬클럽 조성사업"에 대하여「지역균형개발 및 지방중소기업 육성에 관한 법률」제16조 및 같은 법 시행령 제20조, 제21조의 규정에 의거 남해 보물섬클럽 조성사업 시행자를 지정하고 다음과 같이 고시합니다.

2018. 10. 26.

남 해 군 수

1. 사업시행자

  ○ 회사명 : ㈜ 보물섬 (대표이사 강보석)

  주　소 : 서울특별시 강남구 테헤란로 518

2. 사업의 명칭 : 남해 보물섬클럽 조성사업

3. 사업시행지의 위치 및 면적

  ○ 위 치 : 경상남도 남해군 하선면 신동리 일원

  ○ 면 적 : 1,932,710㎡

4. 사업의 개요

  ○ 체육시설(회원제 골프장 18홀) : 1,332,815㎡

  ○ 관광휴양시설(휴양콘도미니엄) : 599,895㎡

5. 사업 시행기간 : 2018. 10. ~2020. 12. 31.

6. 주요시설

    ○ 체육시설

      - 건축면적 21,445.36㎡

    ○ 관광휴양시설

      - 휴양콘도미니엄 4개동, 건축면적 44,135.27㎡, 159세대

7. 사업시행기간

    ○ 착공예정일 : 실시계획 인가일로부터 1개월 이내

    ○ 준공예정일 : 2021년 6월

개발촉진지구 개발사업 시행자 지정 신청서				
신청사업	위 치	경상남도 남해군 하선면 신동리 일원		
	명 칭	남해·하동 개발촉진지구 개발사업(남해 보물섬클럽)		
신청인	법인	법 인 명	주식회사 보물섬		
		주 소	서울특별시 강남구 테헤란로 518		
		법인등록번호	******-*******	전화번호	02) ***-****
	대표자	대 표 자 성 명	강보석		
		주 소	서울특별시 강남구 영동대로 138길 12		
		주 민 등 록 번 호	660101-1******	전화번호	010-****-****
시행자 지정 신청내용				
사업계획	사 업 목 적	지속적으로 늘어나는 골프수요를 적극 수용하고, 4계절 연중 관광객이 찾을 수 있는 골프리조트 조성으로 관광객들에게 편의를 제공함은 물론 지역사회의 고용 및 소득증대를 통한 지역경제의 활성화에 기여하기 위해 신동리 일대에 체육시설 및 관광휴양시설을 조성하여 남해군의 미래상에 부응하고자 함		
	사업착수 및 준공	실시계획인가일로부터 1개월 이내 ~ 2021. 6.		
	투자사업비 및 자금투자 계획	2,275억 원(자기자본 1,500억 원 + 회원권 분양 775억 원)		

지역균형개발 및 지방중소기업 육성에 관한 법률 제16조 및 시행령 제20조의 규정에 의하여 위와 같이 개발촉진지구 개발사업 시행자 지정을 신청합니다.

2018년 8월 일

신청인 ㈜ 보물섬
대표이사 강보석 (직인)

남해군수 귀하

※ 첨부서류
1. 위치도
2. 사업계획서
3. 자금조달계획 및 연차별 투자계획

Ⅰ. 사업의 종류 및 명칭(생략)

Ⅱ. 사업시행자의 성명 및 주소(생략)

Ⅲ. 편입토지조서 및 시행자 지정 요건(생략)

1. 총괄표(생략)

2. 편입토지조서(생략)

3. 토지 소유율 및 토지소유자 동의율

■ 총 괄

구 분	합 계	국·공유지	사유지
면 적(㎡)	1,932,710	269,325	1,663,385
소유자수	55	4	51

■ 토지 소유율 및 토지소유자 동의율

구 분		소 유 율		동 의 율	
		면적(㎡)	구성비(%)	소유자수	구성비(%)
합 계		1,663,385	100.0	51	100.0
소 계		1,230,945	74.0	26	52.4
	소 유	983,061	59.1	1	4.8
	동 의	247,884	14.9	25	47.6
미 동 의		432,440	26.0	25	47.6

※ 토지조서(소유권 및 소유권 이외의 권리의 명세) 첨부(생략)

4. 시행자 지정 요건 검토

■ 근　거 : 지역균형개발 및 지방중소기업 육성에 관한 법률 제16조 제5항, 같은 법 시행령 제20조 제6항

■ 지정요건 : 사업 대상 토지면적(국·공유지제외) 3분의 2 이상 소유, 토지소유자의 2분의 1 이상 동의

Ⅳ. 사업의 착수예정일 및 준공예정일(생략)

남해·하동 개발촉진지구
남해 보물섬클럽 조성사업 사업계획서(발췌)

Ⅰ. 사업의 개요

Ⅱ. 계획여건 및 현황분석

Ⅲ. 기본구상

1. 개발방향 및 전략

- 골프리조트의 명품화를 구현하여 국내외 관광객뿐만 아니라 국내 최고 명사들이 가장 선호하는 휴식처 조성

- 지역에서 생산되는 친환경 농산물과 청정해역의 해산물 등 지역특산품을 리조트 고객층에게 직접 제공해 고급 소비자에게 직송 판매하는 계기를 마련

- 운영직원의 지역민 우선 고용으로 주민의 소득증대 이바지

Ⅳ. 기본계획

4. 시설배치계획

- 체육시설

  - 골프코스(18홀), 클럽하우스(건축면적 7,690.47㎡, 지하2층 지상2층), 티하우스(2개동 건축면적 206.76㎡, 964.20㎡), 경비실(건축면적 58.29㎡), 직원 및 캐디숙소(건축면적 6,611.64㎡, 지상3층)

  - 승마장: 마사동(건축면적 270.30㎡), 시설관리동(건축면적 122.40㎡), 실내마장(건축면적 1,535.25㎡)

- 관광휴향시설

  - 휴양콘도미니엄 123평형 42동, 134평형 61동, 167평형 27동, 39~67평형 29실

Ⅴ. 사업계획 및 사업효과

2. 사업효과

(1) 골프 리조트 조성시 효과

- ○ 지역건설업체 등 연관 산업의 효과
    - \- 대규모 공사수주는 대기업이 추진하지만 지역협력업체와 공동추진
    - \- 소규모 공사는 지역업체에서 추진
- ○ 지역의 장비업체 등 효과
    - \- 덤프트럭, 포크레인 등 일일 평균 50-80대의 장비투입
    - \- 공사자재 구입 등으로 지역경제 효과
- ○ 지역의 숙박(민박) 및 식당 등의 효과
    - \- 2년간 일일 500-700명의 작업 인력투입
    - \- 장포 지역을 중심으로 하선면 지역에 숙박(민박) 및 식당이용
- ○ 기타 서비스 산업의 효과
    - \- 업체 종사원들이 농협 등 금융기관, 주유소, 택시, 노래방 등을 이용

2. 지역경제 파급효과

- ○ 고용효과
    - \- 직간접으로 200-300명 정도의 새로운 일자리 창출
- ○ 지역경제 효과
    - \- 일일 이용객 600명 예상 1억2천만 원 지출 예상
    - \- 횟집 등 식당, 노래방, 기타 서비스업체 이용으로 지역경제 활성화
- ○ 인구증대 등 효과
    - \- 전문관리인력의 하선면 지역거주(100명)로 인구증대와 지역경제 활성화 기대
- ○ 경기부양 효과
    - \- 잠재적인 관광홍보로 남해군 전체에 경기부양효과 기대

남해군 고시 제2019 - 31호

개발촉진지구 개발사업 실시계획 승인 고시

　남해·하동 개발촉진지구 개발사업 "남해 보물섬클럽 조성사업"에 대하여 「지역균형개발 및 지방중소기업 육성에 관한 법률」 제17조 제1항 및 같은 법 시행령 제22조에 따라 실시계획을 승인하고, 같은 법 제17조 제3항 및 같은 법 시행령 제23조의 규정에 따라 다음과 같이 개발촉진지구 개발사업 실시계획을 고시합니다.

2019. 5. 28.

남 해 군 수 [인:남해군수]

1. 사업의 명칭 : 남해 보물섬클럽 조성사업

2. 사업의 위치 : 남해군 하선면 신동리 산243번지 일원

3. 사업의 면적 : 1,932,710㎡

4. 사업시행자의 성명 및 주소

　　ㅇ 회사명 : 주식회사 보물섬 (대표이사 강보석)

　　　주　소 : 서울특별시 강남구 테헤란로 518

5. 사업의 목표 및 개요

　　ㅇ 사업의 목표 : 골프리조트를 포함한 종합 레저 휴양 관광지의 조성으로 4계절 연중 관광객이 찾을 수 있는 체류형 관광지로서의 면모를 갖추어 지역주민의 소득증대 및 지역경제 활성화에 기여코자 함.

　　ㅇ 사 업 개 요 : 회원제 골프장업 18홀 1,332,815㎡, 휴양콘도미니엄 599,895㎡

6. 주요시설

- ○ 체육시설

  - 건축연면적 21,445.36㎡

- ○ 관광휴양시설

  - 휴양콘도미니엄 4개동, 건축면적 44,135.27㎡, 159세대

7. 사업시행기간

- ○ 착공예정일 : 실시계획 인가일로부터 1개월 이내

- ○ 준공예정일 : 2021년 6월

7. 수용 또는 사용할 토지·건물 및 소유권 이외의 권리의 명세(생략)
8. 토지 또는 건물 등의 소유자 명세(생략)

재 결 서

사 업 명 : 남해 보물섬클럽 조성사업

사업시행자 : ㈜ 보물섬 대표이사 강보석

소 유 자 : 경상남도 남해군 하선면 신동리 7 허성태

관 계 인 : 경상남도 남해군 미조면 미조리 161-8 남해수협

재 결 일 : 2019. 12. 20.

이 건 수용재결신청에 대하여 다음과 같이 재결한다.

주 문

1. 사업시행자는 위 사업을 위하여 별지 기재 토지 및 물건을 수용하고 손실보상금은 금 2,338,953,360원(개별 보상내역은 별지 기재와 같이 함)으로 한다.
2. 수용의 개시일은 2020. 2. 1.로 한다.

이 유

(생략)

경상남도지방토지수용위원회

위 원　　민 ○ ○

위 원　　장 ○ ○

위　　원　　김 ○ ○

위　　원　　이 ○ ○

위　　원　　박 ○ ○

위　　원　　최 ○ ○

위　　원　　안 ○ ○

[별지] 보상금 조서(생략)

※ 경상남도지방토지수용위원회 소재지는 경상남도청 소재지와 동일함(창원시 의창구 중앙대로 300)

우편송달보고서

증서 2019년   제465호   2019년 12월 20일   발송

1. 송달서류   수용재결서

　　　　　　　　　　　　　　　발송자   경상남도지방토지수용위원회

송달받을 자   허성태 귀하
경남 남해군 하선면 신동리 7

영수인   허성태 (서명)

영수인 서명날인 불능

①	송달받을 자 본인에게 교부하였다.
2	송달받을 자가 부재 중이므로 사리를 잘 아는 다음 사람에게 교부하였다.
	사무원
	피용자
	동거자
3	다음 사람이 정당한 사유 없이 송달받기를 거부하므로, 그 장소에 서류를 두었다.
	송달받을 자
	사무원
	피용자
	동거자

송달연월일   2019. 12. 23.   10시 30분

송달장소   경남 남해군 하선면 신동리 7

위와 같이 송달하였다.

　　　　　　　　　　　　　2019. 12. 24.

　　　　　　　　　　　　우체국 집배원   김택송

법무법인 공익 내부회의록 2.

일　　시: 2020. 6. 15. 14:00 ~ 15:00
장　　소: 법무법인 공익 회의실
참석자: 박 변호사(공법팀장), 나승소 변호사

나 변호사: 저희가 행정소송 본안 제기한 뒤에 위헌제청신청을 했는데 기각됐다는 결정을 지난 주 금요일(6월 12일) 송달받았습니다. 위헌제청신청이 기각됐으니 이제 헌법소원심판청구 준비할까요.

박 변호사: 예. 의뢰인에게 기각 사실 알려주고 상의한 뒤에 헌법소원심판청구서 제출하시지요. 위헌제청신청서 준비할 때 관련 법령의 위헌성은 이미 리서치하시고 메모도 작성한 바 있으니 헌법소원심판청구서 작성은 별 문제 없겠지요.

나 변호사: 예. 그렇습니다. 기본적으로 그 때 쓴 신청서와 메모를 바탕으로 준비하되 위헌의 이유 등을 좀 보강하면 될 것 같습니다.

박 변호사: 그렇게 하시지요. 헌법소원을 제기함에 있어서 제소기간 마감일에 늦지 않게 준비해서 내면 청구기간 준수의 문제는 없을 것이고, 재판의 전제성 문제는 어떤가요.

나 변호사: 예. 관련된 헌법재판소의 판례들을 볼 때 재판의 전제성은 구비된 것으로 보여서 별 문제 없을 것 같습니다. 하여간 헌법소원심판청구서에 관련 선례들을 언급하고 재판의 전제성 부분 잘 작성해 보도록 하겠습니다.

박 변호사: 예. 그렇게 하는 게 좋을 것 같네요. 제가 사실 위헌제청신청할 때 신청서를 자세히 보지 않아서 잘 모르겠는데 이번에 헌법소원심판청구서 작성하실 때 심판 대상 조항과 청구취지 정확하게 잘 기재해 보시기 바랍니다. 청구인이 될 만한 모든 조항을 투망식으로 심판 대상 조항으로 주장하여도 헌법재판소는 당해 사건과 관련이 있는 부분으로 한정해서 위헌 여부 판단을 해 오고 있으니 우리도 그 점에 유의해서 가능한 한 심판 대상 조항을 특정하는 게 좋겠습니다.

나 변호사: 예. 가능한 한 이 사건과 관련이 있는 부분으로 심판 대상을 한정하여 심판 대상 조항과 청구취지 특정하여 기재해 보겠습니다.

박 변호사: 그러시지요. 이 사건에서 의뢰인 주장의 요지는 국가나 지방자치단체가 아닌 민간 기업에 토지 등의 수용권을 부여하는 것이 위헌이라는 것과 고급 골프장 사업과 같이 공익성이 약한 사업에 대해서까지도 사업 시행 민간 기업에게 수용권을 부여하는 것은 위헌이라는 취지이지요.

나 변호사: 예. 맞습니다. 정확하게 파악하셨습니다.

박 변호사: 무엇보다 위헌의 근거나 이유를 설득력 있게 제시하는 것이 제일 중요할 것 같은데 이 사건에서 원용할만한 헌법재판소 결정이 있지요.

나 변호사: 예. 그렇습니다. 이 사건에서 원용할까 합니다.

박 변호사: 예. 그러시지요. 어쨌든 심판 대상 조항의 위헌성을 주장함에 있어서 심판 대상 조항으로 인해 침해되는 기본권이 있다면 먼저 그것을 잘 밝히고, 그러한 기본권 침해가 헌법에 위반되는 헌법상의 근거들을 모두 찾아서 주장하는 것이 중요할 것 같습니다. 한 가지 사유로 위헌이 될 수도 있겠지만 위헌에 이르는 사유가 여러 개일 수도 있으니까요.

나 변호사: 물론입니다. 관련 법령의 위헌을 주장하는 우리 입장에서는 위헌 사유를 모두 주장해야겠지요.

박 변호사: 마지막으로 헌법소원심판청구서의 청구취지는, 헌법재판소가 헌법불합치의 주문을 내는 경우도 왕왕 있기는 하지만 우리가 청구서 작성 단계에서 청구취지로 헌법불합치를 쓸 일은 아니니 위헌으로 씁시다.

나 변호사: 예. 물론입니다.

박 변호사: 이상으로 오늘 회의를 마치겠습니다. 수고하셨습니다.

끝.

기록이면표지

참고자료 1 - 관련 법령 (발췌)

지역균형개발 및 지방중소기업 육성에 관한 법률

제1조(목적) 이 법은 국토를 합리적으로 이용·개발·보전하기 위하여 지방의 발전 잠재력을 개발하고 민간부문의 자율적인 참여를 유도하여 지역개발사업이 효율적으로 시행될 수 있도록 하며 아울러 지방중소기업을 적극적으로 육성함으로써 인구의 지방정착을 유도하고 지역경제를 활성화시켜 국토의 균형 있는 발전에 이바지함을 목적으로 한다.

제2조(정의) 이 법에서 사용하는 용어의 뜻은 다음과 같다.
1. "지역개발계획"이란 계획적인 지역개발을 유도하기 위하여 수립·시행하는 다음 각 목의 계획을 말한다.
   가. 「국토기본법」 제6조제2항제2호 및 제3호에 따라 수립하는 도종합계획과 시·군종합계획
   나. 「국토의 계획 및 이용에 관한 법률」 제18조 및 제30조에 따라 수립하는 도시·군기본계획과 도시·군관리계획
   다. 제5조, 제14조, 제26조의4 및 제38조의3에 따른 광역개발사업계획, 개발촉진지구 개발계획, 특정지역개발계획 및 지역종합개발지구 개발계획
2. "지역개발사업"이란 지역개발계획을 시행하기 위한 개발사업을 말한다.
3. "민간개발자"란 개인, 「상법」 또는 「민법」에 따라 설립된 법인 및 제30조에 따른 지역개발법인을 말한다.
4. "민자유치사업"이란 제27조에 따른 민자유치계획에 따라 민간개발자가 그의 자본과 기술 등을 제공하여 시행하는 지역개발사업을 말한다.
5. "지방중소기업"이란 다음 각 목의 어느 하나에 해당하는 자로서 본사·주사무소 또는 사업장 중 어느 하나가 특별시·광역시 또는 도(이하 "시·도"라 한다)의 관할구역에 있는 자를 말한다.
   가. 「중소기업기본법」 제2조제1항 또는 제2항에 따른 중소기업자
   나. 「중소기업협동조합법」 제3조제1항제1호부터 제3호까지의 규정에 따른 중소기업협동조합

제9조(개발촉진지구의 지정) ① 국토교통부장관은 개발수준이 다른 지역에 비하여 현저하게 낮은 지역 등의 개발을 촉진하기 위하여 필요하다고 인정하면 직접 또는 광역시장 또는 도지사의 요청을 받아 개발촉진지구를 지정할 수 있다.
② 광역시장 또는 도지사는 제1항에 따라 개발촉진지구의 지정을 요청할 때에는 미리 관계 시장·군수 또는 구청장(자치구의 구청장을 말한다. 이하 같다)과 협의하여야 한다.
③ 시장·군수·구청장, 제16조제1항제2호 및 제3호에 해당하는 자 또는 지역개발사업에 참여하려는 민간개발자는 대통령령으로 정하는 바에 따라 국토교통부장관에게 개발촉진지구의 지정을 제안할 수 있다.

제10조(개발촉진지구의 지정기준) ① 국토교통부장관은 개발촉진지구를 지정할 때에는 다음 각 호의 요건을 고려하여 그 지정목적 달성에 필요한 최소한의 범위에서 지정하여야 한다.
1. 지역총생산 또는 재정자립도가 다른 지역에 비하여 현저하게 낮을 것
2. 지역의 인구가 일정 기간 지속적으로 감소하거나 정체되어 있을 것
3. 경제적 여건 변화로 종래의 지역산업이 급격히 쇠퇴하여 새로운 소득기반의 조성이 필요할 것
4. 그 밖에 지역 간의 균형 있는 개발을 위하여 생산 및 생활 환경의 정비가 필요할 것
② 제1항에 따른 개발촉진지구 지정의 구체적인 요건은 대통령령으로 정한다.

제14조(개발계획의 수립 등) ① 시장·군수 또는 구청장은 제11조에 따라 개발촉진지구가 지정·고시되면 대통령령으로 정하는 바에 따라 개발촉진지구 개발계획(이하 "개발계획"이라 한다)을 작성하여야 한다. 다만, 둘 이상의 시·군 또는 구(자치구를 말한다. 이하 같다)에 걸쳐 개발촉진지구가 지정된 경우에는 광역시장 또는 도지사가 시장·군수 또는 구청장과 협의하여 개발계획을 작성하여야 한다.
② 광역시장·도지사 또는 시장·군수·구청장은 제1항에 따라 개발계획을 작성하면 관계 행정기관의 장과 협의하여 이를 확정하여야 하며, 개발계획을 변경하려는 경우에도 같다. 다만, 지형 등으로 인하여 개발사업을 하려는 위치를 변경하는 경우 등 대통령령으로 정하는 경미한 사항의 변경은 예외로 한다.
③-④ <생략>

⑤ 광역시장·도지사 또는 시장·군수·구청장은 제1항부터 제3항까지의 규정에 따라 개발계획을 작성할 때에는 대통령령으로 정하는 바에 따라 주민 및 관계 전문가의 의견을 듣고 그 의견이 타당하다고 인정하면 이를 반영하여야 한다.
⑥ 광역시장·도지사 또는 시장·군수·구청장은 제1항부터 제3항까지의 규정에 따라 개발계획을 수립하거나 국토교통부장관으로부터 국가지원사업계획을 승인받으면 대통령령으로 정하는 바에 따라 그 내용을 고시하여야 한다.
⑦ 개발계획에는 다음 각 호의 사업의 시행에 관한 내용이 포함되어야 한다.
1. 생산기반의 조성 및 이에 부대되는 사업
2. 주민생활환경 개선을 위한 시설의 설치·개량 사업
3. 교통시설, 용수공급시설 등 지역발전을 위한 기반시설 정비사업
4. 관광휴양지 조성, 지역특화산업의 육성 등 주민소득 증대에 이바지할 수 있는 사업
5. 자연환경 보전 등에 필요한 환경 관련 사업
6. 그 밖에 해당 개발촉진지구의 지정목적 달성을 위하여 필요하다고 인정되어 국토교통부장관이 관계 중앙행정기관의 장과 협의하여 선정한 사업
⑧ 광역시장·도지사 또는 시장·군수·구청장은 제6항에 따른 개발계획의 고시일부터 3년 이내에 시행자가 제17조에 따른 실시계획의 승인을 신청하지 아니하면 사업추진 현황 및 지연 사유 등을 조사하여 향후 처리계획을 국토교통부장관에게 제출하여야 한다. 이 경우 국토교통부장관은 향후 처리계획 등을 고려하여 필요하다고 인정하면 광역시장·도지사 또는 시장·군수·구청장으로 하여금 개발계획을 변경하게 하거나 제3항에 따른 국가지원사업계획의 승인을 취소할 수 있다.

제16조(시행자) ① 개발촉진지구에서 시행되는 지역개발사업(이하 "지구개발사업"이라 한다)은 다른 법률의 규정에도 불구하고 다음 각 호의 자가 시행할 수 있다.
1. 국가, 지방자치단체
2. 대통령령으로 정하는 공공기관
3. 「지방공기업법」에 따른 지방공사(이하 "지방공사"라 한다)
4. 제1호부터 제3호까지의 자 외의 자로서 지구개발사업의 시행자로 지정받은 자
② 지구개발사업(국가나 지방자치단체가 직접 시행하는 경우는 제외한다)에 대하여는 관할 시장·군수 또는 구청장이 다음 각 호의 사항을 고려하여 대통령령으로 정하는 바에 따라 시행자를 지정하여야 한다. 이 경우 지구개발사업에 필요한 재

원의 조달 또는 개발기술의 활용을 위하여 필요하다고 인정되는 경우에는 둘 이상의 시행자를 공동시행자로 지정할 수 있으며, 지구개발사업이 둘 이상의 시·군·구에 걸쳐 있는 경우로서 시장·군수 또는 구청장 간에 협의가 이루어지지 아니할 때에는 광역시장 또는 도지사가 시행자를 지정할 수 있다.
1. 개발계획에 따른 사업 내용 및 규모
2. 재원의 조달능력
3. 지역개발사업 시행 능력 및 경험
4. 다른 지역개발사업과의 연계성 등
③ 제2항에 따라 시행자를 지정할 때 제9조제3항에 따른 개발촉진지구 지정의 제안에 따라 시행되는 지구개발사업에 대하여는 그 지정을 제안한 자를 우선적으로 시행자로 지정할 수 있다.
④ 광역시장·도지사 또는 시장·군수·구청장(이하 "지정권자"라 한다)이 제2항에 따라 시행자를 지정하였을 때에는 대통령령으로 정하는 바에 따라 그 내용을 고시하여야 한다.
⑤ 제1항 제4호에 해당하는 자가 제2항에 따라 지구개발사업의 시행자로 지정을 받으려면 지구개발사업의 대상인 토지(국·공유지를 제외한다)의 소유 면적 및 토지 소유자의 동의 비율에 관하여 대통령령으로 정하는 요건을 갖추어야 한다.

제17조(실시계획의 승인) ① 시행자는 대통령령으로 정하는 바에 따라 실시계획을 작성하여 지정권자의 승인을 받아야 한다. 다만, 국가나 지방자치단체의 장이 직접 실시계획을 작성한 경우에는 시장·군수 또는 구청장과 협의하여야 하며, 이를 실시계획에 대한 승인으로 본다.
② 지정권자가 제1항에 따라 실시계획을 승인할 때에는 미리 관계 행정기관의 장과 협의하여야 한다. 국가나 지방자치단체의 장이 직접 실시계획을 작성한 경우에도 같다.
③ 지정권자가 제1항의 실시계획을 승인한 경우에는 대통령령으로 정하는 바에 따라 그 내용을 고시하여야 한다. 국가나 지방자치단체의 장이 직접 실시계획을 작성한 경우에도 같다.
④ 지정권자가 제3항에 따라 실시계획을 고시하는 경우 토지, 건물 또는 토지에 정착한 물건이나 이에 관한 소유권 외의 권리, 광업권, 어업권, 물의 사용에 관한 권리(이하 "토지등"이라 한다)의 수용이 필요한 계획이 포함되어 있을 때에는 시

행자의 주소, 성명, 사업의 종류, 수용할 토지, 건물 등의 세목(細目)을 함께 고시하고 그 토지등의 소유자 및 권리자에게 통지하여야 한다. 다만, 시행자가 실시계획 승인 신청 시 토지등의 소유자 및 권리자와 미리 협의한 경우에는 통지를 생략할 수 있다.

⑤ 시행자는 지구개발사업의 시행과 관련하여 환지(換地)를 할 필요가 있을 때에는 「도시개발법」의 환지에 관한 규정을 준용할 수 있다.

⑥ 실시계획의 변경에 관하여는 제1항부터 제3항까지의 규정을 준용한다. 다만, 대통령령으로 정하는 경미한 사항의 변경은 예외로 한다.

제18조(인·허가등의 의제) ① 지정권자, 국가 또는 지방자치단체의 장이 제17조에 따라 실시계획을 승인하거나 작성할 때 그 실시계획에 대한 다음 각 호의 결정·허가·신고·인가·지정·승인·협의 등(이하 "인·허가등"이라 한다)에 관하여 제3항에 따라 관계 행정기관의 장과 협의한 사항에 대하여는 해당 인·허가등을 받은 것으로 보며, 제17조제3항에 따라 실시계획이 고시되었을 때에는 관계 법률에 따른 인·허가등의 고시·공고가 된 것으로 본다.

1. 「국토의 계획 및 이용에 관한 법률」 제30조에 따른 도시·군관리계획의 결정, 같은 법 제56조에 따른 개발행위의 허가, 같은 법 제86조에 따른 시행자의 지정, 같은 법 제88조에 따른 실시계획의 인가, 같은 법 제118조에 따른 토지거래계약의 허가
2. 「문화재보호법」 제35조제1항제1호·제2호·제4호에 따른 허가, 같은 법 제66조 단서에 따른 국유지의 사용 허가
3. 「산지관리법」 제14조 및 제15조에 따른 산지전용허가 및 산지전용신고, 같은 법 제15조의2에 따른 산지일시사용허가·신고, 「산림자원의 조성 및 관리에 관한 법률」 제36조제1항·제4항에 따른 입목벌채등의 허가·신고

4.-24. <생략>

② 제1항에 따른 인·허가등의 의제를 받으려는 시행자는 실시계획의 승인을 신청할 때 해당 법률에서 정하는 관련 서류를 함께 제출하여야 한다.

③ 지정권자, 국가 또는 지방자치단체의 장이 제1항 각 호의 사항이 포함되어 있는 실시계획을 승인하거나 작성할 때에는 미리 관계 행정기관의 장과 협의하여야 한다. 이 경우 관계 행정기관의 장은 부득이한 사유가 있는 경우를 제외하고는 협의를 요청받은 날부터 20일 이내에 의견을 제출하여야 하며, 그 기간 이내에 의견

제출이 없으면 의견이 없는 것으로 본다.

④ 시·도지사는 제17조에 따라 실시계획을 승인하거나 작성하는 경우 제1항 각 호의 사항을 처리하기 위하여 관계 행정기관이 참여하는 인·허가 의제 협의회를 개최할 수 있다.

⑤ 제4항에 따른 인·허가 의제 협의회의 구체적인 구성·기능 및 운영, 그 밖의 세부사항은 대통령령으로 정한다.

제19조(토지수용 등) ① 시행자는 지구개발사업의 시행에 필요한 토지등을 수용하거나 사용할 수 있다.

② 제17조제3항에 따라 실시계획이 고시되었을 때에는 「공익사업을 위한 토지 등의 취득 및 보상에 관한 법률」 제20조제1항에 따른 사업인정 및 같은 법 제22조에 따른 사업인정의 고시가 된 것으로 본다.

③ 토지등에 대한 재결(裁決) 신청은 「공익사업을 위한 토지 등의 취득 및 보상에 관한 법률」 제23조제1항 및 제28조제1항에도 불구하고 제17조에 따른 실시계획에서 정한 사업기간 이내에 할 수 있다.

④ 제1항에 따른 수용 또는 사용에 관하여는 이 법에 특별한 규정이 있는 경우를 제외하고는 「공익사업을 위한 토지 등의 취득 및 보상에 관한 법률」을 준용한다.

제20조(공공시설 및 토지등의 귀속) 시행자가 지구개발사업의 시행으로 새로 공공시설(주차장, 운동장, 그 밖에 대통령령으로 정하는 시설은 제외한다)을 설치하거나 기존의 공공시설을 대체하는 시설을 설치한 경우 그 귀속에 관하여는 「국토의 계획 및 이용에 관한 법률」 제65조를 준용한다.

제26조(개발사업의 준공인가) ① 시행자는 지구개발사업의 전부 또는 일부를 마치면 대통령령으로 정하는 바에 따라 제16조제2항에 따른 지정권자의 준공인가를 받아야 한다. 다만, 국가나 지방자치단체의 장이 시행자인 경우에는 시장·군수 또는 구청장과 협의하여야 하며, 이를 준공인가로 본다.

② 제1항에 따른 준공인가 신청을 받은 지정권자는 준공을 위한 검사를 한 후 해당 지구개발사업이 제17조에 따른 실시계획대로 완료되었다고 인정하는 경우에는 준공인가확인증을 시행자에게 발급하고 이를 공고하여야 한다.

③ 시행자가 제1항에 따른 준공인가를 받았을 때에는 제18조에 따라 의제된 준공검사 또는 준공인가를 받은 것으로 본다.
④ 시행자는 제1항에 따른 준공인가 전에는 지구개발사업으로 조성된 토지나 시설을 사용할 수 없다. 다만, 지구개발사업에 지장이 없는 경우에는 그러하지 아니하다.

지역균형개발 및 지방중소기업 육성에 관한 법률 시행령

제20조(사업시행자) ① <생략>
③ 제2항에 따른 시행자 지정신청서에는 다음 각 호의 서류 및 도면을 첨부하여야 한다.
 1. 위치도
 2. 사업계획서
 3. 자금조달계획 및 연차별 투자계획
④-⑤ 생략
⑥ 법 제16조제5항 중 "대통령령으로 정하는 요건"이란 지구개발사업의 대상인 토지(국·공유지를 제외한다. 이하 이 항에서 같다)면적의 3분의 2 이상에 해당하는 토지를 소유하고, 토지소유자 총수의 2분의 1 이상에 해당하는 자의 동의를 얻는 것을 말한다.

제21조(시행자 지정의 고시) 지정권자는 법 제16조제4항에 따라 시행자를 지정하였을 때에는 다음 각 호의 사항을 관보나 해당 광역시·도 또는 시·군·구에서 발행하는 공보에 고시하여야 한다.
 1. 시행자의 성명(법인인 경우에는 법인의 명칭 및 대표자의 성명)·주소
 2. 사업의 명칭
 3. 사업시행지의 위치 및 면적
 4. 사업의 개요 및 시행기간

제22조(실시계획의 승인) ① 시행자는 법 제17조제1항에 따라 실시계획의 승인을 받으려는 경우에는 다음 각 호의 사항을 적은 실시계획 승인신청서를 지정권자에게 제출하여야 한다.

1. 시행자의 성명(법인인 경우에는 법인의 명칭 및 대표자의 성명)·주소
  2. 사업의 명칭
  3. 사업시행지의 위치 및 면적
  4. 사업시행기간
  5. 사업시행지의 토지이용현황 및 토지이용계획
 ② 제1항에 따른 실시계획 승인신청서에는 다음 각 호의 서류 및 도면을 첨부하여야 한다.
  1. 위치도
  2. 계획평면도 및 실시설계도서
  3. 사업비 및 자금 조달계획(연차별 투자계획을 포함한다)
  4. 개발되는 토지 또는 시설물의 관리·처분에 관한 계획서
  5. 토지·건물 또는 토지에 정착한 물건이나 이에 관한 소유권 외의 권리, 광업권, 어업권, 물의 사용에 관한 권리(이하 "토지등"이라 한다)를 수용하거나 사용하려는 경우에는 수용하거나 사용할 토지등의 소재지·지번·지목·면적·소유권 및 소유권 외의 권리의 명세와 그 소유자 및 권리자의 성명·주소를 적은 서류
  6. 주민의 이주대책이 필요한 경우 그에 관한 서류
  7. 공공시설(「국토의 계획 및 이용에 관한 법률」 제2조제13호에 따른 공공시설을 말한다. 이하 같다) 및 토지등의 무상귀속과 대체에 관한 계획서
  8. 도시·군관리계획의 결정 또는 변경이 필요한 경우 관계 서류 및 도면
  9. 「환경영향평가법」에 따른 환경영향평가 대상사업인 경우에는 환경영향평가서
  10. 공구(工區) 분할계획(분할계획이 있는 경우만 해당한다)

제23조(실시계획 승인의 고시 등) ① 지정권자는 법 제17조제3항에 따라 실시계획을 승인하거나 작성하였을 때에는 다음 각 호의 사항을 관보나 해당 광역시·도 또는 시·군·구에서 발행하는 공보에 고시하여야 한다.
  1. 사업의 명칭·위치 및 면적
  2. 시행자의 성명(법인인 경우에는 법인의 명칭 및 대표자의 성명) 및 주소
  3. 사업의 목표 및 개요
  4. 사업시행기간
  5. 법 제17조제4항에 따른 건물 세목(細目) 등의 고시사항
  6. 조성된 토지 또는 시설의 매수 신청기간 등 매수 신청에 관한 사항

각급 법원의 설치와 관할구역에 관한 법률

제1조(목적) 이 법은 「법원조직법」 제3조제3항에 따라 각급 법원의 설치와 관할구역을 정함을 목적으로 한다.

제4조(관할구역) 각급 법원의 관할구역은 다음 각 호의 구분에 따라 정한다. <단서 생략>
  2.-3. <생략>
  4. 행정법원의 관할구역: 별표 6
  5.-6. <생략>
  7. 행정사건을 심판하는 춘천지방법원 및 춘천지방법원 강릉지원의 관할구역: 별표 9
  8. <생략>

[별표 3]
고등법원·지방법원과 그 지원의 관할구역

고등법원	지방법원	지원	관할구역
	서울중앙		서울특별시 종로구·중구·강남구·서초구·관악구·동작구
	서울동부		서울특별시 성동구·광진구·강동구·송파구
	서울남부		서울특별시 영등포구·강서구·양천구·구로구·금천구
	서울북부		서울특별시 동대문구·중랑구·성북구·도봉구·강북구·노원구
	서울		서울특별시 서대문구·마포구·은평구·용산구

	의정부		의정부시·동두천시·양주시·연천군·포천시, 강원도 철원군. 다만, 소년보호사건은 앞의 시·군 외에 고양시·파주시·남양주시·구리시·가평군
		고 양	고양시·파주시
		남양주	남양주시·구리시·가평군
	인 천		인천광역시
		부 천	부천시·김포시
	춘 천		춘천시·화천군·양구군·인제군·홍천군. 다만, 소년보호사건은 철원군을 제외한 강원도
		강 릉	강릉시·동해시·삼척시
		원 주	원주시·횡성군
		속 초	속초시·양양군·고성군
		영 월	태백시·영월군·정선군·평창군
부 산	부 산		부산광역시 중구·동구·영도구·부산진구·동래구·연제구·금정구
		동 부	부산광역시 해운대구·남구·수영구·기장군
		서 부	부산광역시 서구·북구·사상구·사하구·강서구
	울 산		울산광역시·양산시
	창 원		창원시 의창구·성산구·진해구, 김해시. 다만, 소년보호사건은 양산시를 제외한 경상남도
		마 산	창원시 마산합포구·마산회원구, 함안군·의령군
		통 영	통영시·거제시·고성군
		밀 양	밀양시·창녕군
		거 창	거창군·함양군·합천군
		진 주	진주시·사천시·남해군·하동군·산청군

[별표 6]

행정법원의 관할구역

고 등 법 원	행 정 법 원	관 할 구 역
서 울	서 울	서울특별시

[별표 9]

행정사건을 심판하는 춘천지방법원 및 춘천지방법원 강릉지원의 관할구역

명 칭	관 할 구 역
춘천지방법원	춘천지방법원의 관할구역 중 강릉시·동해시·삼척시·속초시·양양군·고성군을 제외한 지역
춘천지방법원 강릉지원	강릉시·동해시·삼척시·속초시·양양군·고성군

참고자료 2 - 달력

【2019년 8월 ~ 2020년 7월 달력】

2019년 8월

일	월	화	수	목	금	토
				1	2	3
4	5	6	7	8	9	10
11	12	13	14	[15]	16	17
18	19	20	21	22	23	24
25	26	27	28	29	30	31

2019년 9월

일	월	화	수	목	금	토
1	2	3	4	5	6	7
8	9	10	11	[12]	[13]	[14]
15	16	17	18	19	20	21
22	23	24	25	26	27	28
29	30					

2019년 10월

일	월	화	수	목	금	토
		1	2	[3]	4	5
6	7	8	[9]	10	11	12
13	14	15	16	17	18	19
20	21	22	23	24	25	26
27	28	29	30	31		

2019년 11월

일	월	화	수	목	금	토
					1	2
3	4	5	6	7	8	9
10	11	12	13	14	15	16
17	18	19	20	21	22	23
24	25	26	27	28	29	30

2019년 12월

일	월	화	수	목	금	토
1	2	3	4	5	6	7
8	9	10	11	12	13	14
15	16	17	18	19	20	21
22	23	24	[25]	26	27	28
29	30	31				

2020년 1월

일	월	화	수	목	금	토
			[1]	2	3	4
5	6	7	8	9	10	11
12	13	14	15	16	17	18
19	20	21	22	23	[24]	[25]
26	[27]	28	29	30	31	

2020년 2월

일	월	화	수	목	금	토
						1
2	3	4	5	6	7	8
9	10	11	12	13	14	15
16	17	18	19	20	21	22
23	24	25	26	27	28	29

2020년 3월

일	월	화	수	목	금	토
1	2	3	4	5	6	7
8	9	10	11	12	13	14
15	16	17	18	19	20	21
22	23	24	25	26	27	28
29	30	31				

2020년 4월

일	월	화	수	목	금	토
			1	2	3	4
5	6	7	8	9	10	11
12	13	14	[15]	16	17	18
19	20	21	22	23	24	25
26	27	28	29	[30]		

2020년 5월

일	월	화	수	목	금	토
					1	2
3	4	[5]	6	7	8	9
10	11	12	13	14	15	16
17	18	19	20	21	22	23
24	25	26	27	28	29	30
31						

2020년 6월

일	월	화	수	목	금	토
	1	2	3	4	5	[6]
7	8	9	10	11	12	13
14	15	16	17	18	19	20
21	22	23	24	25	26	27
28	29	30				

2020년 7월

일	월	화	수	목	금	토
			1	2	3	4
5	6	7	8	9	10	11
12	13	14	15	16	17	18
19	20	21	22	23	24	25
26	27	28	29	30	31	

□ 표시된 날은 평일 중 공휴일임.

확 인 : 법학전문대학원협의회

공 법
기록형

2020년도 제2차
법전협 모의시험

문제

2020년도 제2차 변호사시험 모의시험 - 논술형(기록형)

시험과목	공 법(기록형)

응시자 준수사항

1. 시험 시작 전 문제지의 봉인을 손상하는 경우, 봉인을 손상하지 않더라도 문제지를 들추는 행위 등으로 문제 내용을 미리 보는 경우 모두 부정행위로 간주되어 그 답안은 영점 처리 됩니다.

2. 답안은 흑색 또는 청색 필기구(사인펜이나 연필 사용 금지) 중 한 가지 필기구만을 사용하여 답안 작성 난(흰색 부분) 안에 기재하여야 합니다.

3. 답안지에 성명과 수험 번호를 기재하지 않아 인적 사항이 확인되지 않는 경우에는 영점 처리 등 불이익을 받게 됩니다. 특히 답안지를 바꾸어 다시 작성하는 경우, 성명 등의 기재를 빠뜨리지 않도록 유의하여야 합니다.

4. 답안지에는 문제 내용을 기재할 필요가 없으며, 답안 내용 이외의 사항을 기재하거나 밑줄 기타 어떠한 표시도 하여서는 안 됩니다. 답안을 정정할 경우에는 두 줄로 긋고 다시 기재하여야 하며, 수정액 등은 사용할 수 없습니다.

5. 시험 종료 시각에 임박하여 답안지를 교체 요구한 경우라도 시험시간 종료 후 즉시 새로 작성한 답안지를 회수합니다.

6. 시험 종료 후에는 답안지 작성을 일절 할 수 없으며, 이에 위반하여 시험시간이 종료되었음에도 불구하고 **시험관리관의 답안지 제출 지시에 불응한 채 계속 답안을 작성하거나 답안지를 늦게 제출할 경우 그 답안은 영점 처리** 됩니다.

7. 답안은 답안지 쪽수 번호 순으로 기재하여야 하고, **배부받은 답안지는 백지 답안이라도 모두 제출**하여야 하며, **답안지를 제출하지 아니한 경우 그 시험시간 및 나머지 시험시간의 시험에 응시할 수 없습니다.**

8. 지정된 시간까지 지정된 시험실에 입실하지 아니하거나 시험관리관의 승인을 얻지 아니하고 시험시간 중에 그 시험실에서 퇴실한 경우 그 시험시간 및 나머지 시험시간의 시험에 응시할 수 없습니다.

9. 시험시간이 종료되기 전에는 어떠한 경우에도 문제지를 시험장 밖으로 가지고 갈 수 없고, 시험 종료 후 가지고 갈 수 있습니다.

법학전문대학원협의회
THE ASSOCIATION OF KOREAN LAW SCHOOLS

목 차

I. 문제 ··· 2

II. 작성요령과 주의사항 ··· 3

III. 서면 양식 ·· 4

IV. 기록내용
    법률상담일지 ··· 7
    내부회의록 ··· 9
    법인등기부등본 ··· 13
    중소기업확인서 ··· 15
    직접생산확인증명서 ·· 16
    조달물자(물품)구매입찰공고 ······························· 17
    2020레미콘 연간단가계약서(추가조건) ··············· 19
    중소기업자 입찰 참가자격 취소 통보 ················ 20
    우편송달보고서 ··· 21
    물량배정중지통보 ·· 22
    우편송달보고서 ··· 23
    소송위임장 (행정소송 등) ··································· 24
    담당변호사 지정서 (행정소송 등) ······················ 25

V. 참고 자료
    1. 관련법령(발췌) ·· 26
    2. 달력 ··· 33

- 1 -

【문 제】

1. 소장의 작성 (50점)

법무법인 한라의 담당변호사로서 의뢰인 해피레미콘 주식회사를 위하여 취소소송의 소장을 작성하되, 아래 사항을 준수하여 첨부된 양식의 ①부터 ⑤에 들어갈 내용을 작성하시오.

가. "Ⅱ. 소의 적법성" 부분(③)에서는 대상적격, 피고적격, 제소기간에 관한 내용만 기재할 것

나. "Ⅲ. 처분의 위법성" 부분(④)에서 근거 법률의 위헌성 주장에 관한 내용을 기재하지 말 것

다. 소장의 작성일란(⑤)에서는 취소소송의 대상으로 삼은 처분 전부에 대하여 허용되는 적법한 제소기간 내 최종일을 기재할 것

2. 위헌법률심판제청신청서의 작성 (50점)

문제 1.에 따라 제기된 행정소송에서, 법무법인 한라의 담당변호사로서 의뢰인 해피레미콘 주식회사를 위하여 위헌법률심판제청신청서를 작성하되, 아래 사항을 준수하여 첨부된 양식의 ①부터 ⑤에 들어갈 내용을 작성하시오.

가. 「중소기업제품 구매촉진 및 판로지원에 관한 법률」 제8조 제2항 중 의뢰인 해피레미콘 주식회사에 적용된 부분을 신청의 대상으로 할 것

나. 문제 1.에 따라 제기된 행정소송의 사건번호는 2020구합1234이고, 담당재판부는 서울행정법원 제2부라고 가정할 것

【작성요령과 주의사항】

1. 「중소기업제품 구매촉진 및 판로지원에 관한 법률」은 '판로지원법'으로 「중소기업제품 구매촉진 및 판로지원에 관한 법률 시행령」은 '판로지원법 시행령'으로, 「중소기업제품 구매촉진 및 판로지원에 관한 법률 시행규칙」은 '판로지원법 시행규칙'으로 약칭할 수 있음

2. 기록에 첨부된 관련법령은 일부 조문이 가상의 것으로 현행 법령과 차이가 있으므로 첨부된 관련법령과 다른 내용의 현행법령은 고려하지 말고 첨부된 관련법령에 근거하여 작성할 것

3. 관련법령 중 판로지원법령은 「정부조직법」(2020. 5. 1. 법률 제14839호로 일부개정된 것)에 의하여 개정되기 이전의 것으로 법률상담일지 1~5항 기재 사실관계가 있던 당시에 시행되던 법령임

4. 법률상담일지의 사실관계와 기록에 첨부된 자료들을 기초로 하고, 그것이 사실임을 전제로 할 것

5. 기록에 첨부된 각종 서류는 적법하게 작성된 것으로 간주하고, 서류 등에 필요한 서명과 날인, 무인과 간인 등은 모두 갖추어진 것으로 볼 것

6. 기록 중 (생략)으로 표시된 부분은 모두 기재된 것으로 볼 것

7. 문장은 경어(敬語)체로 작성할 것

소　장

원　고　해피레미콘 주식회사
　　　　공주시 반포면 송곡로 584
　　　　대표이사 공미래
　　　　소송대리인 법무법인 한라
　　　　담당변호사 정윤주, 남백두

피　고　　①

(생략)

청　구　취　지

②

청　구　이　유

Ⅰ. 처분의 경위 등(생략)
Ⅱ. 소의 적법성

③

Ⅲ. 처분의 위법성

④

Ⅳ. 결론(생략)

입　증　방　법(생략)
첨　부　서　류(생략)

2020. 　⑤

　　　　　　　원고 소송대리인 법무법인 한라
　　　　　　　　　담당변호사 정윤주 (인)
　　　　　　　　　　　　　　남백두 (인)

서울행정법원 귀중

【위헌법률심판제청신청서 양식】

위헌법률심판제청신청서

사　건　　　①

원　고　　해피레미콘 주식회사

피　고　　(생략)

위 사건에 관하여 원고는 아래와 같이 위헌법률심판제청을 신청합니다.

신 청 취 지

②

신 청 이 유

Ⅰ. 사건의 개요(생략)

Ⅱ. 적법요건

③

Ⅲ. 위헌이라고 해석되는 이유

④

Ⅳ. 결론(생략)

2020. (생략)

원고 소송대리인 법무법인 한라
담당변호사 정윤주 (인)
남백두 (인)

⑤　　　귀중

기록내용 시작

수임번호 2020-152	**법률상담일지**		2020. 7. 15.
의뢰인	해피레미콘 주식회사 (대표이사 공미래)	의뢰인 전화	041) 333-1588
의뢰인 주소	충남 공주시 반포면 송곡로 584	의뢰인 팩스	

상 담 내 용

1. 의뢰인 해피레미콘 주식회사(이하 '의뢰인 회사')는 「중소기업기본법」 제2조에 따른 중소기업자로서, 대기업 소유의 레미콘 생산설비를 임차하여 레미콘 생산 및 판매업을 하고 있는 회사이다. 의뢰인 회사는 주로 공공기관이 중소기업자간 경쟁입찰의 방식으로 발주하는 레미콘 공급계약 입찰에 참여하여 왔다.

2. 의뢰인 회사는 조달청장이 2020. 5. 31. 입찰공고한 중소기업자간 경쟁입찰 방식의 '2020년 레미콘 연간 단가계약을 위한 입찰'에 참가하여 낙찰받았다. 의뢰인 회사와 조달청장은 이에 따라 계약기간을 2021. 5. 31.까지로 하는 '2020년도 레미콘 연간 단가계약'을 체결하였다(이하 '이 사건 계약').

3. 한편, 중소기업청장은 2020. 4.경부터 중소기업자간 경쟁입찰에 참여했던 기업들을 대상으로 실태조사를 한 후, 의뢰인 회사를 비롯한 몇몇 중소기업이 「중소기업제품 구매촉진 및 판로지원에 관한 법률」(이하 '판로지원법') 상 중소기업자간 경쟁입찰에 참여가 제한되는 '대기업과 지배 또는 종속의 관계에 있는 기업집단에 포함되는 기업'(이하 '참여제한 대상 기업')이라고 판단하였다.

4. 중소기업청장은 2020. 6. 25. 의뢰인 회사를 포함한 참여제한 대상 기업들에 대하여 중소기업자간 경쟁입찰 참여자격을 취소하였다. 의뢰인 회사의 대표이사는 해외출장 때문에 중소기업청장의 입찰참가자격 취소처분통지서를 직접 받지 못하고, 2020. 6. 29. 23:30경에 공항에 도착하여 사무원이 남긴 문자와 통지서 사진을 보고서 입찰참가자격이 취소되었음을 알게 되었다.

5. 중소기업청장은 2020. 6. 25. 조달청장 등에게 의뢰인 회사를 포함한 참여제한 대상 업체들의 명단과 함께 '향후 발주되는 중소기업자간 경쟁제도를 통한 입찰에서 대상 업체들의 참여를 제한하여 주시기 바란다'는 내용의 공문

을 송부하였고, 이에 따라 참여제한 대상 기업들의 명단을 통보받은 조달청장은 2020. 7. 10. 의뢰인 회사가 참여제한 대상기업에 해당한다는 이유로 입찰 공고 및 이 사건 계약의 추가특수조건 제4조의2를 근거로 하여 이 사건 계약에 따른 레미콘 물량배정을 중지한다는 통보를 하였다. 의뢰인 회사의 대표이사는 물량배정 중지 통보서를 수령한 사무원이 바로 전달해 주어 2020. 7. 15. 16:20경 물량배정이 중지되었음을 알게 되었다.

6. 의뢰인 회사는 주로 중소기업자간 경쟁입찰에 참여하여 체결한 계약으로 레미콘 판매를 하여 왔는데, 중소기업자간 경쟁입찰 참여자격이 취소되면 앞으로 회사의 존립이 어려우므로 중소기업자간 경쟁입찰 참여자격 취소처분에 대해 취소소송을 제기하고 싶고, 조달청장과 체결한 이 사건 계약의 이행을 원하므로 조달청장의 물량배정 중지통보에 대해서도 취소소송을 제기하고 싶다.

7. 의뢰인 회사는 판로지원법 제8조 제2항 중 의뢰인 회사에 적용된 부분에 대하여 위헌법률심판제청신청을 하고 싶다.

법무법인 한라
06133 서울 강남구 봉은사로 119 빅토리빌딩 6층
Tel 02.335.2341, Fax 02.335.2342
Email hanralaw@hanra.co.kr www.hanralaw.co.kr

법무법인 한라 내부회의록

일　시 : 2020. 7. 16. 14:00 ~ 15:00
장　소 : 법무법인 한라 회의실
참석자 : 정윤주 변호사, 남백두 변호사

정 변호사: 남 변호사, 의뢰인 해피레미콘 주식회사 사건에 관하여 논의해 볼까요?

남 변호사: 네, 의뢰인 해피레미콘 주식회사는 레미콘을 생산, 판매하는 중소기업입니다. 중소기업자들만 참여할 수 있는 중소기업자간 경쟁입찰에서 주로 조달계약을 따내어 레미콘을 판매해 왔습니다. 그런데 이번에 대기업으로부터 자본금을 초과하는 금액의 자산을 대여받았다는 이유로 중소기업청장으로부터 중소기업자간 경쟁입찰 참여자격을 취소당하였습니다. 그리고 2020년 레미콘 공급을 위한 연간단가계약을 체결한 조달청도 같은 이유로 그 계약에 따른 레미콘 물량배정을 중지하겠다고 통보하였습니다.

정 변호사: 의뢰인 회사가 중소기업자가 아닌데 중소기업자간 경쟁입찰에 참여했다는 말인가요?

남 변호사: 아닙니다. 의뢰인 회사의 매출규모로 보면 중소기업기본법상 중소기업자가 맞습니다. 그런데 판로지원법에서 대기업이 그 중소기업의 자본금 또는 출자총액을 초과하는 금액에 해당하는 자산을 대여하는 경우는 대기업과 중소기업이 지배 또는 종속관계라고 보고, 그 중소기업의 입찰참여를 제한하고 있습니다.

정 변호사: 아, 그럼 의뢰인 회사가 자본금 또는 출자총액을 초과하는 자산을 대기업으로부터 대여받았던 거군요.

남 변호사: 네, 그렇습니다. 의뢰인 회사는 대기업인 대서양 주식회사 소유의 배치

플랜트를 임차하여 사용하고 있습니다. 배치플랜트는 시멘트, 자갈, 모래, 물 등을 자동이송 장치를 통해 운송하고 자동으로 혼합되도록 하는 기계설비인데, 의뢰인은 회사 설립 시부터 대서양 주식회사 소유의 배치플랜트를 임차하여 사용해왔습니다. 이 시설의 금액이 7천만원으로 평가되기 때문에 의뢰인 회사의 자본금인 5천만원을 초과합니다.

정 변호사: 음....의뢰인 회사는 대서양 주식회사의 사실상 자회사나 뭐 특수한 그런 관계인 것 아닌가요?

남 변호사: 아닙니다. 의뢰인 회사는 대서양 주식회사와는 전혀 별개로 설립된 회사입니다. 두 회사의 직책을 겸직하거나 특수 관계에 있는 사람도 없어 인적으로도 아무런 관련이 없습니다. 의뢰인 회사의 대표이사는 대기업의 설비를 대여받아 사용하는 것이 중소기업자 경쟁입찰 참가에 결격사유가 되는지를 몰랐다고 합니다.

정 변호사: 그래요? 그런데 중소기업자간 경쟁입찰에 참여할 수 없는 결격사유가 있다는 점이 그 입찰에 참가할 자격을 취소할 사유가 되나요? 아, 그리고 조달청도 의뢰인 회사에 대해 물량배정을 취소했다고 했지요?

남 변호사: 네, 조달청으로부터 물량배정을 중지하겠다는 통지를 받았습니다.

정 변호사: 조달청과 의뢰인 회사가 체결한 계약은 어떤 계약이죠? 물량배정을 중지한다는 것이 어떤 의미인가요?

남 변호사: 의뢰인 회사와 조달청이 체결한 계약은 레미콘 공급에 대한 중소기업자간 경쟁입찰에서 의뢰인 회사가 낙찰받아 체결한 연간단가계약인데, 1년간 공급할 물량의 단가를 정한 것입니다. 1년 동안의 가격을 정해놓고 배정받은 물량을 공급하기 때문에 1년간은 레미콘을 공급할 수 있는 물량과 수익을 확보할 수 있습니다. 계약만 체결한 상태이고 아직 물량을 배정받지 못했는데 이번에 물량배정중지통보를 받아서 레미콘을 공급하지 못하고 있습니다.

정 변호사: 물량배정을 중지한 것도 대서양 주식회사로부터 대여받은 그 배치플랜트인가 하는 설비 때문인가요?

남 변호사: 네, 그렇습니다. 대기업으로부터 자본금을 상회하는 자산을 대여받았다는 이유입니다. 사실 당초 입찰공고문에서 판로지원법령상 중소기업자간 경쟁입찰 참여 자격이 있을 것을 요구했고, 판로지원법 제8조제2항에 해당하면 계약해지 및 물량회수를 한다고 되어 있었습니다.
낙찰 이후에 체결한 계약조건에서도 자격요건 부적격자에 대한 물량 배정 중지에 관한 내용이 명시되어 있었습니다. 의뢰인 회사가 대기업하고 지배 또는 종속관계에 있다고 인정되어 판로지원법상의 중소기업자간 경쟁입찰 참여 자격이 없다는 점 때문에 공급 물량을 배정하지 않겠다고 한 것입니다.

정 변호사: 그렇군요....그런데 계약조건에 그렇게 되어 있었다면 조달청의 물량배정 중지는 계약에 따른 조치이지 처분이라고 보기는 어렵지 않나요?

남 변호사: 그렇게 볼 수도 있지만 조달청장이 한 물량배정중지는 결국 원고에게 판로지원법상 중소기업자간 경쟁입찰에 참여 자격이 없다는 이유로 한 것입니다. 판로지원법에서는 물품구매계약을 체결하기 전 입찰 단계에서 참여할 자격이 없는 업체의 참여를 제한하도록 하고 있는데, 입찰 단계에서 참여 제한을 못하고 입찰이 진행되어 물품구매계약이 체결되어 버려서 물량배정의 중지를 하는 것이니 본질적으로 판로지원법에 따라 처분으로 행한 것으로 봐야 하지 않나 합니다.

정 변호사: 쉽지는 않겠는데요? 소장에서 그 부분을 잘 정리해서 주장해보시지요. 의뢰인 회사 입장에서는 이미 체결된 레미콘 공급계약에 따른 레미콘 판매도 막히고, 앞으로도 중소기업자간 경쟁입찰에는 참여할 자격이 없어진 것이네요. 그렇게 참가자격이 취소되면 아마 일정 기간 자격취득제한도 당할 겁니다.
참, 사전에 통지는 다 받았나요? 처분을 받기 전에 의뢰인 회사가 몰랐다는 사정을 좀 설명했나요?

남 변호사: 의뢰인 회사는 2020. 6. 5. 중소기업청장으로부터 공공기관으로 하여금 의뢰인 회사가 중소기업자간 경쟁입찰에 참여하는 것을 제한하도록 하는 내용을 통보할 계획이라는 취지의 사전통지를 받았는데, 이에 대한 의견을 따로 제출하지는 않았다고 합니다. 물량 배정 중지 통보는 사전통지가 없었습니다.

정 변호사: 그래요? 그 부분도 확인해서 문제가 있으면 주장해보시지요.
참...법이 그렇다고는 하지만 자본금보다 비싼 설비를 임차하였다는 사정만으로 대기업과 지배·종속관계라고 볼 수 있는지 의문이네요.

남 변호사: 의뢰인 회사는 자본금은 적어도 매출이나 영업이익은 괜찮은 편이었습니다. 실제로는 대기업과 관련도 없는데, 고가의 설비를 대여받았다는 이유만으로 대기업과 지배 또는 종속관계에 있다고 판단하는 것은 문제가 있는 것 같습니다. 의뢰인 회사는 다른 사업도 안하고 오로지 레미콘 제조·공급 사업만을 하는데, 중소기업자간 경쟁입찰을 통해서만 공급을 해 와서 다른 판매처도 별로 없다고 합니다. 사실상 당장 판매할 길이 막혀 회사문을 닫아야 할지도 모른다고 합니다.

정 변호사: 의뢰인 회사의 사정이 딱하군요. 남 변호사가 의뢰인 회사를 위해서 소장과 위헌법률심판제청신청서를 잘 작성해주시기 바랍니다. 이상으로 회의를 마치겠습니다. 끝.

등기사항전부증명서(현재사항) [제출용]

등기번호	0*****
등록번호	0*****-0001234

상 호	해피레미콘 주식회사
본 점	공주시 반포면 송곡로 584

공고방법	서울특별시에서 발행하는 매일경제신문에 게재한다.

1주의 금액	금 5,000 원

발행할 주식의 총수	100,000 주

발행주식의 총수와 그 종류 및 각각의 수	자본의 총액	변경연월일 / 등기연월일
발행주식의 총수 10,000 주 보통주식 10,000 주	금 50,000,000 원	. . . .

목 적

레미콘 생산 및 판매, 공급과 이를 효율적으로 수행하기 위한 연계 운송사업, 건설사업 등과 같은 부대사업의 영위를 목적으로 한다.

임원에 관한 사항

이사 박현미 570803-2****** 생략

이사 강우석 570318-1****** 생략

감사 김영건 520812-1****** 생략

이사 박현수 511215-1****** 생략

이사 이순화 801123-2****** 생략

대표이사 공미래 670126-1****** 서울특별시 종로구 사직로8길 4, 111동 1607호(사직동, 광화문풍림스 페이스본)
　　2015 년 07 월 15 일 취임　　2015 년 09 월 28 일 등기

기 타 사 항
1. 생략

회사성립연월일	2015. 9. 30.

--- 이 하 여 백 ---

관할등기소 : 대전지방법원 공주지원 / 발행등기소 : 법원행정처 등기정보중앙관리소

이 증명서는 등기기록의 내용과 틀림없음을 증명합니다.

서기 2020년 07월 18일
법원행정처 등기정보중앙관리소 전산운영책임관

발급번호: (생략)

중소기업 확인서

기 업 명 : 해피레미콘 주식회사

사업자등록번호 : 307-81-*****　　　　　법인등록번호 : 161211-*******

대표자명 : 공미래

주　　소 : 충남 공주시 반포면 송곡로 584

주 업 종 : (C23322)레미콘 제조업

유효기간 : 2020. 4. 1.~ 2021. 3. 31.

용　　도 : 공공기관 입찰용

위 기업은 「중소기업기본법」 제2조에 의한 중소기업임을 확인합니다.

2020년 4월 1일

중 소 기 업 청 장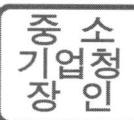

발급사실 및 발급취소 등 변동사항은 중소기업현황정보시스템(sminfo. mss.go.kr)을 통해 확인 가능. 유효기간 중이라도 발급일 이후 합병, 분할 및 관계기업 변동시 중소기업 지위를 상실할 수 있음. 거짓 자료를 통해 발급받은 경우 중소기업기본법 제28조에 따라 500만 원 이하의 과태료 및 시책기관의 지원무효 등의 조치가 취해질 수 있음.
"주업종"은 중소기업기본법 시행령 제4조에 따라 직전 3개년 사업연도내의 평균매출액등의 비중이 가장 큰 업종이며, 현재 영위하는 업종과 다를 수 있음.

발급번호: (생략)

직접생산확인증명서

○대 분 류 : (생략)
○제 품 명 : 레미콘
 * 동 제품의 직접 생산 가능범위 : 붙임의 세부품명별 '필수특이사항'에 따름.
○생산업체명 : 해피레미콘 주식회사
　　사업자번호 307-81-*****
　　대표자 성명 : 공미래
　　소재지(본사) : 충남 공주시 반포면 송곡로 584
○공　　　장 : 상동
○유효기간 : (생략)

「중소기업제품 구매촉진 및 판로지원에 관한 법률」 제9조 제4항 본문 및 같은 법 시행규칙 제5조제3항에 따라 위와 같이 직접생산을 증명합니다.

출력일자 : 2020년　5월　6일

중소기업중앙회 [중소기업중앙회장인]

조달물자(물품) 구매입찰 공고

조달청 물품공고 제20200535339-00호
입찰에 부치고자 다음과 같이 공고합니다.

2020. 05. 29.
대전지방조달청 조달물자계약관

1. 입찰에 부치는 사항
   구매관리번호: 25-13-4-0587-00
   수요기관: 각 수요기관
   계약방법: 제한경쟁
   품명: 레미콘
   입찰건명: 2020년 레미콘 연간단가계약
   입찰(개찰)일시: 2020/06/20. 15:00.
   (생략)

2. 세부 품명 및 수량
   (생략)

3. 입찰방법
   * 입찰금액(투찰금액)은 규격별 단가의 합계금액으로 하며, 각 규격별 예정가격에 낙찰율을 적용하여 계약단가를 산정(원단위 이하는 절사)합니다.
   * 입찰(투찰)수량은 규격별 합계수량으로 하여야 하며, 규격별 계약수량은 규격별 공고물량비율을 적용합니다.
   * 업체별 최대 입찰수량은 생산능력의 범위이내이여야 하며, 산정기준은 아래와 같습니다.
   (생략)

4. 입찰장소

* 대전지방조달청 입찰실

5. 제출서류
(생략)

6. 입찰참가자격
 * 「중소기업제품 구매촉진 및 판로지원에 관한 법률시행령」 제9조 제1항에 따라 중소기업자간 경쟁입찰 참가자격 조건을 갖춘 중소기업으로서 아래 항의 자격을 모두 갖추어야 합니다.
   ① ~ ② (생략)
   ③ 중·소기업, 소상공인 및 장애인기업 확인 요령(중소벤처기업부 고시 제2019-1호, 2019.1.1.)에 의한 "중·소기업·소상공인 확인서"를 입찰(개찰)일 전일까지 소지한 업체

 * 중소기업제품 구매촉진 및 판로지원에 관한 법률 제8조 제2항에 해당하는 자는 본 입찰에 참여할 수 없으며, 계약체결 후에 해당기업으로 확인될 경우 계약해지 및 기 배정한 물량을 회수하니 착오 없기 바랍니다.

(이하 생략)

대전지방조달청 조달 물자 계약관

2020년도 레미콘 연간 단가계약(추가조건)

제1조~제3조
(생략)

제4조 (물량배정)
① 계약된 조합의 참여 조합원사인 경우에는 관련 조합이, 공동수급체인 경우 공동수급체 대표사가, 개별 계약업체는 조달청에서 실시한다.
② (생략)

제4조의 3 (자격요건 부적격자 등에 대한 처리)
① 계약상대자가 다음 각 호의 어느 하나에 해당하는 경우에는 물량배정 중지 또는 기 배정된 물량을 회수한다.
1. 계약상대자가 관련 규정의 개정 및 신규 적용 등의 이유로 중소기업자간 경쟁입찰에 참여할 수 없는 경우에는 중소기업자간 경쟁입찰에 참여할 수 있는 자격을 획득할 때까지 배정중지
2. 조합을 통해 참여한 조합원사가 조합을 탈퇴한 경우 배정중지 및 기배정된 물량 회수
3. 계약상대자가 계약기간 중 부정당업자 제재를 받은 경우 제재기간 동안 물량배정 중지. 다만 당해 조합이 배제됨에 따라 공급이 불가능한 것으로 판단될 경우에는 물량배정(원인을 야기한 조합원사는 제외)
② 제1항제2호에 의하여 물량배정중기 등의 처분을 받은 자로서 계약기간동안 조합을 탈퇴한 업체는 조합의 관할지역변경 등 불가피한 사유가 없는 한 국가계약법 시행령 제76조에 따라 입찰참가자격 제한

제5조
(이하 생략)

중소기업청

수 신   수신자 참조
(경유)
제 목   입찰참가자격 취소 처분 통보

귀사에 대하여 「중소기업제품 구매촉진 및 판로지원에 관한 법률」 제8조 제3항 제1호에 따라 아래와 같이 입찰 참가자격을 취소함을 통보합니다.

아 래

가. 업체명 : 해피레미콘 주식회사
나. 대표자 : 공미래
다. 계약입찰명
    : 중소기업자 경쟁입찰의 방식으로 진행되는 입찰
라. 제재사유
    : 중소기업제품 구매촉진 및 판로지원에 관한 법률 제8조 제2항 제2호 다목에 해당
 (대상 업체의 자본금을 초과하는 금액의 대기업 소유의 자산 대여)
마. 제재기간 : 해당 없음
바. 1년간 참가자격 취득이 제한됨

중소기업청장 [인]

시행: 2020. 6. 25.
주소: 대전광역시 서구 청사로 189, 1동

대표전화 : 국번없이 1357 / (042)481-4114　　　　팩스 :(042)472-6083

우편송달보고서

증서 2020년-제548호　　　　2020년　6월　25일　　발송

송달서류	입찰참가자격 취소 처분 통보서 1 통
발송자	중소기업청장
송달받을 자	해피레미콘 주식회사(대표이사 공미래)

영수인	**김이박 (서명)**

영수인 서명날인 불능	

1.	송달받을 자 본인에게 교부하였다.

	송달받을 자가 부재 중이므로 사리를 잘 아는 다음 사람에게 교부하였다.
	사무원　　*김이박*
	피용자
	동거자

3	다음 사람이 정당한 사유 없이 송달받기를 거부하므로, 그 장소에 서류를 두었다.
	송달받을 자
	사무원
	피용자
	동거자

송달연월일	*2020.　6.　29.　15시 30분*
송달장소	공주시 반포면 송곡로 584

위와 같이 송달하였다.
　　　　　　　　　　　　2020.　6.　30.
　　　　　　　　　　　　공주우체국 집배원　　　김택송

조달청장

수　신　　해피레미콘 주식회사
제　목　　물량배정중지 통보

　귀사에 대하여 2020 레미콘 연간단가계약에 따른 물량 배정을 중지함을 통보함

　○판로지원법 제8조제2항제2호다목에 해당하는 귀사를 중소기업자간 경쟁입찰의 참여를 제한하도록 하라는 공문을 받았음.
　○귀사가 현재와 같이 중소기업자 간 경쟁입찰 참여제한 대상기업에 해당하는 경우에는 입찰공고 및 2020년도 레미콘 연간 단가계약 추가조건에 따라 관급레미콘 물량 배정을 중지할 수밖에 없음을 알려드림.

조달청장　[조달청장 인]

시행: 2020. 7. 10.
주소: 35208 대전광역시 서구 청사로 189 정부대전청사 3동

대표전화 : (042) 610-1200   팩스 : (042) 472-2270

우편송달보고서

증서 2020년-제548호   2020년 7월 10일   발송

송달서류	물량배정중지 통보서 1 통
발송자	조달청장
송달받을 자	해피레미콘 주식회사(대표이사 공미래)

영수인	**김이박 (서명)**

영수인 서명날인 불능

1.	송달받을 자 본인에게 교부하였다.	
②	송달받을 자가 부재 중이므로 사리를 잘 아는 다음 사람에게 교부하였다.	
	사무원	김이박
	피용자	
	동거자	
3	다음 사람이 정당한 사유 없이 송달받기를 거부하므로, 그 장소에 서류를 두었다.	
	송달받을 자	
	사무원	
	피용자	
	동거자	

송달연월일	**2020. 7. 15. 16시 00분**
송달장소	공주시 반포면 송곡로 584

위와 같이 송달하였다.
                                2020. 7. 16.
                          공주우체국 집배원   김택송 (인)

소 송 위 임 장

사 건	(생략)
원 고	해피레미콘 주식회사
피 고	(생략)

위 사건에 관하여 다음 표시 수임인을 소송대리인으로 선임하고, 다음 표시 권한을 수여한다.

수 임 인	법무법인 한라	변호사 확인 (인)
수 권 사 항	1. **일체의 소송행위** 1. 반소의 제기 및 응소, 상소의 제기, 동 취하 1. 소의 취하, 화해, 청구의 포기 및 인락, 참가에 의한 탈퇴 1. 복대리인의 선임 1. 목적물의 수령 1. 공탁물의 납부, 공탁물 및 이자의 반환청구와 수령 1. 담보권의 행사 최고 신청, 담보 취소신청, 동 신청에 대한 동의, 담보 취소결정 정본의 수령, 동 취소 결정에 대한 항고권 포기 1. 강제집행신청, 대체집행신청, 가처분, 가압류 등 보전처분과 관련한 모든 소송행위 1. 인지환급금의 수령에 관한 행위, 소송비용액확정결정신청 등 1. 등록사항별 증명서, 주민등록증·초본, 기타 첨부서류 발급에 관한 행위 1. **위헌법률심판제청신청에 관한 행위**	
2019. 7. 15. 위 임 인 해피레미콘 주식회사 대표이사 공미래 (인)	소속변호사회(인) 서울지방변호사회 (인)	

담당변호사 지정서

사건	(생략)
원고	해피레미콘 주식회사
피고	(생략)

위 사건에 관하여 당 법인은 원고의 소송대리인으로서 변호사법 제50조 제1항에 의하여 그 업무를 담당할 변호사를 다음과 같이 지정합니다.

담당 변호사	변호사 정윤주, 남백두

2020. 8.

법무법인 한라
06133 서울 강남구 봉은사로 119 빅토리빌딩 6층
Tel 02.335.2341, Fax 02.335.2342
Email hanralaw@hanra.co.kr www.hanralaw.co.kr

서울행정법원 귀중

참고자료 1 – 관련 법령(발췌)

■ 중소기업제품 구매촉진 및 판로지원에 관한 법률 (약칭: 판로지원법)

제1조(목적) 이 법은 중소기업제품의 구매를 촉진하고 판로를 지원함으로써 중소기업의 경쟁력 향상과 경영안정에 이바지함을 목적으로 한다.

제2조(정의) 이 법에서 사용하는 용어의 뜻은 다음과 같다.
1. "중소기업자"란 다음 각 목의 어느 하나에 해당하는 자를 말한다.
가.「중소기업기본법」제2조에 따른 중소기업자
나. (생략)
2. "공공기관"이란 다음 각 목의 어느 하나에 해당하는 기관 또는 법인을 말한다.
가. 국가기관
나. 지방자치단체
다. 특별법에 따라 설립된 법인 중 대통령령으로 정하는 자
라.「공공기관의 운영에 관한 법률」제5조에 따른 공공기관 중 대통령령으로 정하는 자
마.「지방공기업법」에 따른 지방공사 및 지방공단
바.「지방의료원의 설립 및 운영에 관한 법률」에 따른 지방의료원

제6조(중소기업자간 경쟁 제품의 지정) ① 중소기업청장은 중소기업자가 직접 생산·제공하는 제품으로서 판로 확대가 필요하다고 인정되는 제품을 중소기업자간 경쟁 제품(이하 "경쟁제품"이라 한다)으로 지정할 수 있다.
② ~③ (생략)

제7조(경쟁제품의 계약방법) ① 공공기관의 장은 경쟁제품에 대하여는 대통령령으로 정하는 특별한 사유가 없으면 중소기업자만을 대상으로 하는 제한경쟁 또는 중소기업자 중에서 지명경쟁(이하 "중소기업자간 경쟁"이라 한다) 입찰에 따라 조달계약을 체결하여야 한다.
② 공공기관의 장은 제1항에 따른 중소기업자간 경쟁입찰에서 적정한 품질과 납품 가격의 안정을 위하여 중소기업자의 계약이행능력을 심사하여 계약상대자를

결정하여야 한다. 다만, 구매의 효율성을 높이거나, 중소기업제품의 구매를 늘리기 위하여 필요한 경우에는 대통령령으로 정하는 방법에 따라 계약상대자를 결정할 수 있다.
③~⑤ (생략)

제8조(경쟁입찰 참여자격) ① 제7조에 따른 중소기업자간 경쟁입찰에 참여할 수 있는 중소기업자의 자격(이하 이 조에서 "참여자격"이라 한다)은 규모와 경영실적 등을 고려하여 대통령령으로 정한다.
② 다음 각 호의 어느 하나에 해당하는 경우 중소기업자간 경쟁입찰에 참여할 수 없고, 공공기관의 장은 중소기업자간 경쟁입찰의 공정한 경쟁을 위하여 다음 각 호의 어느 하나에 해당하는 중소기업을 영위하는 자의 참여를 제한하여야 한다.
1. 생략
2. 대기업과 다음 각 목의 어느 하나에 해당하는 지배 또는 종속의 관계에 있는 기업들의 집단에 포함되는 중소기업
　가.~나. 생략
　다. 대기업이 중소기업에 그 중소기업의 자본금 또는 출자총액(개인사업자의 경우에는 자산총액을 말한다)을 초과하는 금액에 해당하는 자산을 대여하거나 채무를 보증하고 있는 경우
③ 중소기업청장은 중소기업자간 경쟁입찰에 참여하는 중소기업자가 다음 각 호의 어느 하나에 해당하는 경우 참여자격을 취소하거나 1년 이내의 범위에서 정지할 수 있다.
1. 거짓이나 그 밖의 부정한 방법으로 참여자격을 취득한 경우
2. 참여자격을 상실한 경우
3. 담합 등 부당한 행위를 한 경우
4. 그 밖에 중소기업자간 경쟁입찰 참여가 부적당하다고 대통령령으로 정하는 경우
④ 중소기업청장은 제3항에 따라 참여자격을 취소 또는 정지하려면 청문을 하여야 한다.
⑤ 중소기업청장은 참여자격을 취소한 경우에는 취소한 날부터 1년 이내의 범위에서 참여자격 취득을 제한할 수 있다.
⑥ 제3항에 따른 참여자격 정지 기간과 제5항에 따른 참여자격 취득 제한 기간은 산업통상자원부령으로 정한다.

제9조(직접생산의 확인 등) ① 공공기관의 장은 중소기업자간 경쟁의 방법으로 제품조달계약을 체결하거나, 다음 각 호의 어느 하나에 해당하는 경우로서 대통령령으로 정하는 금액 이상의 제품조달계약을 체결하려면 그 중소기업자의 직접생산 여부를 확인하여야 한다. 다만, 제4항에 따라 중소기업청장이 직접생산을 확인한 서류를 발급한 경우에는 그러하지 아니하다.
1.~2. 생략
② 중소기업청장은 생산설비 기준 등 대통령령으로 정하는 바에 따라 제1항에 따른 직접생산 여부의 확인기준을 정하여 고시하여야 한다.
③ 공공기관의 장이나 공공기관에 제품을 납품하려는 중소기업자는 필요한 경우 중소기업청장에게 해당 제품에 대한 직접생산 여부의 확인을 신청할 수 있다.
④ 중소기업청장은 제3항에 따른 신청을 받은 때에는 직접생산 여부를 확인하고 그 결과를 해당 중소기업자에게 통보하여야 하고, 직접생산을 하는 것으로 확인된 중소기업자에 대하여는 유효기간을 명시하여 이를 증명하는 서류(이하 "직접생산확인증명서"라 한다)를 발급할 수 있다. 다만, 해당 중소기업자에 대하여 제11조제2항 각 호의 사유로 인하여 조사가 진행 중인 경우에는 직접생산 여부 확인을 보류할 수 있다.
⑤~⑥ (생략)
⑦ 직접생산 여부의 확인 절차와 직접생산확인증명서의 유효기간 및 발급 등에 필요한 사항은 산업통상자원부령으로 정한다.

■ **중소기업제품 구매촉진 및 판로지원에 관한 법률 시행령 (약칭: 판로지원법 시행령)**

제9조(중소기업자간 경쟁입찰의 참여자격 등) ① 법 제8조제1항에 따라 중소기업자간 경쟁입찰에 참여하는 중소기업자는 다음 각 호의 요건을 모두 갖추어야 한다.
1. 경쟁제품을 직접 생산·제공할 수 있는 설비
2. 생략

제9조의2(경쟁입찰 참여자격의 취소 또는 정지 요건) ① 법 제8조제3항제4호에서

"중소기업자간 경쟁입찰 참여가 부적당하다고 대통령령으로 정하는 경우"란 중소기업자간 경쟁입찰에 참여하는 중소기업자가 다음 각 호의 어느 하나에 해당하는 경우를 말한다.
1. 제9조제2항 각 호의 요건을 모두 갖춘 조합(이하 "적격조합"이라 한다)이 중소기업자간 경쟁입찰에 참여하는 소속 조합원(이하 "소속 조합원"이라 한다)에게 하도급 행위를 하도록 조장하거나, 소속 조합원이 하도급 행위를 하는 것을 알면서도 적절한 조치를 하지 아니한 경우
2. 적격조합이 중소기업자간 경쟁입찰에 참여할 때 제9조제1항 각 호의 요건을 갖추지 못한 소속 조합원을 포함시킨 사실이 적발된 경우
3. 「국가를 당사자로 하는 계약에 관한 법률 시행령」 제76조제1항 각 호 또는 「지방자치단체를 당사자로 하는 계약에 관한 법률」 제31조제1항 각 호에 해당하는 행위를 하여 중앙관서의 장 또는 지방자치단체의 장으로부터 입찰참가자격 제한을 받은 경우

■ 중소기업제품 구매촉진 및 판로지원에 관한 법률 시행규칙 (약칭: 판로지원법 시행규칙)

제4조(경쟁입찰 참여자격의 정지 기간과 취득 제한 기간) 법 제8조제6항에 따른 참여자격 정지 기간과 참여자격 취득 제한 기간은 별표 1과 같다.

[별표 1]

참여자격 정지 기간과 참여자격 취득 제한 기간(제4조 관련)

위반행위	처분 기준	참여자격 정지 기간	참여자격 취득 제한 기간
1. 법 제8조제3항제1호에 따른 거짓이나 그 밖의 부정한 방법으로 참여자격을 취득한 경우	참여자격 취소		1년
2. 법 제8조제3항제2호에 따른 참여자격을 상실한 경우	참여자격 취소		-
3. 법 제8조제3항제3호에 따른 담합 등 부당한 행위를 한 경우	참여자격 취소		6개월
4. 영 제9조의2제1항제1호에 해당하는 경우 가. 하도급 행위를 하도록 조장한 경우	참여자격 정지	6개월	

나. 하도급 행위를 하는 것을 알면서도 적절한 조치를 하지 않은 경우	참여자격 정지	3개월
5. 영 제9조의2제1항제2호에 해당하는 경우	참여자격 정지	6개월
6. 영 제9조의2제1항제3호에 해당하는 경우	참여자격 정지	1년 이내

비고: 1. 위반행위가 2 이상인 경우로서 그에 해당하는 각각의 처분기준이 다른 경우에는 그 중 무거운 처분기준에 따른다.
       2. 제6호에 따른 참여자격 정지 기간은 중앙관서의 장 또는 지방자치단체의 장으로부터 입찰 참여자격 제한을 받은 기간으로 한다. 다만, 제4호에 따른 위반행위로 중앙관서의 장 또는 지방자치단체의 장으로부터 입찰 참여자격 제한을 받은 경우에는 제4호에서 정한 참여자격 정지 기간으로 한다.

■ 정부조직법

[시행 2020. 7. 15.] [법률 제14839호, 2020. 5. 1., 일부 개정]

제44조(중소벤처기업부) 중소벤처기업부장관은 중소기업 정책의 기획·종합, 중소기업의 보호·육성, 창업·벤처기업의 지원, 대·중소기업 간 협력 및 소상공인에 대한 보호·지원에 관한 사무를 관장한다.

부칙
제1조 (생략)
제2조(조직폐지 및 신설 등에 따른 소관사무 및 공무원 등에 관한 경과조치) ① 이 법 시행 당시 다음 표의 왼쪽 란에 기재된 행정기관의 장의 사무는 같은 표의 오른쪽 란에 기재된 행정기관의 장이 각각 승계한다.

이전 생략	이전 생략
중소기업청장의 소관사무 중 이 법 제44조에 규정된 사무	중소벤처기업부장관
이하 생략	이하 생략

③ 이 법 시행 당시 제1항의 표의 왼쪽 란에 기재된 사무와 관련된 총리령 또는 부령은 같은 표의 오른쪽 란에 기재된 기관의 소관 사무에 관한 부령으로 본다.

제3조(종전의 법률에 따른 고시·처분 및 계속 중인 행위에 관한 경과조치) 이 법

시행 전에 부칙 제5조에서 개정되는 법률에 따라 행정기관이 행한 고시·행정처분, 그 밖의 행정기관의 행위와 행정기관에 대한 신청·신고, 그 밖의 행위는 각각 부칙 제5조에서 개정되는 법률에 따라 해당 사무를 승계하는 행정기관의 행위 또는 행정기관에 대한 행위로 본다.

제5조(다른 법률의 개정) ①부터 <172>까지 생략
<173> 중소기업제품 구매촉진 및 판로지원에 관한 법률 일부를 다음과 같이 개정한다.
..생략.. 제6조제1항, 같은 조 제2항 전단 및 후단, 제7조제4항 전단, 같은 조 제5항, 제7조의2제1항, 제8조제3항제4항부터 제5항까지, 제8조의2제1항제1호나목, 같은 항 제3호, 같은 조 제2항, 같은 조 제3항 전단, 같은 조 제4항, 같은 조 제6항 전단 및 후단, 제8조의3제2항부터 제5항까지, 제9조제1항 각 호 외의 부분 단서, 같은 조 제2항·제3항, 같은 조 제4항 본문, 같은 조 제5항제4호, ...생략.....중 "중소기업청장"을 각각 "중소벤처기업부장관"으로 한다.
제7조의2제2항 각 호 외의 부분, 제8조제6항, 제8조의2제7항, 제9조제5항 각 호 외의 부분, 같은 조 제7항, 제10조제3항, 제11조제4항, 같은 조 제5항제2호·제4호, 같은 조 제7항, 제13조제5항, 제15조제1항·제4항·제8항, 제18조제2항 전단 및 제26조의2제2항 중 "산업통상자원부령"을 각각 "중소벤처기업부령"으로 한다.
(이하 생략)

■ 중소기업기본법

제2조(중소기업자의 범위) ①중소기업을 육성하기 위한 시책(이하 "중소기업시책"이라 한다)의 대상이 되는 중소기업자는 다음 각 호의 어느 하나에 해당하는 기업 또는 조합 등(이하 "중소기업"이라 한다)을 영위하는 자로 한다.
1. 다음 각 목의 요건을 모두 갖추고 영리를 목적으로 사업을 하는 기업
가. 업종별로 매출액 또는 자산총액 등이 대통령령으로 정하는 기준에 맞을 것
나. 지분 소유나 출자 관계 등 소유와 경영의 실질적인 독립성이 대통령령으로 정하는 기준에 맞을 것
2. ~생략

■ **중소기업기본법 시행령**

제3조(중소기업의 범위) ① 「중소기업기본법」(이하 "법"이라 한다) 제2조제1항제1호에 따른 중소기업은 다음 각 호의 요건을 모두 갖춘 기업으로 한다.

1. 다음 각 목의 요건을 모두 갖춘 기업일 것

가. 해당 기업이 영위하는 주된 업종과 해당 기업의 평균매출액 또는 연간매출액(이하 "평균매출액등"이라 한다)이 별표 1의 기준에 맞을 것

나. 자산총액이 5천억원 미만일 것

2. 생략

참고자료 2 - 달력

```
2020년  1월                    2020년  2월                    2020년  3월
일 월 화 수 목 금 토          일 월 화 수 목 금 토          일 월 화 수 목 금 토
        1  2  3  4                              1          1  2  3  4  5  6  7
 5  6  7  8  9 10 11           2  3  4  5  6  7  8          8  9 10 11 12 13 14
12 13 14 15 16 17 18           9 10 11 12 13 14 15         15 16 17 18 19 20 21
19 20 21 22 23 24 25          16 17 18 19 20 21 22         22 23 24 25 26 27 28
26 27 28 29 30 31             23 24 25 26 27 28 29         29 30 31

2020년  4월                    2020년  5월                    2020년  6월
일 월 화 수 목 금 토          일 월 화 수 목 금 토          일 월 화 수 목 금 토
           1  2  3  4                       1  2              1  2  3  4  5  6
 5  6  7  8  9 10 11           3  4  5  6  7  8  9           7  8  9 10 11 12 13
12 13 14 15 16 17 18          10 11 12 13 14 15 16          14 15 16 17 18 19 20
19 20 21 22 23 24 25          17 18 19 20 21 22 23          21 22 23 24 25 26 27
26 27 28 29 30                24 25 26 27 28 29 30          28 29 30
                              31

2020년  7월                    2020년  8월                    2020년  9월
일 월 화 수 목 금 토          일 월 화 수 목 금 토          일 월 화 수 목 금 토
        1  2  3  4                              1                 1  2  3  4  5
 5  6  7  8  9 10 11           2  3  4  5  6  7  8           6  7  8  9 10 11 12
12 13 14 15 16 17 18           9 10 11 12 13 14 15          13 14 15 16 17 18 19
19 20 21 22 23 24 25          16 17 18 19 20 21 22          20 21 22 23 24 25 26
26 27 28 29 30 31             23 24 25 26 27 28 29          27 28 29 30
                              30 31

2020년 10월                    2020년 11월                    2020년 12월
일 월 화 수 목 금 토          일 월 화 수 목 금 토          일 월 화 수 목 금 토
              1  2  3          1  2  3  4  5  6  7                 1  2  3  4  5
 4  5  6  7  8  9 10           8  9 10 11 12 13 14           6  7  8  9 10 11 12
11 12 13 14 15 16 17          15 16 17 18 19 20 21          13 14 15 16 17 18 19
18 19 20 21 22 23 24          22 23 24 25 26 27 28          20 21 22 23 24 25 26
25 26 27 28 29 30 31          29 30                         27 28 29 30 31
```

□ 표시된 날은 일요일이 아닌 공휴일임.

확 인 : 법학전문대학원협의회

공법 / 기록형

2020년도 **제3차** 법전협 모의시험

문제

2020년도 제3차 변호사시험 모의시험 - 논술형(기록형)

| 시험과목 | 공 법(기록형) |

응시자 준수사항

1. 시험 시작 전 문제지의 봉인을 손상하는 경우, 봉인을 손상하지 않더라도 문제지를 들추는 행위 등으로 문제 내용을 미리 보는 경우 모두 부정행위로 간주되어 그 답안은 영점 처리 됩니다.

2. 답안은 흑색 또는 청색 필기구(사인펜이나 연필 사용 금지) 중 한 가지 필기구만을 사용하여 답안 작성 난(흰색 부분) 안에 기재하여야 합니다.

3. 답안지에 성명과 수험 번호를 기재하지 않아 인적 사항이 확인되지 않는 경우에는 영점 처리 등 불이익을 받게 됩니다. 특히 답안지를 바꾸어 다시 작성하는 경우, 성명 등의 기재를 빠뜨리지 않도록 유의하여야 합니다.

4. 답안지에는 문제 내용을 기재할 필요가 없으며, 답안 내용 이외의 사항을 기재하거나 밑줄 기타 어떠한 표시도 하여서는 안 됩니다. 답안을 정정할 경우에는 두 줄로 긋고 다시 기재하여야 하며, 수정액 등은 사용할 수 없습니다.

5. 시험 종료 시각에 임박하여 답안지를 교체 요구한 경우라도 시험시간 종료 후 즉시 새로 작성한 답안지를 회수합니다.

6. 시험 종료 후에는 답안지 작성을 일절 할 수 없으며, 이에 위반하여 시험시간이 종료되었음에도 불구하고 **시험관리관의 답안지 제출 지시에 불응한 채 계속 답안을 작성하거나 답안지를 늦게 제출할 경우 그 답안은 영점 처리** 됩니다.

7. 답안은 답안지 쪽수 번호 순으로 기재하여야 하고, **배부받은 답안지는 백지 답안이라도 모두 제출**하여야 하며, **답안지를 제출하지 아니한 경우 그 시험시간 및 나머지 시험시간의 시험에 응시할 수 없습니다.**

8. 지정된 시간까지 지정된 시험실에 입실하지 아니하거나 시험관리관의 승인을 얻지 아니하고 시험시간 중에 그 시험실에서 퇴실한 경우 그 시험시간 및 나머지 시험시간의 시험에 응시할 수 없습니다.

9. 시험시간이 종료되기 전에는 어떠한 경우에도 문제지를 시험장 밖으로 가지고 갈 수 없고, 시험 종료 후 가지고 갈 수 있습니다.

법학전문대학원협의회
THE ASSOCIATION OF KOREAN LAW SCHOOLS

목 차

I. 문제 ··· 2

II. 작성요령과 주의사항 ·· 3

III. 서면 양식 ·· 4

IV. 기록내용
    법률상담일지 I ··· 7
    내부회의록(행정소송용) ··· 9
    옥외집회(시위·행진) 신고서 ·· 12
    옥외집회(시위·행진) 신고서 접수증 ······································ 16
    옥외집회 제한 통고 ··· 17
    시위금지 통고 ·· 19
    광화문광장 사용허가신청서 ·· 21
    광화문광장 사용허가신청에 대한 회신 ··································· 22
    법률상담일지 II ··· 23
    내부회의록(헌법소송용) ·· 24
    국가인권위원회 결정서 ··· 28
    신문기사 ·· 33

V. 참고 자료
    관련 법령(발췌) ·· 36

【문 제】

I. 행정소송 소장의 작성 (50점)

의뢰인 정혁수를 위하여 법무법인 전승 담당변호사 입장에서 취소소송의 소장을 첨부된 양식에 따라 작성하되, 아래 사항을 준수하여 작성하시오.

가. 첨부된 소장 양식의 ①부터 ④까지의 부분에 들어갈 내용만 기재할 것

나. ④에서는 근거 법률의 위헌성에 관하여는 기재하지 말 것

II. 헌법소원심판청구서의 작성 (50점)

의뢰인 이수진을 위하여 법무법인 전승 담당변호사 입장에서 헌법소원심판청구서를 첨부된 양식에 따라 작성하되, 아래 사항을 준수하여 작성하시오.

가. 첨부된 청구서 양식의 ①부터 ③까지의 부분에 들어갈 내용만 기재할 것

나. ②에서는 적법요건 중 대상적격, 보충성, 권리보호이익만을 기재할 것

【작성요령과 주의사항】

1. 첨부된 양식의 ☐에 들어갈 내용만 작성할 것.

2. 기록에 첨부된 각종 서류는 적법하게 작성·송달된 것으로 간주하고, 서류 등에 필요한 서명과 날인, 무인과 간인 등은 모두 갖추어진 것으로 볼 것.

3. 「집회 및 시위에 관한 법률」은 '집시법'으로, 「서울특별시 광화문광장의 사용 및 관리에 관한 조례」는 '광장조례'로 약칭할 수 있음.

4. 기록에 첨부된 관련법령(일부 조문은 가상의 것으로 현행 법령과 차이가 있을 수 있음)은 이 사건의 모든 절차와 과정, 소장, 헌법소원심판청구서의 작성 및 제출 시 모두 시행되는 것으로 보고, 첨부된 관련 법령과 다른 내용의 현행법령은 고려하지 말 것.

5. 법률상담일지의 사실관계와 기록에 첨부된 자료들을 기초로 하고, 그것이 사실임을 전제로 할 것.

6. 기록 중 일부 생략된 것이 있을 수 있고, 오기(誤記)나 탈자(脫字)가 있을 수 있음.

7. 서면의 작성은 경어(敬語)로 할 것.

【소장 양식】

소 장

원 고   정혁수
피 고   ①

②

청 구 취 지

③

청 구 원 인

1. 이 사건 처분의 경위 (생략)

2. 이 사건 소의 적법성 (생략)

3. 이 사건 처분의 위법성

④

4. 결론 (생략)

입증방법 (생략)

첨부서류 (생략)

2020. 9. 23.

원고 소송대리인 (생략)

서울행정법원 귀중

【헌법소원심판청구서 양식】

헌법소원심판청구서

청 구 인   이수진
피청구인   서울지방경찰청장

청 구 취 지(①)

침 해 된 권 리

침 해 의 원 인

청 구 이 유

1. 사건개요와 심판대상 (생략)

2. 이 사건 심판청구의 적법성(②)

3. 심판대상의 위헌성(③)

4. 결론 (생략)

첨 부 서 류 (생략)

제출일 (생략)

청구인 대리인 (생략)

헌법재판소 귀중

기록내용 시작

수임번호 2020-352	**법률상담일지 I**		2020. 9. 17.
의뢰인	정혁수	의뢰인 전화	생략
의뢰인 주소	생략	의뢰인 팩스	생략

상 담 내 용

1. 의뢰인 정혁수는 서울특별시 일반직 6급 공무원으로, 평소 공무원의 정치적 기본권 신장에 큰 관심을 가지고 있다. 의뢰인은 친분 있는 공무원들과 함께 친목·연구를 목적으로 '정치참여권 신장을 위한 공무원연대'라는 소모임을 구성하여 그 대표로 활동하고 있다.

2. 의뢰인은 개천절을 맞아 광화문광장에서 '공무원의 정치참여권 신장을 위한 결의대회'를 개최하기로 계획하고, 2020. 9. 4. 서울지방경찰청장에게 집회·시위신고를 하였다. 신고의 내용은 다음과 같다.

   ○ 집회·시위 일시: 2020. 10. 3. 토. 10:00-17:00

   ○ 집회 장소 및 시위의 방법·진로 등

   - 10:00-12:00 서울역에서 서울특별시청까지 약 1.7km 행진(세종대로)

   - 12:00-15:00 광화문광장에서 옥외집회 개최

   - 15:00-17:00 광화문광장에서 청와대 분수대 앞까지 약 1.7km 행진[세종대로(약 500m), 사직로(약 300m), 효자로(약 900m) 이용]

   - 17:00 행진 후 청와대 분수대 앞 광장에서 해산(별도의 옥외집회 없음)

3. 의뢰인은 옥외집회를 개최하기 위하여 광화문광장 사용이 가능한지 서울특별시청에 문의하였고, 담당 공무원으로부터 서울특별시 조례에 따라 시장의 사용허가를 받아야만 광장을 사용할 수 있다는 답변을 받았다. 의뢰인은 2020. 9. 8. 서울특별시장에게 사용허가신청을 하였다.

4. 서울지방경찰청 담당 경찰관은 의뢰인의 집회·시위신고서를 접수한 후, 관련 법령에 정한 집회·시위의 금지 또는 제한 사유가 있는지를 검토하였다. 담당 경찰관은 광화문광장에서의 옥외집회는 공무원의 집단행위를 금지한 「국가공

무원법」에 위반되는 것으로 판단하고, 집회의 위법 소지를 없애기 위하여 "깃발, 피켓, 현수막 등의 사용금지", "함께 노래를 부르는 행위 금지", "단체 복장 금지"라는 제한조건을 부과하였고, 또한 광화문광장 주변을 통행하는 시민들에게 소음 피해를 주지 않도록 "대형 앰프 및 스피커 사용금지"라는 제한조건을 부과하여 2020. 9. 11. 의뢰인에게 집회 제한 통고를 하였다. 또한, 담당 경찰관은 평소에 효자로에 인접한 주택가 주민들과 주변 학교의 학부모들로부터 집회·시위로 인한 소음 피해 등의 민원이 자주 제기되고 있음을 이유로, 같은 날 의뢰인에게 광화문광장에서 청와대까지의 행진에 대하여 시위금지 통고를 하였다.

5. 서울특별시장은 2020. 9. 15. 의뢰인이 계획한 집회는 "국가 또는 지방자치단체의 정책을 반대하는 내용의 집회"라는 이유로 광화문광장 사용허가신청에 대하여 불허가 결정을 통지하였다. 의뢰인이 확인한 바에 따르면, 서울특별시장은 최근 광화문광장 또는 서울광장에서 국가 또는 지방자치단체의 정책을 찬성하는 내용으로 개최된 집회는 계속하여 허가한 사실이 있다고 한다.

6. 의뢰인의 희망사항

의뢰인은 계획된 집회·시위를 성공적으로 개최하기를 원하고 있어, 집회에 대한 제한통고와 시위에 대한 금지통고에 대하여 취소소송을 통하여 다투어 주기를 원하고, 아울러 서울특별시장을 상대로 광화문광장사용 불허가 결정에 대한 취소소송을 제기하여 주기를 희망하고 있다.

법무법인 전승 내부회의록 (행정소송용)

일　　시: 2020. 9. 18. 14:00 ~ 15:00
장　　소: 법무법인 회의실
참석자: 손혁민 변호사(송무팀장), 이민호 변호사

손변호사: 정혁수 씨 사건에 대하여 살펴볼까요? 의뢰인의 요청사항은 집회와 시위를 계획대로 개최할 수 있게 해달라는 것이지요? 무엇이 문제인가요?

이변호사: 의뢰인은 광화문광장에서의 집회 및 서울역에서 서울특별시청까지와 광화문광장에서 청와대까지의 시위를 개최하고자 집회·시위신고와 광장사용 허가신청을 하였습니다. 그런데 관할 경찰청장은 집회에 대한 제한 통고와 일부 구간의 시위에 대한 금지 통고를 하였습니다. 또한, 서울특별시장은 광화문광장의 사용을 허가하지 않았습니다.

손변호사: 그렇군요. 집회·시위신고부터 살펴볼까요? 제한 통고와 금지 통고는 어떤 내용인가요?

이변호사: 서울지방경찰청장은 광화문광장에서의 옥외집회에 대하여, 깃발·피켓·현수막 등을 사용하지 말 것, 함께 노래를 부르는 행위를 하지 말 것, 대형 앰프와 스피커를 사용하지 말 것 등을 내용으로 하는 집회 제한 통고를 하였습니다. 그리고 광화문광장에서 청와대까지 행진하는 시위에 대하여는 금지 통고를 하였습니다.

손변호사: 집회 제한 통고를 받은 이유는 무엇인가요?

이변호사: 의뢰인이 계획하고 있는 집회의 내용·방법 등이 국가공무원법을 위반할 소지가 있다는 것이라고 합니다. 의뢰인이 확인해 보니, 담당 경찰관이 법학 전문석사 학위를 취득한 변호사 자격 소지자인데 국가공무원법상 집단행위 금지와 관련된 대법원 판례 등을 잘 알고 있어서 아예 위법 소지를 없애려고 몇 가지 제한조건을 둔 것이라고 합니다. 그리고 집회가 예정된 주말에는 광화문광장에 시민들이나 외국인 관광객들이 많은데 소음으로 불편을 줄 우려가 있어서 대형 앰프와 스피커 사용을 금지했다고 합니다.

손변호사: 그렇군요. 다음으로, 광화문광장에서 청와대까지 행진하면서 시위를 하는

것을 흔하게 볼 수 있는데, 왜 시위금지 통고를 받았다고 하는가요?

이변호사: 광화문광장에서 청와대 사이에 거주하는 주민들의 사생활이 침해될 우려가 있고, 인근 학교 학생들의 학습권도 침해될 우려가 있다는 것이 이유라고 합니다.

손변호사: 시위 장소 주변에 주택가나 학교가 있다면 사생활 침해나 학습권 침해의 문제가 있을 수 있다고 보이는데요?

이변호사: 광화문광장에서 청와대로 이어지는 길 중 효자로 인접 지역은 「국토의 계획 및 이용에 관한 법률」상 주거지역에 해당하고 학교도 몇 개 있는 것으로 확인하였습니다. 평소에도 집회·시위가 많아서 주민들과 자영업자들, 그리고 학부모들이 경찰서나 구청 등에 항의 전화를 자주 한다고 합니다.

손변호사: 그렇겠네요. 의뢰인이 계획하고 있는 시위와 관련해서도 주민들이나 자영업자들, 학부모들로부터 어떤 민원이나 요청이 있었다고 하는가요?

이변호사: 평소에는 민원이 많이 있는데, 의뢰인이 개최하려고 하는 집회·시위에 대하여는 민원을 제기하거나 서류를 제출한 사실은 없었다고 합니다.

손변호사: 그렇군요. 그러한 사정 외에도 집회·시위가 언제 개최되는지에 따라서도 사정이 다를 수 있어서 일률적으로 판단할 수 있는 사항은 아닌 것으로 보이네요. 이러한 점들을 잘 검토해서 주장하기 바랍니다. 그런데 청와대까지 행진하는 것이 금지되었다고 해도 광화문광장에서 집회를 개최하는 것 자체는 큰 문제가 없는 것 아닌가요?

이변호사: 집회 제한 통고의 내용을 모두 따른다면 사실상 집회로서 의미가 없게 되고, 요구사항을 따르지 않는다면 관계 법령에 따라 불법 집회가 되어 해산명령을 받게 되는 문제가 있습니다. 무엇보다도, 서울특별시로부터 광화문광장 사용허가를 받지 못하였기 때문에 집회를 개최할 수 없는 상황입니다.

손변호사: 광화문광장에서 집회를 개최하려면 관할 경찰청장에게 집회 신고한 것만으로는 부족하고 시장의 허가까지 받아야 한다는 것인가요? 법적 근거가 무엇인가요?

이변호사: 서울특별시장이 광화문광장에 대한 조례를 근거로 불허가 결정을 하였다고 합니다.

손변호사: 그렇군요. 조례를 근거로 집회 목적의 광장 사용을 불허가해도 되는지 면밀하게 검토하기 바랍니다. 그리고 집회를 개최할 수 있게 된다고 해도, 피켓이나 현수막 등을 사용하지 못하고 함께 노래를 부르는 행위도 할 수 없게 된다면 실제로 집회를 금지하는 것과 다를 바 없어 보이는데요. 이 부분도 잘 검토하기 바랍니다.

이변호사: 예, 잘 알겠습니다. 그런데 집회 개최를 위해서는 집행정지 결정을 신청해야 할 것 같은데, 함께 준비할까요?

손변호사: 아직 집회 개최 예정일까지 시간적 여유가 있으니 일단 소장만 작성하기 바랍니다. 이상으로 회의를 마치겠습니다. 끝.

■ 집회 및 시위에 관한 법률 시행규칙 [별지 제1호서식]

옥외집회(시위·행진) 신고서

(앞 쪽)

접수번호	2020-98789	접수일자	2020. 9. 4. 14:30	처리기간	즉시

신고인	성 명	정혁수	생년월일	생략
	주 소	생략	(전화 : 생략)	

집회(시위·행진) 개요	집회(시위·행진) 명칭
	공무원의 정치참여권 신장을 위한 결의대회
	개최일시
	2020년 10월 3일 (토) 10시 00분 ~ 2020년 10월 3일 17시 00분
	개최장소
	1. 서울역-서울특별시청(세종대로, 1.7km)
	2. 광화문광장(옥외집회)
	3. 광화문광장-청와대(세종대로-사직로-효자로, 1.7km)
	개최목적
	공무원의 정치참여권 신장을 위한 결의대회 및 행진

관련자 정보	주최자	성명 또는 단체명 정치참여권 신장을 위한 공무원연대	생년월일	생략
			직업	생략
		주소 생략	(전화번호 : 생략)	
	주관자	성명 또는 단체명 정혁수	생년월일	생략
			직업	생략
		주소 생략	(전화번호 : 생략)	
	주최단체의 대표자	성명 또는 단체명 정혁수	생년월일	생략
			직업	생략
		주소 생략	(전화번호 : 생략)	
	연락책임자	성명 또는 단체명 정혁수	생년월일	생략
			직업	생략
		주소 생략	(전화번호 : 생략)	
	질서유지인	손진정 등 10명		

참가예정단체·인원	참가예정단체
	정치참여권 신장을 위한 공무원연대
	참가예정인원
	100명

210mm×297mm[백상지 80g/㎡(재활용품)]

시위 방법 및 진로	시위 방법(시위 대형, 구호제창 여부, 그 밖에 시위방법과 관련되는 사항 등) 보도를 이용한 행진, 민원요구 관련 깃발·피켓·현수막 등 이용, 구호 제창 및 노래 합창 등, 집회시 대형 앰프 및 스피커 이용 등 시위 진로(출발지, 경유지, 중간 행사지, 도착지, 차도·보도·교차로의 통행방법 등) 1. 서울역에서 서울특별시청까지 보도를 통행하여 시위 2. 광화문광장에서 집회 개최 3. 광화문광장에서 청와대 분수대 앞까지 보도를 통행하여 시위 ※ 별첨 행사계획 및 약도 참조
참고 사항	준비물(차량, 확성기, 입간판, 주장을 표시한 시설물의 이용여부와 그 수 등) 깃발·피켓·현수막, 무대용 차량, 대형 앰프 및 스피커 등

「집회 및 시위에 관한 법률」 제6조제1항 및 같은 법 시행규칙 제2조제1항에 따라 위와 같이 신고합니다.

2020년 9월 4일

신고인 정혁수 (인)

서울지방경찰청장 귀하

첨부서류	시위·행진의 진행방향 등을 표시한 약도	수수료 없음

유의사항

1. 참고사항에는 아래의 사항도 기재하여 주시기 바랍니다.
   가. 「집회 및 시위에 관한 법률」 제6조제5항 단서, 제9조제3항 단서에 따라 인용재결 또는 금지통고의 효력 상실 후 재신고 하는지 여부
   나. 집회시위의 제한·금지에 대한 행정소송 승소 후 재신고 하는지 여부
2. 이 신고서의 기재사항에 미비한 점이 있는 경우에는 보완통고를 받게 되므로 정확히 기재하시기 바랍니다.
3. 신고한 집회를 개최하지 않을 경우에는 사전에 관할 경찰관서장에게 통지해 주시기 바랍니다.

처리절차

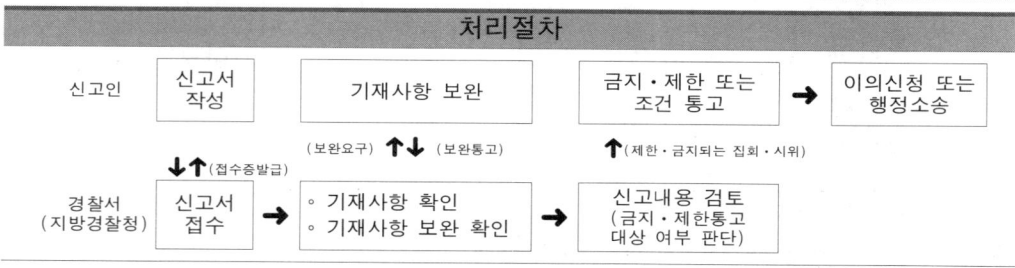

[첨부]

행사계획 및 약도

1 행사계획

- 10:00-12:00 서울역에서 서울특별시청까지 약 1.7km 행진(세종대로 보도 이용)
- 12:00-15:00 광화문광장에서 옥외집회 개최(행사명: 공무원의 정치참여권 신장을 위한 결의대회)
- 15:00-17:00 광화문광장에서 청와대 분수대 앞까지 약 1.7km 행진[세종대로(약 500m), 사직로(약 300m), 효자로(약 900m) 이용]
- 17:00 행진 후 청와대 분수대 앞 광장에서 해산(별도의 옥외집회 없음)

2 약도

① 10:00-12:00 시위 진로

② 15:00-17:00 시위 진로

[별지 제3호서식]

제 2020-98789호

옥외집회(시위·행진) 신고서 접수증

① 명　　　칭	공무원의 정치참여권 신장을 위한 결의대회
② 개 최 일 시	2020년 10월 3일 10:00 ~ 17:00 소요시간(7시간)
③ 개 최 장 소 (시위·행진의 진로)	1. 서울역-서울특별시청(세종대로, 1.7km) 2. 광화문광장(옥외집회) 3. 광화문광장-청와대(세종대로-사직로-효자로, 1.7km)
④ 주최자　주　　　소	생략
성 명(단체명)	정혁수 (정치참여권 신장을 위한 공무원연대)
⑤ 접 수 일 시	2020년 9월 4일 14시 30분
⑥ 참 고 사 항	생략

위와 같이 접수하였습니다.

2020 년 9 월 4 일

서울지방경찰청장　　[인]

정혁수 귀하

190mm×268mm
(신문용지 54g/㎡)

■ 행정 효율과 협업 촉진에 관한 규정 시행규칙 [별지 제1호서식]

서울지방경찰청

수 신   정혁수

제 목   옥외집회 제한 통고

1. 우리청의 발전에 협조하여 주시는 귀하께 감사드립니다.

2. 귀하가 2020. 9. 4. 우리청에 접수한 옥외집회(시위·행진)신고서(2020-98789호) 중, "광화문광장에서 집회 개최"를 내용으로 하는 옥외집회에 대하여 「집회 및 시위에 관한 법률」 제8조 제5항에 따라 제한 통고합니다.

3. 위의 조건을 위반하여 질서유지에 직접적인 위험을 명백하게 초래한 경우에는 「집회 및 시위에 관한 법률」 제20조 제1항 제3호에 따라 해산명령을 받게 되며, 해산명령을 받고도 자진 해산하지 않을 경우, 같은 법 제23조 및 제24조에 따라 참가자 전원이 사법조치될 수 있음을 알려드립니다.

붙임: 옥외집회 제한통고서 1부. 끝.

서 울 지 방 경 찰 청 장   [서울지방경찰청장 인]

기안자 경감 최진성   검토자 경정 배수종   전결 정보1과장 황희윤

협조자   정보2과장 김하준

시행   정보1과-34567 (2020.9.11)

우   도로명주소 생략   / 홈페이지 주소 생략

전화번호 생략   팩스번호 생략   / 전자우편주소 생략   / 공개

210mm×297mm(백상지 80g/㎡)

[별지 제8호서식]

제2020-13235호

옥외집회(시위·행진) 제한 통고서

귀하가 2020년 9월 4일, 접수번호 제2020-98789호로 신고한 옥외집회에 대해서「집회 및 시위에 관한 법률」제8조 제5항에 따라 다음과 같이 제한을 통보하니 준수하여 주시기 바랍니다.

〈제한 내용〉
○ 집회 신고한 개최장소(2. 광화문광장)에서의 옥외집회시,
  1. 깃발, 피켓, 현수막 등의 사용금지.
  2. 함께 노래를 부르는 행위 금지.
  3. 단체 복장 금지.
  4. 대형 앰프 및 스피커 사용금지.

〈제한 이유〉
○ 제한 내용 1.~3.:「국가공무원법」제66조 제1항 위반을 방지하기 위함
○ 제한 내용 4.: 소음 발생시 광장 주변을 통행하는 사람들에게 피해 우려

귀하가 개최한 집회가 위의 조건을 위반하여 질서유지에 직접적인 위험을 명백하게 초래한 경우에는「집회 및 시위에 관한 법률」제20조 제1항 제3호에 따라 해산명령을 받게 됩니다.

2020년 9월 11일

서울지방경찰청장 [인]

정혁수 귀하

210mm×297mm
[신문용지 54g/㎡(재활용품)]

■ 행정 효율과 협업 촉진에 관한 규정 시행규칙 [별지 제1호서식]

서울지방경찰청

수신   정혁수

제목   시위금지 통고

---

1. 우리청의 발전에 협조하여 주시는 귀하께 감사드립니다.

2. 귀하가 2020. 9. 4. 접수한 옥외집회(시위·행진)신고서(2020-98789호) 중, "광화문광장에서 청와대 분수대 앞까지 행진"을 내용으로 하는 시위에 대하여 「집회 및 시위에 관한 법률」 제8조 제5항 제1호 및 제2호에 따라 금지 통고합니다.

3. 금지 통고에도 불구하고 귀하가 집회(시위·행진)를 강행할 경우 「집회 및 시위에 관한 법률」 제22조 및 제23조에 따라 주최자는 처벌받게 되며, 제20조의 해산명령을 받고도 자진 해산하지 않을 경우, 같은 법 제23조 및 제24조에 따라 참가자 전원이 사법조치될 수 있음을 알려 드립니다.

붙임: 시위금지 통고서 1부. 끝.

서 울 지 방 경 찰 청 장   [서울지방경찰청장]

기안자 경감 최진성   검토자 경정 배수종   전결 정보1과장 황희윤

협조자   정보2과장 김하준

시행   정보1과-34568 (2020.9.11)

우   도로명주소 생략   / 홈페이지 주소 생략

전화번호 생략   팩스번호 생략   / 전자우편주소 생략   / 공개

210㎜×297㎜(백상지 80g/㎡)

[별지 제6호서식]

제2020-13236호 옥외집회(시위·행진) 금지 통고서		
① 신고서 접수번호		제 2020-98789호
② 명 칭		공무원의 정치참여권 신장을 위한 결의대회
③ 개 최 일 시		2020년 10월 3일 15:00 ~ 17:00 소요시간(2시간)
④ 개 최 장 소		광화문광장-청와대(세종대로-사직로-효자로, 1.7km)
⑤주최자	주 소	생 략
	성 명 (단체명)	정혁수 (정치참여권 신장을 위한 공무원연대)
위 옥외집회(시위·행진)는 다음의 사유로 「집회 및 시위에 관한 법률」 제8조 제5항에 따라 금지함을 통고합니다.		
⑥ 금지의 근거 및 사유 인근 주민들의 사생활 침해 및 학교 학생들의 학습권 침해 우려(「집회 및 시위에 관한 법률」 제8조 제5항 제1호 및 제2호)		
이 금지 통고에 대하여 이의가 있으면 이 금지 통고를 받은 날부터 10일 이내에 금지 통고를 한 경찰관서의 바로 위의 상급경찰관서의 장에게 이의를 신청할 수 있습니다. 2020 년 9 월 11 일 서울지방경찰청장 [인]		

210mm×297mm

[신문용지 54g/㎡(재활용품)]

[별지 서식]

광화문광장 사용허가신청서

행 사 명 칭		공무원의 정치참여권 신장을 위한 결의대회		
사 용 목 적		집회 개최		
사 용 일 시		2020년 10월 3일(토요일) 12시 00분 ~ 15시 00분 (3시간 00분)		
신청자	주 소	생략	전화번호	생략
	성 명 (단체명)	정혁수	생년월일	생략
			직 업	생략
신청단체의 대표자	주 소	생략	전화번호	생략
	성 명 (단체명)	정혁수	생년월일	생략
			직 업	생략
연락책임	주 소	생략	전화번호	생략
	성 명 (단체명)	정혁수	생년월일	생략
			직 업	생략
사 용 인 원		100명	사용면적	광장 일대
행 사 내 용		공무원의 정치참여권 신장을 위한 결의대회		

『서울특별시 광화문광장의 사용 및 관리에 관한 조례』 제5조에 따라 위와 같이 사용허가를 신청합니다.

2020년 9월 8일

신청자 정혁수 (인)

서울특별시장 귀하

☞ 구비서류
1. 행사계획서(사용장비, 시간계획 등 구체적으로 정확하게 기재)
2. 사용 위치도(현장답사 후 평면도 표시)
3. 시설물설치내역 및 원상복구계획서(무대, 천막, 현수막, 의자 등 기타시설물 설치시)
4. 안전관리계획서(시설물 설치 및 이용, 광장사용자, 기타 행사참여자 등 대상)

■ 행정 효율과 협업 촉진에 관한 규정 시행규칙 [별지 제1호서식]

서 울 특 별 시

수신   정혁수

제목   광화문광장 사용허가신청에 대한 회신

---

1. 우리시의 시정 발전에 협조하여 주시는 귀하께 감사드립니다.

2. 귀하의 2020. 9. 8. 광화문광장 사용허가신청에 대하여 「서울특별시 광화문광장 사용에 관한 조례」 제5조, 제6조에 따라 불허가 결정하여 이를 회신합니다.

신 청 인	정혁수
사용 목적	공무원의 정치참여권 신장을 위한 결의대회 개최
허가 여부	불허가
이 유	신청한 사용 목적은 국가의 정책에 반대하는 내용의 집회를 개최하기 위한 것이므로, 「서울특별시 광화문광장 사용에 관한 조례」 제5조 제1항 제1호 및 제2호에 정한 사유에 해당하여 불허가 결정함.

3. 불복이 있는 경우 처분이 있음을 안 날로부터 90일 이내에 행정심판법에 의한 행정심판 또는 행정소송법에 의한 행정소송을 제기할 수 있습니다.   끝.

서 울 특 별 시 장 [서울특별시장직인]

기안자 주무관 김가나   검토자 사무관 이다라   전결 역사도심관리과장 박권
협조자
시행   역사도심관리과-56789 (2020.9.15)   접수
우   도로명주소 생략   / 홈페이지 주소 생략
전화번호 생략   팩스번호 생략   / 공무원의 전자우편주소   / 공개

210㎜×297㎜(백상지 80g/㎡)

수임번호 2020-452	**법률상담일지 II**		2020. 10. 6.
의뢰인	이수진	**의뢰인 전화**	생략
의뢰인 주소	생략	**의뢰인 팩스**	생략

상 담 내 용

1. 의뢰인은 서울시 공무원으로 같은 서울시 공무원인 정혁수가 대표자로 있는 '정치참여권 신장을 위한 공무원연대'의 회원으로 활동하고 있다.

2. 의뢰인을 비롯한 위 공무원연대(이하 '공무원연대'라고 함)의 회원들은 공무원의 정치참여권 신장을 목적으로 하는 집회 및 시위를 계획하여 2020. 10. 3. 10:00부터 12:00까지, 시위의 진로를 "서울역에서 서울특별시청"으로 하는 내용의 집회(시위)신고서를 서울지방경찰청장에게 제출하였다.

3. 의뢰인을 포함한 집회참가자들은 집회신고서에 기재한 내용대로 구호의 제창과 함께 보도를 이용하여 행진하였고, 이어 공무원연대 주최의 옥외집회 장소인 광화문광장 방향으로 행진하였다.

4. 의뢰인 등이 서울시청을 지나 광화문광장 방향으로 계속 행진하자 종로경찰서장은 해산명령과 함께 행진을 저지하였다. 그리고 그 과정 및 그 이후에 종로경찰서 소속의 경찰들이 카메라 등을 이용하여 집회참가자들과 당시의 상황을 촬영하였다.

5. 의뢰인의 희망사항

   의뢰인은 경찰의 촬영행위로 인해 자신의 기본권이 침해되었고, 향후 반복적으로 행해지는 경찰의 촬영행위로 인해 공무원의 정치활동 확대를 요구하는 공무원연대의 활동이 위축될 수 있다고 주장하면서 그 위헌성을 다투어 주기를 희망한다.

법무법인 전승 내부회의록 (헌법소송용)

일 시: 2020. 10. 8. 14:00 ~ 15:00
장 소: 법무법인 회의실
참석자: 이민형 변호사(헌법팀장), 김진정 변호사

이 변호사: 의뢰인의 주장에 대해 간단히 정리해 주시지요.

김 변호사: 의뢰인은 공무원의 정치참여권 신장을 목표로 조직된 단체인 '정치참여권 신장을 위한 공무원연대'의 회원으로 서울시 소속의 공무원입니다. 의뢰인을 비롯한 위 단체의 회원들은 공무원의 정치적 활동을 과도하게 규제하는 국가공무원법 조항 등 악법 폐지를 목적으로 2020. 10. 3. 10:00 서울역을 출발하여 옥외집회 장소인 광화문광장까지 구호를 외치면서 행진을 하였습니다. 그런데 12:05경 서울시청을 지나 광화문광장으로 가는 도중에 종로경찰서장이 행진을 가로막고 참가자들에게 해산을 명령하면서, 위 경찰서 소속의 경찰인 채증요원들로 하여금 카메라, 휴대폰 등을 사용하여 참가자들의 행위와 당시의 상황을 촬영하도록 하였다고 합니다.

이 변호사: 경찰의 촬영행위로 인해 공무원연대의 활동이 방해를 받았고, 의뢰인을 비롯한 시위참가자들의 얼굴이 무단으로 경찰에 의해 촬영된 것을 다투는 취지로 보이는군요.

김 변호사: 그렇습니다. 의뢰인들은 경찰의 촬영행위로 인해 자신들의 신원이 노출되고, 시위에 참석한 사실이 알려지지 않을까 불안감을 느끼고 있습니다. 공무원 신분이다 보니 당시 사진이나 영상 등을 근거로 징계나 형사책임을 추궁당할 수 있다는 걱정을 하고 있습니다. 그리고 그 때문인지는 몰라도 그날 이후로 공무원연대의 정기모임이나 활동에 참여하는 회원의 숫자가 확연히 줄어들었다고 합니다.

이 변호사: 집회나 시위의 현장에서 경찰의 무분별한 사진촬영 등 채증활동으로 인해 시민들의 참여가 현저하게 줄어들었다는 신문기사를 본 적이 있습니다. 의뢰인과 같은 공무원의 경우에는 시위참가로 인해 신분상의 불이익을 받을 수도 있어 더욱 불안감이 클 것으로 생각되는군요. 경찰이 의뢰인 등을 촬영한 이유는 무엇인가요.

김 변호사: 공무원연대는 집시법에서 정하는 바에 따라 시위의 진로를 서울역에서

서울시청까지로 하여 옥외집회신고서를 서울지방경찰청장에게 제출하였고, 시위 당일에도 의뢰인을 비롯한 30여 명의 회원들이 신고서에 기재된 신고사항을 엄격히 지키면서 행진을 하였다고 합니다. 공무원연대의 대표인 정혁수의 인솔에 따라 경찰의 안내에 적극적으로 협조하였고, 시민들의 불편을 고려하여 차도를 피해 보도만을 이용하였다고 합니다.

이 변호사: 사전에 신고한 대로 행진이 이루어졌다면 경찰이 참가자들이나 당시 상황을 촬영할 이유가 없었을 것으로 보이는데요?

김 변호사: 미리 신고한 행진의 경로인 서울시청까지는 아무런 문제가 없었는데, 집회장소인 광화문광장 쪽으로 진행하는 과정에서 경찰이 행진을 차단하고 촬영행위를 하였다고 합니다. 그 사유나 근거에 대해 경찰로부터 어떠한 설명도 없었지만, 종로경찰서장이 행진을 차단하면서 애초 신고한 범위를 벗어난 불법적인 행진임을 수차례 경고하였다고 합니다. 경고내용에 비추어 보면 예정된 진로인 서울시청을 지난 광화문광장으로의 이동은 신고의 범위를 벗어난 위법한 행진으로 이에 대한 증거수집의 차원에서 촬영행위를 한 것으로 보입니다. 시위행렬과 경찰이 대치하다가 12:15경 의뢰인을 비롯한 참가자들이 개별적으로 광화문광장 방향으로 이동하자 경찰도 촬영행위를 중단하였다고 합니다.

이 변호사: 사전에 신고를 하지 않았거나 신고한 범위를 넘어 시위를 하였다는 것만으로 위법한 시위로 평가할 수 있는지요? 만약 위법한 행위로 평가할 수 있다면, 그에 대한 촬영행위는 범죄수사를 위한 것으로 그 요건이나 방법상의 한계를 넘지 않는 한 허용될 수 있을 것으로 보입니다. 그러나 위법한 행위로 평가할 수 없다면, 애당초 수사의 필요성이 없을 것이므로 촬영행위는 허용되지 않을 것으로 보입니다.

김 변호사: 저도 그게 궁금해서 판례를 찾아보니 대법원이 2011도6294판결에서, 사전에 신고를 하지 않았다는 이유만으로 그 옥외집회나 시위를 헌법의 보호범위를 벗어나 개최가 허용되지 않는 집회 내지 시위라고 단정할 수 없고, 집시법 제6조 제1항에서 정하는 사전신고제의 규범력은 신고의무를 이행하지 아니한 옥외집회 등의 주최자를 처벌하는 것으로 충분히 확보할 수 있다고 판시한 바 있습니다.

이 변호사: 그렇군요. 경찰이 시위현장을 촬영한 행위의 법적 근거는 무엇인가요?

언제부턴가 경찰이 시위현장에서 참가자들의 얼굴 등을 촬영하는 행위가 일상적으로 이루어지는 것 같은데 그 법적 근거는 분명하지 않은 것 같습니다.

김 변호사: 이 사건에서 경찰의 촬영행위는 집회신고서의 신고범위를 넘는 위법한 시위행위에 대한 수사목적으로 이루어진 것으로 보이고, 따라서 그 법적 근거는 일차적으로 형사소송법 제196조, 제199조라고 보아야 할 것 같습니다. 물론 수사목적이 아니더라도 경찰관직무집행법에 근거하여 공공의 안녕과 질서유지를 위한 경찰의 정보취득 차원에서 촬영행위가 이루어지기도 하지만, 종로경찰서장이 사전신고의 범위를 넘는 미신고 불법시위를 이유로 행진을 차단하고 해산명령과 함께 촬영행위를 시작하였다고 하므로 이 사건에서는 수사목적의 촬영행위에 국한하여 그 위헌성을 검토하면 될 것으로 보입니다.

이 변호사: 방금 법제처 국가법령정보센터에서 검색해보니 집회·시위 현장 등에서 불법행위자의 증거자료 확보를 위한 사진촬영 등의 기준을 정한 '채증활동규칙'이라는 것이 있군요. 이 규칙 제2조 제1호에서 채증을 "집회 또는 시위 현장 등에서 불법행위 또는 이와 밀접한 행위를 촬영, 녹화 또는 녹음하는 것을 말한다."라고 정의하고 있는 것으로 보아 경찰은 이에 근거하여 촬영행위를 한 것으로 보입니다. 채증의 범위를 매우 광범위하게 정의하고 있는 것으로 보아 위 규칙조항으로 인한 기본권 침해도 우려가 됩니다.

김 변호사: 제가 미처 확인하지 못했습니다. 검토해서 위 규칙조항도 심판대상으로 삼아야 할 것인지, 심판대상으로 삼는 경우 적법요건에는 문제가 없는지를 검토해 보겠습니다.

이 변호사: 경찰의 촬영행위는 시위행렬이 개별적으로 광화문광장 방향으로 이동하자 종료되었습니다. 헌법소원의 적법요건과 관련해서 문제가 될 것 같은데, 이에 대해서도 검토 바랍니다.

김 변호사: 촬영행위의 법적 성격에 비추어 적법요건과 관련하여 다양한 문제가 제기될 것 같습니다. 꼼꼼히 검토해서 준비하겠습니다.

이 변호사: 신고범위를 넘는 행진 외에 도로점거나 집회장소 이탈 등의 행위, 경

찰과 시위참가자들 간의 물리적 마찰이 있지는 않았는지요.

김 변호사: 저도 그 부분이 우려되어 자세히 알아보았는데, 이번 행사의 경우 의뢰인을 비롯하여 공무원연대 소속의 30여 명의 공무원들만이 참여한 소규모의 집회였고, 신고범위를 벗어나 행진한 거리가 약 20~30m 정도에 불가하였으며, 통상적인 정도의 구호를 외치면서 행진한 것 외에 피켓이나 현수막 등을 사용하지도 않았으므로 다른 사람들에게 피해를 주었거나 공공의 안녕질서에 직접적이고 명백한 위험이 발생하였다고 볼 여지는 없다고 보입니다.

이 변호사: 범죄행위에 대한 증거수집으로서 사진, 영상 등의 촬영행위는 다른 수사행위와 마찬가지로 목적달성에 필요한 범위에서 적법절차에 따라 이루어져야 합니다. 불법행위가 진행 중이거나 그 직후에 증거자료를 확보할 필요성과 긴급성이 있어야 하며, 그 방식도 과도한 제한을 초래해서는 안 될 것입니다. 그런데 언제부턴가 경찰이 불법적인 집회나 시위를 사전에 방지한다는 명분으로 시위참가자들의 얼굴 또는 시위 장면을 광범위하게 촬영함으로써 시위문화를 위축시키고 있다고 보입니다. 민주주의 사회에서 허용되지 않는 국가 활동으로 경종이 필요하다고 보입니다.

김 변호사: 알겠습니다. 변호사님 말씀을 반영해서 청구서를 작성해 보겠습니다.

이 변호사: 수고하셨습니다. 이상으로 오늘 회의를 마치겠습니다. 끝.

국가인권위원회

침해구제제1위원회

결 정

제 목   집회 및 시위현장에서 경찰의 채증관련 제도개선 권고

주 문

국가인권위원회는 경찰청장에게 집회 및 시위 현장에서의 경찰의 채증관련 제도개선을 위하여,

1. 집회 및 시위 참가자의 불법행위가 행하여지고 있거나 행하여진 직후, 증거보전의 필요성 및 긴급성이 인정되는 경우에 한해 채증활동을 하도록 할 것,

2. 채증요원의 채증활동 및 채증장비 사용과 관련하여 인권침해적 요인이 발생하지 않도록 관리 감독을 철저히 할 것,

3. 채증자료의 수집·사용·보관·폐기와 관련하여 절차의 객관성과 투명성을 제고할 수 있도록 외부전문가가 참여하는 채증자료 관리 절차를 마련할 것을 권고한다.

한 이 유

I. 권고 배경

집회 시위 현장에서의 경찰의 채증활동과 관련하여, 채증활동의 범위가 지나치게 광범위하고, 채증자료에 대한 관리가 투명하지 못하여 집회 참가자의 집회의 자유, 개인정보자기결정권, 초상권을 침해할 수 있다는 우려가 제기되어 왔으며, 관련된 다수의 진정이 국가인권위원회(이하 "위원회"라고 한다.)에 접수되기도 하였다. 이에 위원회는 집회 시위 현장에서의 경찰의 채증활동으로 인한 인권침해를 예방하고 바람직한 기준을 마련하기 위하여 「국가인권위원회법」제25조 제1항에 따라 제도개선을 검토하였다.

II. 판단기준 및 참고기준

「헌법」제10조, 제17조를 판단기준으로 삼았고, 「채증활동규칙」(경찰청 예규 제125호), 헌법재판소 2013. 10. 30. 2000헌바67·83(병합) 결정, 헌법재판소 2005. 5. 26. 99헌마513 결정, 대법원 1999. 9. 3. 99도2317 판결, 대법원 2006. 10. 13. 2004다16280 판결 등을 참고하였다.

III. 판단

1. 채증범위에 대한 엄격한 제한 필요

경찰청 예규인 「채증활동규칙」은 집회·시위 현장에서의 경찰의 채증활동과 관련한 전반적인 사항을 규정하고 있다. 위 규칙 제1조에 따르면 "이 규칙은 각종 집회·시위 및 치안현장에서 불법행위자의 증거자료 확보를 위해 채증활동에 필요한 기준을 마련하는 것을 목적으로 한다."고 규정하고, 제2조 제1호는 "채증"이란 용어의 정의에 대하여, "각종 집회·시위 및 치안현장에서 불법 또는 불법이 우려되는 상황을 촬영, 녹화 또는 녹음하는 것을 말한다."고 규정하고 있다.

그런데, 위 규정에서 정한 '불법이 우려되는 상황'을 확대해석하여 채증활동을 할 경우, 집회 참가자의 기본권과 관련한 문제점들을 야기할 수 있다. 우선, 경찰의 광범위한 채증은 집회 참가자들에게 집회에 참석한 사실과 집회에서의 행위로 인하여 이후 형사소추될 수도 있다는 심리적 위축을 가하여 자유롭게 집회에 참여하고 자신의 의사를 표현할 권리를 사실상 제한하는 결과가 될 수 있다.

또한, 불법행위를 하지 않은 경우에도 동의 없이 집회 참가자의 모습을 채증하는 것은 「헌법」 제10조가 보장하는 초상권을 침해할 소지가 있고, 나아가 채증자료의 열람, 판독, 보관, 폐기 과정에 정보주체가 참여하여 열람, 정정, 삭제를 요청할 수 있는 권리가 주어지지 않는 점에서 「헌법」 제17조가 보장하는 개인정보자기결정권을 침해할 소지가 있다.

범죄수사 과정에서 영장 없이 이루어질 수 있는 채증의 범위와 관련하여 대법원은 "누구든지 자기의 얼굴 기타 모습을 함부로 촬영당하지 않을 자유를 가지나 이러한 자유도 국가권력의 행사로부터 무제한으로 보호되는 것은 아니고 국가의 안전보장·질서유지·공공복리를 위하여 필요한 경우에는 상당한 제한이 따르는 것이고, 수사기관이 범죄를 수사함에 있어 현재 범행이 행하여지고 있거나 행하여진 직후이고, 증거보전의 필요성 및 긴급성이 있으며, 일반적으로 허용되는 상당한 방법에 의하여 촬영을 한 경우라면 위 촬영이 영장 없이 이루어졌다하여 이를 위법하다고 단정할 수 없다."라고 판시(대법원 1999. 09. 03. 선고 99도2317 판결)한바 있다. 따라서, 집회 시위 현장에서 '불법이 우려되는 상황'과 관련하여 영장 없이 채증을 하는 때에도 위 판례가 판시한 적법한 증거수집의 한계에 준하여 현재 불법행위가 행하여지고 있거나 행하여진 직후, 증거보전의 필요성 및 긴급성이 인정되는 경우에 제한적으로 채증활동을 하도록 함으로써 집회 시위의 자유가 위축되거나 집회·시위 참가자의 권리가 사실상 침해되는 일이 없도록 하는 것이 바람직하다.

2. 채증방법의 적정화

집회 현장에서 종종 경찰의 사복 채증요원에 의해 비공개적으로 채증이 이루어져 경찰에 의한 정당한 채증인지 확인이 어려움으로 인해 경찰과 집회참가자간의 불필요한 충돌이 발생하는 경우가 있다. 또한, 채증의 대상자가 경찰이 자신을 채증하고 있다는 사실을 인지하지 못하므로 채증활동에 대한 적정성이 감시가 어렵다는 문제가 제기된다. 나아가, 경찰이 채증활동을 하면서 정식으로 등록된 채증장비가 아닌 개인 휴대폰을 사용하는 경우가 있는데, 이 경우 해당 자료를 사적으로 활용할 수 있어 채증자료의 체계적

관리가 어려워지는 문제가 있다. 반면에, 경찰이 채증활동을 수행함에 있어 경찰임을 알 수 있는 복장을 하거나 등록된 장비만을 사용하도록 한정한다면 현실적으로 채증이 불가능하거나 채증활동 행위가 노출되어 안전상의 위험이 발생할 수 있다는 점도 수긍할 바가 있다. 그러므로, 경찰은 채증의 필요성과 함께 인권보호의 요구가 조화될 수 있도록 집회 및 시위 현장에서 채증요원의 채증활동 및 채증장비 사용의 적정성에 대한 관리·감독을 철저히 할 것이 요청된다.

3. 채증자료 관리절차의 객관성 및 투명성

위 「채증활동규칙」은 채증된 불법행위 사건 중 인적사항이 확인되지 않은 행위자의 사진은 채증판독프로그램에 정보를 입력하여 판독하고, 판독을 통해 인적사항이 확인된 경우 해당 판독 결과를 수사기능에 통보한 후 채증판독프로그램에서 해당 사진을 삭제하며, 수사목적을 달성한 채증자료는 폐기하고, 인적사항이 확인되지 않아 보관이 필요한 채증사진은 공소시효 만료일까지 보관하고 폐기하도록 규정하고 있다. 또한, 불법행위의 증거자료로 사용하기 위한 본연의 목적에 반하여 채증자료를 임의로 외부에 유출시키는 것을 금지하고 있다.

그러나, 채증업무를 담당하는 경찰관이 집회·시위 현장에서 채증한 사진을 자신의 소셜네트워크서비스 공간에 게시한 사례(위원회는 2013. 9. 30. 이를 「헌법」 제10조가 보장하는 인격권을 침해한 것이라고 판단하고 해당 경찰관에 대한 주의 조치를 권고, 13진정0261600)나, 2011. 특정 지방경찰청에서 집회·시위 현장에서 채증한 사진을 들어 채증업무를 담당한 경찰관을 포상하고 전시회도 열어 논란이 있었던 사례와 같이, 현실적으로 위 채증자료 관리절차가 엄격하게 준수되지 않고 채증자료가 외부에 유출되거나 목적 외로 사용되고 있다는 우려가 제기되어 왔다.

따라서, 이러한 우려를 불식시키고 채증자료의 관리를 강화하기 위한 하나의 방안으로서, 채증자료 관리 절차에 외부전문가를 참여하도록 하여 절차의 객관성과 투명성을 제고할 필요가 있다 할 것이다.

IV. 결론

이상과 같은 이유로 「국가인권위원회법」 제25조 제1항에 따라 주문과 같이 결정한다.

2014. 3. 4.

위원장   김영혜 (인)

위　원   한위수 (인)

위　원   이선애 (인)

[신문기사]

불법채증하다 딱 걸린 경찰

시청 옥상서 사진기자 틈에 섞여
취재방해감시단이 묻자
"폴리스라인 찍고 있었다"

과잉진압도 폭력집회도 없었지만, 5일 '백남기 농민 쾌유 기원과 민주회복 민생살리기 범국민대회'에서 경찰이 불법 채증을 시도하다 '취재방해감시단'(감시단)에게 현장에서 발각되는 오점을 남겼다. 감시단은 전국언론노조와 한국기자협회, 방송기자연합회 등 현업언론단체와 시민단체들이 공권력의 언론 취재 방해와 시민들에 대한 인권침해를 감시하겠다는 취지로 지난 1일 출범했다.

6일 감시단의 말을 종합하면, 범국민대회가 한창 진행 중이던 이날 오후 3시30분께 '서울시청 옥상에 경찰이 기자보다 더 많다'는 제보가 접수됐다. 확인을 위해 감시단 두 명과 기자협회보 기자 한 명이 시청 옥상에 도착했을 때 현장에는 사진기자와 경찰 등 30여명이 있었다. 감시단은 경찰로 의심되는 사람이 집회현장을 동영상으로 촬영하며 불법 채증하는 모습을 목격했다. 사진기자들은 옥상에서 동영상을 찍는 경우가 드물고, 여기저기 옮겨다니며 촬영을 하는 데 비해 그는 한 자리에서 지속적으로 촬영을 하고 있어 쉽게 눈에 띄었다. 결국 서초경찰서 소속

송아무개라고 신분을 밝힌 경찰은 "불법 채증 아니냐?"는 감시단의 추궁에 "채증 아니다, 촬영 준비중이었다"라고 답했다. 그러나 카메라는 시청광장을 겨눈 채 시민들을 촬영하고 있었다. 이미 채증중 아니었냐고 재차 묻자 "집회 참가자가 아니라 폴리스라인을 찍고 있었다"고 그는 말을 바꿨다. 서초서 정보과 소속 송아무개(38) 경장은 〈한겨레〉와의 전화통화에서도 "폴리스라인을 찍고 있었다"는 해명을 되풀이했다. 경찰청 예규인 채증활동 규칙을 보면, 채증은 "집회 현장에서 불법 또는 불법이 우려되는 상황을 촬영"하는 것을 말한다. 그러나 당시 현장은 평온했고 집회가 끝날 때까지 불법행위로 연행된 일은 단 1건도 없었다. 송 경장 이외에도 시청 옥상에선 또다른 남성이 채증을 하다 감시단의 질문을 받자 황급히 자리를 뜨기도 했다.

고한솔 기자 sol@hani.co.kr

기록이면표지

참고자료 – 관련 법령(발췌)

■ 집회 및 시위에 관한 법률[법률 제13834호, 2016. 1. 27., 일부개정]

제1조(목적) 이 법은 적법한 집회(集會) 및 시위(示威)를 최대한 보장하고 위법한 시위로부터 국민을 보호함으로써 집회 및 시위의 권리 보장과 공공의 안녕질서가 적절히 조화를 이루도록 하는 것을 목적으로 한다.

제2조(정의) 이 법에서 사용하는 용어의 뜻은 다음과 같다.
1. "옥외집회"란 천장이 없거나 사방이 폐쇄되지 아니한 장소에서 여는 집회를 말한다.
2. "시위"란 여러 사람이 공동의 목적을 가지고 도로, 광장, 공원 등 일반인이 자유로이 통행할 수 있는 장소를 행진하거나 위력(威力) 또는 기세(氣勢)를 보여, 불특정한 여러 사람의 의견에 영향을 주거나 제압(制壓)을 가하는 행위를 말한다.
3. "주최자(主催者)"란 자기 이름으로 자기 책임 아래 집회나 시위를 여는 사람이나 단체를 말한다. 주최자는 주관자(主管者)를 따로 두어 집회 또는 시위의 실행을 맡아 관리하도록 위임할 수 있다. 이 경우 주관자는 그 위임의 범위 안에서 주최자로 본다.
4. ~ 6. (생략)

제5조(집회 및 시위의 금지) ① 누구든지 다음 각 호의 어느 하나에 해당하는 집회나 시위를 주최하여서는 아니 된다.
1. 헌법재판소의 결정에 따라 해산된 정당의 목적을 달성하기 위한 집회 또는 시위
2. 집단적인 폭행, 협박, 손괴(損壞), 방화 등으로 공공의 안녕 질서에 직접적인 위협을 끼칠 것이 명백한 집회 또는 시위

제6조(옥외집회 및 시위의 신고 등) ① 옥외집회나 시위를 주최하려는 자는 그에 관한 다음 각 호의 사항 모두를 적은 신고서를 옥외집회나 시위를 시작하기 720시간 전부터 48시간 전에 관할 경찰서장에게 제출하여야 한다. 다만, 옥외집회 또는 시위 장소가 두 곳 이상의 경찰서의 관할에 속하는 경우에는 관할 지방경찰청장에게 제출하여야 하고, 두 곳 이상의 지방경찰청 관할에 속하는 경우에는 주최지를 관할하는 지방경찰청장에게 제출하여야 한다.
1. 목적
2. 일시(필요한 시간을 포함한다)
3. 장소
4. 주최자(단체인 경우에는 그 대표자를 포함한다), 연락책임자, 질서유지인에 관한 다음 각 목의 사항

가. ~ 라. (생략)
5. 참가 예정인 단체와 인원
6. 시위의 경우 그 방법(진로와 약도를 포함한다)

② 관할 경찰서장 또는 지방경찰청장(이하 "관할경찰관서장"이라 한다)은 제1항에 따른 신고서를 접수하면 신고자에게 접수 일시를 적은 접수증을 즉시 내주어야 한다.
③ 주최자는 제1항에 따라 신고한 옥외집회 또는 시위를 하지 아니하게 된 경우에는 신고서에 적힌 집회 일시 24시간 전에 그 철회사유 등을 적은 철회신고서를 관할경찰관서장에게 제출하여야 한다.
④ 제3항에 따라 철회신고서를 받은 관할경찰관서장은 제8조제3항에 따라 금지 통고를 한 집회나 시위가 있는 경우에는 그 금지 통고를 받은 주최자에게 제3항에 따른 사실을 즉시 알려야 한다.
⑤ 제4항에 따라 통지를 받은 주최자는 그 금지 통고된 집회 또는 시위를 최초에 신고한 대로 개최할 수 있다. 다만, 금지 통고 등으로 시기를 놓친 경우에는 일시를 새로 정하여 집회 또는 시위를 시작하기 24시간 전에 관할경찰관서장에게 신고서를 제출하고 집회 또는 시위를 개최할 수 있다.

제8조(집회 및 시위의 금지 또는 제한 통고) ① 제6조제1항에 따른 신고서를 접수한 관할경찰관서장은 신고된 옥외집회 또는 시위가 다음 각 호의 어느 하나에 해당하는 때에는 신고서를 접수한 때부터 48시간 이내에 집회 또는 시위를 금지할 것을 주최자에게 통고할 수 있다. 다만, 집회 또는 시위가 집단적인 폭행, 협박, 손괴, 방화 등으로 공공의 안녕 질서에 직접적인 위험을 초래한 경우에는 남은 기간의 해당 집회 또는 시위에 대하여 신고서를 접수한 때부터 48시간이 지난 경우에도 금지 통고를 할 수 있다.

1. 제5조제1항, 제10조 본문 또는 제11조에 위반된다고 인정될 때
2. 제7조제1항에 따른 신고서 기재 사항을 보완하지 아니한 때
3. 제12조에 따라 금지할 집회 또는 시위라고 인정될 때

② 관할경찰관서장은 집회 또는 시위의 시간과 장소가 중복되는 2개 이상의 신고가 있는 경우 그 목적으로 보아 서로 상반되거나 방해가 된다고 인정되면 각 옥외집회 또는 시위 간에 시간을 나누거나 장소를 분할하여 개최하도록 권유하는 등 각 옥외집회 또는 시위가 서로 방해되지 아니하고 평화적으로 개최·진행될 수 있도록 노력하여야 한다.
③ 관할경찰관서장은 제2항에 따른 권유가 받아들여지지 아니하면 뒤에 접수된 옥외집회 또는 시위에 대하여 제1항에 준하여 그 집회 또는 시위의 금지를 통고할 수 있다.
④ 제3항에 따라 뒤에 접수된 옥외집회 또는 시위가 금지 통고된 경우 먼저 신

고를 접수하여 옥외집회 또는 시위를 개최할 수 있는 자는 집회 시작 1시간 전에 관할경찰관서장에게 집회 개최 사실을 통지하여야 한다.
⑤ 다음 각 호의 어느 하나에 해당하는 경우로서 그 거주자나 관리자가 시설이나 장소의 보호를 요청하는 경우에는 집회나 시위의 금지 또는 제한을 통고할 수 있다. 이 경우 집회나 시위의 금지 통고에 대하여는 제1항을 준용한다.
1. 제6조제1항의 신고서에 적힌 장소(이하 이 항에서 "신고장소"라 한다)가 다른 사람의 주거지역이나 이와 유사한 장소로서 집회나 시위로 재산 또는 시설에 심각한 피해가 발생하거나 사생활의 평온(平穩)을 뚜렷하게 해칠 우려가 있는 경우
2. 신고장소가 「초·중등교육법」 제2조에 따른 학교의 주변 지역으로서 집회 또는 시위로 학습권을 뚜렷이 침해할 우려가 있는 경우
3. 신고장소가 「군사기지 및 군사시설 보호법」 제2조제2호에 따른 군사시설의 주변 지역으로서 집회 또는 시위로 시설이나 군 작전의 수행에 심각한 피해가 발생할 우려가 있는 경우
⑥ 집회 또는 시위의 금지 또는 제한 통고는 그 이유를 분명하게 밝혀 서면으로 주최자 또는 연락책임자에게 송달하여야 한다.

제9조(집회 및 시위의 금지 통고에 대한 이의 신청 등) ① 집회 또는 시위의 주최자는 제8조에 따른 금지 통고를 받은 날부터 10일 이내에 해당 경찰관서의 바로 위의 상급경찰관서의 장에게 이의를 신청할 수 있다.
② 제1항에 따른 이의 신청을 받은 경찰관서의 장은 접수 일시를 적은 접수증을 이의 신청인에게 즉시 내주고 접수한 때부터 24시간 이내에 재결(裁決)을 하여야 한다. 이 경우 접수한 때부터 24시간 이내에 재결서를 발송하지 아니하면 관할경찰관서장의 금지 통고는 소급하여 그 효력을 잃는다.
③ 이의 신청인은 제2항에 따라 금지 통고가 위법하거나 부당한 것으로 재결되거나 그 효력을 잃게 된 경우 처음 신고한 대로 집회 또는 시위를 개최할 수 있다. 다만, 금지 통고 등으로 시기를 놓친 경우에는 일시를 새로 정하여 집회 또는 시위를 시작하기 24시간 전에 관할경찰관서장에게 신고함으로써 집회 또는 시위를 개최할 수 있다.

제12조(교통 소통을 위한 제한) ① 관할경찰관서장은 대통령령으로 정하는 주요 도시의 주요 도로에서의 집회 또는 시위에 대하여 교통 소통을 위하여 필요하다고 인정하면 이를 금지하거나 교통질서 유지를 위한 조건을 붙여 제한할 수 있다.
② 집회 또는 시위의 주최자가 질서유지인을 두고 도로를 행진하는 경우에는 제1항에 따른 금지를 할 수 없다. 다만, 해당 도로와 주변 도로의 교통 소통에 장애를 발생시켜 심각한 교통 불편을 줄 우려가 있으면 제1항에 따른 금지를 할 수 있다.

제14조(확성기등 사용의 제한) ① 집회 또는 시위의 주최자는 확성기, 북, 징, 꽹과리 등의 기계·기구(이하 이 조에서 "확성기 등"이라 한다)를 사용하여 타인에게 심각한 피해를 주는 소음으로서 대통령령으로 정하는 기준을 위반하는 소음을 발생시켜서는 아니 된다.
② 관할경찰관서장은 집회 또는 시위의 주최자가 제1항에 따른 기준을 초과하는 소음을 발생시켜 타인에게 피해를 주는 경우에는 그 기준 이하의 소음 유지 또는 확성기등의 사용 중지를 명하거나 확성기 등의 일시보관 등 필요한 조치를 할 수 있다.

제16조(주최자의 준수 사항) ① 집회 또는 시위의 주최자는 집회 또는 시위에 있어서의 질서를 유지하여야 한다.
② 집회 또는 시위의 주최자는 집회 또는 시위의 질서 유지에 관하여 자신을 보좌하도록 18세 이상의 사람을 질서유지인으로 임명할 수 있다.
③ 집회 또는 시위의 주최자는 제1항에 따른 질서를 유지할 수 없으면 그 집회 또는 시위의 종결(終結)을 선언하여야 한다.
④ 집회 또는 시위의 주최자는 다음 각 호의 어느 하나에 해당하는 행위를 하여서는 아니 된다.
1. 총포, 폭발물, 도검(刀劍), 철봉, 곤봉, 돌덩이 등 다른 사람의 생명을 위협하거나 신체에 해를 끼칠 수 있는 기구(器具)를 휴대하거나 사용하는 행위 또는 다른 사람에게 이를 휴대하게 하거나 사용하게 하는 행위
2. 폭행, 협박, 손괴, 방화 등으로 질서를 문란하게 하는 행위
3. 신고한 목적, 일시, 장소, 방법 등의 범위를 뚜렷이 벗어나는 행위
⑤ 옥내집회의 주최자는 확성기를 설치하는 등 주변에서의 옥외 참가를 유발하는 행위를 하여서는 아니 된다.

제18조(참가자의 준수 사항) ①집회나 시위에 참가하는 자는 주최자 및 질서유지인의 질서 유지를 위한 지시에 따라야 한다.
② 집회나 시위에 참가하는 자는 제16조제4항제1호 및 제2호에 해당하는 행위를 하여서는 아니 된다.

제20조(집회 또는 시위의 해산) ① 관할경찰관서장은 다음 각 호의 어느 하나에 해당하는 집회 또는 시위에 대하여는 상당한 시간 이내에 자진(自進) 해산할 것을 요청하고 이에 따르지 아니하면 해산(解散)을 명할 수 있다.
1. 제5조제1항, 제10조 본문 또는 제11조를 위반한 집회 또는 시위
2. 제6조제1항에 따른 신고를 하지 아니하거나 제8조 또는 제12조에 따라 금지된 집회 또는 시위
3. 제8조제5항에 따른 제한, 제10조 단서 또는 제12조에 따른 조건을 위반하여

교통 소통 등 질서 유지에 직접적인 위험을 명백하게 초래한 집회 또는 시위
  4. 제16조제3항에 따른 종결 선언을 한 집회 또는 시위
  5. 제16조제4항 각 호의 어느 하나에 해당하는 행위로 질서를 유지할 수 없는 집회 또는 시위
② 집회 또는 시위가 제1항에 따른 해산 명령을 받았을 때에는 모든 참가자는 지체 없이 해산하여야 한다.
③ 제1항에 따른 자진 해산의 요청과 해산 명령의 고지(告知) 등에 필요한 사항은 대통령령으로 정한다.

제22조(벌칙) ① 제3조제1항 또는 제2항을 위반한 자는 3년 이하의 징역 또는 300만원 이하의 벌금에 처한다. 다만, 군인·검사 또는 경찰관이 제3조제1항 또는 제2항을 위반한 경우에는 5년 이하의 징역에 처한다.
② 제5조제1항 또는 제6조제1항을 위반하거나 제8조에 따라 금지를 통고한 집회 또는 시위를 주최한 자는 2년 이하의 징역 또는 200만원 이하의 벌금에 처한다.
③ 제5조제2항 또는 제16조제4항을 위반한 자는 1년 이하의 징역 또는 100만원 이하의 벌금에 처한다.
④ 그 사실을 알면서 제5조제1항을 위반한 집회 또는 시위에 참가한 자는 6개월 이하의 징역 또는 50만원 이하의 벌금·구류 또는 과료에 처한다.

제24조(벌칙) 다음 각 호의 어느 하나에 해당하는 자는 6개월 이하의 징역 또는 50만원 이하의 벌금·구류 또는 과료에 처한다.
  1. 제4조에 따라 주최자 또는 질서유지인이 참가를 배제했는데도 그 집회 또는 시위에 참가한 자
  2. 제6조제1항에 따른 신고를 거짓으로 하고 집회 또는 시위를 개최한 자
  3. 제13조에 따라 설정한 질서유지선을 경찰관의 경고에도 불구하고 정당한 사유 없이 상당 시간 침범하거나 손괴·은닉·이동 또는 제거하거나 그 밖의 방법으로 그 효용을 해친 자
  4. 제14조제2항에 따른 명령을 위반하거나 필요한 조치를 거부·방해한 자
  5. 제16조제5항, 제17조제2항, 제18조제2항 또는 제20조제2항을 위반한 자

■ **형사소송법**

제196조(사법경찰관리) ① 수사관, 경무관, 총경, 경정, 경감, 경위는 사법경찰관으로서 모든 수사에 관하여 검사의 지휘를 받는다.
② 사법경찰관은 범죄의 혐의가 있다고 인식하는 때에는 범인, 범죄사실과 증거에 관하여 수사를 개시·진행하여야 한다.

제199조(수사와 필요한 조사) ① 수사에 관하여는 그 목적을 달성하기 위하여 필요한 조사를 할 수 있다. 다만, 강제처분은 이 법률에 특별한 규정이 있는 경우에 한하며, 필요한 최소한도의 범위 안에서만 하여야 한다.
② 수사에 관하여는 공무소 기타 공사단체에 조회하여 필요한 사항의 보고를 요구할 수 있다.

■ **경찰관직무집행법**

제2조(직무의 범위) 경찰관은 다음 각 호의 직무를 수행한다.
 1. 국민의 생명·신체 및 재산의 보호
 2. 범죄의 예방·진압 및 수사
 2의2. 범죄피해자 보호
 3. 경비, 주요 인사(人士) 경호 및 대간첩·대테러 작전 수행
 4. 치안정보의 수집·작성 및 배포
 5. 교통 단속과 교통 위해(危害)의 방지
 6. 외국 정부기관 및 국제기구와의 국제협력
 7. 그 밖에 공공의 안녕과 질서 유지

■ **채증활동규칙**[경찰청예규 제495호, 2015. 1. 26., 전부개정]

제1조(목적) 이 규칙은 집회 또는 시위 현장 등에서 불법행위자의 증거자료 확보를 위해 채증활동에 필요한 기준을 마련하는 것을 목적으로 한다.

제2조(정의) 이 규칙에서 사용하는 용어의 뜻은 다음과 같다.
 1. "채증"이란 집회 또는 시위 현장 등에서 불법행위 또는 이와 밀접한 행위를 촬영, 녹화 또는 녹음하는 것을 말한다.
 2. "채증요원"이란 채증 또는 이와 관련된 업무를 담당하는 경찰공무원(경찰공무원의 지시를 받는 의무경찰을 포함한다)을 말한다.
 3. "주관부서"란 채증요원을 관리·운용하는 정보 또는 경비 부서를 말한다.
 4. "채증판독프로그램"이란 인적사항이 확인되지 않은 불법행위자의 인적사항 확인을 위하여 채증된 자료를 입력, 열람, 판독하기 위한 전산 프로그램을 말한다.

제3조(채증의 원칙) 채증요원은 불법행위의 증거확보에 필요한 경우에 채증을 하며, 채증·판독 및 자료 관리 과정에서 대상자의 인권을 존중하여야 한다.

제4조(채증요원 편성) ① 주관부서의 장은 집회 또는 시위에 대비하기 위해 채증요원을 둔다.
② 채증요원은 사진 촬영담당, 동영상 촬영담당, 신변보호원 등 3명을 1개조로 편성하는 것을 원칙으로 하되, 현장 상황 등을 고려하여 증감 편성할 수 있다.

제5조(채증계획) 주관부서의 장은 집회·시위 상황 등을 미리 파악하여 채증 필요성 여부를 결정하여 별표1에 따라 채증계획을 수립한다. 다만, 긴급한 경우 구두지시로 갈음할 수 있다.

제6조(채증요원 관리) ① 주관부서의 장은 채증활동 전에 인원·장비 및 복장 등을 점검하고, 채증계획에 따른 유의사항 등을 교육하여야 한다.
② 의무경찰은 소속 부대 지휘요원의 사전 교육 및 지시를 받아 채증활동을 할 수 있다.

제7조(채증장비) 채증장비는 원칙적으로 경찰관서에서 지급한 장비를 사용한다. 다만, 지급한 장비를 사용할 수 없는 부득이한 경우 개인소유 기기를 사용할 수 있다.

제8조(채증판독프로그램 설치 및 입력) ① 정보부서의 장은 채증판독프로그램(이하 "프로그램"이라 한다)이 정보부서에서만 설치·이용할 수 있도록 프로그램을 관리하여야 한다.
② 주관부서의 장은 불법 집회·시위 과정에서 채증한 불법행위 사진 중 인적사항이 확인되지 않은 행위자의 사진을 열람·판독할 수 있도록 신속히 프로그램에 입력하여야 한다.
③ 제1항에 따라 프로그램에 불법행위 사진을 입력할 때에는 다음 각 호의 사항을 함께 입력하여야 한다.
1. 집회의 명칭, 일시, 장소, 참가인원 등 집회·시위 상황 개요
2. 불법행위 사진의 채증시간, 장소, 행위내용, 채증자

제9조(채증자료 조회) ① 정보부서의 장은 효율적인 프로그램 운영을 위해 정보부서 채증요원 중에 프로그램 관리 및 조회권자를 지정하여야 하고, 관리 및 조회권자 이외에는 프로그램에 접속하지 못하도록 관리하여야 한다.
② 정보부서의 장은 인사이동 등으로 프로그램 관리 및 조회권자가 교체된 경우 상급 정보 부서의 장에게 이를 보고하여야 한다.

제10조(채증자료 열람·판독) ① 정보부서의 장은 채증사진을 열람·판독할 때에는 현장 근무자 등을 참여시킬 수 있다.
② 판독결과는 프로그램에 입력하여야 한다.
③ 지방청 프로그램 관리 및 조회권자는 경찰서에서 입력한 불법행위 사진 등의 적정 여부를 검토하여 판독 절차가 진행될 수 있도록 조치하여야 한다.

제11조(채증자료 파기 등) ① 정보부서의 장은 채증자료가 수사 등 목적을 달성한 경우에는 지체 없이 파기하여야 한다.
② 정보부서의 장은 프로그램에 입력된 불법행위 사진에 대한 판독을 통해 인적사항이 확인된 경우에는 해당 판독 결과를 수사기능에 통보한 후 해당 불법행위

사진은 프로그램에서 파기하여야 한다.
③ 정보부서의 장은 판독에도 불구하고 불법행위자의 인적사항이 확인되지 않아 수사를 위해 보관이 필요한 채증사진은 해당 범죄의 공소시효 완성일까지 보관하고, 공소시효가 완성된 때에는 파기하여야 한다.<2015. 1. 26. 개정>
④ 누구든지 제1조의 목적에 반하여 프로그램에 입력된 채증자료를 임의로 외부에 유출시켜서는 아니 된다.
⑤ 경찰청 정보1과장은 정보통신 부서와 합동으로 연1회 채증자료 관리의 적절성 여부를 점검하여야 한다.

■ 서울특별시 광화문광장의 사용 및 관리에 관한 조례 (서울특별시 조례)

제1조(목적) 이 조례는 시민의 건전한 여가선용과 문화활동 등을 위한 광화문광장의 사용 및 관리에 필요한 사항을 규정함을 목적으로 한다.

제2조(정의) 이 조례에서 사용하는 용어는 다음과 같다.
 1. "광화문광장"이란 세종로 중앙의 차도와 구분되는 장소를 말한다.
 2. "사용"이란 광화문광장(이하 "광장"이라 한다)의 일부 또는 전부를 이용함으로써 불특정 다수 시민의 자유로운 광장 이용을 제한하는 행위를 말한다.
 3. "신청자"란 자신의 명의와 책임하에 광장을 사용하려는 사람 또는 단체를 말한다.
 4. "사용자"란 광장 사용허가 신청을 하여 사용허가 통보를 받은 사람 또는 단체를 말한다.

제3조(관리) 서울특별시장(이하 "시장"이라 한다)은 시민이 평화롭게 활동할 수 있도록 광장환경을 조성하고, 시민의 건전한 여가선용과 문화활동 등을 지원하는 공간으로 이용될 수 있도록 광장을 관리하여야 한다.

제4조(사용허가 신청) 신청자는 사용목적과 일시, 신청자의 성명과 주소, 사용인원, 안전관리계획 등을 적은 별지 제1호서식의 광화문광장 사용허가신청서를 사용하고자 하는 날(이하 "사용일"이라 한다)의 60일 전부터 7일 전까지 시장에게 제출하여야 한다.

제5조(사용허가 및 사용제한) ① 시장은 다음 각 호의 어느 하나에 해당하는 경우에는 광장사용을 허가하지 아니할 수 있다.
 1. 광장의 조성목적에 위배되는 경우
 2. 국가 또는 지방자치단체의 정책에 찬성·반대하는 의견을 나타내기 위한 집회를 목적으로 하는 경우
 3. 다른 법령 등에 따라 이용이 제한되는 경우
② 제1항의 규정에 의하여 사용을 허가하는 경우에 사용일이 중복된 경우에는 신청순위에 따라 허가하되, 다음 각 호의 어느 하나에 해당하는 행사를 우선하

여 허가할 수 있다.
1. 공익을 목적으로 국가 또는 지방자치단체가 주관하는 행사
2. 공연 또는 전시회 등 문화・예술행사
3. 어린이・청소년 또는 여성 관련행사

제6조(사용신청 결과통지) ① 시장은 광장 사용허가 신청에 대하여 허가 여부를 결정하여 신청자에게 통지하여야 한다.
② 사용허가를 하지 아니할 경우에는 신청자에게 그 사유를 분명하게 적은 서면으로 알려야 한다.

제7조(사용허가의 취소・정지) 시장은 다음 각 호의 어느 하나에 해당하는 경우에는 광장 사용허가를 취소하거나 사용정지 등 필요한 조치를 할 수 있다.
1. 허가된 사용목적 이외의 용도로 사용하는 경우
2. 사용인의 준수사항을 위반하는 경우

확 인 : 법학전문대학원협의회

공법
기록형

2021년도 제1차
법전협 모의시험
문제

2021년도 제1차 변호사시험 모의시험 – 논술형(기록형)

| 시험과목 | 공 법(기록형) |

응시자 준수사항

1. 시험 시작 전 문제지의 봉인을 손상하는 경우, 봉인을 손상하지 않더라도 문제지를 들추는 행위 등으로 문제 내용을 미리 보는 경우 모두 부정행위로 간주되어 그 답안은 영점 처리 됩니다.

2. 답안은 흑색 또는 청색 필기구(사인펜이나 연필 사용 금지) 중 한 가지 필기구만을 사용하여 답안 작성 난(흰색 부분) 안에 기재하여야 합니다.

3. 답안지에 성명과 수험 번호를 기재하지 않아 인적 사항이 확인되지 않는 경우에는 영점 처리 등 불이익을 받게 됩니다. 특히 답안지를 바꾸어 다시 작성하는 경우, 성명 등의 기재를 빠뜨리지 않도록 유의하여야 합니다.

4. 답안지에는 문제 내용을 기재할 필요가 없으며, 답안 내용 이외의 사항을 기재하거나 밑줄 기타 어떠한 표시도 하여서는 안 됩니다. 답안을 정정할 경우에는 두 줄로 긋고 다시 기재하여야 하며, 수정액 등은 사용할 수 없습니다.

5. 시험 종료 시각에 임박하여 답안지를 교체 요구한 경우라도 시험시간 종료 후 즉시 새로 작성한 답안지를 회수합니다.

6. 시험 종료 후에는 답안지 작성을 일절 할 수 없으며, 이에 위반하여 시험시간이 종료되었음에도 불구하고 **시험관리관의 답안지 제출 지시에 불응한 채 계속 답안을 작성하거나 답안지를 늦게 제출할 경우 그 답안은 영점 처리** 됩니다.

7. 답안은 답안지 쪽수 번호 순으로 기재하여야 하고, **배부받은 답안지는 백지 답안이라도 모두 제출**하여야 하며, **답안지를 제출하지 아니한 경우 그 시험시간 및 나머지 시험시간의 시험에 응시할 수 없습니다.**

8. 지정된 시간까지 지정된 시험실에 입실하지 아니하거나 시험관리관의 승인을 얻지 아니하고 시험시간 중에 그 시험실에서 퇴실한 경우 그 시험시간 및 나머지 시험시간의 시험에 응시할 수 없습니다.

9. 시험시간이 종료되기 전에는 어떠한 경우에도 문제지를 시험장 밖으로 가지고 갈 수 없고, 시험 종료 후 가지고 갈 수 있습니다.

법학전문대학원협의회
THE ASSOCIATION OF KOREAN LAW SCHOOLS

목 차

I. 문제 ·· 2

II. 작성요령과 주의사항 ·· 3

III. 서면 양식 ·· 4

IV. 기록내용
    법률상담일지 ·· 8
    내부회의록(1) ·· 10
    판결문 ·· 12
    강제퇴거명령서(레이 오취리) ·· 14
    긴급보호서 ·· 15
    출입국사범 심사결정 통고서 ·· 16
    강제퇴거명령서(킴 오취리) ·· 17
    보호명령서 ·· 18
    우편송달보고서 ·· 19
    탄원서 ·· 20
    소송위임장 (행정소송 등) ·· 21
    변론조서 ·· 22
    내부회의록(2) ·· 23
    보호명령제도의 실무와 해외사례 조사 보고 ······································ 25

V. 참고 자료
    1. 관련법령(발췌) ·· 26
    2. 달력 ·· 31

【문 제】

1. 소장의 작성 (35점)

○○대학교 리걸클리닉센터의 개인 자문변호사 김공존의 입장에서, 의뢰인 킴 오취리를 위하여 취소소송의 소장을 작성하되, 아래 사항을 준수하여 첨부된 양식의 ①부터 ⑤에 들어갈 내용을 작성하시오.

가. 'Ⅱ. 소의 적법성' 부분(③)에서는 문제되는 요건을 중심으로 기재할 것

나. 'Ⅲ. 처분의 위법성' 부분(④)에서는 근거 법령의 위헌성 주장에 관한 내용 및 1. 원고의 아버지(레이 오취리)에 대한 처분에 관한 내용은 기재하지 말 것

다. 소장의 작성일란(⑤)에서는 취소소송의 대상으로 삼은 처분 전부에 대하여 허용되는 적법한 제소기간 내 최종일을 기재할 것

2. 집행정지신청서의 작성 (15점)

문제 1.의 소장과 함께 제기할 집행정지신청서를 작성하되, 첨부된 양식의 ①부터 ③에 들어갈 내용을 작성하시오.

3. 위헌법률심판제청신청서의 작성 (50점)

문제 1.에 따라 제기된 행정소송에서, 의뢰인 킴 오취리를 위하여 위헌법률심판제청신청서를 작성하되, 첨부된 양식의 ①부터 ⑤에 들어갈 내용을 작성하시오.

【작성요령과 주의사항】

1. 「출입국관리법」 및 그 시행령, 시행규칙의 내용은 가상(假想)의 것으로 실제 법령의 내용과는 차이가 있으므로 첨부된 법령의 내용과 다른 실제 법령은 고려하지 말 것.

2. 법률상담일지의 사실관계와 기록에 첨부된 자료들을 기초로 하고, 그것이 사실임을 전제로 할 것

3. 기록에 첨부된 각종 서류는 적법하게 작성된 것으로 간주하고, 서류 등에 필요한 서명과 날인, 무인과 간인 등은 모두 갖추어진 것으로 볼 것

4. 기록 중 '생략'으로 표시된 부분은 모두 기재된 것으로 볼 것

5. 문장은 경어(敬語)체로 작성할 것

【소장 양식】

소   장

원 고   ○○○
             ○○○
             소송대리인 ○○○
피 고   ①

(생략)

청 구 취 지

②

청 구 이 유

Ⅰ. 처분의 경위 등(생략)
Ⅱ. 소의 적법성
③
Ⅲ. 처분의 위법성
   1. 원고의 아버지에 대한 처분(생략)
   2. 원고에 대한 처분
④
Ⅳ. 결론(생략)

입증방법 (생략)
첨부서류 (생략)
⑤

원고 소송대리인
변호사 ○○○ (인)

○○○○ 귀중

【집행정지신청서 양식】

집 행 정 지 신 청 서

신 청 인   ○○○
피신청인   ○○○

신 청 취 지

①

신 청 이 유

Ⅰ. 처분의 경위 등(생략)

Ⅱ. 집행정지의 요건
 1. 처분등의 존재(생략)
 2. 본안소송이 적법하게 계속 중임(생략)
 3. 본안청구가 이유 없음이 명백하지 않음(생략)
 4. 회복하기 어려운 손해를 예방하기 위한 긴급한 필요

②

 5. 공공복리에 중대한 영향을 미칠 우려가 없을 것

③

Ⅳ. 결론(생략)

입 증 방 법 (생략)
첨 부 서 류 (생략)

0000. 00. 00.

신청인의 대리인
변호사 ○○○ (인)

○○○○ 귀중

【위헌법률심판제청신청서 양식】

위헌법률심판제청신청서

사　건　　① _____
원　고　　○○○
피　고　　○○○

위 사건에 관하여 원고는 아래와 같이 위헌법률심판제청을 신청합니다.

신 청 취 지

②

신 청 이 유

Ⅰ. 사건의 개요(생략)

Ⅱ. 적법요건

③

Ⅲ. 위헌이라고 해석되는 이유

④

Ⅳ. 결론(생략)

0000. 00. 00.

원고 소송대리인
변호사 ○○○ (인)

⑤ _____ 귀중

기록내용 시작

수임번호 2021-21	**법률상담일지 I**		2021. 5. 18.
의뢰인	킴 오취리 (KIM OCHIRI)	의뢰인 전화	대리인 010-2345-6789
의뢰인 주소	서울 용산구 한남동 685-43 이주민지원센터 3층	의뢰인 팩스	

상 담 내 용

※ 의뢰인 킴 오취리가 외국인보호소에 수용되어 있어서, 의뢰인을 대리하여 방문한 이주민 지원단체 활동가 장진영과 상담한 내용임

1. 의뢰인 킴 오취리는 가나 국적의 아버지 레이 오취리와 어머니 민디 오취리의 2남 1녀 중 첫째 아들로, 1999년 3월 24일 대한민국에서 출생하였다. 의뢰인의 아버지는 1997년 기업투자(D-8) 체류자격으로, 어머니는 동반(F-3) 체류자격으로 입국하였고, 의뢰인은 대한민국에서 출생한 이후 아버지의 체류자격을 주 체류자격으로 하여 동반(F-3) 체류자격으로 대한민국에 체류하였다.

2. 의뢰인은 대한민국에서 출생하여, 대한민국의 정규 교과과정을 고등학교까지 이수하였다. 그 후 2019년부터 서울 이태원 소재 아프리카 전문 음식점에서 종업원으로 근무하고 있다.

3. 의뢰인 아버지는 2020. 11. 4. 사업을 위하여 한국인 거래처 사람들과 회식하고 차를 몰고 돌아오던 중 음주운전으로 단속되어 단속경찰관과 다투었고, 이 혐의로 기소되어 2021. 3. 5. 음주운전 및 공무집행방해죄로 징역 1년에 집행유예 2년의 판결을 선고받아 확정되었다. 그 후 의뢰인의 아버지는 2021. 4. 2. 서울출입국·외국인청장으로부터 출국명령을 받았고, 이를 이행하지 않자 4. 18. 강제퇴거명령을 받아 출국하였다. 이에 따라 레이 오취리의 체류에 대한 동반체류자격으로 체류하던 의뢰인과 그의 어머니는 체류자격을 상실하였다.

4. 의뢰인은 2021. 5. 3. 오전 8시경 직장에 출근하던 중 서울출입국·외국인청의 불법체류자 단속을 당하여 긴급보호조치되었고, 5. 4. 서울출입국·외국인청장으로부터 강제퇴거명령(송환국 가나) 및 보호명령을 받아 현재 화성외국인보호소에 보호중이다.

5. 의뢰인은 가나 공용어를 거의 하지 못하고, 한국어를 모국어처럼 사용하고 있다. 의뢰인은 아버지가 강제출국 될 때 공항에서 잠시 본 후 현재는 연락을 할 수 없는 상태이다. 현재 의뢰인 자신이 다른 가족들을 부양해야 하는 상황으로, 어머니는 남동생과 여동생과 같이 기존 거주지를 나와서 지인인 외국인들의 도움을 받아 생활하는 것으로 알고 있으나, 현재 불법체류자 신분이라 함부로 연락할 수 없다면서 연락처도 알려주지 않고 있다.

6. 의뢰인은 아버지가 대한민국에서 적법하게 사업(중고차량수출)을 하고 있었으나, 갑자기 아버지가 사소한 실수로 억울하게 강제퇴거까지 당하여 아버지는 5년간 재입국할 수 없고, 자신도 출국해야 하는 상황이 되었는바, 자신의 강제퇴거명령 및 보호명령은 물론 아버지에 대한 조치도 다투어서 다시 적법하게 대한민국에서 생활할 수 있기를 바라고 있다.

00대학교 리걸클리닉센터
06133 서울 종로구 세종로 123 공익법빌딩 6층
Tel 02.780.2341, Fax 02.780.2342
Email legalclinic@abcu.ac.kr legalclinic.abcu.ac.kr

리걸클리닉센터 내부회의록(1)

일 시 : 2021. 5. 18. 14:00 ~ 15:00
장 소 : ○○대학교 리걸클리닉 회의실
참석자 : 박인권 변호사(리걸클리닉센터장), 김공존 변호사(자문변호사)

박 변호사: 김 변호사, 의뢰인 킴 오취리 사건에 관하여 논의해 볼까요? 의뢰인의 사정이 매우 딱하긴 한데, 의뢰인이 원하는 바를 달성하려면 어떤 처분들에 대하여 다퉈야 하는 것인가요?

김 변호사: 네, 의뢰인은 동반(F-3) 체류자격으로 체류하고 있다가 아버지의 주 체류자격(D-8)이 상실됨으로써 자신의 체류자격도 상실된 것이므로, 우선 아버지에 대한 강제퇴거명령에 관하여 의뢰인이 다투어야 할 것 같습니다.

박 변호사: 의뢰인이 제3자인 아버지에 대한 처분을 다툴 수 있는가요? 또 아버지는 이미 출국하였는데도 가능한가요?

김 변호사: 일반적인 경우에는 출국한 이후에도 본인이 해외에서 수임하여 소송을 진행할 수 있습니다. 그러나 현재 의뢰인이 아버지와 연락할 수 없어서 아버지 명의로 소송을 제기하기가 곤란합니다. 더불어 아버지가 강제퇴거를 당하면 5년간 재입국이 금지되므로, 일단 다투어야 될 것 같습니다.

박 변호사: 알겠습니다. 소송요건과 관련하여 이 사건은 출입국관리법상 전형적인 처분이라 처분성은 특별히 문제가 안 될 것 같으니, 다른 요건을 잘 검토해 보시기 바랍니다. 다만, 의뢰인의 아버지에 관한 처분의 본안에 대해서는 현재 사정을 자세히 알기 어려우니 추후 보완하여 준비서면으로 제출하는 게 좋겠습니다. 현재 의뢰인의 상황은 어떤가요.

김 변호사: 의뢰인은 화성 외국인보호소에 수용되어 있습니다. 아직 정식으로 수임하기 전이니 의뢰인과 유일하게 면회가 가능한 장진영씨와 상의하여 소송위임장을 작성하고, 신속하게 강제퇴거명령 및 보호명령에 대한 집행정지신청을 해야 할 것 같습니다.

박 변호사: 알겠습니다. 외국인에 대한 강제퇴거 사건에서 특히 보호명령에 대

하여는 출입국관리의 목적상 도주의 우려가 있으면 법원에서 집행정지신청을 잘 받아주지 않는 것 같으니, 이 부분에 대한 주장을 포함하여 집행정지의 요건을 잘 검토해서 주장해보기 바랍니다. 그럼, 본안에서 주장할만한 위법사유가 있을까요.

김 변호사: 네. 강제퇴거는 체류자격이 없다는 이유만으로 기계적으로 할 것이 아니라, 출입국관리법의 적용을 통해 달성하려는 공익과 외국인이 우리나라에서 체류하면서 가지게 된 구체적인 사정을 비교하여 인도적 관점에서 전향적으로 결정해야 한다고 주장하려고 합니다.

박 변호사: 좋은 생각입니다. 하급심 판결 중에 유사한 사안이 있었던 것 같은데, 잘 정리해서 주장해보기 바랍니다. 그밖에 주장할만한 처분의 하자는 없는가요?

김 변호사: 네. 장진영씨로부터 들은 바에 의하면, 사실 의뢰인에 대한 강제퇴거명령서는 의뢰인이 임시로 거주하던 이주민 지원센터로 송달되었습니다. 일반적인 경우라면, 그런 서류는 의뢰인에게 직접 전달되는 것이라고 합니다.

박 변호사: 알겠습니다. 여러모로 의뢰인의 사정이 딱하고 시간적으로도 급박한 사건이군요. 김 변호사가 우선은 취소소송의 소장과 집행정지신청서를 잘 작성해 주시기 바랍니다. 추후 재판진행경과를 보면서 헌법적 쟁점에 대해서도 다툴지를 검토해 봅시다.

이상으로 회의를 마치겠습니다. 끝.

서울서부지방법원

판 결

사 건   2021고단15432 공무집행방해, 도로교통법위반(음주운전)

피 고 인   레이 오취리 (700508-********), 무역업

주거, 등록기준지 (생략)

검 사   윤성일(기소, 공판)

변 호 인   변호사 김선행(국선)

판결선고   2021. 3. 5.

주 문

피고인을 징역 1년에 처한다.

다만, 이 판결 확정일로부터 2년간 위 형의 집행을 유예한다.

이 유

범죄사실

1. 도로교통법위반(음주운전)

피고인은 2020. 11. 4. 22:00경 서울 (주소 생략) 음식점 지상주차장에서부터 서울 용산구 한강로1가 24-9에 이르기까지 약 3.5km 구간에서 혈중알콜농도 0.066%의 술에 취한 상태로 (차량등록번호 생략) 소나타 승용차를 운전하였다.

2. 공무집행방해

피고인은 2020. 11. 4. 22:15경 위 1.항과 같은 장소에서 음주운전 단속을 하는 용

산경찰서 이태원지구대 소속 순경 공소외 1로부터 음주측정을 요구받자 위 공소외 1에게 '헤이, 나 술 안 먹었어. 인종차별하지 마라. 이 나쁜 놈아'라고 말하며 왼손으로 공소외 1의 가슴 부위를 3회 때려 폭행하였다.

피고인은 위와 같이 경찰관 공소외 1의 음주운전 단속에 관한 정당한 직무집행을 방해하였다.

증거의 요지 (생략)

법령의 적용 (생략)

판사   정 한 준 _____

■ 출입국관리법 시행규칙 [별지 제110호서식] <개정 2018. 6. 12.>

강제퇴거명령서
DEPORTATION ORDER

Date 2021. 4. 18.

대상자 Subject of Deportation Order	성 명 Name in Full	레이 오취리 RAY OCHIRI		
	생년월일 Date of Birth	1970. 5. 8. May 8th, 1970	성 별 Sex	[√] 남 [ ] 여 [√] M [ ] F
	국적 Nationality	가나공화국 Republic of Ghana	직 업 Occupation	무역업 trade business
	대한민국 내 주소 Address in Korea	서울 용산구 이태원1동 234-1 Seoul, Yongsan-Gu, Itaewon 1dong, 234-1		
강제퇴거 이유(적용 법규정) Reason for Deportation (Applicable Provision)		「출입국관리법」 제46조제1항제13호 Section 13 of Art.46 Para.1 of the Immigration Act		
집행방법 Mode of Execution				
송환국 Country of Repatriation		가나공화국 Republic of Ghana		

1. 「출입국관리법」 제50조에 따라 위와 같이 강제퇴거명령서를 발급합니다.
   In accordance with Article 50 of the Immigration Act, the deportation order is issued to the person above.

2. 귀하는 이 명령서를 받은 날부터 7일 이내에 법무부장관에게 이의신청을 하거나, 90일 이내에 행정심판 또는 행정소송을 제기할 수 있습니다.
   ※ 행정심판을 청구할 때에는 온라인행정심판(www.simpan.go.kr), 행정소송을 청구할 때에는 전자소송(ecfs.scourt.go.kr)을 통하여 온라인으로도 청구할 수 있습니다.

   A person who has an objection to the above disposition may file an objection with the Minister of Justice within 7 days after receipt of the deportation order or file an administrative appeal or an administrative litigation within 90 days from the date of receiving the deportation order.

   ※ You may file an administrative appeal online (www.simpan.go.kr) and an administrative litigation on the Internet (ecfs.scourt.go.kr)

서울출입국·외국인청장
CHIEF, SEOUL IMMIGRATION OFFICE

[직인]

집행결과 Result of Execution	집행자 Executing Official	서명 Signature
2021. 4. 18.	김외인	

210mm×297mm[백상지(80g/㎡) 또는 중질지(80g/㎡)]

■ 출입국관리법시행규칙 [별지 제98호서식] <개정 2016. 9. 29.>

번호(No.) :2021-5-3

긴급보호서
(IMMEDIATE DETENTION ORDER)

보호 대상자 (Person upon whom the Order is issued)	성명 (Full name) 킴 오취리 (Kim Ochiri)
	성별 (Sex) 남 Male[√]　여 Female[ ]
	생년월일 (Date of Birth) 1999. 3. 24. (Mar. 24th 1999)
	국적 (Nationality) 가나공화국(Republic of Ghana)
	체류자격 (status of sojourn) 음식점 종업원 (A Restaurant Employee)
	대한민국 내 주소 (Address in Korea) 불명 (no fixed abode)

위 사람을 「출입국관리법」 제51조제2항의 규정에 따라 다음과 같이 긴급보호할 것을 명합니다.

The abovementioned person is ordered to be detained immediately as specified below, pursuant to the paragraph 2 of Article 51 of the Immigration Act.

긴급보호의 사유 (Reason for immediate detention)	출입국관리법 제46조 제1항 위반의 의심이 있고 도주의 우려 있음 (suspicion of violating Article paragarph 1 of Article 46 of the Immigration Act, for prevention of escape)
긴급보호 장소 (Place of immediate detention)	서울출입국·외국인청 (SEOUL IMMIGRATION OFFICE)
긴급보호 기간 (Period of immediate detention)	2021. 5. 3. 08:00 부터　2021. 5. 5. 07:59까지 　　　(from)　　　　　　　　(to)
비 고 (Remarks)	

2021년　5월　3일
Date　(year)　(month)　(day)

출입국관리공무원 : 최애국　　　(서명 또는 인)
(Immigration Officer) : CHOI AE KOOK　(signature or seal)

■ 출입국관리법시행규칙 [별지 제142호서식] <개정 2020. 9. 25.>　사건번호　CU-SE-21-000120

출입국사범 심사결정 통고서

인적사항	성명	킴 오취리 (Kim Ochiri)		생년월일	1999. 3. 24.
	국적	가나공화국 (Republic of Ghana)		성별	남[√] 여[ ]
	직업	음식점 종업원(restaurant employee)		연락처	
	대한민국 내 주소(법인 또는 사업장 소재지)　서울 용산구 한남동 685-43 이주민지원센터 3층					

위반사실	체류자격	F-3	입국일자	1999. 3. 24.(출생)	입국목적	
	위반법조	출입국관리법 제46조제1항				
	위반기간	생략				
	과거 범법사실	0 회		위반사실 시인여부	시인[√] 부인[ ]	

위반내용	1. 위반사항 ○ 용의자는 1999. 3. 24. 한국출생 후 동반(F-3) 자격을 부여받아 체류하고 있는 자로 체류만료일인 2021. 4. 18. 전까지 기간연장을 받지 않고 불법체류중인 자임. ○ 동인은 불법체류상태에서 서울 이태원 소재 음식점 '헬로 아프리카'에 불법취업한 사실이 현장적발되었으므로, 법위반사실이 명백하여 강제퇴거함이 타당. 2. 적발경위: 2021. 5. 3. 08시경 우리청 집중단속에서 신병이 확보된 자임. 3. 불법체류기간: 생략 4. 규제사항: 생략

위의 내용을 진술자에게 열람하게 하였으며(읽어 주었으며) 오기나 증감 또는 변경할 것이 전혀 없다고 말하므로 서명(날인)하게 하다.
　　　　　　　　　　　　　　2021 년　5 월　4 일　　진술자　킴 오취리 *KIM OCHIRI*(서명 또는 인)

　　서울출입국·외국인청　　　　출입국관리주사(보)　이국민　　　(서명 또는 인)
　　　　　　　　　　　　　　　　출입국관리서기(보)　정주민　　　(서명 또는 인)

처분사항	주문　당사자 킴 오취리를 강제퇴거에 처한다.
	이유　불법체류 및 불법취업사실이 명백하므로 주문과 같이 결정한다.
	적용 법조 출입국관리법 제18조 제1항, 제17조 제1항, 제46조 제1항 제8호

위와 같이 강제퇴거 통고를 받았음을 확인함
　　　　　　　　　　　　　　　2021 년　　5 월　　4 일
　　　　　　　　　　　　　　　확인자 킴 오취리　　　(서명 또는 인)

사건번호	CU-SE-21-000120	결재	청(소)장	전결
접수일자	2021. 5. 4.		국　장	전결
			과　장	김진철 (인)
담당자	정주민		실(팀)장	

210㎜×297㎜[백상지(80g/㎡) 또는 중질지(80g/㎡)]

■ 출입국관리법 시행규칙 [별지 제110호서식] <개정 2018. 6. 12.>

강제퇴거명령서
DEPORTATION ORDER

Date 2021. 5. 4.

대상자 Subject of Deportation Order	성 명 Name in Full	킴 오취리 KIM OCHIRI	성 별 Sex	[√] 남 [ ] 여 [√] M [ ] F
	생년월일 Date of Birth	1999. 3. 24. Mar. 24th, 1999		
	국적 Nationality	가나공화국 Republic of Ghana	직업 Occupation	음식점 종업원 restaurant employee
	대한민국 내 주소 Address in Korea	서울 용산구 한남동 685-43 이주민지원센터 3층 Seoul, Yongsan-Gu, Hannam-dong, 685-43, Center for Migrant's Welfare Bldg. 3rd Floor.		

강제퇴거 이유 (적용 법규정) Reason for Deportation (Applicable Provision)	「출입국관리법」 제17조제1항, 제18조제1항, 제46조제1항제8호 Paragraph 1 of Article 17, Paragraph 1 of Article 18, Section 8 of Paragraph1 of Article 46 of the Immigration Act
집행방법(Mode of Execution)	
송환국 Country of Repatriation	가나공화국 Republic of Ghana

1. 「출입국관리법」 제50조에 따라 위와 같이 강제퇴거명령서를 발급합니다.
   In accordance with Article 50 of the Immigration Act, the deportation order is issued to the person above.
2. 귀하는 이 명령서를 받은 날부터 7일 이내에 법무부장관에게 이의신청을 하거나, 90일 이내에 행정심판 또는 행정소송을 제기할 수 있습니다.
   ※ 행정심판을 청구할 때에는 온라인행정심판(www.simpan.go.kr), 행정소송을 청구할 때에는 전자소송(ecfs.scourt.go.kr)을 통하여 온라인으로도 청구할 수 있습니다.

   A person who has an objection to the above disposition may file an objection with the Minister of Justice within 7 days after receipt of the deportation order or file an administrative appeal or an administrative litigation within 90 days from the date of receiving the deportation order.
   ※ You may file an administrative appeal online (www.simpan.go.kr) and an administrative litigation on the Internet (ecfs.scourt.go.kr)

서울출입국·외국인청장
CHIEF, SEOUL IMMIGRATION OFFICE

[직인]

집행결과 Result of Execution	집행자 Executing Official	서명 Signature

■ 출입국관리법시행규칙 [별지 제95호서식] <개정 2018. 5. 15.>

번호(No.) : 2021-5-4

보호명령서
(DETENTION ORDER)

보호 대상자 (Person upon whom the Order is issued)	성명 (Full name) 킴 오취리 (Kim Ochiri)
	성별 (Sex) 남 Male[√] 여 Female[ ]
	생년월일 (Date of Birth) 1999. 3. 24. (Mar 24th 1999)
	국적 (Nationality) 가나공화국(Republic of Ghana)
	직업 (Occupation) 음식점 종업원 (A Restaurant Employee)
	대한민국 내 주소 (Address in Korea) 서울 용산구 한남동 685-43 이주민지원센터 3층 (Seoul, Yongsan-Gu, Hannam-dong, 685-43, Center for Migrant's Welfare Bldg. 3rd Floor)

위 사람을 「출입국관리법」 제○○조에 따라 다음과 같이 보호할 것을 명합니다. 보호된 자 또는 그 변호인, 법정대리인, 배우자, 직계친족, 형제자매나 가족은 법무부장관에게 보호에 대한 이의신청을 할 수 있습니다.

Pursuant to the Immigration Act, the abovementioned person is hereby ordered to be detained as specified below. A person detained or his/her lawyer, legal representative, spouse, lineal relative, sibling or family member on his/her behalf, may file an objection against the detention with the Minister of Justice.

보호의 사유 (Reason for Detention)	강제퇴거명령에 따른 보호
보호 장소 (Place of Detention)	화성외국인보호소
보호 기간 (Period of Detention)	2021. 5. 4.부터 (from) 강제퇴거집행 완료시까지 (to)
비 고 (Remarks)	

2021년   5월   4일

서울출입국·외국인청장
CHIEF, SEOUL IMMIGRATION OFFICE

[직인]

집행자: 이외인   (서명 또는 인)
Enforcement officer: LEE OE IN (signature or seal)

우편송달보고서

1. 송달서류   강제퇴거명령서

　　　　　　　　　　　　　　　　　　　　발송자   서울출입국·외국인청

송달받을 자   킴 오취리 (KIM OCHIRI) 귀하
　　　　　　서울 용산구 한남동 685-43 이주민지원센터 3층

영수인	장진영 (서명)
영수인	

1.	송달받을 자 본인에게 교부하였다.
2	송달받을 자가 부재 중이므로 사리를 잘 아는 다음 사람에게 교부하였다.
	사무원 (○)
	피용자
	동거자
3	다음 사람이 정당한 사유 없이 송달받기를 거부하므로, 그 장소에 서류를 두었다.
	송달받을 자
	사무원
	피용자
	동거자

송달연월일   2021. 5. 10. 17시 15분

송달장소   서울 용산구 한남동 685-43 이주민지원센터 3층

위와 같이 송달하였다.
　　　　　　　　　　　　2021. 5. 11.
　　　　　　　　　　　　　　우체국 집배원   김택송 (인)

탄 원 서

사　건 : 킴 오취리에 대한 강제퇴거 사건
탄원인 : 이태원 복음교회 담임목사 김연철 외 52인

　존경하는 판사님께!
　저희는 이번에 출입국관리법위반으로 단속되어 강제퇴거관련 재판을 받고 있는 킴 오취리의 담임목사 및 성도들입니다. 킴 오취리는 1999년 출생하여 5살 때부터 부모님과 같이 저희 교회에 나오기 시작하였습니다.
　오취리는 저희 교회 유아반을 시작으로 고등학교까지 모두 이태원 인근 한국학교를 졸업하였습니다. 오취리는 한국어를 사실상 모국어로 사용하고, 지인들도 대부분 교회에 나오는 한국 사람들입니다. 가나는 오취리 부모의 고국이지만, 오취리는 가나에 가본 적이 없고, 가나에 아는 친지도 전혀 없습니다.
　오취리가 학교를 졸업한 후에는 이태원 소재 아프리카 음식점에서 근무를 하고 있었고, 곧 아버지의 사업도 도와줄 것이라고 하였습니다. 지금은 아버지 레이가 급작스럽게 가나로 귀국한 후 연락이 끊긴 것으로 알고 있습니다.
　저희 교회와 성도들은 킴오취리가 한국 사회에서 잘 적응하여 성실한 공동체의 일원이 되었다고 믿고 있습니다. 제가 알기로 오취리는 개인적으로 범법행위나 비행을 저지른 적이 없습니다.
　며칠 전 오취리를 면회하니 평소에 앓고 있던 천식이 악화되었다고 합니다. 만일 오취리가 강제로 출국하게 되면, 말도 못하는 한국 사람이 낯선 땅에서 혼자 살아가야 하는 셈입니다.
　판사님께서 오취리의 구속을 풀어주신다면, 저희가 책임지고 관련 재판에 반드시 출석시키도록 하겠습니다.
　주님의 가호가 판사님과 함께하시기를 기도합니다.

소 송 위 임 장

사 건	(생략)
원 고	킴 오취리 (KIM OCHIRI)
피 고	(생략)

위 사건에 관하여 다음 표시 수임인을 소송대리인으로 선임하고, 다음 표시 권한을 수여한다.

수 임 인	변호사 김공존	변호사 확인
		(인)

| 수 권 사 항 | 1. **일체의 소송행위**
1. 반소의 제기 및 응소, 상소의 제기, 동 취하
1. 소의 취하, 화해, 청구의 포기 및 인락, 참가에 의한 탈퇴
1. 복대리인의 선임
1. 목적물의 수령
1. 공탁물의 납부, 공탁물 및 이자의 반환청구와 수령
1. 담보권의 행사 최고 신청, 담보 취소신청, 동 신청에 대한 동의, 담보 취소결정 정본의 수령, 동 취소 결정에 대한 항고권 포기
1. 강제집행신청, 대체집행신청, 가처분, 가압류 등 보전처분과 관련한 모든 소송행위
1. 인지환급금의 수령에 관한 행위, 소송비용액확정결정신청 등
1. 등록사항별 증명서, 주민등록증·초본, 기타 첨부서류 발급에 관한 행위
1. **위헌법률심판제청신청에 관한 행위** |

2021. 5. 20.

위 임 인   킴 오취리 KIM OCHIRI

소속변호사회(인)

서울지방변호사회
(인)

서 울 행 정 법 원
변 론 조 서

제 1 차
사　　　건　　2021구합3456 강제퇴거명령등 취소
재판장 판사　고행정　　　　　　기　　일 : 생략
　　　　판사　이법치　　　　　　장　　소 : 제305호 법정
　　　　판사　박준법　　　　　　공개여부 : 공개
법원사무관　김배석　　　　　　고지된 다음기일 : 생략

사건과 당사자의 이름을 부름
원고 대리인　변호사 김공존　　　　　　　　　출석
피고대리인 정부법무공단 담당변호사　최국민　출석

원고 대리인
　소장 및 준비서면 각 진술
피고 대리인 답변서 진술

증거관계 별지와 같음 (쌍방 서증)
속행

　　　　　　　　　법원사무관　김 배 석　㊞

　　　　　　　　　재판장 판사　고 행 정　㊞

리걸클리닉센터 내부회의록(2)

일 시 : 생략
장 소 : ㅇㅇ대학교 리걸클리닉 회의실
참석자 : 박인권 변호사(리걸클리닉센터장), 김공존 변호사(자문변호사)

박 변호사: 킴 오취리 사건은 현재 진행 중인 행정소송과는 별개로 헌법적으로도 다투어 볼 필요가 있어 보입니다. 의뢰인 입장에서 헌법적인 주장을 할 만한 사항은 뭐가 있을까요?

김 변호사: 헌법적인 측면에서는 강제퇴거보다는 의뢰인에 대한 보호명령에 대해서 다투어 볼 만하다고 생각합니다.

박 변호사: 보호명령에는 어떤 문제가 있나요?

김 변호사: 보통 강제퇴거명령의 경우 그 집행을 완료할 때까지 그 외국인을 보호시설에 수용하는 보호명령도 함께 이루어집니다. 그런데, 보호명령이라는 것이 사실상 구금과 같은 작용을 하는 것인데도, 그 결정을 출입국관리 업무를 수행하는 기관이 직접 결정합니다.

박 변호사: 출입국관리 기관이 보호 여부를 결정한다? 문제될 수 있겠네요. 그런데, 그러한 결정에 대해 다투는 절차가 있지 않나요?

김 변호사: 절차가 있기는 합니다만, 여전히 문제는 있어 보입니다.

박 변호사: 또 다른 문제는 없나요?

김 변호사: 무엇보다도, 보호의 기간이 정해져 있지 않습니다. 의뢰인의 경우에도 강제퇴거가 언제 집행될지 모르기 때문에, 보호시설에 수용된 채 하루하루 답답한 생활을 하고 있습니다.

박 변호사: 문제가 있네요. 그렇다면, 영장주의 위반이나 평등권 침해, 이런 주장을 하게 되는 건가요?

김 변호사: 영장주의 위반 주장은 쉽지 않아 보이고, 평등권 침해 주장도 별 실익이 없을 것 같습니다. 영장주의나 평등권침해 문제는 제외하려고 합니다. 다른 헌법적 쟁점들에 대해 검토해 보겠습니다.

박 변호사: 아, 그렇군요. 헌법은 김변호사께서 전문가니까 잘 검토하셔서 위헌법률심판제청신청서를 작성해 주시기 바랍니다.

김 변호사: 네, 잘 알겠습니다.

박 변호사: 참, 우리 리걸클리닉의 학생조교 오정의 학생에게 몇 가지 리서치를 시켰습니다. "보호명령제도의 실무와 해외사례에 관한 조사보고"인데, 급하게 작성하느라 부족한 부분은 많겠지만, 혹시 도움이 되실지 모르니 한번 읽어 보시기 바랍니다.

김 변호사: 네, 감사합니다. 쓸 만한 내용이 있는지 한 번 보겠습니다.

박 변호사: 늘 수고가 많으십니다.

보호명령제도의 실무와 해외사례에 관한 조사보고

작성자 : 리걸클리닉 조교 오정의

☐ **보호명령제도의 실무**

- 행정절차법 및 시행령 조항에 따르면 '외국인의 출입국에 관한 처분'은 행정절차법의 적용대상에서 제외하고 있으며, 이에 따라 보호명령에 행정절차법이 적용되지 않는 것으로 보는 것이 출입국관리의 실무임.

- 보호명령은 출입국관리공무원이 제출한 서류의 심사를 통해 이루어지고 있으며, 강제퇴거명령이 있으면 보호명령은 거의 자동적으로 발령되고 있음.

- 최근 5년간(2016년부터 2020년까지) 보호명령에 대한 이의신청이 인용된 사례는 한 건도 없고, 보호기간 연장에 대한 법무부장관의 사전승인 역시 거의 예외 없이 승인됨.

☐ **해외 사례**

- 국제연합(UN)의 "자의적 구금에 관한 실무그룹"(Working Group on Arbitrary Detention)은 '구금'의 경우에는 그 상한(上限)이 반드시 법률에 규정되어 있어야 한다고 함.

- 독일의 경우 강제퇴거 집행을 위한 구금에 대하여, 법관의 영장을 발부받을 것을 요건으로 하고 있음.

참고자료 1 – 관련 법령(발췌)

■ 출입국관리법

제1조(목적) 이 법은 대한민국에 입국하거나 대한민국에서 출국하는 모든 국민 및 외국인의 출입국관리를 통한 안전한 국경관리, 대한민국에 체류하는 외국인의 체류관리와 사회통합 등에 관한 사항을 규정함을 목적으로 한다.

제2조(정의) 이 법에서 사용하는 용어의 뜻은 다음과 같다.
11. "보호"란 출입국관리공무원이 제46조제1항 각 호에 따른 강제퇴거 대상에 해당되는 사람을 출국시키기 위하여 외국인보호실, 외국인보호소 또는 그 밖에 법무부장관이 지정하는 장소에 인치(引致)하고 수용하는 집행활동을 말한다.
12. "외국인보호실"이란 이 법에 따라 외국인을 보호할 목적으로 지방출입국·외국인관서에 설치한 장소를 말한다.
13. "외국인보호소"란 지방출입국·외국인관서 중 이 법에 따라 외국인을 보호할 목적으로 설치한 시설로서 대통령령으로 정하는 곳을 말한다.

제10조(체류자격) 입국하려는 외국인은 다음 각 호의 어느 하나에 해당하는 체류자격을 가져야 한다.
1. 일반체류자격: 이 법에 따라 대한민국에 체류할 수 있는 기간이 제한되는 체류자격
2. 영주자격: 대한민국에 영주(永住)할 수 있는 체류자격

제10조의2(일반체류자격) ① 제10조제1호에 따른 일반체류자격(이하 "일반체류자격"이라 한다)은 다음 각 호의 구분에 따른다.
1. 단기체류자격: 관광, 방문 등의 목적으로 대한민국에 90일 이하의 기간(사증면제협정이나 상호주의에 따라 90일을 초과하는 경우에는 그 기간) 동안 머물 수 있는 체류자격
2. 장기체류자격: 유학, 연수, 투자, 주재, 결혼 등의 목적으로 대한민국에 90일을 초과하여 법무부령으로 정하는 체류기간의 상한 범위에서 거주할 수 있는 체류자격
② 제1항에 따른 단기체류자격 및 장기체류자격의 종류, 체류자격에 해당하는 사람 또는 그 체류자격에 따른 활동범위는 체류목적, 취업활동 가능 여부 등을 고려하여 대통령령으로 정한다.

제11조(입국의 금지 등) ① 법무부장관은 다음 각 호의 어느 하나에 해당하는 외국인에 대하여는 입국을 금지할 수 있다.

6. 강제퇴거명령을 받고 출국한 후 5년이 지나지 아니한 사람

제17조(외국인의 체류 및 활동범위) ① 외국인은 그 체류자격과 체류기간의 범위에서 대한민국에 체류할 수 있다.

제18조(외국인 고용의 제한) ① 외국인이 대한민국에서 취업하려면 대통령령으로 정하는 바에 따라 취업활동을 할 수 있는 체류자격을 받아야 한다.

제46조(강제퇴거의 대상자) ① 지방출입국·외국인관서의 장(이하 "출입국관서의 장"이라 한다)은 이 장에 규정된 절차에 따라 다음 각 호의 어느 하나에 해당하는 외국인을 대한민국 밖으로 강제퇴거시킬 수 있다.
  8. 제17조제1항·제2항, 제18조, 제20조, 제23조, 제24조 또는 제25조를 위반한 사람
  13. 금고 이상의 형을 선고받고 석방된 사람

제49조(심사결정) 지방출입국·외국인관서의 장은 출입국관리공무원이 용의자에 대한 조사를 마치면 지체 없이 용의자가 제46조제1항 각 호의 어느 하나에 해당하는지를 심사하여 결정하여야 한다.

제50조(심사 후의 절차) ① 지방출입국·외국인관서의 장은 심사 결과 용의자가 제46조제1항 각 호의 어느 하나에 해당하지 아니한다고 인정하면 지체 없이 용의자에게 그 뜻을 알려야 하고, 용의자가 보호되어 있으면 즉시 보호를 해제하여야 한다.
② 지방출입국·외국인관서의 장은 심사 결과 용의자가 제46조제1항 각 호의 어느 하나에 해당한다고 인정되면 강제퇴거명령을 할 수 있다.
③ 지방출입국·외국인관서의 장은 제2항에 따라 강제퇴거명령을 하는 때에는 강제퇴거명령서를 용의자에게 송부하여야 한다.

제51조(심사를 위한 보호) ① 출입국관리공무원은 외국인이 제46조제1항 각 호의 어느 하나에 해당된다고 의심할 만한 상당한 이유가 있고 도주하거나 도주할 염려가 있으면 출입국관서의 장으로부터 보호명령서를 발급받아 그 외국인을 보호할 수 있다.
② 출입국관리공무원은 외국인이 제46조제1항 각 호의 어느 하나에 해당된다고 의심할 만한 상당한 이유가 있고 도주하거나 도주할 염려가 있는 긴급한 경우에 출입국관서의 장으로부터 보호명령서를 발급받을 여유가 없을 때에는 그 사유를 알리고 긴급히 보호할 수 있다.

③ 출입국관리공무원은 제2항에 따라 외국인을 보호한 경우에는 48시간 이내에 보호명령서를 발급받아 외국인에게 내보여야 하며, 보호명령서를 발급받지 못한 경우에는 즉시 보호를 해제하여야 한다.

④ 제1항에 따라 보호된 외국인의 강제퇴거 대상자 여부를 심사·결정하기 위한 보호기간은 10일 이내로 한다. 다만, 부득이한 사유가 있으면 출입국관서의 장의 허가를 받아 10일을 초과하지 아니하는 범위에서 한 차례만 연장할 수 있다.

⑤ 보호할 수 있는 장소는 외국인보호실, 외국인보호소 또는 그 밖에 법무부장관이 지정하는 장소(이하 "보호시설"이라 한다)로 한다.

제52조(강제퇴거를 위한 보호) ① 출입국관서의 장은 대통령령이 정하는 강제퇴거 대상자를 대한민국 밖으로 송환할 때까지 보호할 것을 명할 수 있다.

② 제1항에 따른 보호기간이 6개월을 넘는 경우에는 6개월마다 미리 법무부장관의 승인을 받아야 한다.

제53조(보호명령서의 집행) 출입국관리공무원이 보호명령서를 집행할 때에는 보호명령서를 제시하여야 한다.

제55조(보호에 대한 이의신청) ① 보호명령서에 따라 보호된 사람이나 그의 법정대리인등은 출입국관서의 장을 거쳐 법무부장관에게 보호에 대한 이의신청을 할 수 있다.

② 법무부장관은 제1항에 따른 이의신청을 받은 경우 지체 없이 관계 서류를 심사하여 그 신청이 이유 없다고 인정되면 결정으로 기각하고, 이유 있다고 인정되면 결정으로 보호된 사람의 보호해제를 명하여야 한다.

③ 법무부장관은 제2항에 따른 결정에 앞서 필요하면 관계인의 진술을 들을 수 있다.

제62조(강제퇴거명령서의 집행) ① 강제퇴거명령서는 출입국관리공무원이 집행한다.

② 출입국관서의 장은 사법경찰관리에게 강제퇴거명령서의 집행을 의뢰할 수 있다.

③ 강제퇴거명령서를 집행할 때에는 그 명령을 받은 사람에게 강제퇴거명령서를 내보이고 지체 없이 그를 제64조에 따른 송환국으로 송환하여야 한다.

제64조(송환국) ① 강제퇴거명령을 받은 사람은 국적이나 시민권을 가진 국가로 송환된다.

② 제1항에 따른 국가로 송환할 수 없는 경우에는 다음 각 호의 어느 하나에 해당하는 국가로 송환할 수 있다.

1. 대한민국에 입국하기 전에 거주한 국가
2. 출생지가 있는 국가
3. 대한민국에 입국하기 위하여 선박등에 탔던 항(港)이 속하는 국가
4. 제1호부터 제3호까지에서 규정한 국가 외에 본인이 송환되기를 희망하는 국가

제91조(문서 등의 송부) ① 문서 등의 송부는 이 법에 특별한 규정이 있는 경우를 제외하고는 본인, 가족, 신원보증인, 소속 단체의 장의 순으로 직접 내주거나 우편으로 보내는 방법에 따른다.
② 출입국관서의 장은 제1항에 따른 문서 등의 송부가 불가능하다고 인정되면 송부할 문서 등을 보관하고, 그 사유를 청사(廳舍)의 게시판에 게시하여 공시송달(公示送達)한다.
③ 제2항에 따른 공시송달은 게시한 날부터 14일이 지난 날에 그 효력이 생긴다.

■ **출입국관리법 시행령**

제9조(강제퇴거를 위한 보호) 법 제52조제1항에서 말하는 대통령령이 정하는 사유란 다음 각 호의 하나에 해당하는 경우를 말한다.
1. 도주의 우려가 있는 경우
2. 여권을 소지하지 않은 경우
3. 송환국으로의 교통편이 없는 경우

제14조(보호에 대한 이의신청) ① 법 제55조제1항에 따라 이의신청을 하려는 사람은 이의신청서에 이의의 사유를 소명하는 자료를 첨부하여 출입국관서의 장 또는 외국인보호소장에게 제출하여야 한다.
② 출입국관서의 장 또는 외국인보호소장은 제1항에 따라 이의신청서를 제출받은 때에는 의견을 붙여 지체 없이 법무부장관에게 보내야 한다.

■ **출입국관리법 시행규칙**

제18조의3(체류자격별로 부여하는 체류기간의 상한) 법 제10조의2제1항제2호에 따른 장기체류자격의 체류자격별 체류기간의 상한은 별표 1과 같다.

출입국관리법 시행규칙 [별표 1]

체류자격별 체류기간의 상한(제18조의3 관련)

체류자격(기호)	체류기간의 상한	체류자격(기호)	체류기간의 상한
기업투자(D-8)	영 별표 1의2 11. 기업투자(D-8)란의 가목에 해당하는 사람 : 5년	거주(F-2)	5년
		동반(F-3)	동반하는 본인에 정하여진 기간
		재외동포(F-4)	3년
	영 별표 1의2 11. 기업투자(D-8)란의 나목·다목에 해당하는 사람 : 2년	결혼이민(F-6)	3년
		기타(G-1)	1년
		관광취업(H-1)	협정 상의 체류기간

참고자료 2 - 달력

2021년 1월

일	월	화	수	목	금	토
					☐1	2
3	4	5	6	7	8	9
10	11	12	13	14	15	16
17	18	19	20	21	22	23
24	25	26	27	28	29	30
31						

2021년 2월

일	월	화	수	목	금	토
	1	2	3	4	5	6
7	8	9	10	☐11	☐12	☐13
14	15	16	17	18	19	20
21	22	23	24	25	26	27
28						

2021년 3월

일	월	화	수	목	금	토
	☐1	2	3	4	5	6
7	8	9	10	11	12	13
14	15	16	17	18	19	20
21	22	23	24	25	26	27
28	29	30	31			

2021년 4월

일	월	화	수	목	금	토
				1	2	3
4	5	6	7	8	9	10
11	12	13	14	15	16	17
18	19	20	21	22	23	24
25	26	27	28	29	30	

2021년 5월

일	월	화	수	목	금	토
						1
2	3	4	☐5	6	7	8
9	10	11	12	13	14	15
16	17	18	☐19	20	21	22
23	24	25	26	27	28	29
30	31					

2021년 6월

일	월	화	수	목	금	토
		1	2	3	4	5
6	7	8	9	10	11	12
13	14	15	16	17	18	19
20	21	22	23	24	25	26
27	28	29	30			

2021년 7월

일	월	화	수	목	금	토
				1	2	3
4	5	6	7	8	9	10
11	12	13	14	15	16	17
18	19	20	21	22	23	24
25	26	27	28	29	30	31

2021년 8월

일	월	화	수	목	금	토
1	2	3	4	5	6	7
8	9	10	11	12	13	14
15	16	17	18	19	20	21
22	23	24	25	26	27	28
29	30	31				

2021년 9월

일	월	화	수	목	금	토
			1	2	3	4
5	6	7	8	9	10	11
12	13	14	15	16	17	18
19	☐20	☐21	☐22	23	24	25
26	27	28	29	30		

2021년 10월

일	월	화	수	목	금	토
					1	2
3	4	5	6	7	8	☐9
10	11	12	13	14	15	16
17	18	19	20	21	22	23
24	25	26	27	28	29	30
31						

2021년 11월

일	월	화	수	목	금	토
	1	2	3	4	5	6
7	8	9	10	11	12	13
14	15	16	17	18	19	20
21	22	23	24	25	26	27
28	29	30				

2021년 12월

일	월	화	수	목	금	토
			1	2	3	4
5	6	7	8	9	10	11
12	13	14	15	16	17	18
19	20	21	22	23	24	☐25
26	27	28	29	30	31	

☐ 표시된 날은 평일 중 공휴일임.

확 인 : 법학전문대학원협의회

공법
기록형

2021년도 제2차
법전협 모의시험
문제

2021년도 제2차 변호사시험 모의시험 – 논술형(기록형)

시험과목 공 법(기록형)

응시자 준수사항

1. 시험 시작 전 문제지의 봉인을 손상하는 경우, 봉인을 손상하지 않더라도 문제지를 들추는 행위 등으로 문제 내용을 미리 보는 경우 모두 부정행위로 간주되어 그 답안은 영점 처리 됩니다.

2. 답안은 흑색 또는 청색 필기구(사인펜이나 연필 사용 금지) 중 한 가지 필기구만을 사용하여 답안 작성 난(흰색 부분) 안에 기재하여야 합니다.

3. 답안지에 성명과 수험 번호를 기재하지 않아 인적 사항이 확인되지 않는 경우에는 영점 처리 등 불이익을 받게 됩니다. 특히 답안지를 바꾸어 다시 작성하는 경우, 성명 등의 기재를 빠뜨리지 않도록 유의하여야 합니다.

4. 답안지에는 문제 내용을 기재할 필요가 없으며, 답안 내용 이외의 사항을 기재하거나 밑줄 기타 어떠한 표시도 하여서는 안 됩니다. 답안을 정정할 경우에는 두 줄로 긋고 다시 기재하여야 하며, 수정액 등은 사용할 수 없습니다.

5. 시험 종료 시각에 임박하여 답안지를 교체 요구한 경우라도 시험시간 종료 후 즉시 새로 작성한 답안지를 회수합니다.

6. 시험 종료 후에는 답안지 작성을 일절 할 수 없으며, 이에 위반하여 시험시간이 종료되었음에도 불구하고 **시험관리관의 답안지 제출 지시에 불응한 채 계속 답안을 작성하거나 답안지를 늦게 제출할 경우 그 답안은 영점 처리** 됩니다.

7. 답안은 답안지 쪽수 번호 순으로 기재하여야 하고, **배부받은 답안지는 백지 답안이라도 모두 제출**하여야 하며, **답안지를 제출하지 아니한 경우 그 시험시간 및 나머지 시험시간의 시험에 응시할 수 없습니다.**

8. 지정된 시간까지 지정된 시험실에 입실하지 아니하거나 시험관리관의 승인을 얻지 아니하고 시험시간 중에 그 시험실에서 퇴실한 경우 그 시험시간 및 나머지 시험시간의 시험에 응시할 수 없습니다.

9. 시험시간이 종료되기 전에는 어떠한 경우에도 문제지를 시험장 밖으로 가지고 갈 수 없고, 시험 종료 후 가지고 갈 수 있습니다.

법학전문대학원협의회
THE ASSOCIATION OF KOREAN LAW SCHOOLS

목 차

I. 문제 ·· 2

II. 작성요령과 주의사항 ·· 3

III. 서면 양식 ··· 4

IV. 기록내용

　　법률상담일지 I ··· 7
　　내부회의록 I ··· 9
　　인사발령통지서 ·· 11
　　징계(정직) 처분사유 설명서 ··· 12
　　경찰공무원 인사기록카드 ·· 15
　　소청심사위원회 소청사건 심사결과 통지 ··································· 16
　　우편송달보고서 ·· 20
　　공문[음주운전 등 의무위반 근절 추진계획 통보(하달)] ············ 21
　　공문(연말연시 음주운전 근절 계획) ·· 23
　　법률상담일지 II ·· 24
　　내부회의록 II ·· 26
　　2022학년도 경찰대학 신입생모집요강 ··· 28
　　주민등록표(등본) ··· 29

V. 참고 자료
　　1. 관련법령(발췌) ·· 31
　　2. 달력 ·· 38

【문 제】

의뢰인 나경주와 나경대를 위하여, 법무법인 전승의 담당변호사 구대영의 입장에서 아래의 문서를 작성하시오.

1. 의뢰인 나경주에 대한 징계처분의 취소를 구하는 소장을 작성하되, 아래 사항을 준수하여 첨부된 양식의 ①부터 ⑦에 들어갈 내용을 작성하시오. (50점)

    가. ④에는 이 사건 소의 적법성 부분을 기재하되, 원고적격과 협의의 소의 이익은 기재하지 말 것.

    또한, ⑥에는 법령상 허용되는 제소기간의 마지막 날을, ⑦에는 관할법원을 각 기재할 것.

    나. '이 사건 처분의 위법' 부분(⑤에 해당)에서는 **근거법령의 위헌·위법성에 관하여는 기재하지 말 것**.

2. 의뢰인 나경대를 위하여 헌법소원심판청구서를 작성하되, 아래 사항을 준수하여 첨부된 양식의 ①부터 ④에 들어갈 내용을 작성하시오. (50점)

    가. '청구취지' 부분(①)에서는 심판대상조항의 개정연혁을 기재할 것.

    나. '이 사건 심판청구의 적법성'부분(②)에서는 <u>공권력행사성, 기본권침해의 직접성, 보충성, 청구기간만</u> 기재할 것.

    다. 헌법소원심판청구서의 작성일(④, 제출일과 동일함)은 법령상 허용되는 청구기간의 마지막 날을 기재할 것.

【작성요령과 주의사항】

1. 첨부된 양식의 ☐ 에 들어갈 내용만 작성할 것.

2. 기록에 첨부된 각종 서류는 적법하게 작성된 것으로 간주하고, 서류 등에 필요한 서명과 날인, 무인과 간인 등은 모두 갖추어진 것으로 볼 것.

3. 기록에 첨부된 관련법령(일부 조문은 가상의 것으로 현행 법령과 차이가 있을 수 있음)은 이 사건의 모든 절차와 과정, 소장, 헌법소원심판청구서의 작성 및 제출 시 모두 시행되는 것으로 보고, 첨부된 관련법령과 다른 내용의 현행법령은 고려하지 말 것.

4. 법률상담일지의 사실관계와 기록에 첨부된 자료들을 기초로 하고, 그것이 사실임을 전제로 할 것.

5. 기록 중 일부 생략된 것이 있을 수 있고, 오기(誤記)나 탈자(脫字)가 있을 수 있음.

6. 서면의 작성은 경어(敬語)로 할 것.

【소장 양식】

소 장

원 고 나경주
    (주소 생략)
    소송대리인 법무법인 전승
    담당변호사 구대영

피 고 ①

②

청 구 취 지

③

청 구 원 인

1. 이 사건 처분의 경위(생략)
2. 이 사건 소의 적법성

④

3. 이 사건 처분의 위법성

⑤

4. 결론(생략)

입 증 방 법(생략)
첨 부 서 류(생략)

⑥ ○○○○. ○○. ○○.

원고 소송대리인 법무법인 전승
담당변호사 구대영 (인)

⑦ 귀중

【헌법소원심판청구서 양식】

헌법소원심판 청구서

청 구 인 　 (생략)

청 구 취 지

①

침 해 된 권 리

침 해 의 원 인

청 구 이 유

1. 사건개요와 심판대상 (생략)

2. 이 사건 심판청구의 적법성

②

3. 심판대상의 위헌성

③

4. 결론 (생략)

첨 부 서 류 (생략)

④ ○○○○. ○○. ○○.

청구인 대리인 (생략)

헌법재판소 귀중

기록내용 시작

수임번호 2021-0152	**법률상담일지 I**	2021. 6. 8.
의뢰인	나경주	의뢰인 전화	(054) 853-5588
의뢰인 주소	경북 안동시 퇴계로 117	의뢰인 팩스	

상 담 내 용

1. 의뢰인 나경주는 2017. 3.경 경찰대학을 졸업하고 경위로 임관하였고, 2020. 7. 1.부터 경북안동경찰서 퇴계지구대 팀장으로 근무하였다.

2. 의뢰인은 2021. 1. 13. 19:30경부터 21:00경까지 경북 안동시 대안로 100에 있는 북문통닭에서 당구동호회원들과 맥주 두 잔을 마신 후 본인의 소렌토 차량을 운전하여 귀가하던 중, 2021. 1. 13. 21:06경 안동센트럴자이아파트 후문 앞 골목길에서 후진하던 그랜저 차량이 의뢰인의 차량 앞 범퍼를 충격한 교통사고가 발생하였다. 당시 사고신고를 받고 출동한 경찰관이 측정한 결과 의뢰인의 혈중알코올농도는 0.021%였다.

3. 당시 의뢰인은 상당 시간에 걸쳐 맥주 2잔만을 마셨으므로 술기운을 전혀 느끼지 못하였기 때문에 괜찮으리라 생각하고 운전을 하게 된 것이었다.

4. 경상북도경찰청장은 2021. 1. 28. 의뢰인에 대하여, 의뢰인이 위와 같이 음주운전을 함으로써 국가공무원법 제56조(성실 의무), 제57조(복종의 의무)를 위반하였다는 이유로 경북안동경찰서 보통징계위원회(이하 '징계위원회'라고만 함)의 의결을 거쳐 같은 법 제78조 제1항 제1, 2호에 따라 정직 2월의 징계처분을 하였다.

5. 당시 의뢰인은 위 징계처분을 위한 징계위원회의 개최사실을 통보받고 이에 대비하기 위하여 담당직원에게 징계조사보고서 등 징계 관련 서류의 열람·등사를 요청하였다. 그러나 위 담당직원은 무슨 이유에서인지 차일피일 시간을 끌다가 징계위원회 개최 이틀 전에야 열람·등사를 독촉하는 의뢰인에게 향후 징계위원회 일정이 촉박하고, 위 음주운전 외에는 별다른 징계사유나 특이한 내용의 조사사항이 없으므로 굳이 위 서류의 열람·복사를 허용할 필요가 없다는 이유로 이에 응하지 아니하였다.

이에 다급해진 의뢰인이 징계위원회 개최 당일 아침에 부랴부랴 안동 지역에서 활동하는 변호사를 급히 선임하였고, 위 변호사가 원고와 함께 징계위원회에 출석하여 위 징계처분의 위법성에 관하여 의견진술을 하고자 하였다. 그러나 징계위원회에서는 징계위원회 개최 당일에야 선임된 변호사가 출석하여 의견을 진술하는 것이 징계위원회의 진행에 방해가 된다는 이유로 의뢰인 변호사의 출석을 불허하는 바람에 징계위원회에 참석하여 의견을 진술하지 못하였다.

6. 의뢰인은 위 징계처분에 불복하여 인사혁신처 소청심사위원회(이하 '소청심사위원회'라고만 함)에 위 징계처분의 취소를 구하였고, 소청심사위원회는 2021. 5. 27. 의뢰인이 그간 아무런 과오 없이 성실히 복무해온 점, 혈중알코올농도 수치가 낮고 의뢰인이 교통사고를 일으킨 것도 아니어서 사안이 경미한 점 등을 참작하여 위 정직 2월의 징계처분을 감봉 2월의 징계처분으로 감경하는 내용의 결정을 하였다.

7. 한편, 의뢰인은 2020. 11. 2. 제63주년 '112의 날'에 112 대응 우수 경찰관으로 선발되어 경찰청장으로부터 표창을 수여받는 등 총 4회에 걸쳐 표창을 받은 사실이 있는데, 소청심사위원회의 결정 이후 의뢰인이 징계 관련 기록을 열람해보니, 의뢰인이 위와 같이 경찰청장으로부터 표창을 받은 공적 사항이 기재된 확인서가 징계위원회의 심의과정에 제출되지 아니하여 기록에 첨부되지 아니한 사실을 확인하였다.

8. 의뢰인의 희망사항
의뢰인은 위 징계처분의 위법성을 다투어 자신의 억울함을 풀어줄 것을 희망한다.

법무법인 전승(담당변호사 구대영)
전화 02-555-2341, 팩스 02-555-2342, 이메일 9to0law@viclaw.com
서울 강남구 테헤란로 345

법무법인 전승 내부회의록 Ⅰ

일 시 : 2021. 6. 10. 14:00 ~ 15:00
장 소 : 법무법인 전승 회의실
참석자 : 조용한 변호사(행정법팀장), 구대영 변호사

조 변호사: 지금부터 수임번호 2021-0152호 의뢰인 나경주에 대한 징계처분 사건에 관하여 논의해 보실까요. 어떠한 사건인가요?

구 변호사: 의뢰인은 경찰공무원으로서, 2020. 1. 13.경 근무를 마치고 당구동호회원들과 어울려 맥주 2잔을 마신 후 같은 날 21:06경 자신의 차량을 운전하여 귀가하던 중, 갑자기 후진하던 앞차로부터 충격당하는 사고를 당했습니다. 당시 의뢰인은 혈중알코올농도 0.021%에 불과하여 도로교통법상의 음주운전에 해당하지 아니함에도 2021. 1. 28. 경상북도경찰청장으로부터 정직 2월의 징계처분을 받았습니다. 이에 의뢰인이 소청심사를 청구하여 2021. 5. 27. 인사혁신처 소청심사위원회로부터 감봉 2월로 변경하는 내용의 결정을 받은 사건으로서, 위 징계처분의 위법성을 다투는 소송을 법원에 제기하고자 합니다.

조 변호사: 도로교통법상의 음주운전에 해당하지 아니함에도 경상북도경찰청장이 정직 2월의 징계처분을 한 사유가 무엇인가요.

구 변호사: 당시는 경찰청에서 경찰공무원의 음주운전 근절을 위해 지속적으로 모든 경찰관들에게 절대로 술을 먹고 운전을 하지 말라는 내용으로 음주운전 금지를 지시하였고, 특히 의뢰인의 음주운전 무렵에는 연말연시를 맞아 「연말연시 음주운전 등 의무위반 근절 추진계획 통보」 등 공문 발송, 그와 관련한 지속적인 교양 실시 및 문자메시지 발송 등을 통해 음주운전을 막고자 노력하고 있었음에도 불구하고 의뢰인이 술을 마시고 운전을 했다는 이유로 국가공무원법상의 성실 의무 위반, 복종의 의무 위반을 이유로 징계처분을 한 것입니다.

조 변호사: 일견 의뢰인의 혈중알코올농도 수치나 음주운전을 한 시간을 볼 때 징계사유가 있는지 여부에 의문이 드는데 어떤가요?

구 변호사: 네, 그렇습니다. 우선, 비록 의뢰인이 술을 마시기는 했지만, 그로 인한 혈중알코올농도가 최근 그 기준이 낮아진 도로교통법 상의 음주운전 최소수치인 0.03%에도 미치지 못하는 0.021%에 불과하므로 과연 이러한 행위를 징계할 수 있는지 의문입니다. 또한 음주운전 시점이 의뢰인의 근무시간이 아니었던 점도 고려되어야 할 것입니다.

조 변호사: 그렇군요. 이 사건 징계처분에 다른 실체상의 위법사유는 없던가요?

구 변호사: 설령 징계처분의 사유가 인정된다고 하더라도 위반행위의 내용 및 위반의 정도, 의뢰인의 성행 및 근무경력 등에 비해 지나치게 과중하다고 생각됩니다.

조 변호사: 저도 그렇게 생각되네요. 그 밖에 이 사건 징계처분에 절차상 하자는 없던가요?

구 변호사: 제가 의뢰인과 상담한 바로는 징계절차 중에 의뢰인의 방어권 보장을 위한 중요한 절차적 권리들이 침해된 것으로 파악됩니다. 기록과 법리를 면밀히 검토하여 필요한 주장을 소장에 개진하도록 하겠습니다.

조 변호사: 네, 고생 많으셨습니다. 오늘 논의한 사항들을 차분하게 잘 검토해서 소장을 작성하시기 바랍니다. 이상으로 회의를 마치겠습니다. 끝.

인사발령 통지서

경북안동경찰서
경위 **나 경 주**

국가공무원법 제78조 제1항 제1, 2호(징계사유)에 의하여 **정직 2월**에 처함.

2021년 1월 28일

경 상 북 도 경 찰 청 장

위와 같이 발령되었기에 알려드립니다.

2021년 1월 28일

경상북도경찰청 경무과장

징계(정직) 처분사유 설명서

계 급	성 명	소 속
경위	나경주	경북안동경찰서
주문	국가공무원법제78조제1항제1,2호에 의하여 **정직 2월**에 처함.	
이유	붙임 징계의결서 사본의 이유와 같음	
	위와 같이 처분하였음을 통지함 2021년 1월 28일 **경 상 북 도 경 찰 청 장** **나 경 주** 귀하	

※ 이 처분에 불복 또는 이의가 있을 때에는 국가공무원법 제76조의 규정에 의하여, 30일 이내에 소청심사위원회에 심사 청구할 수 있음

이 유 서

경북안동서 경무과 대기
前, 경북안동서 퇴계지구대
경위 **나 경 주**

'2017. 03. 15. 임 경위
'2020. 07. 01. 현 부서

　경찰공무원은 제반법령과 각종 지시명령을 준수하고 성실하게 복무해야 할 직무상의 의무가 있음에도 불구하고

○ 징계 혐의자는 '21. 1. 13. 19:30경부터 21:00경까지 경북 안동시 대안로 100에 있는 북문통닭에서 당구 동호회원들과 맥주 두 잔을 마신 후 본인의 소렌토 차량을 운전하여 귀가하던 중,

○ '21. 1. 13. 21:06경 안동센트럴자이아파트 후문 앞 골목길에서 후진하던 그랜저 차량이 의뢰인의 차량 앞 범퍼를 충격한 교통사고가 발생하는 등 음주상태(혈중알코올농도는 0.021%)에서 음주운전금지 지시를 위반한 비위

　위와 같은 비위 사실은 국가공무원법 제56조(성실의무), 제57조(복종의 의무)에 위배하여 동법 제78조(징계사유) 제1항 제1,2호에 의한 징계사유라 하여 '21. 1. 28. 제1차 경북안동경찰서 경찰공무원 보통징계위원회에 회부

살 피 건 대

○ 징계혐의자는 징계위원회에 출석하여 본인의 잘못을 깊이 뉘우치며 선처를 바란다고 진술함

심 의 결 과

○ 징계혐의자는 음주운전 관련 의무위반 예방을 위해 그간 수차례에 걸쳐 평소 각급 상급자로부터 음주운전 금지 및 의무위반 발생시 엄중 문책한다는 사실을 지시·교양을 받고도 음주상태에서 운전을 하였고

○ 단속 주체로서의 경찰공무원에게 요구되는 고도의 윤리성을 고려하여 음주 정도에 관계없이 징계처분함이 상당하므로

주문과 같이 의결한다.

관리번호	220	**경찰공무원 인사기록카드**		(사진)
주민등록번호	(생략)			
성 명	나경주	주소	경상북도 안동시 퇴계로 117	
임용사항	2017. 3. 15. 경위 임용			

가족사항	(생략)				신체상태	(생략)
					학력	(생략)
상훈	17.09.20	경위	표창	민생치안업무유공	기동대장	교육훈련	(생략)
	18.12.19	경위	표창	중요피의자검거유공	경북청장		
	19.10.21	경위	표창	제**주년 경찰의날	경북청장		
	20.11.02	경위	표창	2020년 112대응우수	경찰청장		

(이하 생략)

소청심사위원회

수신 나경주 귀하
(경유)
제목 소청사건 심사결과 통지(2021-044)

　　　귀하가 청구한 소청사건에 대한 심사결과를 붙임과 같이 알려 드립니다.

붙임 결정문 1부. 끝.

소청심사위원회 **인사혁신처 소청심사위원회인**

행정주사	행정사무관	행정과장	전결 2021. 5. 27.
박민수	**이희수**	**윤경민**	

협조자
시행 행정과-1234   (2021. 5. 27.)   접수
우 30102   세종특별자치시 도움5로 20 소청심사위원회   / www.mpm.go.kr
전화번호 044-201-8000   팩스번호 044-201-8001   /   비공개(6)

결 정

사 건   2021-044 정직 처분 취소 청구
소청인   성 명 : 나경주
          소 속 : 경찰청 경상북도경찰청 경북안동경찰서
          주 소 : 경상북도 안동시 퇴계로 117
피소청인   경상북도경찰청장

피소청인이 2021.01.28. 소청인 나경주에게 한 정직 2월 처분에 대하여 소청인으로부터 이의 취소를 구하는 소청이 있었으므로 우리 위원회는 이를 심사하여 다음과 같이 결정한다.

주 문

피소청인이 2021.01.28. 소청인에게 한 정직 2월 처분은
이를 감봉 2월로 변경한다.

이 유
----

1. 원 처분 사유 요지

   (생략)

2. 소청 이유 요지

   (생략)

3. 증거

   (생략)

4. 사실관계

   (생략)

5. 판단

   …(전략)… 등의 사정을 고려하면, 소청인의 책임이 매우 무겁다고 할 것이다.

   다만, 소청인이 그간 아무런 과오 없이 성실히 복무해온 점, 소청인의 혈중알코올농도 수치가 도로교통법이 정한 음주운전 최저기준인 0.03%보다 낮은 0.021%에 불과할 뿐만 아니라, 소청인이 음주운전으로 인해 교통사고를 일으킨 것이 아니라 오히려 소청인이 교통사고의 피해를 당하는 등의 사정에 비추어 사안이 경미한 점 등 심사결과 나타난 제반 사정을 종합하면, 정직 2월의 원 처분은 다소 과중하다.

6. 결정

   위와 같은 소청인의 행위는 「국가공무원법」 제56조(성실 의무), 제57조(복종의 의무)를 위배하여 같은 법 제78조 제1항 제1, 2호의 징계사유에 해당한다.

   이 사건의 징계양정에 있어 앞에서 살펴본 바와 같이 원 처분이 다소 과중하다고 판단되어 주문과 같이 결정한다.

   (이하 생략)

인사혁신처 소청심사위원회 2021.05.27.

(사건 2021-044)

위원장　김 갑 을

위　원　홍 을 병

위　원　조 병 정

위　원　오 정 무

위　원　윤 무 경

위　원　태 경 신

위　원　김 신 임

위　원　유 임 계

위 정본임.

2021. 5. 27.

인사혁신처 소청심사위원회

우편송달보고서

증서 2021년 제548호 　　　　　　　2021년 5월 27일 발송

1. 송달서류   소청심사 결정문
   (2021-044, 2021. 5. 27.)
                      발송자   인사혁신처 소청심사위원회 위원장
   송달받을 자   나경주 귀하
                경북 안동시 퇴계로 117

영수인	나경주 (서명)	
①	송달받을 자 본인에게 교부하였다.	
2	송달받을 자가 부재 중이므로 사리를 잘 아는 다음 사람에게 교부하였다.	
	사무원	
	피용자	
	동거자	
3	다음 사람이 정당한 사유 없이 송달받기를 거부하므로, 그 장소에 서류를 두었다.	
	송달받을 자	
	사무원	
	피용자	
	동거자	

송달연월일   2021. 5. 31. 11시 30분

송달장소   경북 안동시 퇴계로 117

위와 같이 송달하였다.
　　　　　　　　　　　　　　2021. 6. 1.
　　　　　　　　　　우체국 집배원 김택송

경상북도경찰청

수신　수신자 참조
(경유)
제목　음주운전 등 의무위반 근절 추진계획 통보(하달)
----

　　1. 관련근거
　　　　연말연시 음주운전 근절 강조 지시(20. 12. 1. 경찰청장 지시)

　　2. 위 관련근거에 의거 연말연시 음주 및 사회적 비난행위 금지지시에도 불구 의무위반 행위가 지속적으로 발생하고 있어, 붙임과 같이 근절대책을 통보(하달)하니 각 과·관 및 경찰서장은 음주운전 등 의무위반 행위 근절에 노력하여 주시기 바랍니다.

붙임 : 음주운전 등 의무위반 근절 추진계획 1부. 끝.

경상북도경찰청장 [경상북도경찰청장의인]

수신자(생략)

					2020.12.1.
경위	**한호철**	경장	**한주봉**	청문감사담당관	**이성준**

협조자
시행　청문감사담당관실-1958　(2020. 12. 1.)　접수 청문감사관-798　(2020. 12. 1.)
우 560-713 경상북도 안동시 풍천면 검무로 77(갈전리, 경북지방　/ http://www.jbpolice.go.kr
　　　경찰청 청문감사담당관실)
전화　054)888-2116　팩스번호　2916　　　/　　　@police.go.kr　/비공개(6)

음주운전 등 의무위반 근절 추진계획

1. 추진 배경

   (생략)

2. 근절 대책

☐ 경찰서장 지구대·파출소 현장지도 방문

  - 교대시간에 직접 지구대·파출소 직접 방문하여 조찬과 함께 간담회로 진행
  - 교양내용: 음주운전 등 의무위반 근절 당부 및 현장애로사항 청취

☐ 음주(숙취) 여부 점검 및 음주운전 예방 교양 실시

  - 기간: '20. 12. 1. ~ 지속
  - 방법: 음주감지기 활용, 출근자 음주점검으로 경각심 고취, 퇴근자(비번·휴무) 대상으로 음주운전 예방 교양을 지속적으로 실시

☐ 술자리 '차 안가져가기 운동' 적극 추진

☐ 직무전념도 제고를 위한 '맞춤형 문자메시지' 발송(즉시)

  - 밤늦게까지 과도한 술자리를 갖지 않도록 익일 근무자에 대하여 맞춤형 문자메시지 발송

    (예: 술자리 차 안 가져가셨죠?/ 익일 근무를 위하여 밤늦게까지 과도한 음주는 자제합시다/ 밤 9시 이전에 귀가하기 등)

(이하 생략)

경북안동경찰서

수신 수신자 참조
(경유)
제목 연말연시 음주운전 근절 계획

　　　　최근 연말연시를 맞아 잦은 음주로 인한 음주운전 등 의무위반이 우려됨에 따라 붙임과 같이 「연말연시 음주운전 근절 계획」을 통보(하달)하니 각 과장 및 지,파출소장은 시행에 만전을 기하기 바랍니다.

붙임 : 연말연시 음주운전 근절 계획 1부(생략) 끝.

경북안동경찰서장

수신자 각 과 및 지구대

(경상북도경찰청장 명의의 공문과 그 내용이 대동소이하므로 생략)

수임번호 2021-0162	**법률상담일지 II**		2021. 6. 11.
의뢰인	나경대	의뢰인 전화	02) 572-1966
의뢰인 주소	서울 성동구 독서당길 12, 101동 201호	의뢰인 팩스	
	상 담 내 용		

1. 의뢰인은 나경주의 동생으로, 현재 발해대학교 고고학과에 재학 중이다. 어린 시절 영화 '인디아나 존스'(Indiana Jones)를 보면서 고고학에 흥미를 가지게 된 의뢰인은 장래 한국의 인디아나 존스를 꿈꾸며 고고학과에 진학했다. 그러나 막상 대학에서 고고학을 공부하다보니, 고고학이 자신의 적성에 잘 맞지 않는다는 느낌을 가지게 되었다.

2. 대학생활에 흥미를 잃어가던 의뢰인은 군복무 후 휴학을 거듭했고, 자신의 진로에 대해서도 다시금 생각하게 되었다. 의뢰인은 이 무렵 현직 경찰인 형 나경주의 삶을 지켜보면서, 경찰로 살아가는 것의 매력과 보람에 관하여 알아가게 되었다. 의뢰인은 형처럼 경찰대학에 진학해 경찰이 되기로 결심했다. 대학입시를 다시 준비하는 것을 가족에게 알리고 싶지 않았던 의뢰인은, 형에게도 비밀로 한 채 2022년 경찰대학에 입학하기 위해 입시준비에 박차를 가했다.

3. 그러던 의뢰인은 2021. 4. 5. 「2022년 경찰대학 신입생모집요강」을 확인하고 현행법상 입학 연도의 3월 1일 현재 21세 이상인 자는 경찰대학에 입학할 자격이 없음을 알게 되었다. 의뢰인은 형 나경주에게 연락해 이에 관하여 문의했는데, 형 나경주는 경찰조직의 특성상 나이가 많은 사람은 경찰대학에 입학할 수 없다고 했다.

4. 의뢰인은 좀 더 일찍 이러한 입학자격을 알아보지 않았던 것을 후회했지만, 생각해볼수록 연령을 기준으로 입학자격을 제한해 놓은 것이 부당하다는 확신을 가지게 되었다.

5. 의뢰인의 희망사항

　의뢰인은 경찰대학의 입학자격에 관한 이 같은 연령제한이 경찰대학에 진학해 경찰이 되고자 하는 자신의 기본권을 부당하게 침해한다는 측면에서 해당 조항에 대하여 헌법소원심판을 청구하고자 한다.

법무법인 전승(담당변호사 구대영)
전화 02-555-2341, 팩스 02-555-2342, 이메일 9to0law@viclaw.com
서울 강남구 테헤란로 345

법무법인 전승 내부회의록 Ⅱ

일   시 : 2021. 6. 14. 14:00 ~ 15:00
장   소 : 법무법인 전승 회의실
참석자 : 이진주 변호사(헌법팀장), 구대영 변호사

이 변호사: 의뢰인 나경대의 헌법소원심판 사건에 관하여 논의해 봅시다. 이 사건에서 다투어야 할 대상은 두엇인가요?

구 변호사: 의뢰인의 경우 현재 구체적 소송이 제기되어 있는 상태는 아닙니다. 따라서 의뢰인의 경찰대학 입학을 가로막는 규정을 심판대상으로 삼아 그것이 의뢰인의 기본권을 침해한다고 주장하면 어떨까 합니다.

이 변호사: 의뢰인의 경찰대학 입학제한과 관련한 규정으로는 경찰대학설치법과 행정안전부 고시가 있습니다. 모두 다 심판대상으로 삼기보다는, 의뢰인의 입학을 직접 제한하는 내용이 담긴 부분만을 심판대상으로 삼는 것이 좋아 보입니다.

구 변호사: 네, 저 역시 같은 생각입니다. 그렇다면 상위법인 경찰대학설치법이 아니라 행정안전부 고시를 심판대상으로 삼도록 하겠습니다.

이 변호사: 다만, 심판대상을 고시로 한정하더라도, 고시의 위헌성에 영향을 미치는 상위법(근거법률)의 위헌성은 함께 주장해야 할 것 같습니다. 자, 이제 심판청구의 적법성 부분으로 넘어갑시다. 기본권 침해를 다투는 헌법소원심판은 적법요건이 제법 까다롭습니다. 충실히 검토해 주시기를 부탁드립니다.

구 변호사: 잘 알겠습니다.

이 변호사: 본안판단과 관련하여, 의뢰인은 경찰대학에 입학할 수 없게 된 것을 다투고 있습니다. 그런데 의뢰인의 궁극적인 목적은 경찰대학에서 교육을 받는 것이 아니라, 경찰대학을 졸업해 경찰이 되는 데 있습니다. 따라서 우리가 집중할 부분은 교육의 측면이 아니라, 직업의 측면이라고 봅니다. 그리고 경찰대학 입학자격에 관한 나이제한을 옹호하는 사

람들은 젊은 인재 확보의 필요성, 졸업 전 현역병 징집으로 인한 학사 운영의 공백 방지필요성 등을 주장한다고 하네요.

구 변호사: 네, 이 변호사님의 말씀, 잘 이해했습니다. 설사 그런 필요성이 있다고 해도 입학연령을 만 21세로 제한하는 것은 문제가 있어 보입니다. 또한 연령에 따른 입학상의 차별문제도 있을 것 같은데, 이것을 평등권 침해로 구성해 보면 어떨까요?

이 변호사: 그 역시 연령에 따른 입학제한 문제와 다르지 않으므로, 이 사건에서는 평등권보다는 더 직접적으로 문제되는 다른 기본권의 침해로 접근하는 것이 좋을 것 같습니다. 한편, 제 생각엔 의뢰인이 병역의무를 이행한 탓에 경찰대학 입학연령을 넘긴 것 같은데요, 이것이 '병역의무이행으로 인한 불이익한 처우'를 금지하는 헌법 제39조 제2항에 위반될 여지는 없는지요?

구 변호사: 저도 그 점을 의심했습니다만, 헌법재판소 판례를 조사해 보니 병역의무 이행으로 인해 결과적으로 입학이 어려워진 것은 헌법 제39조 제2항 위반으로 인정되지 않습니다.

이 변호사: 아, 그렇군요. 이 정도면 사건 파악이 잘 이루어진 것 같습니다. 이제 헌법소원심판청구서 작성에 만전을 기해 주시기 바랍니다. 이상으로 회의를 마치겠습니다. 끝.

2022학년도 경찰대학 신입생모집요강

1. 입학정원과 학과 진학
(생략)

2. 지원 자격
가. 일반·특별전형 공통
1) 학력: 고등학교를 졸업한 사람이나 2022년 2월까지 고등학교를 졸업할 예정인 사람 또는 법령에 따라 고등학교 졸업과 같은 수준 이상의 학력이 있다고 인정된 사람
2) 연령: 2001년 3월 1일 ~ 2005년 2월 28일 기간 중에 출생한 사람
3) 국적: 대한민국 국민(대한민국 국적을 가진 사람)

나. 특별전형 지원 자격
(생략)

3. 결격사유
가. 위에서 지원 자격으로 제시된 학력, 연령, 국적에 해당되지 않는 사람
나. 경찰공무원법 제8조 제2항의 결격사유에 해당되는 사람
다. 「경찰대학 학생모집 시험규칙」으로 정하는 신체기준(신체 조건과 체력 조건을 말한다.)에 미달하는 사람

주 민 등 록 표
(등 본)

이 등본은 세대별 주민등록표의 원본 내용과 틀림없음을 증명합니다.

2021년 6월 2일

세대주	나 경 대	세대구성 사유 및 일자		전입세대구성 ****-*-**
주 소			전입일 / 변동일 변 동 사 유	
현주소 전입	서울 성동구 독서당길 12, 101동 201호 2017-2-21/2017-2-21			전입
현주소	서울 성동구 독서당길 12, 101동 201호			

번호	세대주 관계	성 명 주민등록번호	전입일/변동일	변 동 사 유
1	본인	나 경 대 990205 - 1******		
		= 이 하 여 백 =		

서기 2021년 6월 2일

수입증지
350원
인천광역시

서울특별시 성동구 옥수동장 [옥수동장의인]

서울특별시 성동구 옥수동장

기록이면표지

참고자료 1 – 관련 법령(발췌)

■ **경찰공무원법**

제27조(징계의 절차) 경찰공무원의 징계는 징계위원회의 의결을 거쳐 징계위원회가 설치된 소속 기관의 장이 하되,「국가공무원법」에 따라 국무총리 소속으로 설치된 징계위원회에서 의결한 징계는 경찰청장 또는 해양경찰청장이 한다. 다만, 파면·해임·강등 및 정직은 징계위원회의 의결을 거쳐 해당 경찰공무원의 임용권자가 하되, 경무관 이상의 강등 및 정직과 경정 이상의 파면 및 해임은 경찰청장 또는 해양경찰청장의 제청으로 행정안전부장관 또는 해양수산부장관과 국무총리를 거쳐 대통령이 하고, 총경 및 경정의 강등 및 정직은 경찰청장 또는 해양경찰청장이 한다.

■ **경찰공무원 징계령**

제1조(목적) 이 영은 「경찰공무원법」 제26조 및 제27조에 따른 경찰공무원의 징계와 「국가공무원법」 제78조의2에 따른 징계부가금 부과에 필요한 사항을 규정함을 목적으로 한다.

제16조(징계등의 정도) 징계위원회는 징계등 사건을 의결할 때에는 징계등 심의 대상자의 평소 행실, 근무 성적, 공적(功績), 뉘우치는 정도와 징계등 의결을 요구한 자의 의견을 고려하여야 한다.

■ **경찰공무원 징계령 세부시행규칙 (경찰청예규)**

제1조(목적) 이 규칙은 「경찰공무원 징계령」에서 위임된 사항과 그 시행에 필요한 사항을 규정함을 목적으로 한다.

제4조(행위자의 징계양정 기준) ① 징계의결요구권자 또는 징계위원회는 행위자에 대한 의무위반행위의 유형·정도, 과실의 경중, 평소의 행실, 근무성적, 공적, 뉘우치는 정도 또는 그 밖의 정상을 참작하여 별표 1, 별표 2, 별표 3, 별표 5, 별표 6의 징계양정기준에 따라 징계의결 요구 또는 징계의결하여야 한다. 단, 징계의결요구권자는 공금횡령·유용 및 업무상 배임의 금액이 300만원 이상일 경우에는 중징계 의결을 요구하여야 한다.

제8조(징계의 감경) ① 징계위원회는 징계의결이 요구된 자가 다음 각 호의 어느 하나에 해당하는 공적이 있는 경우 별표 9에 따라 징계를 감경할 수 있다.
1. 「상훈법」에 따라 훈장 또는 포장을 받은 공적
2. 「정부표창규정」에 따라 국무총리 이상의 표창을 받은 공적. 다만, 경감이하의 경찰공무원등은 경찰청장 또는 중앙행정기관 차관급 이상 표창을 받은 공적
3. 「모범공무원규정」에 따라 모범공무원으로 선발된 공적

② 경찰공무원등이 징계처분 또는 징계위원회의 권고에 의한 경고를 받은 사실이 있는 경우에는 그 징계처분 또는 경고처분 전의 공적은 제1항에 따른 감경대상 공적에서 제외한다.

③ 제1항에도 불구하고 의무위반행위의 내용이 다음 각 호의 어느 하나에 해당하는 경우에는 징계를 감경할 수 없다.
5. 「도로교통법」 제44조제1항에 따른 음주운전 또는 같은 조 제2항에 따른 음주측정에 대한 불응

제11조(변호인 등의 선임) 징계등 심의 대상자는 변호사를 변호인으로 선임하여 징계등 사건에 대한 보충진술과 증거제출을 하게 할 수 있다. 다만, 징계위원회의 허가를 받은 경우에는 변호사가 아닌 사람을 특별변호인으로 선임할 수 있다.

【별표1】 행위자의 징계양정 기준(제4조 관련)

의무위반행위 및 과실의 정도 의무위반행위유형	의무위반행위의 정도가 심하고 고의가 있는 경우	의무위반행위의 정도가 심하고 중과실이거나, 의무위반행위의 정도가 약하고 고의가 있는 경우	의무위반행위의 정도가 심하고 경과실이거나, 의무위반행위의 정도가 약하고 중과실인 경우	의무위반행위의 정도가 약하고 경과실인 경우
1. 성실의무 위반				
러. 기타	파면~해임	강등~정직	감봉	견책
2. 복종의무 위반				
나. 기타	파면~해임	강등~정직	감봉	견책

【별표 9】 징계양정 감경기준(제8조 관련)

제4조 및 제5조에 따라 인정되는 징계양정	제8조에 따라 감경된 징계양정
파　　면	해　　임
해　　임	강　　등
강　　등	정　　직
정　　직	정직 처분 개월수 변경 또는 감봉
감　　봉	감봉 처분 개월수 변경 또는 견책
견　　책	불문경고

■ 행정절차법 시행령

제2조(적용제외) 법 제3조 제2항 제9호에서 "대통령령으로 정하는 사항"이라 함은 다음 각 호의 어느 하나에 해당하는 사항을 말한다.

3. 공무원 인사관계법령에 의한 징계 기타 처분에 관한 사항

■ 각급 법원의 설치와 관할구역에 관한 법률

제1조(목적) 이 법은 「법원조직법」 제3조제3항에 따라 각급 법원의 설치와 관할구역을 정함을 목적으로 한다.

제4조(관할구역) 각급 법원의 관할구역은 다음 각 호의 구분에 따라 정한다. 〈단서 생략〉

1. 각 고등법원·지방법원과 그 지원의 관할구역: 별표 3
2. ~ 3. 〈생략〉
4. 행정법원의 관할구역: 별표 6
5. ~ 6. 〈생략〉
7. 행정사건을 심판하는 춘천지방법원 및 춘천지방법원 강릉지원의 관할구역: 별표 9
8. 〈생략〉

[별표 3]
고등법원·지방법원과 그 지원의 관할구역

고등법원	지방법원	지원	관할구역
서울	서울중앙		서울특별시 종로구·중구·강남구·서초구·관악구·동작구
	서울동부		서울특별시 성동구·광진구·강동구·송파구
	서울남부		서울특별시 영등포구·강서구·양천구·구로구·금천구
	서울북부		서울특별시 동대문구·중랑구·성북구·도봉구·강북구·노원구
	서울서부		서울특별시 서대문구·마포구·은평구·용산구
	의정부		의정부시·동두천시·양주시·연천군·포천시, 강원도 철원군. 다만, 소년보호사건은 앞의 시·군 외에 고양시·파주시·남양주시·구리시·가평군
		고양	고양시·파주시
		남양주	남양주시·구리시·가평군 [시행일: 2022. 3. 1.]
	인천		인천광역시
		부천	부천시·김포시
	춘천		춘천시·화천군·양구군·인제군·홍천군. 다만, 소년보호사건은 철원군을 제외한 강원도
		강릉	강릉시·동해시·삼척시
		원주	원주시·횡성군
		속초	속초시·양양군·고성군
		영월	태백시·영월군·정선군·평창군
대전	대전		대전광역시·세종특별자치시·금산군
		홍성	보령시·홍성군·예산군·서천군
		공주	공주시·청양군
		논산	논산시·계룡시·부여군
		서산	서산시·당진시·태안군
		천안	천안시·아산시
	청주		청주시·진천군·보은군·괴산군·증평군. 다만, 소년보호사건은 충청북도

		충 주	충주시·음성군
		제 천	제천시·단양군
		영 동	영동군·옥천군
대 구	대 구		대구광역시 중구·동구·남구·북구·수성구·영천시·경산시·칠곡군·청도군
		서 부	대구광역시 서구·달서구·달성군, 성주군·고령군
		안 동	안동시·영주시·봉화군
		경 주	경주시
		포 항	포항시·울릉군
		김 천	김천시·구미시
		상 주	상주시·문경시·예천군
		의 성	의성군·군위군·청송군
		영 덕	영덕군·영양군·울진군

[별표 6]

행정법원의 관할구역

고 등 법 원	행 정 법 원	관 할 구 역
서 울	서 울	서울특별시

[별표 9]

행정사건을 심판하는 춘천지방법원 및 춘천지방법원 강릉지원의 관할구역

명 칭	관 할 구 역
춘천지방법원	춘천지방법원의 관할구역 중 강릉시·동해시·삼척시·속초시·양양군·고성군을 제외한 지역
춘천지방법원 강릉지원	강릉시·동해시·삼척시·속초시·양양군·고성군

■ **경찰대학설치법**
제3조(입학자격) 대한민국 국민으로서 고등교육법 제33조에 규정된 학력이 있는 자는 경찰대학에 입학할 수 있다. 그 밖의 입학자격에 관하여는 행정안전부장관이 고시로 정한다.

■ **고등교육법**
제33조(입학자격) ① 대학(산업대학·교육대학·전문대학 및 원격대학을 포함하며, 대학원대학은 제외한다)에 입학할 수 있는 사람은 고등학교를 졸업한 사람이나 법령에 따라 이와 같은 수준 이상의 학력이 있다고 인정된 사람으로 한다.
② 학사학위과정과 석사학위과정의 통합과정에 입학할 수 있는 사람은 제1항에 따른 자격이 있거나 해당 대학에 재학 중인 사람으로서 학칙으로 정하는 기준을 충족하는 사람으로 한다.
③ 대학원의 석사학위과정, 석사학위과정과 박사학위과정의 통합과정에 입학할 수 있는 사람은 학사학위를 가지고 있는 사람이나 법령에 따라 이와 같은 수준 이상의 학력이 있다고 인정된 사람으로 한다.
④ 대학원의 박사학위과정에 입학할 수 있는 사람은 석사학위를 가지고 있는 사람이나 법령에 따라 이와 같은 수준 이상의 학력이 있다고 인정된 사람으로 한다.

■ **경찰공무원법**
제8조(임용자격 및 결격사유) ① 경찰공무원은 신체 및 사상이 건전하고 품행이 방정(方正)한 사람 중에서 임용한다.
② 다음 각 호의 어느 하나에 해당하는 사람은 경찰공무원으로 임용될 수 없다.
  1. 대한민국 국적을 가지지 아니한 사람
  2. 「국적법」 제11조의2제1항에 따른 복수국적자
  3. 피성년후견인 또는 피한정후견인
  4. 파산선고를 받고 복권되지 아니한 사람
  5. 자격정지 이상의 형(刑)을 선고받은 사람
  6. 자격정지 이상의 형의 선고유예를 선고받고 그 유예기간 중에 있는 사람
  7. 공무원으로 재직기간 중 직무와 관련하여 「형법」 제355조 및 제356조에 규정된 죄를 범한 자로서 300만원 이상의 벌금형을 선고받고 그 형이 확정된 후 2년이 지나지 아니한 사람
  8. 「성폭력범죄의 처벌 등에 관한 특례법」 제2조에 규정된 죄를 범한 사람으로서 100만 원 이상의 벌금형을 선고받고 그 형이 확정된 후 3년이 지나지 아니한 사람
  9. 미성년자에 대한 다음 각 목의 어느 하나에 해당하는 죄를 저질러 형 또는

치료감호가 확정된 사람(집행유예를 선고받은 후 그 집행유예기간이 경과한 사람을 포함한다)
  가.「성폭력범죄의 처벌 등에 관한 특례법」제2조에 따른 성폭력범죄
  나.「아동·청소년의 성보호에 관한 법률」제2조제2호에 따른 아동·청소년대상 성범죄
10. 징계에 의하여 파면 또는 해임처분을 받은 사람

■ **경찰대학 입학관리기준(2021. 1. 29. 행정안전부고시 제2021-3호)**
경찰대학설치법 제3조에 따라 경찰대학에 입학할 수 없는 자는 다음과 같다.
 1. 입학 연도의 3월 1일 현재 17세 미만인 자와 21세 이상인 자
 2. 경찰공무원법 제8조 제2항 각 호의 1에 해당하는 자
 3. 사상이 건전하지 아니한 자
 4. 학칙에 규정된 신체기준에 미달한 자
 5. 본교 또는 다른 대학에서 퇴학 처분을 받은 자
부칙
 이 고시는 2021년 1월 29일부터 시행한다.

참고자료 2 - 달력

2020년 11월
일	월	화	수	목	금	토
1	2	3	4	5	6	7
8	9	10	11	12	13	14
15	16	17	18	19	20	21
22	23	24	25	26	27	28
29	30					

2020년 12월
일	월	화	수	목	금	토
		1	2	3	4	5
6	7	8	9	10	11	12
13	14	15	16	17	18	19
20	21	22	23	24	[25]	26
27	28	29	30	31		

2021년 1월
일	월	화	수	목	금	토
					[1]	2
3	4	5	6	7	8	9
10	11	12	13	14	15	16
17	18	19	20	21	22	23
24	25	26	27	28	29	30
31						

2021년 2월
일	월	화	수	목	금	토
	1	2	3	4	5	6
7	8	9	10	[11]	[12]	[13]
14	15	16	17	18	19	20
21	22	23	24	25	26	27
28						

2021년 3월
일	월	화	수	목	금	토
	[1]	2	3	4	5	6
7	8	9	10	11	12	13
14	15	16	17	18	19	20
21	22	23	24	25	26	27
28	29	30	31			

2021년 4월
일	월	화	수	목	금	토
				1	2	3
4	5	6	7	8	9	10
11	12	13	14	15	16	17
18	19	20	21	22	23	24
25	26	27	28	29	30	

2021년 5월
일	월	화	수	목	금	토
						1
2	3	4	[5]	6	7	8
9	10	11	12	13	14	15
16	17	18	[19]	20	21	22
23	24	25	26	27	28	29
30	31					

2021년 6월
일	월	화	수	목	금	토
		1	2	3	4	5
6	7	8	9	10	11	12
13	14	15	16	17	18	19
20	21	22	23	24	25	26
27	28	29	30			

2021년 7월
일	월	화	수	목	금	토
				1	2	3
4	5	6	7	8	9	10
11	12	13	14	15	16	17
18	19	20	21	22	23	24
25	26	27	28	29	30	31

2021년 8월
일	월	화	수	목	금	토
1	2	3	4	5	6	7
8	9	10	11	12	13	14
15	16	17	18	19	20	21
22	23	24	25	26	27	28
29	30	31				

2021년 9월
일	월	화	수	목	금	토
			1	2	3	4
5	6	7	8	9	10	11
12	13	14	15	16	17	18
19	[20]	[21]	[22]	23	24	25
26	27	28	29	30		

2021년 10월
일	월	화	수	목	금	토
					1	2
3	4	5	6	7	8	[9]
10	11	12	13	14	15	16
17	18	19	20	21	22	23
24	25	26	27	28	29	30
31						

☐ 표시된 날은 평일 중 공휴일임.

확 인 : 법학전문대학원협의회

공 법
기록형

2021년도 제3차
법전협 모의시험
문제

2021년도 제3차 변호사시험 모의시험 – 논술형(기록형)

시험과목	공 법(기록형)

응시자 준수 사항

1. 시험 시작 전 문제지의 봉인을 손상하는 경우, 봉인을 손상하지 않더라도 문제지를 들추는 행위 등으로 문제 내용을 미리 보는 경우 모두 부정행위로 간주되어 그 답안은 영점 처리됩니다.

2. 답안은 흑색 또는 청색 필기구(사인펜이나 연필 사용 금지) 중 한 가지 필기구만을 사용하여 답안 작성 난(흰색 부분) 안에 기재하여야 합니다.

3. 답안지에 성명과 수험번호를 기재하지 않아 인적 사항이 확인되지 않는 경우에는 영점 처리 등 불이익을 받게 됩니다. 특히 답안지를 바꾸어 다시 작성하는 경우, 성명 등의 기재를 빠뜨리지 않도록 유의하여야 합니다.

4. 답안지에는 문제 내용을 기재할 필요가 없으며, 답안 내용 이외의 사항을 기재하거나 밑줄 기타 어떠한 표시도 하여서는 안 됩니다. 답안을 정정할 경우에는 두 줄로 긋고 다시 기재하여야 하며, 수정액 등은 사용할 수 없습니다.

5. 시험 종료 시각에 임박하여 답안지를 교체 요구한 경우라도 시험시간 종료 후 즉시 새로 작성한 답안지를 회수합니다.

6. 시험 종료 후에는 답안지 작성을 일절 할 수 없으며, 이에 위반하여 시험시간이 종료되었음에도 불구하고 **시험관리관의 답안지 제출 지시에 불응한 채 계속 답안을 작성하거나 답안지를 늦게 제출할 경우 그 답안은 영점 처리** 됩니다.

7. 답안은 답안지 쪽수 번호 순으로 기재하여야 하고, **배부받은 답안지는 백지 답안이라도 모두 제출**하여야 하며, **답안지를 제출하지 아니한 경우 그 시험시간 및 나머지 시험시간의 시험에 응시할 수 없습니다.**

8. 지정된 시간까지 지정된 시험실에 입실하지 아니하거나 시험관리관의 승인을 얻지 아니하고 시험시간 중에 그 시험실에서 퇴실한 경우 그 시험시간 및 나머지 시험시간의 시험에 응시할 수 없습니다.

9. 시험시간이 종료되기 전에는 어떠한 경우에도 문제지를 시험장 밖으로 가지고 갈 수 없고, 시험 종료 후 가지고 갈 수 있습니다.

법학전문대학원협의회
THE ASSOCIATION OF KOREAN LAW SCHOOLS

목 차

- Ⅰ. 문제 ··· 2
- Ⅱ. 작성요령 및 주의사항 ··· 3
- Ⅲ. 서면 양식 ··· 4
- Ⅳ. 기록내용
  - 법률상담일지 ·· 8
  - 내부회의록 1 ·· 9
  - 내부회의록 2 ·· 11
  - 영업정지처분 통지 및 행정처분서 ·························· 13
  - 우편송달보고서 ·· 14
  - 단속결과보고서 ·· 16
  - 자술서(김복정) ··· 17
  - 자술서(이순영) ··· 18
  - 확인서 ··· 19
  - 영업신고증 ·· 20
  - 피의자신문조서 ·· 21
- Ⅴ. 참고 자료
  1. 관련 법령(발췌) ··· 27
  2. 달력 ·· 36

【문 제】

1. 소장의 작성 (35점)

법무법인 승소의 담당변호사로서 의뢰인 김복정을 위하여 취소소송의 소장을 작성하되, 아래 사항을 준수하여 첨부된 양식의 ①부터 ⑦에 들어갈 내용을 작성하시오.

가. "Ⅱ. 소의 적법성" 부분(④)에서는 제소기간에 관한 내용만 기재할 것.

나. 소장의 작성일란(⑥)에서는 취소소송의 대상으로 삼은 처분에 대하여 허용되는 적법한 제소기간 내 최종일을 기재할 것.

2. 집행정지신청서의 작성 (15점)

문제1.의 소장과 함께 제출할 집행정지신청서를 작성하되, 첨부된 양식의 ①부터 ③에 들어갈 내용을 작성하시오.

3. 검토보고서의 작성 (50점)

법무법인 승소의 최고다 변호사가 공법팀장에게 제출하는 검토보고서를 작성하시오. 첨부된 양식의 ①부터 ③에 들어갈 내용을 작성하시오.

【작성요령 및 주의사항】

1. 첨부된 양식의 상자(☐)에 들어갈 내용만 작성할 것.

2. 기록에서 제시된 사실관계, 인명(人名), 주소 등은 모두 가상의 것임.

3. 법률상담일지의 사실관계 및 기록에 첨부된 자료들을 기초로 그것이 사실임을 전제로 할 것.

4. 기록상 각종 서류는 적법하게 작성된 것으로 간주하고 서류 등에 필요한 서명과 날인, 또는 무인과 간인 등은 모두 적법하게 갖추어진 것으로 볼 것.

5. 참고자료에 수록된 관계법령(그중 일부 조문은 현행 법령과 차이가 있을 수 있음)이 이 사건 행위시 및 처분시와 소장 작성 및 제출시에 시행되고 있는 것으로 볼 것.

6. 소장 및 집행정지신청서, 검토보고서의 내용은 경어체로 작성할 것.

7. 기록 중 일부 생략된 것이 있을 수 있고, 오기나 탈자가 있을 수 있음.

【소장 양식】

소　　장

원　　고　김복정
　　　　　소송대리인 법무법인 승소
　　　　　(생략)

피　　고　[①]

[②]

청　구　취　지

[③]

청　구　원　인

1. 처분의 경위 등(생략)
2. 소의 적법성

[④]

3. 처분의 위법성

[⑤]

4. 결론(생략)

　　　　　　　　입　증　방　법(생략)
　　　　　　　　첨　부　서　류(생략)

[⑥ 20 . . .]

　　　　　　　　　　　　　　　원고 소송대리인 (생략)

[⑦] 귀중

【집행정지신청서 양식】

집 행 정 지 신 청 서

신 청 인   ○○○
피신청인   ○○○

신 청 취 지

①

신 청 이 유

1. 처분의 경위 등(생략)
2. 집행정지의 요건
  가. 처분등의 존재(생략)
  나. 본안소송이 적법하게 계속 중임(생략)
  다. 본안청구가 이유 없음이 명백하지 않음(생략)
  라. 회복하기 어려운 손해를 예방하기 위한 긴급한 필요

②

  마. 공공복리에 중대한 영향을 미칠 우려가 없을 것

③

3. 결론(생략)

입 증 방 법 (생략)
첨 부 서 류 (생략)

0000. 00. 00.

신청인의 대리인
변호사 ○○○ (인)

○○○○ 귀중

【검토보고서 양식】

검토보고서

수신: 공법팀장
안건: 수임번호 2021-250 관련 (법률에 대한 위헌심사)

상기 안건에 대하여 다음과 같이 보고합니다.

- 다 음 -

I. 사건의 개요와 검토 사항(생략)

II. 본안의 인용가능성

┌─────────────────────────────┐
│   ①   │
└─────────────────────────────┘

III. 적법 여부

┌─────────────────────────────┐
│   ②   │
│ 1. 위헌법률심판제청신청(재판의 전제성) │
│   │
│ 2. 헌법재판소법 제68조 제1항의 헌법소원 │
│ 가. 보충성   │
│ 나. 직접성   │
│ 다. 권리보호이익   │
└─────────────────────────────┘

IV. 헌법재판절차의 전략적 선택

┌─────────────────────────────┐
│   ③   │
└─────────────────────────────┘

V. 결론(생략)

2021. 10. 15.

최고다 변호사

기록내용 시작

수임번호 2021 - 250	**법률상담일지**		2021. 10. 6.
의뢰인	김복정	**의뢰인 전화**	031-2345-6789
의뢰인 주소	남양주시 퇴계원면 도제원로 21	**의뢰인 팩스**	

상 담 내 용

1. 의뢰인은 남양주시 퇴계원면 퇴계원로 25에서 '참참밥집'이라는 상호의 일반음식점을 운영하다가 청소년에게 주류를 제공하였다는 이유로 영업정지처분을 받고 본 법무법인을 방문하였다.

2. 의뢰인이 위 일반음식점을 운영하던 중 2021. 1. 8. 오후 7시쯤 손님 4명이 들어와서 의뢰인의 직원인 이순영이 손님들의 신분증을 확인한 다음 손님들이 주문하는 대로 술을 제공했는데, 알고보니 손님들 중 2명은 청소년이었고 그들이 제시한 신분증은 변조된 것이었다.

3. 의뢰인은 평소 직원들에게 손님들이 술을 주문하면 신분증을 확인하도록 교육을 시켰고, 그에 따라 이순영도 신분증 검사를 했음에도 영업정지처분을 받아 억울하다고 말한다. 더구나 이순영은 위와 같은 이유로 기소유예처분밖에 받지 않은 것으로 알고 있다고 한다.

4. 또한 의뢰인은 2020. 12. 중순경 위 일반음식점을 개업하면서 대출도 1억 원이나 받았는데, 영업한지 얼마 되지도 않아 영업정지처분을 받아서 경제적으로도 너무나 어려운 상황이다.

5. 의뢰인은 이 일이 있은 이후에 시청으로부터 별다른 연락을 받지 못하다가 2021. 7. 19. 영업정지처분 통지서를 받았다.

6. 의뢰인은 위 영업정지처분을 다투는 소송을 수행해 줄 것을 의뢰하였다.

법무법인 승소(담당변호사 김전진)
전화 02-1234-5678, 팩스 02-1234-5677, 이메일 jjkim@lawwin.com
서울 서초구 강남대로 200 법조빌딩 2층

법무법인 승소 내부회의록 1

일   시: 2021. 10. 11. 14:00 ~ 15:00
장   소: 법무법인 승소 소회의실
참석자: 박송무 변호사(송무팀장), 김전진 변호사

박 변호사: 김 변호사님, 의뢰인 김복정 사건에 대해 논의해 봅시다. 이 사건에 대해 검토하신 사항을 말씀해주시겠어요?

김 변호사: 네, 의뢰인은 참참밥집이라는 일반음식점을 운영하고 있는데 직원이 청소년에게 주류를 제공하여 영업정지처분을 받았습니다. 청소년에게 주류를 제공한 것은 맞지만 의뢰인 입장에서는 평소 직원들에게 신분증을 확인하도록 교육을 하여 온데다가 직원인 이순영도 그에 따라 신분증 검사를 하였음에도 청소년들이 변조된 신분증을 제시하여 성인인 것으로 알고 주류를 제공한 것이어서 이 점을 주로 다투어 보려고 합니다.

박 변호사: 그렇군요. 위 주장 외에도 추가로 다투어볼 만한 부분은 또 없을까요?

김 변호사: 의뢰인은 배우자와 자녀 둘 외에도 여동생까지 부양해야 하는 상황에서 참참밥집을 영업하고 있는데, 이번 일로 인해 영업을 하지 못하게 되면 다른 수입도 없는 의뢰인은 경제적으로 너무나 어려워진다고 합니다. 의뢰인이 영업정지 2개월 처분을 받았는데 이러한 의뢰인의 사정을 고려하면 위 처분이 과도하다고 보입니다.

박 변호사: 예, 실체적인 부분 말고도 절차적으로 문제될 만한 사항은 없을까요?

김 변호사: 이 사건의 경우에는 청문이나 공청회를 하도록 규정되어 있지는 않지만 그 외에 다른 절차적 하자가 있는지 검토해서 이 부분도 다투어 볼 생각입니다.

박 변호사: 예 좋습니다. 제소기간 등 소송요건도 신경 써서 소장을 작성해 주시기 바랍니다. 영업정지 사건인데 집행정지신청은 하지 않아도 되나요?

김 변호사: 소장을 제출하면서 집행정지신청도 하겠습니다. 신청인은 이 사건 외

에는 영업자 준수사항을 위반한 적도 없는데 영업정지가 되면 생계가 어려워진다는 점을 들어 신청서를 작성해 보겠습니다.

박 변호사: 알겠습니다. 이상 회의를 마치겠습니다. 수고하셨습니다. 끝.

법무법인 승소 내부회의록 2

일　시: 2021. 10. 12. 14:00 ~ 15:00
장　소: 법무법인 승소 소회의실
참석자: 홍준수 변호사(공법팀장), 최고다 변호사

홍 변호사: 송무팀에서 문의한 내용이 무엇인가요.

최 변호사: 영업정지 처분의 근거되는 식품위생법 제44조 제2항 제4호에 대한 위헌 문제를 검토해 달라는 것입니다.

홍 변호사: 위헌법률심판제청을 신청하겠다는 것인가요?

최 변호사: 아직 제청을 신청할지를 결정한 상태는 아니고, 그 가능성을 검토하고 있는 단계라고 합니다. ① 헌법재판소에 가면 인용가능성은 있는지, 또, ② 위헌법률심판제청을 신청하거나, 제청신청을 안 하고 바로 헌법재판소법 제68조 제1항의 헌법소원을 제기하면 적법한지를 알고 싶어 합니다. 그리고 ③ 전략상 어느 쪽으로 가는 것이 좋을지도 알고 싶어 합니다.

홍 변호사: 송무팀은 아까 말한 식품위생법 조항의 어떤 점에 관심을 두고 있나요?

최 변호사: 의뢰인 가게의 근처에 공장이 있는데, 거기에 일하는 사람들이 자주 의뢰인 가게로 온다고 합니다. 와서 식사도 하고 술도 한 잔씩 하고 했답니다. 이번에 단속당한 이야기를 그 사람들에게 했더니, 사실 단골로 오던 사람들 중 한 명은 중학교를 졸업하고 그 공장에서 배우면서 일하는 중의 청소년이라고 합니다. 단속 대상이랍니다. 의뢰인은 전혀 몰랐다고 했습니다. 20살은 넘는 줄 알았답니다. 근로기준법에 따라 15세만 되면 취업도 할 수 있는데, 맥주 한 잔은 못 한다는 게 말이 되느냐고 한답니다. 법이 너무 학생 중심으로 만들어진 거 아니냐, 학교 안 다니는 청소년은 보이지 않느냐, 이런 말을 한답니다. 병역법에 따르면 18세에 병역준비역에 편입된다는 말도 하구요. 최근 정치권에서는 18세가 되면, 선거권 뿐만 아니라, 피선거권도 부여하겠다

는 논의를 한다고 합니다. 청소년이 보호의 대상이 아니라 공동체의 당당한 주체로 인정되어 가는 마당이라면 앞에서 말한 식품위생법 조항도 재고의 여지가 있는 것 아니냐, 이런 말을 했습니다.

홍 변호사: 예전에 비슷한 문제에 대해 위헌이 아니라는 결정이 있었지 않나요?

최 변호사: 예, 1999. 9. 16. 96헌마39 결정에서 헌재는 단란주점에 미성년자의 출입을 제한하고 미성년자에 대한 주류제공을 금지하는 것이 직업수행의 자유를 침해하는 것은 아니라고 판단하였습니다.

홍 변호사: 그러면, 이렇게 합시다. 먼저 처분의 근거되는 법률을 가지고 헌법재판소로 갔을 때 인용될 가능성을 검토해 주세요. 그리고, 위헌법률심판제청신청을 한다면 적법한지, 즉 재판의 전제성이 인정될 것인지를 검토해 주세요. 헌법재판소법 제68조 제1항의 헌법소원의 경우는 보충성, 직접성, 권리보호이익만 검토해 주세요.

최 변호사: 거기까지만 검토하면 될까요?

홍 변호사: 그럽시다. 어느 쪽이 전략상 유리할까요? 위헌법률심판제청을 하는 것이 나을까요? 아니면 바로 헌법재판소법 제68조 제1항의 헌법소원심판을 제기하는 것이 나을까요?

최 변호사: 당해 영업정지처분에 미치는 효력, 쟁송물과 관련된 이론적 인용 가능성, 또는 어느 절차에 따르느냐에 따른 사실상의 인용 가능성 이런 것들이 검토되어야 할 것 같습니다.

홍 변호사: 아 그래요? 그러면 그런 것들을 검토해서 나한테 보내보세요. 내가 먼저 검토해서 송무팀으로 보내지요.

최 변호사: 예, 잘 알겠습니다.

홍 변호사: 잘 검토해서 보고서를 써 주세요. 이상으로 회의를 마칩니다. 끝.

남 양 주 시

우 12230 / 경기 남양주시 경춘로 1000	전화 031-123-1234	전송 031-123-1235
처리과 환경위생과　과장 김정훈	계장 이을병	담당 박민원

문서번호　환경위생 21-777
시행일자　2021. 7. 14.
받　　음　김복정 (상호: 참참밥집) 귀하
제　　목　일반음식점 영업정지처분 통지

1. 항상 시정발전에 협조하여 주시는 귀하께 감사드립니다.
2. 귀하께서는 식품위생법 제44조(영업자등의 준수사항) 제2항 제4호의 규정에 의하여 청소년에게 주류를 제공하는 행위를 하여서는 아니됨에도 불구하고 2021. 1. 8. 이를 위반하였으므로, 동법 제75조(허가취소 등) 제1항 제13호, 동법 시행령 제52조(허가취소 등) 제1항 제1호 및 동법 시행규칙 제89조(행정처분의 기준) [별표 23]의 규정에 의하여 붙임과 같이 행정처분하오니 양지하시기 바랍니다.
3. 만약 이 처분에 불복이 있는 경우 처분이 있음을 안 날로부터 90일 이내에 행정심판법에 의한 행정심판 또는 행정소송법에 의한 행정소송을 제기할 수 있음을 알려드립니다.

붙임: 행정처분서(참참밥집)

남 양 주 시 장 [남양주시장의인]

행정처분서

영업소의 소재지	남양주시 퇴계원면 퇴계원로 25		
영업소의 명칭	참참밥집		
영업자의 성명	김복정	주민등록번호	******-*******
위 반 사 항	청소년에게 주류를 제공하는 행위 (1차 위반)		
행정처분 내역	영업정지 2개월 (2021. 10. 21.~2021. 12. 20.)		
지시(안내)사항	생략		

귀 업소는 위 위반사항으로 적발되어 식품위생법 제44조 제2항 제4호, 동법 제75조 제1항 제13호, 동법 시행령 제52조 제1항 제1호 및 동법 시행규칙 제89조 [별표 23]에 의하여 위와 같이 행정처분합니다.

2021년 7월 14일

남 양 주 시 장 [남양주시장의인]

우편송달보고서

증서 2021년   제255호   2021년   7월   14일   발송

1. 송달서류 일반음식점 영업정지처분 통지 및 행정처분서 1부
   (환경위생 21-777)
                                              발송자   남양주시장

송달받을 자 김복정 귀하
남양주시 퇴계원면 도제원로 21

영수인   **김복정** (서명)

영수인 서명날인 불능

1 √	송달받을 자 본인에게 교부하였다.	
2	송달받을 자가 부재 중이므로 사리를 잘 아는 다음 사람에게 교부하였다.	
	사무원	
	피용자	
	동거자	
3	다음 사람이 정당한 사유 없이 송달받기를 거부하므로, 그 장소에 서류를 두었다.	
	송달받을 자	
	사무원	
	피용자	
	동거자	

송달연월일   2021. 7. 19. 14시 20분

송달장소   남양주시 퇴계원면 도제원로 21

위와 같이 송달하였다.
                            2021. 7. 20.
                        남양주우체국 집배원   우배달

단속결과보고서

제2021-150호

수신: 남양주시장
참조: 환경위생과장
제목: 식품위생법 위반업소 단속결과보고

일반음식점의 식품위생법 위반 신고에 따라 해당업소에 임장하여 단속한 결과를 아래와 같이 보고합니다.

단속일시	2021. 1. 8. 20:00경
단 속 반	1개반 2명
위반업소	남양주시 퇴계원면 퇴계원로 25 소재 일반음식점(참참밥집)
신고사항	청소년 주류 제공
단속결과	식품위생법 제44조(영업자등의 준수사항) 제2항 제4호의 규정에 의하여 청소년에게 주류를 제공하는 행위를 하여서는 아니됨에도 불구하고, 위 일반음식점 직원인 이순영이 2021. 1. 8. 19:00경 김복정이 운영하는 참참밥집에서 청소년인 윤혜은, 정수연에게 주류를 제공하였음을 확인하고, 김복정, 이순영, 윤혜은, 정수연으로부터 해당행위에 대한 자술서 및 확인서를 징구하였습니다.

위와 같이 단속결과를 보고합니다.

2021년 1월 11일

보고자 : 남양주시 6급 김단속 (인)
남양주시 7급 이위생 (인)

자술서

이름: 김복정(******-*******)
주소: 남양주시 퇴계원면 도제원로 21

    저는 남양주시 퇴계원면 퇴계원로 25에서 '참참밥집'을 운영하고 있는 김복정입니다.
    저녁 7시쯤에 손님 4명이 저희 식당으로 들어왔는데 저는 다른 손님들을 상대하느라 바빠 직원인 이순영에게 손님 응대를 지시하였습니다. 제가 바빠서 이순영이 어떻게 했는지 자세히 본 것은 아니지만 이순영은 평소 제가 교육한 대로 손님들이 술을 시키자 신분증을 일일이 확인한 다음에 술을 가져다 주었습니다. 그런데 어쩐 일인지 시청에서 단속반이 나왔고 알고 보니 손님들 중에 윤혜은, 정수연이 만 17세였다는 것이었습니다.
    저는 참참밥집을 영업하는 동안 이번 일 말고는 청소년에게 술을 준 적이 없고 식품위생법을 어긴 적도 없습니다. 평소에 직원들한테 술을 시키는 손님이 있으면 신분증을 꼭 확인해야 한다고 교육까지 시켰는데도 이런 일이 생기고 나니 너무 억울합니다.
    앞으로는 나이 확인을 더 철저히 해서 절대로 법을 어기는 일이 없도록 할 테니 저의 어려운 처지를 생각해서 선처해 주실 것을 간절히 부탁드립니다.

2021년 1월 8일

김복정 (서명)

자 술 서

이름: 이순영(******-*******)
주소: 남양주시 퇴계원면 퇴계원로 100

   저는 남양주시 퇴계원면 퇴계원로 25에 있는 '참참밥집' 직원인 이순영입니다.

   저녁 7시쯤 손님 네 명이 들어와서 사장님 대신 제가 손님들을 응대했는데 그 손님들이 술을 시켰습니다. 그 손님들은 이미 술을 마시고 왔는지 술냄새가 꽤 났지만 그래도 저는 사장님으로부터 평소 교육받은 대로 신분증을 보여달라고 했습니다. 손님들 중 2명은 신분증을 보여주었고, 윤혜은, 정수연은 핸드폰에 신분증 사진을 찍어놨다면서 핸드폰을 보여줘 핸드폰 화면에 있는 신분증 사진과 윤혜은, 정수연의 얼굴을 대조해 보았는데 본인이 맞고 나이도 청소년이 아니라서 별 생각 없이 주문한대로 술을 가져다 주었습니다.

   그런데 얼마 있다가 단속반이 와서 손님들의 나이를 조사해 보니 신분증을 보여준 손님 2명은 성인이 맞는데 윤혜은, 정수연은 만 17세라고 하였습니다. 겉모습으로 보면 모두다 성인처럼 보이는데다가 신분증까지 확인한 저로서는 황당한 일이었지만 단속반에서 그렇다고 하니 어쩔 수 없었습니다.

   저는 살아오면서 지금까지 한 번도 법을 어긴 사실이 없었습니다. 이번 일로 처벌을 받을 수도 있다고 생각하니 겁이 나고 이제 막 영업을 시작한 사장님한테도 폐가 될 것 같아 걱정됩니다. 제발 선처해주세요.

2021년 1월 8일

이순영 (서명)

확 인 서

이   름 : 윤혜은, 정수연
주민등록번호 : ******-*******, ******-*******
주   소 : 남양주시 퇴계원면 퇴계원로 200, 남양주시 퇴계원면 퇴계원로 300

　저희는 아는 오빠들이랑 근처에 있는 고깃집에서 술을 마시고 취한 김에 평소에 수연이가 좋아하는 메뉴가 있는 참참밥집에 가서 술을 한 잔 더 하려고 했습니다. 거기에서 술을 시켰더니 종업원이 신분증을 보여달라고 해서 저희는 평소 하던대로 핸드폰에 찍어놓은 주민등록증 사진을 보여줬습니다.

　가끔씩 애들이랑 술을 마시기도 하는데 그때마다 신분증을 보여달라고 하는게 귀찮아서 미리 주민등록증을 핸드폰으로 사진을 찍은 다음에 생년월일만 좀 바꾼 것으로 보여주면 별 문제 없이 술을 마실 수 있어서 이번에도 그렇게 했는데 이렇게 큰 일이 날 줄은 몰랐습니다.

　앞으로 술을 마시지 않겠습니다. 한 번만 용서해주세요. 죄송합니다.

2021. 1. 8.

윤혜은, 정수연 (서명)

제 219303 호

영 업 신 고 증

○ 대　표　자 : 김복정　(생년월일 : xxxx.xx.xx.)

○ 영업소명칭 : 참참밥집

○ 소　재　지 : 남양주시 퇴계원면 퇴계원로 25

○ 영업장 면적 : 건물 내부 장소 [40㎡] 건물 외부 장소 [20㎡]

○ 영업의 종류 : 식품접객업 (영업의 형태 : 일반음식점)

○ 조　　　건 : 생략

「식품위생법」 제37조 제4항, 같은 법 시행령 제25조 및 같은 법 시행규칙 제42조 제8항에 따라 영업의 신고를 수리합니다.

2020 년　12 월　17 일

남 양 주 시 장　[남양주시장의 인]

피 의 자 신 문 조 서

피 의 자 : 이순영

　위의 사람에 대한 식품위생법위반 피의사건에 관하여 2021. 3. 22. 남양주북부경찰서에서 사법경찰관 경위 김순찰은 사법경찰리 경사 이배석을 참여하게 하고, 아래와 같이 피의자임에 틀림없음을 확인하다.

문　　피의자의 성명, 주민등록번호, 직업, 주거, 등록기준지 등을 말하십시오.
답　　성명은　　　　　이순영 (李順英)
　　　주민등록번호는 ******-******* (만 38세)
　　　직업은　　　　　식당 종업원
　　　주거는　　　　　남양주시 퇴계원면 퇴계원로 100
　　　등록기준지는　　생략
　　　직장주소는　　　남양주시 퇴계원면 퇴계원로 25
　　　연락처는　　　　직장전화 031-321-1234　　　휴대전화 ***-****-****
　　　입니다.

　사법경찰관은 피의사건의 요지를 설명하고 사법경찰관의 신문에 대하여 형사소송법 제244조의3에 따라 진술을 거부할 수 있는 권리 및 변호인의 참여 등 조력을 받을 권리가 있음을 피의자에게 알려주고 이를 행사할 것인지 그 의사를 확인하다.

진술거부권 및 변호인 조력권 고지 등 확인

1. 귀하는 일체의 진술을 하지 아니하거나 개개의 질문에 대하여 진술을 하지 아니할 수 있습니다.

2. 귀하가 진술을 하지 아니하더라도 불이익을 받지 아니합니다.

3. 귀하가 진술을 거부할 권리를 포기하고 행한 진술은 법정에서 유죄의 증거로 사용될 수 있습니다.

4. 귀하가 신문을 받을 때에는 변호인을 참여하게 하는 등 변호인의 조력을 받을 수 있습니다.

문 피의자는 위와 같은 권리들이 있음을 고지 받았는가요.
답 예, 고지 받았습니다.
문 피의자는 진술거부권을 행사할 것인가요.
답 아닙니다.
문 피의자는 변호인의 조력을 받을 권리를 행사할 것인가요.
답 아닙니다. 혼자서 조사를 받겠습니다.

이에 사법경찰관은 피의사실에 관하여 다음과 같이 피의자를 신문하다.

문 피의자는 전과가 있나요.
답 없습니다.
문 피의자의 병역관계를 말하시오.
답 해당사항 없습니다.
문 학력 관계를 말하시오.
답 구리시 소재 구리여자고등학교를 졸업했습니다.

문   가족관계를 말하시오.

답   2010년 결혼해서 배우자 강민철과 사이에 아들 강지훈(5세)이 있습니다.

문   피의자의 경력은 어떠한가요.

답   저는 결혼 후 아이를 키우고 있었는데 배우자가 실직하고 나서는 생활이 어려워져 어쩔 수 없이 아이를 친정에 맡기고 이런저런 일을 하다가 얼마 전 새로 개업한 참참밥집에서 주방정리나 손님접대를 하는 등의 일을 하고 있고 그 외 특별한 경력은 없습니다.

문   재산관계를 말하시오.

답   제 소유의 부동산은 없고, 전세보증금 1억 원에 전세들어 생활하고 있습니다. 월수입 200만 원으로 그럭저럭 생활하고 있습니다.

문   피의자는 술과 담배를 어느 정도 하는가요.

답   술과 담배는 하지 않습니다.

문   피의자의 건강상태를 말하시오.

답   건강에는 별 이상 없습니다.

문   피의자는 믿는 종교가 있는가요.

답   없습니다.

문   피의자는 청소년에게 주류를 제공하다가 단속에 걸린 사실이 있나요.

답   예, 그런 사실이 있습니다.

문   어떻게 단속에 걸린 것인가요.

답   2021년 1월 8일 저녁 평소와 마찬가지로 식당일을 하고 있었는데, 저녁 7시경 손님 4명이 들어와서 비어 있는 테이블로 안내를 해 주었습니다. 손님들이 맥주를 주문해서 신분증을 확인하고 맥주를 내주었는데 저녁 8시경인가 시청 공무원들이 갑자기 식당으로 들어오더니 술을 마시던 손님들의 나이를 물어보고 신분증을 확인했습니다. 그 과정에서 손님들 중 윤혜은, 정수연은 만 17세인 사실이 밝혀졌습니다. 나중에 알고보니 식당에 있던 다른 손님들 중에서 윤혜은과 정수연의 친구가 있었는데 윤혜은, 정수연이 술을 마시는 것을 이상하게 여긴 그 친구가 신고를 했다고 들었습니다.

문 피의자는 평소 손님들의 나이를 어떻게 확인하고 있나요.

답 식당 사장님이 처음 일할 때부터 술을 시키는 손님이 있으면 신분증을 꼭 확인해야 한다고 여러 번 얘기했습니다. 그래서 손님이 술을 주문하면 먼저 신분증을 보여달라고 하고 사진이랑 얼굴이 맞는지 확인한 다음에 술을 내주었습니다.

문 그날 손님들의 나이는 어떻게 확인하였나요.

답 사실 그 손님들은 들어오면서부터 술냄새가 나고 시끄럽게 떠드는 것이 이미 술을 마신 것 같았습니다. 그래서 맥주를 주문했을 때 신분증을 확인하지 말까도 생각했지만 그래도 혹시나 하는 마음에 손님들에게 신분증을 보여달라고 했습니다. 손님들 중 2명은 신분증을 보여주었는데 윤혜은, 정수연은 핸드폰으로 촬영한 신분증을 보여주었고, 신분증을 제시하는 것을 기다리고 신분증에 있는 사진과 손님들의 얼굴을 대조하느라 한 1분 정도는 테이블 앞에서 대기하였습니다.

문 피의자는 참참밥집에서 일한지 얼마나 되었나요.

답 참참밥집이 작년 12월 중순 정도에 개업했고 제가 그때부터 일하기 시작했으니까 이제 한 3달 정도 된 거 같습니다.

문 더 하고 싶은 말이 있나요.

답 제가 이번 일 말고는 법을 어겨본 적이 없는 사람입니다. 부디 선처해주시기 바랍니다.

문 이상의 진술내용에 대하여 이의나 의견이 있는가요.

답 없습니다. ㉑

위 조서를 진술자에게 열람하게 한 바, 진술한 대로 기재되어 있고 오기나 증감, 변경할 것이 전혀 없다고 말하므로 간인한 후 서명 날인케 하다.

진술자   이순영 ㊞

2021년   3월   22일

남양주북부경찰서

사법경찰관 경위   김 순 찰 ㊞

사법경찰리 경사   이 배 석 ㊞

기록이면 표지

참고자료 1 – 관련 법령 (발췌)

식품위생법

제1장 총칙

제1조(목적) 이 법은 식품으로 인하여 생기는 위생상의 위해를 방지하고 식품영양의 질적 향상을 도모하며 식품에 관한 올바른 정보를 제공하여 국민보건의 증진에 이바지함을 목적으로 한다.

제2조(정의) 이 법에서 사용하는 용어의 뜻은 다음과 같다.
　10. "영업자"란 제37조제1항에 따라 영업허가를 받은 자나 같은 조 제4항에 따라 영업신고를 한 자 또는 같은 조 제5항에 따라 영업등록을 한 자를 말한다.

제7장 영업

제33조(소비자식품위생감시원) ② 제1항에 따라 위촉된 소비자식품위생감시원(이하 "소비자식품위생감시원"이라 한다)의 직무는 다음 각 호와 같다.
　1. 제36조제1항제3호에 따른 식품접객업을 하는 자(이하 "식품접객영업자"라 한다)에 대한 위생관리 상태 점검

제36조(시설기준) ① 다음의 영업을 하려는 자는 총리령으로 정하는 시설기준에 맞는 시설을 갖추어야 한다.
　1. 식품 또는 식품첨가물의 제조업, 가공업, 운반업, 판매업 및 보존업
　2. 기구 또는 용기·포장의 제조업
　3. 식품접객업
② 제1항 각 호에 따른 영업의 세부 종류와 그 범위는 대통령령으로 정한다.

제37조(영업허가 등) ④ 제36조제1항 각 호에 따른 영업 중 대통령령으로 정하는 영업을 하려는 자는 대통령령으로 정하는 바에 따라 영업 종류별 또는 영업소별로 식품의약품안전처장 또는 특별자치시장·특별자치도지사·시장·군수·구청장에게 신고하여야 한다. 신고한 사항 중 대통령령으로 정하는 중요한 사항을 변경하거나 폐업할 때에도 또한 같다.

제44조(영업자 등의 준수사항) ② 식품접객영업자는 「청소년 보호법」 제2조에 따른 청소년(이하 이 항에서 "청소년"이라 한다)에게 다음 각 호의 어느 하나에 해당하는 행위를 하여서는 아니 된다.
　4. 청소년에게 주류(酒類)를 제공하는 행위
　제11장 시정명령과 허가취소 등 행정 제재

제75조(허가취소 등) ① 식품의약품안전처장 또는 특별자치시장·특별자치도지사·시장·군수·구청장은 영업자가 다음 각 호의 어느 하나에 해당하는 경우에는 대통령령으로 정하는 바에 따라 영업허가 또는 등록을 취소하거나 6개월 이내의 기간을 정하여 그 영업의 전부 또는 일부를 정지하거나 영업소 폐쇄(제37조제4항에 따라 신고한 영업만 해당한다. 이하 이 조에서 같다)를 명할 수 있다.

  13. 제44조제1항·제2항 및 제4항을 위반한 경우

⑤ 제1항 및 제2항에 따른 행정처분의 세부기준은 그 위반 행위의 유형과 위반 정도 등을 고려하여 총리령으로 정한다.

식품위생법 시행령

제21조(영업의 종류) 법 제36조제2항에 따른 영업의 세부 종류와 그 범위는 다음 각 호와 같다.
  8. 식품접객업
    나. 일반음식점영업: 음식류를 조리·판매하는 영업으로서 식사와 함께 부수적으로 음주행위가 허용되는 영업

제25조(영업신고를 하여야 하는 업종) ① 법 제37조제4항 전단에 따라 특별자치시장·특별자치도지사 또는 시장·군수·구청장에게 신고를 하여야 하는 영업은 다음 각 호와 같다.
  8. 제21조제8호가목의 휴게음식점영업, 같은 호 나목의 일반음식점영업, 같은 호 마목의 위탁급식영업 및 같은 호 바목의 제과점영업

제52조(허가취소 등) ① 다음 각 호의 처분은 처분 사유 및 처분 내용 등이 기재된 서면으로 하여야 한다.
  1. 법 제75조에 따른 영업허가 취소, 등록취소, 영업정지 또는 영업소 폐쇄 처분

식품위생법 시행규칙

제89조(행정처분의 기준) 법 제71조, 법 제72조, 법 제74조부터 법 제76조까지 및 법 제80조에 따른 행정처분의 기준은 별표 23과 같다.

■ 식품위생법 시행규칙 [별표 23]

행정처분 기준(제89조 관련)

Ⅰ. 일반기준
  15. 다음 각 목의 어느 하나에 해당하는 경우에는 행정처분의 기준이, 영업정지 또는 품목·품목류 제조정지인 경우에는 정지처분 기간의 2분의 1 이하의 범위에서, 영업허가 취소 또는 영업장 폐쇄인 경우에는 영업정지 3개월 이상의 범위에서 각각 그 처분을 경감할

수 있다.
　가. 식품등의 기준 및 규격 위반사항 중 산가, 과산화물가 또는 성분 배합비율을 위반한 사항으로서 국민보건상 인체의 건강을 해할 우려가 없다고 인정되는 경우
　나. 삭제
　다. 식품 등을 제조·가공만 하고 시중에 유통시키지 아니한 경우
　라. 식품을 제조·가공 또는 판매하는 자가 식품이력추적관리 등록을 한 경우
　마. 위반사항 중 그 위반의 정도가 경미하거나 고의성이 없는 사소한 부주의로 인한 것인 경우
　바. 해당 위반사항에 관하여 검사로부터 기소유예의 처분을 받거나 법원으로부터 선고유예의 판결을 받은 경우로서 그 위반사항이 고의성이 없거나 국민보건상 인체의 건강을 해할 우려가 없다고 인정되는 경우
　사. 식중독을 발생하게 한 영업자가 식중독의 재발 및 확산을 방지하기 위한 대책으로 시설을 개수하거나 살균·소독 등을 실시하기 위하여 자발적으로 영업을 중단한 경우
　아. 식품등의 기준 및 규격이 정하여지지 않은 유독·유해물질 등이 해당 식품에 혼입여부를 전혀 예상할 수 없었고 고의성이 없는 최초의 사례로 인정되는 경우
　자. 별표 17 제7호 머목에 따라 공통찬통, 소형·복합 찬기, 국·찌개·반찬 등을 덜어먹을 수 있는 기구 또는 1인 반상을 사용하거나, 손님이 남은 음식물을 싸서 가지고 갈 수 있도록 포장용기를 비치하고 이를 손님에게 알리는 등 음식문화개선과 「감염병의 예방 및 관리에 관한 법률」 제49조에 따른 감염병의 예방 조치사항 준수를 위해 노력하는 식품접객업자인 경우. 다만, 1차 위반에 한정하여 경감할 수 있다.
　차. 삭제
　카. 그 밖에 식품 등의 수급정책상 필요하다고 인정되는 경우
Ⅱ. 개별기준
　3. 식품접객업
　　영 제21조제8호의 식품접객업을 말한다.

위반사항	근거 법령	행정처분기준		
		1차 위반	2차 위반	3차 위반
11. 법 제44조제2항을 위반한 경우 　라. 청소년에게 주류를 제공하는 행위(출입하여 주류를 제공한 경우 포함)를 한 경우	법 제75조	영업정지 2개월	영업정지 3개월	영업허가 취소 또는 영업소 폐쇄

청소년보호법

제2조(정의) 이 법에서 사용하는 용어의 뜻은 다음과 같다.
　1. "청소년"이란 만 19세 미만인 사람을 말한다. 다만, 만 19세가 되는 해의 1월 1일을 맞이한 사람은 제외한다.

공무원임용시험령

제16조(응시연령) ① 공무원의 채용시험에 응시하려는 사람은 최종시험예정일이 속한 연도에 다음 각 호의 구분에 따른 응시연령에 해당하여야 한다.
  1. 7급 이상: 20세 이상
  2. 8급 이하: 18세(교정·보호 직렬은 20세) 이상
② 시험실시기관의 장은 결원을 신속하게 보충하여야 하거나 그 밖의 특별한 사정으로 제1항에 따른 응시연령을 적용하는 것이 곤란하거나 부적당하다고 인정되는 경우에는 인사혁신처장의 승인을 받아 6급 이하 공무원의 채용시험에 대해서만 응시연령을 따로 정할 수 있다.

도로교통법

제82조(운전면허의 결격사유) ① 다음 각 호의 어느 하나에 해당하는 사람은 운전면허를 받을 수 없다.
  1. 18세 미만(원동기장치자전거의 경우에는 16세 미만)인 사람

병역법

제8조(병역준비역 편입) 대한민국 국민인 남성은 18세부터 병역준비역에 편입된다.

민법

제807조(혼인적령) 만 18세가 된 사람은 혼인할 수 있다.

근로기준법

제64조(최저 연령과 취직인허증) ① 15세 미만인 사람(「초·중등교육법」에 따른 중학교에 재학 중인 18세 미만인 사람을 포함한다)은 근로자로 사용하지 못한다. 다만, 대통령령으로 정하는 기준에 따라 고용노동부장관이 발급한 취직인허증(就職認許證)을 지닌 사람은 근로자로 사용할 수 있다.

법원조직법

제3조(법원의 종류) ① 법원은 다음의 7종류로 한다.
  1. 대법원
  2. 고등법원
  3. 특허법원
  4. 지방법원
  5. 가정법원
  6. 행정법원
  7. 회생법원
② 지방법원 및 가정법원의 사무의 일부를 처리하게 하기 위하여 그 관할구역에 지원(支院)과 가정지원, 시법원 또는 군법원(이하 "시·군법원"이라 한다) 및 등기소를 둘 수 있다. 다만, 지방법원 및 가정법원의 지원은 2개를 합하여 1개의 지원으로 할 수 있다.
③ 고등법원·특허법원·지방법원·가정법원·행정법원·회생법원과 지방법원 및 가정법원의 지원, 가정지원, 시·군법원의 설치·폐지 및 관할구역은 따로 법률로 정하고, 등기소의 설치·폐지 및 관할구역은 대법원규칙으로 정한다.

법원조직법 부칙

제2조(행정사건에 관한 경과조치)
부칙 제1조 제1항 단서의 규정에 의한 행정법원에 관한 사항의 시행당시 행정법원이 설치되지 않은 지역에 있어서의 행정법원의 권한에 속하는 사건은 행정법원이 설치될 때까지 해당 지방법원 본원 및 춘천지방법원 강릉지원이 관할한다.

각급 법원의 설치와 관할구역에 관한 법률

제1조(목적) 이 법은 「법원조직법」 제3조제3항에 따라 각급 법원의 설치와 관할구역을 정함을 목적으로 한다.

제4조(관할구역) 각급 법원의 관할구역은 다음 각 호의 구분에 따라 정한다. 다만, 지방법원 또는 그 지원의 관할구역에 시·군법원을 둔 경우 「법원조직법」 제34조제1항제1호 및 제2호의 사건에 관하여는 지방법원 또는 그 지원의 관할구역에서 해당 시·군법원의 관할구역을 제외한다.
　1. 각 고등법원·지방법원과 그 지원의 관할구역: 별표 3
　4. 행정법원의 관할구역: 별표 6
　7. 행정사건을 심판하는 춘천지방법원 및 춘천지방법원 강릉지원의 관할구역: 별표 9

[별표 3]

고등법원 · 지방법원과 그 지원의 관할구역

고등법원	지방법원	지원	관할구역
서울	서울중앙		서울특별시 종로구·중구·강남구·서초구·관악구·동작구
	서울동부		서울특별시 성동구·광진구·강동구·송파구
	서울남부		서울특별시 영등포구·강서구·양천구·구로구·금천구
	서울북부		서울특별시 동대문구·중랑구·성북구·도봉구·강북구·노원구
	서울서부		서울특별시 서대문구·마포구·은평구·용산구
	의정부		의정부시·동두천시·양주시·연천군·포천시, 강원도 철원군. 다만, 소년보호사건은 앞의 시·군 외에 고양시·파주시·남양주시·구리시·가평군
		고양	고양시·파주시
		남양주	남양주시·구리시·가평군
	인천		인천광역시
		부천	부천시·김포시
	춘천		춘천시·화천군·양구군·인제군·홍천군. 다만, 소년보호사건은 철원군을 제외한 강원도
		강릉	강릉시·동해시·삼척시
		원주	원주시·횡성군

		속초		속초시·양양군·고성군
		영월		태백시·영월군·정선군·평창군
대전	대전			대전광역시·세종특별자치시·금산군
		홍성		보령시·홍성군·예산군·서천군
		공주		공주시·청양군
		논산		논산시·계룡시·부여군
		서산		서산시·당진시·태안군
		천안		천안시·아산시
	청주			청주시·진천군·보은군·괴산군·증평군. 다만, 소년보호사건은 충청북도
		충주		충주시·음성군
		제천		제천시·단양군
		영동		영동군·옥천군
대구	대구			대구광역시 중구·동구·남구·북구·수성구·영천시·경산시·칠곡군·청도군
		서부		대구광역시 서구·달서구·달성군, 성주군·고령군
		안동		안동시·영주시·봉화군
		경주		경주시
		포항		포항시·울릉군
		김천		김천시·구미시
		상주		상주시·문경시·예천군
		의성		의성군·군위군·청송군
		영덕		영덕군·영양군·울진군
부산	부산			부산광역시 중구·동구·영도구·부산진구·동래구·연제구·금정구
		동부		부산광역시 해운대구·남구·수영구·기장군
		서부		부산광역시 서구·북구·사상구·사하구·강서구
	울산			울산광역시·양산시
	창원			창원시 의창구·성산구·진해구, 김해시. 다만, 소년보호사건은 양산시를 제외한 경상남도
		마산		창원시 마산합포구·마산회원구, 함안군·의령군

		통 영	통영시·거제시·고성군
		밀 양	밀양시·창녕군
		거 창	거창군·함양군·합천군
		진 주	진주시·사천시·남해군·하동군·산청군
광 주	광 주		광주광역시·나주시·화순군·장성군·담양군·곡성군·영광군
		목 포	목포시·무안군·신안군·함평군·영암군
		장 흥	장흥군·강진군
		순 천	순천시·여수시·광양시·구례군·고흥군·보성군
		해 남	해남군·완도군·진도군
	전 주		전주시·김제시·완주군·임실군·진안군·무주군. 다만, 소년보호사건은 전라북도
		군 산	군산시·익산시
		정 읍	정읍시·부안군·고창군
		남 원	남원시·장수군·순창군
	제 주		제주시·서귀포시
수 원	수 원		수원시·오산시·용인시·화성시. 다만, 소년보호사건은 앞의 시 외에 성남시·하남시·평택시·이천시·안산시·광명시·시흥시·안성시·광주시·안양시·과천시·의왕시·군포시·여주시·양평군
		성 남	성남시·하남시·광주시
		여 주	이천시·여주시·양평군
		평 택	평택시·안성시
		안 산	안산시·광명시·시흥시
		안 양	안양시·과천시·의왕시·군포시

[별표 6]

<u>행정법원의 관할구역</u>

고 등 법 원	행 정 법 원	관 할 구 역
서 울	서 울	서울특별시

[별표 9]
행정사건을 심판하는 춘천지방법원 및 춘천지방법원 강릉지원의 관할구역

명 칭	관 할 구 역
춘천지방법원	춘천지방법원의 관할구역 중 강릉시·동해시·삼척시·속초시·양양군·고성군을 제외한 지역
춘천지방법원 강릉지원	강릉시·동해시·삼척시·속초시·양양군·고성군

참고자료 2 - 2021년 달력

```
2021년  1월                    2021년  2월                    2021년  3월
일 월 화 수 목 금 토           일 월 화 수 목 금 토           일 월 화 수 목 금 토
               [1] 2              1  2  3  4  5  6              [1] 2  3  4  5  6
 3  4  5  6  7  8  9          7  8  9 10 [11][12][13]       7  8  9 10 11 12 13
10 11 12 13 14 15 16         14 15 16 17 18 19 20          14 15 16 17 18 19 20
17 18 19 20 21 22 23         21 22 23 24 25 26 27          21 22 23 24 25 26 27
24 25 26 27 28 29 30         28                            28 29 30 31
31

2021년  4월                    2021년  5월                    2021년  6월
일 월 화 수 목 금 토           일 월 화 수 목 금 토           일 월 화 수 목 금 토
            1  2  3                              1              1  2  3  4  5
 4  5  6  7  8  9 10          2  3  4 [5] 6  7  8          6  7  8  9 10 11 12
11 12 13 14 15 16 17          9 10 11 12 13 14 15         13 14 15 16 17 18 19
18 19 20 21 22 23 24         16 17 18 [19] 20 21 22        20 21 22 23 24 25 26
25 26 27 28 29 30            23 24 25 26 27 28 29         27 28 29 30
                             30 31

2021년  7월                    2021년  8월                    2021년  9월
일 월 화 수 목 금 토           일 월 화 수 목 금 토           일 월 화 수 목 금 토
               1  2  3         1  2  3  4  5  6  7                    1  2  3  4
 4  5  6  7  8  9 10          8  9 10 11 12 13 14          5  6  7  8  9 10 11
11 12 13 14 15 16 17         15 [16] 17 18 19 20 21       12 13 14 15 16 17 18
18 19 20 21 22 23 24         22 23 24 25 26 27 28         19 [20][21][22] 23 24 25
25 26 27 28 29 30 31         29 30 31                     26 27 28 29 30

2021년  10월                   2021년  11월                   2021년  12월
일 월 화 수 목 금 토           일 월 화 수 목 금 토           일 월 화 수 목 금 토
                  1  2              1  2  3  4  5  6                    1  2  3  4
 3 [4] 5  6  7  8 [9]         7  8  9 10 11 12 13          5  6  7  8  9 10 11
10 [11] 12 13 14 15 16       14 15 16 17 18 19 20         12 13 14 15 16 17 18
17 18 19 20 21 22 23         21 22 23 24 25 26 27         19 20 21 22 23 24 [25]
24 25 26 27 28 29 30         28 29 30                     26 27 28 29 30 31
31
```

□ 표시된 날은 평일 중 공휴일임.

확 인 : 법학전문대학원협의회